Persönliche Firewalls

Unser Online-Tipp
für noch mehr Wissen ...

... aktuelles Fachwissen rund
um die Uhr – zum Probelesen,
Downloaden oder auch auf Papier.

www.InformIT.de

Persönliche Firewalls

10 maßgeschneiderte Workshops

MICK TOBOR

Markt+Technik

Die Deutsche Bibliothek verzeichnet diese Publikation in der Deutschen Nationalbibliografie; detaillierte bibliografische Daten sind im Internet über *http://dnb.ddb.de* abrufbar.

Die Informationen in diesem Produkt werden ohne Rücksicht auf einen eventuellen Patentschutz veröffentlicht.
Warennamen werden ohne Gewährleistung der freien Verwendbarkeit benutzt.
Bei der Zusammenstellung von Texten und Abbildungen wurde mit größter Sorgfalt vorgegangen.
Trotzdem können Fehler nicht vollständig ausgeschlossen werden.
Verlag, Herausgeber und Autoren können für fehlerhafte Angaben und deren Folgen weder eine juristische Verantwortung noch irgendeine Haftung übernehmen.
Für Verbesserungsvorschläge und Hinweise auf Fehler sind Verlag und Herausgeber dankbar.

Alle Rechte vorbehalten, auch die der fotomechanischen Wiedergabe und der Speicherung in elektronischen Medien.
Die gewerbliche Nutzung der in diesem Produkt gezeigten Modelle und Arbeiten ist nicht zulässig.

Fast alle Hardware- und Softwarebezeichnungen, die in diesem Buch erwähnt werden, sind gleichzeitig auch eingetragene Marken oder sollten als solche betrachtet werden.

Alle Angaben zu diesem Buch dienen aussschließlich der Information über technische Fragen und Softwarefragen. Sie dienen nicht dem Zweck, den Absatz von Waren und Dienstleistungen zu fördern.

Umwelthinweis:
Dieses Buch wurde auf chlorfrei gebleichtem Papier gedruckt.

10 9 8 7 6 5 4 3 2 1

06 05 04 03

ISBN 3-8272-6656-4

© 2003 by Markt+Technik Verlag,
ein Imprint der Pearson Education Deutschland GmbH,
Martin-Kollar-Straße 10–12, D-81829 München/Germany
Alle Rechte vorbehalten
Coverkonzept: independent Medien-Design, München
Coverlayout: Sabine Krohberger
Lektorat: Jürgen Bergmoser, jbergmoser@pearson.de
Herstellung: Philipp Burkart, pburkart@pearson.de
Korrektorat: Metke & Hardt, Köln, cmetke@netcologne.de
Satz: mediaService, Siegen
Druck und Verarbeitung: Bosch Druck, Ergolding
Printed in Germany

Inhaltsverzeichnis

Das finden Sie auf der CD-ROM 9

Über den Autor1 2

... bevor es losgeht 13
        Einfaches Wunderland Technik 16

Schreiben Sie uns! 20

Workshop 1: Die Optimierung des Systems   21

1.1   XP telefonieren nach Hause 22
1.2   Surfen – mit Fun oder Sicherheit? 30
1.3   Die ständige Überwachung des Systems 42
1.4   Tipps und Tricks zur erhöhten Sicherheit 50
1.5   Zusammenfassung 54

Workshop 2: ZoneAlarm – einfach und schnell   55

2.1   Die Installation 55
2.2   Ein Wizard leitet die Standardkonfiguration 58
2.3   Ein erster Einstieg in neun Schritten 60
2.4   Das ZoneAlarm Control Center 65
2.5   Die Arbeitsweise von ZoneAlarm 73
2.6   ZoneAlarm Pro 76
2.7   Zusammenfassung 76

Workshop 3: Outpost – clever und anwenderfreundlich   77

3.1   Die Installation 78
3.2   Das Hauptfenster 82
3.3   Die Optionen 84
3.4   Die Plug-Ins 88

3.5	Die Arbeitsweise des Firewalls	91
3.6	Outpost Pro	94
3.7	Zusammenfassung	95

Workshop 4: Sygate – mit allen Finessen   97

4.1	Die Installation	98
4.2	Die Registrierung	101
4.3	Die Visualisierung neben der Uhr	102
4.4	Die Hauptkonsole des Firewalls	103
4.5	Der erste Test der Systemsicherheit	115
4.6	Sygate Pro	118
4.7	Zusammenfassung	119

Workshop 5: Filter verstehen und richtig konfigurieren   121

5.1	Standardkonfigurationen der Firewalls	121
5.2	Die ZoneAlarm-Filtereinstellungen	124
5.3	Die Outpost-Filtereinstellungen	130
5.4	Die Sygate-Filtereinstellungen	141
5.5	Zusammenfassung	151

Workshop 6: Logbücher lesen und interpretieren   153

6.1	Einfache Logs bei ZoneAlarm	154
6.2	Die Logs bei Outpost	159
6.3	Professionelle Logs bei Sygate	163
6.4	Zusammenfassung	172

Workshop 7: Ein Angriff auf Ihren Rechner   175

7.1	Der Angriff kommt aus dem Internet	176
7.2	Ein Windows-Rechner ohne Firewall	177
7.3	Schutz durch ZoneAlarm	182
7.4	Schutz durch Outpost	185
7.5	Schutz durch Sygate	188
7.6	Der Angriff kommt von innen – unter falschem Namen	192

7.7	ZoneAlarm und der Angriff von innen	193
7.8	Outpost und der Angriff von innen	195
7.9	Sygate und der Angriff von innen	199
7.10	Zusammenfassung	202

Workshop 8: Anonymes Surfen plus Firewall 203

8.1	Die Installation von Anonymity 4 Proxy	204
8.2	Die Konfiguration von Anonymity 4 Proxy	207
8.3	Die Anwendung von Anonymity 4 Proxy	212
8.4	Was sagen unsere Firewalls zu Anonymity 4 Proxy?	215
8.5	Die Kontrolle von Anonymity 4 Proxy	216
8.6	Zusammenfassung	219

Workshop 9: Professionelle Firewalls 221

9.1	McAfee Firewall – bequemer geht's kaum!	221
9.2	Die Installation – ohne jede Mühe	222
9.3	Ein Assistent führt durch die Konfiguration	225
9.4	McAfee Firewall – Home	229
9.5	Die Filterung der Programme	230
9.6	Die Protokollierung der Aktivitäten	234
9.7	Weitere Optionen des McAfee Firewalls	236
9.8	Erweiterte Optionen des McAfee Firewalls	238
9.9	Die Aufnahme eines neuen Programms	242
9.10	Einen Angriff mittels Visual Trace zurückverfolgen	244
9.11	Norton Internet Security	246
9.12	Die Installation	246
9.13	Erste Schritte mit dem Sicherheitsassistenten	251
9.14	Norton Internet Security – LiveUpdate	256
9.15	Die Übersicht der Norton Internet Security	259
9.16	Die Konfiguration des Norton Personal Firewalls	262
9.17	Zur Verfügung stehende Informationen	272
9.18	Zusammenfassung	276

Workshop 10: Rundumschutz für Ihren Rechner – damit Ihre Daten wieder Ihnen gehören! — 279

10.1 PGP – Weltstandard in Mail-Verschlüsselung 280
10.2 G DATA – AntiVirenkit 12 295
10.3 Steganos Security Suite 304
10.4 Die Antis gegen Dialer, Spam und Spione 316
10.5 Zusammenfassung 325

Anhang A: Hackertools — 327

A.1 Keylogger 328
A.2 Portscanner 332
A.3 Netzwerk-Sniffer 339
A.4 Passwort-Cracker 342

Anhang B: Adressen zur Sicherheit im Internet — 347

Anhang C: Glossar — 357

Stichwortverzeichnis 365

Das finden Sie auf der CD-ROM

Klar gibt's erst mal Firewalls satt: Zone Alarm, Outpost, Sygate – jeweils die Freeware und die Profi-Trials! Und damit Sie nun wirklich nichts mehr vermissen, haben wir Ihnen komplette Internet Security-Pakete von McAfee und Norton dazugepackt.

Dann gibt's jede Menge Hackertools, damit Sie wissen, womit Ihre Gegner arbeiten! Jeweils einfache Programme zum Einstieg – aber auch absolute Spitzentools, wobei ich Ihnen gar nicht sagen mag, was Sie damit anstellen können!

Da ohne sicheres Windows alles Theorie bleibt, finden Sie Tools zum Aufspüren von Spionen, Abdichten von XP und zur Sicherung Ihrer Daten schlechthin. Abgerundet wird das Ganze dann noch durch ergänzende und weiterführende Dokumentationen, die Sie sich gelegentlich reinziehen können.

Doch nun: Vorhang auf!

Workshop	Software	Art	Buch-CD	Beschreibung
1	XP Antispy	Freeware	xpAntispy.zip	Windows XP abdichten, Adware filtern
	LANguard	Trial	lannetscan.exe	Sicherheits-Scanner für PC und Netzwerke
	LANguard, Handbuch deutsch	Handbuch	lanscan3man_de.zip	Deutsches Handbuch zu LANguard
	MS XP, Handbuch Englisch		XP.pdf	Microsofts eigener Wälzer zum Abdichten von XP
2	ZoneAlarm	Freeware	zaSetup_37_202.exe	Der wohl bekannteste Firewall, einfachste Bedienung
	ZoneAlarm Pro	Trial	zapSetup_40_123.exe	wie vor, jedoch viele Zusatzfunktionen
3	Outpost	Freeware	Outpost-Install.exe	Guter Firewall, deutschsprachig, einige Rädchen zum Drehen
	Outpost 2.0 pro	Trial	Outpost-ProInstall.exe	Wie vor, jedoch viele Zusatzfunktionen
	Outpost, Handbuch deutsch	Handbuch	Outpost_Man_D.pdf	Gutes und einfach gehaltenes Benutzerhandbuch
4	Sygate	Freeware	spf.exe	Sehr guter Firewall, viele Rädchen, dennoch einfach zu bedienen

Die CD

Workshop	Software	Art	Buch-CD	Beschreibung
	Sygate pro	Trial	pspf.exe	Wie vor, jedoch viele professionelle Zusatzfunktionen
7	LeakTest	Freeware	leaktest.exe	Trojaner-Simulation
8	Anonymity 4 Proxy	Freeware	a4proxy.exe	Proxyserver zum anonymen Surfen
9	McAfee Internet Security	Trial	[McAfee]	Professioneller Firewall, AntiVirus und mehr
	Norton Internet Security	Trial	[Norton]	Professioneller Firewall, AntiVirus und mehr
10	G DATA Anti-Viren Kit 12	Trial	[AVK12trial]	AntiViren Software von G DATA
	Steganos Security Suite	Trial	sss5de.exe	DatenSafe, Verstecken, Passwort-Generator und mehr
	Dialer-Control	Freeware	dcsetup.exe	Einfache Dialer-Kontrolle
	Dialer-Control, Handbuch deutsch	Handbuch	dchilfe.pdf	Handbuch zu Dialer-Control
	Spybot Search&Destroy	Freeware	spybotsd12.exe	Cookies und Adware entfernen, XP überprüfen
	Echelon-Bericht		echelon.pdf	Der Echelon-Bericht des Europäischen Parlaments
Hacker-tools	PC Activity Monitor	Trial	pca.zip	Protokolliert das gesamte Monitor- und Tastaturgeschehen
	YAPS	Trial	yaps.zip	Einfacher Portscanner
	MingSweeper	Freeware	MINGER 1A5.zip	Portscanner Mittelklasse
	WinPcap	Freeware	WinPcap_3_0.exe	Windows Packet Capture-Bibliothek
	NMapWin	Freeware	nmapwin_1.3.1.exe	Der Portscanner schlechthin
	NMapWin, DOS-Version	Freeware	nmap-3.30-win32.zip	Wie vor, jedoch mit DOS-Oberfläche
	UltraNetSniffer	Trial	UltraNet-Sniffer.exe	Netzwerk-Sniffer

Workshop	Software	Art	Buch-CD	Beschreibung
	@Stake LC4	Trial	lc4setup.exe	Der Passwort-Cracker schlechthin
	Mehr Sicherheit durch einen simulierten Angriff		Improving the Security of Your Site by Breaking into it.htm	Demonstration eines Angriffs, alt aber noch immer gut

Workshop	Zusätzliche Dokumentationen	Buch-CD	Beschreibung
CD-ROM	TCP Manual	tcp_pr.pdf	Schichten des TCP-Protokolls, grafisch dargestellt
	Portnummern-Liste	port-numbers.htm	Die bisher verwendeten Portnummern
	ICMP-Liste	icmp.txt	Die ICMP Port-Nummern
	ICMP intern	rfc1256.txt	ICMP Router Discovery Messages
	Micks PGP-Schlüssel	mick.asc	Micks Öffentlicher Schlüssel

Über den Autor

Mick Tobor arbeitet seit Jahren als freiberuflicher Autor und Dozent im Bereich Computer und Internet; seine Bücher werden regelmäßig in mehrere Sprachen übersetzt.

Seine Fähigkeit, komplexe Sachverhalte mit einfachen Worten darzustellen, dabei aber auch den Humor nicht zu kurz kommen zu lassen, begründen seinen Erfolg.

Als geborener Mathematiker kam auch Mick Tobor nicht an Computer und Internet vorbei. Seit etwa fünf Jahren spezialisiert er sich im Bereich Internetsicherheit: Firewalls und Verschlüsselung stehen dabei ganz oben auf dem Programm.

Mick Tobor

... bevor es losgeht

Sie sind auf dem richtigen Weg! Egal, ob Sie noch vor dem Bücherregal Ihrer Buchhandlung stehen, oder schon daheim beim Essen in diesem Buch stöbern: Ein Firewall muss her, und das ist Ihre richtige Entscheidung!

Es wäre zu schön gewesen, ein Internet ohne Viren, Würmer, Trojaner! Surfen im Web ohne Pop-Ups, Spam und Dialer. Unbelauschte Kommunikation über Gott und die Welt mit Leuten von überall. Wir haben die Rechnung ohne die Wirte gemacht: gelangweilte Hacker, skrupellose Werbefirmen, verschlafene Politiker! Und so gehören Datendiebstahl, verstopfte Mailboxen und Leitungen sowie überhöhte Dialer-Rechnungen (einschließlich Telekom-Anteil) längst zum Alltag im Netz der Netze!

Mir wurde das alles schon vor einiger Zeit zu viel. Ich entschied für mich, dass das Internet für unsere Politiker zu schnell war – und wartete daher nicht mehr auf deren Aktivitäten. Ich begann, mich für das Thema Internetsicherheit, insbesondere im privaten Bereich, zu interessieren. Und siehe da, es gab ja massenhaft Tools, die den ganzen unguten Spuk per Mausklick beenden konnten.

Da kam natürlich Freude auf – auch endlich mal wieder beim Zugang ins Netz! Erste Erfahrungen mit PGP brachten die Privatsphäre zurück. Auch wenn in dessen ersten Versionen noch Haken und Ösen zu überwinden waren. Doch wie PGP wurden auch AntiViren-Programme weiterentwickelt – und auch so kleine Tools wie Webwasher filterten mehr und mehr Werbung!

Doch vor wenigen Jahren dann eine wirklich wichtige Entwicklung: Die von großen Firmen längst eingesetzten Firewalls erhielten eine „persönliche" Komponente! Und damit war es endlich auch für einen ganz normalen Internetbenutzer möglich, seine Verbindung zum Netz automatisch überwachen zu lassen! Wobei zugegebenermaßen die ersten Konfigurationen nicht unbedingt einfach durchzuführen waren.

Zum Glück ist auch das längst Geschichte! Sie installieren persönliche Firewalls heute im Grunde wie jede andere Software. Anschließend wird das Ding Ihre Verbindung ins Internet überwachen, in beide Richtungen! Alle Daten, die aus dem Internet Ihren Computer erreichen, werden geprüft – und auch alle Daten, die Ihren Computer in Richtung Internet verlassen wollen, müssen zunächst nachweisen, dass sie das dürfen.

Wie das alles funktioniert, lernen Sie natürlich in den einzelnen Workshops. Wobei Sie die Reihenfolge fast beliebig wählen können. Den größten Nutzen als Einsteiger in diese Materie erzielen Sie aber dennoch, wenn Sie alle Workshops der Reihe nach besuchen:

- Workshop 1 kümmert sich zunächst um das Betriebssystem Ihres Rechners. Insbesondere Windows XP nutzt ständig mehr oder weniger heimlich Ihre Internetverbindung! Wir werden das aufdecken und regeln. Anschließend scannen wir Ihren Computer auf bekannte Sicherheitslücken, speziell in den Browsern, aber auch allgemein im System. Abschließend gebe ich Ihnen noch ein paar Tipps für den alltäglichen Umgang mit Ihrem PC.

- Workshop 2 installiert dann, auf einem nunmehr sauberen Rechner, Ihren ersten Firewall: ZoneAlarm. Diese Freeware schützt Computer rund um den Globus – und bald auch Ihren Rechner. Die Anwendung ist denkbar einfach, gerade richtig für unseren Einstieg in die Thematik.

- Workshop 3 setzt eins drauf: Outpost Firewall 1.0 bietet Ihnen verschiedene Möglichkeiten, die Kommunikation mit dem Internet verfeinert zu regeln. Sie werden sich freuen, dass Outpost von Haus aus anwenderfreundlich konzipiert wurde – und auch mit einer deutschen Benutzerführung daherkommt.

- Workshop 4 bringt den absoluten Shooting Star der Free Personal Firewalls: Sygate 5. Hier können Sie nun endlich an den sprichwörtlichen tausend Rädchen drehen, um auch wirklich jedes Bit genauestens zu analysieren, bevor es rein oder raus darf. Dennoch bietet Sygate eine nahezu intuitive Benutzeroberfläche – für Sie und Ihre Maus!

- Workshop 5 setzt auf den vorhergehenden auf: Wir werden die Filtermöglichkeiten unserer Firewalls ausführlich analysieren und wunschgemäß einsetzen. Sie werden erstaunt feststellen, dass alle Firewalls leicht und gern von Ihnen lernen.

- Workshop 6 verführt Sie einmal mehr zum Lesen eines Buches: Die Logbücher Ihrer Firewalls stehen auf dem Programm. In diesen wird protokolliert, was sich zwischen Ihrem Rechner und dem Internet abspielt. Fehlerhafte Filter, neue Programme und möglicherweise auch Protokolle von Angriffen warten auf Ihre angemessene Reaktion.

- Workshop 7 testet unsere drei Firewalls gegen einen richtigen Angriff von außen und einen von innen. Wir installieren uns dazu einen der harmloseren Trojaner und beobachten ihn bei seinem munteren Treiben. Vorher geht's daran, einen Portscan von außen zu blocken. Drücken Sie die Daumen, dass unsere Firewalls halten, was sie versprechen.

- Workshop 8 bringt eine sehr angenehme Ergänzung zu unseren Firewalls: Anonymität! Wie Sie vielleicht schon wissen, stellt Ihre IP-Adresse eine Gefahrenquelle dar. Seit kurzer Zeit gibt es ein Programm, dass Ihre Internetverbindungen automatisch über so genannte anonyme Server leitet. Anschließend ist Ihre IP-Adresse verschwunden – Angreifer wenden sich bitte an die anonymen Server, die angemessen reagieren werden.

- Workshop 9 schließlich zeigt Ihnen zwei der professionellen Firewalls, eingebettet in ein Internet Security-Paket mit AntiVirus, Werbeblocker usw. McAfee und Norton buhlen um Ihre Gunst – und um Ihr Erspartes! Während ZoneAlarm, Outpost und Sygate kostenlos zu nutzen sind, müssen Sie für McAfee und Norton Euros tauschen. Doch der Test beider Pakete ist kostenlos, und so können Sie sich ein differenzierteres Bild machen.

- Workshop 10 kümmert sich abschließend um die allgemeine Sicherheit Ihrer Daten. Insbesondere Verschlüsselung von Mails steht auf dem Programm: Sie lernen dazu mit PGP das wohl beste Programm auf dem Markt kennen. Ferner werden wir uns um Ihre Viren kümmern, um Passwörter, Spione auf Ihrem Rechner und einiges mehr.

- Im Anhang A dann die andere Seite des Internets: Analyse- und Security-Tools – oder Hackertools, je nachdem, was Sie mit diesen Dingern anstellen. Sie werden aber zumindest sehen, dass diese Tools überall zu erhalten, leicht zu installieren und anzuwenden sind – und Schaden ohne Ende anrichten können. Wenn Sie sich nicht schützen ...

Alles in allem ein volles Programm für Sie – das sich aber sicherlich lohnt. Ihr Rechner und Ihre Daten werden sich so wohl fühlen, wie schon lange nicht mehr! Und ich denke, es wird auch Ihnen gut tun, wenn Sie sich bald wieder aufs Surfen konzentrieren können, anstatt ständig die üblen Message- und Popup-Windows wegzuklicken.

Und es geht weiter mit den guten Nachrichten: Auf der CD befindet sich eine ganze Menge Software, teils Freeware, teils Trials, die Sie tryen&buyen können. Ich verspreche Ihnen, dass schon die Freeware ausreicht, um Ihr System im Alltag hinreichend zu schützen! Sie müssen also wirklich nichts mehr zusätzlich kaufen! Was Sie jedoch nicht hindern sollte, auch die Trials auszuprobieren.

Nun aber doch noch eine etwas schlechtere Nachricht: Ich habe eine kleine Bitte an Sie! Machen Sie sich die Mühe, die folgende technische Einführung tatsächlich zu lesen (nicht diagonal zu überfliegen). Ich vermittle Ihnen darin die wirklich grundlegenden Basisinformationen zum Betrieb eines jeden Firewalls. Ohne dieses Verständnis werden die Firewalls Sie zwar auch schützen, doch Sie selber werden weniger Freude daran haben, und Sie werden nicht an den Rädchen spielen können! Außerdem dauert es nicht lange! Und ist nicht schwer ...

Einfaches Wunderland Technik

Was passiert im Hintergrund, wenn Sie sich per Maus ins Internet einwählen? Mit etwas Glück erwischen Sie eine freie Leitung, hören möglicherweise ein paar sphärische Klänge und sind kurz darauf als User eingeloggt! Ihr Rechner ist Mitglied des weltweiten Internets: Er kommuniziert mit Millionen anderen Rechnern, und diese kommunizieren mit ihm!

Klar, die Rechner sprechen nicht wie wir Menschen, die wir einfach drauflos plappern (meist hat man zumindest den Eindruck). Bei Computern ist alles äußerst exakt geregelt, und diese Regeln sind weltweit identisch! Muss es auch sein, denn wie sollte sich sonst ein japanischer, amerikanischer, chinesischer und bayerischer Computer im Internet unterhalten können?

Protokolle

Diese also weltweit gültigen Regeln werden im Internet salopp Protokolle genannt, etwas genauer gesagt: Im Internet gilt das TCP/IP (Transmission Control Protocol/Internet Protocol). Das ist nun der Oberbegriff, unter dem eine ganze Reihe kleinerer Regeln für einzelne Dienste zusammengefasst sind. Sie haben diese Begriffe, auch Services genannt, sicherlich schon gehört: HTTP regelt die Kommunikation im Web, das POP kümmert sich um unsere Mails, und mittels FTP werden Dateien ohne Werbung heruntergeladen oder auch Homepages raufgeladen. Diese und viele weitere Protokolle sind also Bestandteile des TCP/IP.

Pakete

1. Die Kommunikation zwischen Computern ist nun selbst nichts anderes als ein Datenaustausch. Wobei die Daten in Form von logischen Paketen verschickt werden, die in Größe und Aufbau je nach Anwendung variieren. Und klar, auch der Aufbau der Pakete ist weltweit eindeutig festgelegt! So finden Sie z.B. Absender und Empfänger eines Datenpakets immer an derselben Stelle und im selben vorgegebenen Format.

2. Wenn Sie das mit menschlichen Fähigkeiten vergleichen, dann müssen Computer noch viel lernen! Wir dürfen den Empfänger mit roten verschnörkelten Buchstaben auf die Rückseite des Paketes schreiben, vielleicht noch eine falsche Postleitzahl drauf, Hausnummer vergessen und nicht mal richtig zugeklebt: Das Ding kommt trotzdem an, wenn der zustellende Paketbote einen guten Tag hat. Keine Chance beim Internetpaket! Ein einziges Bit an der falschen Stelle – und ab geht's ins Nirwana!

IP-Adresse

Nun fragen Sie sich vielleicht, wie denn Ihr Computer an eine Internetadresse kommt. Und was mit dieser Adresse passiert, wenn Ihr Computer nicht mehr mit dem Internet verbunden ist. Aber das ist leicht erklärt:

Jeder am Internet angeschlossene Computer ist weltweit eindeutig durch seine IP-Adresse (Internet-Protokoll-Adresse) bestimmt. Und jede Adresse hat die Form n1.n2.n3.n4, wobei die ni Zahlen von 0 bis 255 darstellen. Gültige Adressen wären also 123.234.70.99 oder 200.200.200.200. Ungültig wäre hingegen 200.200.200.256 – der Erfinder müsste erklären, wie er die 256 in acht Bit darstellen kann.

Die IP-Adressen werden Sie quer durch das Buch begleiten; es sind wirklich nur die Anschriften der an der Kommunikation beteiligten Computer! Wobei die ständig ans Netz angeschlossenen Rechner in der Regel eine feste IP-Adresse besitzen und wir als normale Menschen, die hin und wieder ins Internet gehen, eine temporäre IP-Adresse von unserem Provider erhalten. Sobald wir die Leitung wieder kappen, verfällt auch unsere Adresse wieder bzw. wird einem anderen Benutzer zugeteilt.

Sie können sich im Übrigen Ihre IP-Adresse anschauen, sobald Sie im Internet sind! Unter älteren Windows-Versionen gab es das kleine Tool *winipcfg*, das Sie über *Start*, *Ausführen* aufrufen konnten. Windows XP kennt dieses Tool in der Form nicht mehr, es gibt jedoch hinreichenden Ersatz: In der DOS-Box funktioniert *ipcfg*, und wenn Sie es lieber grafisch mögen: *Start*, *Settings*, *Network Connections*, Rechtsklick auf Ihre *Verbindung*, *Status*, *Details* zeigt Ihnen unter anderem Ihre *IP-Adresse* und die des angewählten Servers (siehe Abbildung 1).

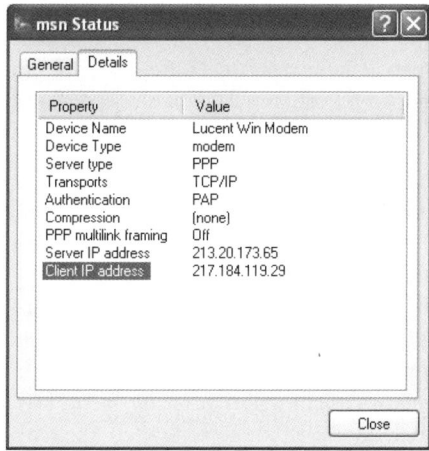

Abbildung 1: Eigene IP-Adresse und mehr

Ports

Kommen wir zum letzten Begriff, den wir klären müssen: Was sind Ports? Wie Sie wissen, können mehr als eine Anwendung gleichzeitig die Leitung ins Internet benutzen. So können Sie Ihre Mails abholen, auch wenn „nebenan" noch ein Download läuft. Ich habe mich früher hin und wieder gefragt, wie die ankommenden Datenpakete verteilt werden, ohne dass es zu einem Chaos in den wartenden Programmen kommt.

Die Beantwortung dieser Frage ist zum Glück ganz einfach: Jedes Programm, das auf irgendwelche Datenpakete wartet, erhält vom Betriebssystem einen so genannten Port zugewiesen. Diesen Port können Sie sich als Bahnsteig eines ziemlich großen Bahnhofs vorstellen: Datenpakete für Browser laufen auf Port 80 ein, Mails werden bei Port 110 abgeliefert usw.

Einige der Ports sind standardisiert; die IANA (**I**nternet **A**ssigned **N**umbers **A**uthority) führt eine stets aktuelle Liste unter (*www.iana.org/assignments/port-numbers*). Die Ports vom 13.8.03 finden Sie auf der Buch-CD unter *port-numbers.htm*.

TCP und UDP

Bei Durchsicht der Liste wird Ihnen die Unterscheidung in TCP- und UDP-Ports auffallen. Zur Erklärung: TCP und UDP sind zwei verschiedene Protokolle, die aber natürlich am selben Port abgewickelt werden können.

Die Unterschiede zwischen TCP und UDP sind schnell skizziert: TCP überwacht die Verbindung zweier Rechner und den einzelnen Pakettransport. Sollte also z.B. ein Datenpaket nicht beim Empfänger ankommen, kein Problem: TCP bemerkt das und schickt das verlorene Paket erneut los. Das UDP (**U**ser **D**atagram **P**rotocol) hingegen haut die ganzen Datenpakete nacheinander raus und kümmert sich nicht weiter darum!

Beide Protokolle bieten Vor- und Nachteile: UDP arbeitet sehr schnell und unsicher, TCP arbeitet entsprechend langsamer und sicherer. Die von Ihnen benutzten Programme entscheiden selber, welches Protokoll sie für die jeweiligen Datenübertragungen auswählen.

So werden Webseiten, Mails und Downloads fast ausschließlich mittels TCP übertragen; Ihre Mail wird erst dann angezeigt, wenn alle Pakete angekommen sind.

Anders z.B. eine Streaming-Audio-Übertragung: Lassen Sie ein Datenpaket unterwegs verloren gehen, dann ist es nicht sinnvoll, die fehlenden zwei Takte am Ende der Übertragung nachzuspielen. Das schnellere UDP wird entsprechend bevorzugt.

Zusammengefasst ergibt sich damit folgendes Bild:

- Internetcomputer besitzen eine weltweit eindeutige IP-Adresse.
- Programme warten an ihnen zugewiesenen Ports auf Daten.
- Daten werden in Form von Paketen transportiert.
- Protokolle regeln den Transport.

Ist also alles gar nicht so wild! Und viel mehr brauchen Sie jetzt wirklich nicht zu wissen, um sich erfolgreich ins Abenteuer „Firewalls" zu stürzen. Allenfalls möchte ich Ihnen noch den Begriff ICMP (Internet Control Message Protocol) erläutern.

ICMP

Im Gegensatz zu TCP und UDP, wo allgemein Benutzerdaten transportiert werden, nimmt ICMP lediglich Kontrollaufgaben wahr. Sie werden einzelne dieser Aufgaben später kennen lernen.

> Hier nur noch der Hinweis, dass Sie eine Liste der ICMPs auf der Buch-CD unter *icmp.txt* finden. Falls Sie sich trauen, werfen Sie auch noch einen Blick in die Datei *rfc1256.txt*, wenn Sie mal etwas wirklich Technisches sehen wollen. Und auch nur für Technik-Freaks interessant ist *tcp_pr.pdf*. Darin wird TCP grafisch dargestellt. Ein herzliches Dankeschön nochmals an Alexander und Johannes für die Erlaubnis zur Veröffentlichung.

Damit habe ich Sie genug gequält. Ab jetzt gibt's keine Technik mehr, nur noch das pure Vergnügen. Ich wünsche Ihnen viel Erfolg und Freude mit den Workshops!

Ihr Mick

Schreiben Sie uns!

Autor und Verlag sind immer bemüht, Ihnen, unseren Kunden und Lesern, die optimale Information zum Thema zu bieten. Scheuen Sie sich deshalb nicht, uns über Fehler und andere Ärgernisse zu informieren. Nur so können wir laufend an der Verbesserung unserer Bücher arbeiten. Aber auch Lob, Erfolgserlebnisse und Ihre Ergebnisse interessieren uns. Schreiben Sie an *mick@tobor.de*, wenn Sie unmittelbar den Autor erreichen wollen – oder an *jbergmoser@pearson.de* als Ansprechpartner des Verlags.

Wir freuen uns auf Ihr Feedback!

Ihr Markt+Technik-Buchlektorat

Jürgen Bergmoser

Workshop 1

Die Optimierung des Systems

Bevor wir nun unsere Maus bemühen, um Firewalls zu installieren und ausgiebig zu testen, werfen wir einen oder zwei Blicke auf Ihr bestehendes System. Tatsächlich erleichtern nicht selten die üblichen Standardeinstellungen der verwendeten Software Angriffe von innen und außen. Und so erscheint es logisch und sinnvoll, diese Angriffe von vornherein auszuschließen.

Wir werden dazu in einem ersten Arbeitsabschnitt Ihr Betriebssystem, insbesondere Windows XP, unter die Lupe nehmen. Und das ist dringend notwendig! Bis zu 20 % der Kapazität Ihrer Internetverbindung reserviert XP für sich. Ich vermute mal, Sie wissen nichts davon, und Microsoft hat Ihnen auch noch nicht die anteiligen Gebühren erstattet. Dabei weiß kaum jemand, welche Daten zu welchen Zwecken übertragen werden. Wir schauen uns das an.

Wenn anschließend das System dann wieder Zeit hat, für uns zu arbeiten, kümmern wir uns um die Browser. Sowohl Internet Explorer als auch Netscape Navigator sind heutzutage Multitalente, was das komfortable Surfen im Internet angeht. Leider wachsen mit immer neuen Möglichkeiten auch die Risiken für Sie als Benutzer. Ich werde Ihnen aufzeigen, wo und wie Sie an den Schrauben drehen können.

Damit Sie Ihr optimiertes System und Browser möglichst lange so sauber erhalten können, stelle ich Ihnen in einem weiteren Abschnitt Programme vor, die sich um die laufende Wartung kümmern werden. Jeder normale Mensch hat ja längst den Überblick über die Patches, Updates, Security-Updates und Patches für die Patches verloren. Zum Glück gibt es Software, die uns diese zeitaufwändige und überaus nervige Arbeit erleichtert.

Damit Sie selber etwas tiefer in die Kontrolle des Systems einsteigen können, wenn Sie wollen, stelle ich Ihnen zwei weitere Programme vor, die sowohl Ihre Dateien als auch die Registry immer im Auge behalten. So werden Sie z.B. jede Änderung an wichtigen Systemdateien protokollieren können und insbesondere Windows „näher" kennen lernen. Und falls Sie sich bei irgendwelchen Spielen Extrapunkte selber eintragen wollen, dann wird das ab sofort für Sie erheblich einfacher werden!

Im letzten Teil dieses ersten Workshops finden Sie weitere allgemeine Hinweise, die eigentlich fast in jedem Buch enthalten sind, aber häufig noch nicht berücksichtigt werden. Es geht z.B. um Passwörter, Freigaben, Datensicherung und Ähnliches. Schauen Sie sich dies ebenfalls an; und berücksichtigen Sie insbesondere die Datensicherung. Denn wenn trotz aller Sicherheitsvorkehrungen die Festplatte explodiert, sind wenigstens Ihre Daten noch erhalten!

Doch nun wollen wir Windows XP (eXtended Patches oder eXtended Phoning?) endlich den Telefonhörer aus der Hand nehmen.

1.1 XP telefonieren nach Hause

Zugegeben, der Komfort, den das Betriebssystem inzwischen bietet, ist wirklich außerordentlich. Automatische Updates gehören dazu und vollautomatische Zeitabgleichung mit der Microsoft-Zeit. Oder Sie können Ihren Rechner jetzt von Microsoft direkt übers Internet untersuchen lassen. Oder der Media Player besorgt Ihnen, natürlich vollautomatisch, die Labels und Texte Ihrer neuen CD. Womit wir beim Thema wären: Gestern Abend installierte ich testweise den neuen Windows Media Player von einer CD, die ich kurz zuvor im Supermarkt gekauft hatte. Und nichts ahnend blätterte ich in den *Optionen*, die Sie über die *Extras* erreichen. Dort fand ich die interessante Registerkarte *Datenschutz* (siehe Abbildung 1.1).

Was mir unmittelbar unangenehm auffiel war, dass man die Informationen zum Datenschutz aus dem Internet laden musste, aber o. k. Nachdem ich diese Seite dann angeschaut hatte, war ich auch nicht sonderlich schlauer als vorher. Wenn man halt kein Jurist ist, und obendrein wenig Zeit hat, irgendein Kauderwelsch zu buchstabieren, gibt man recht bald auf.

Doch dann buchstabierte ich die ganze Registerkarte *Datenschutz*. Und ehrlich gesagt, ich habe mich erschreckt. Sie enthält folgende Optionen:

- Lizenzen automatisch erwerben (Standard)
- Eindeutige Player-ID an Inhaltsanbieter senden
- Daten zur Player-Verwendung an Microsoft schicken

Was hat das mit Datenschutz zu tun? Meiner Meinung nach klingt das nur noch nach automatischem Musikeinkauf (mit automatischer Nachberechnung getauschter Files?)! Und obendrein möchte Microsoft unseren Rechner und unsere Internetverbindung benutzen, um Daten über uns zu sammeln und irgendwie auszuwerten!

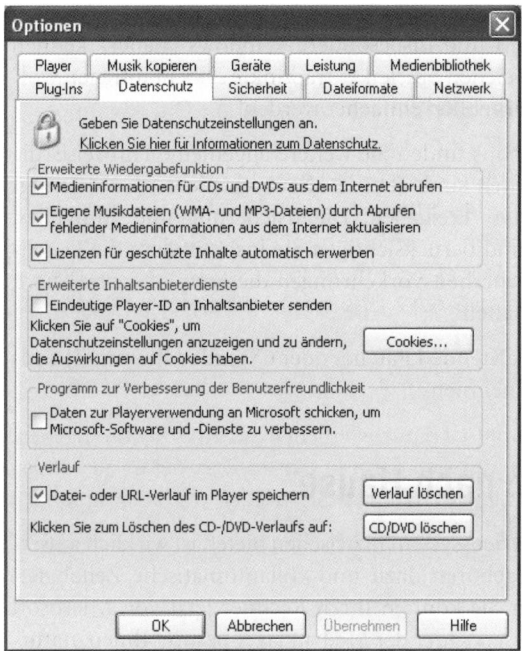

Abbildung 1.1: Wessen Daten werden hier noch geschützt?

Ich musste an meinen guten alten Plattenspieler denken: Da gab es das alles nicht. Man kaufte oder tauschte Schallplatten, wie man selber wollte – und kein Mensch der Welt interessierte sich für eine eindeutige Player-ID. Dasselbe bei den Tonbändern: Man kopierte auf Kassetten und auf alles, was nach magnetischem Datenträger aussah – und fertig!

Doch nun? Die Musikindustrie schaut uns inzwischen bis ins Wohnzimmer, dank Windows! Als Gegenleistung erlauben wir dann Microsoft, Daten über unsere musikalischen Vorlieben zu sammeln. Ob das was wert ist? Und können wir etwas dabei gewinnen? Oder wird da wieder nur ein Stück unserer Rest-Privatsphäre äußerst billig zu Grabe getragen? Ich denke, es wird höchste Zeit, den Leuten mal auf die Finger zu schauen.

XP Manual

Microsoft selbst wurden die zuvor genannten und viele weitere Merkwürdigkeiten bezüglich automatischer Internetkommunikation inzwischen so unangenehm, dass die Firma eine eigene Dokumentation herausgab. Auf sage und schreibe 172 Seiten wird darin die Kommunikation zwischen XP und Internet dokumentiert.

> Ich würde Ihnen dieses Dokument gern auf unsere Buch-CD packen (*XP.pdf*), insbesondere weil es inzwischen an Microsofts ursprünglicher Download-Adresse nicht mehr aufzufinden ist. Doch bis zur Drucklegung lag noch keine Genehmigung dazu vor.
>
> Ansonsten fand ich das Manual nur noch in Österreich unter *http://technet.microsoft.at/includes/file.asp?ID=4668* – und auch unter *http://www.winhelpline.info/download/dlm_download.php?id=45*. Sollte es dort auch verschwinden, weiß Google vielleicht mehr (Stichworte: XP, „Controlling Communication with the Internet". Und wenn alle Stricke reißen, dann schreiben Sie mir!

Wie auch immer, Sie müssen dieses Manual natürlich nicht Seite für Seite durchgehen, immer wieder den Kopf schüttelnd – um sich dann in der Registry derart zu verhaspeln, dass Sie XP neu installieren müssen. Wonach Sie wieder von vorn anfangen könnten. Nein, so machen wir es nicht!

XP Antispy

Es gibt ein kleines Tool, XP Antispy, das Ihnen hauptsächlich die möglichen XP-Telefonate auflistet und Ihnen die Möglichkeit bietet, ungewünschte Dienste zu deaktivieren. Sie brauchen nicht selber in die Registry, brauchen keine Systemdateien irgendwelcher Art durcheinander bringen, Sie müssen lediglich ein paar Haken von Ihrer Maus anbringen lassen.

> Zufällig befindet sich *XP Antispy.exe* (Version September 2003) auf unserer Buch-CD. Eine neuere Version finden Sie möglicherweise unter *www.xp-antispy.org*. Bevor Sie das Programm anwenden, werfen Sie einen Blick auf die Punkte 1.1.3 bis 1.1.5. dieses Workshops. Nach Anwendung von XP Antispy sind die dort genannten Probleme bereits bereinigt.

> Seien Sie im Übrigen vorsichtig beim Surfen! Verschiedene Antispy-Domains wimmeln nur so von Dialern! Im September ist die richtige Domain *www.xp-antispy.org*.

Nach dieser langen Vorrede geht's wenigstens mit dem Programm schnell voran: Ein Doppelklick auf das Programmsymbol bringt Sie unmittelbar zur Anwendung (siehe Abbildung 1.2).

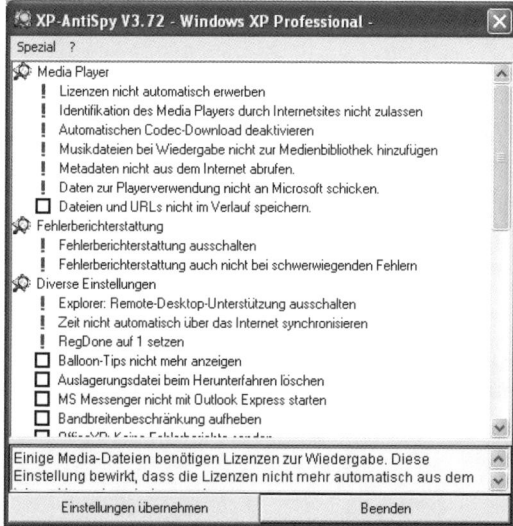

Abbildung 1.2: Zu viel Rot nach der Standardinstallation

Die rot gekennzeichneten Einträge können Sie nun mittels *Einstellungen übernehmen* in den grünen Bereich überführen (siehe Abbildung 1.3). Danach dürfte XP schon weitaus weniger Netzkapazität von uns benötigen.

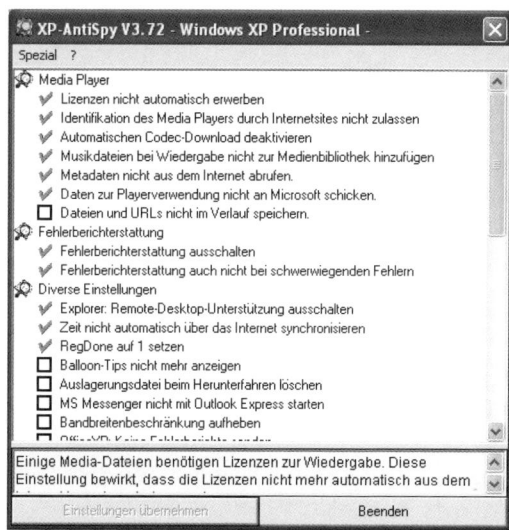

Abbildung 1.3: Kein automatisches Internet für Media Player, Timer und Robots

Wenn Sie sich nun noch die Mühe machen, auch die weniger kritischen Optionen durchzustöbern, werden Sie weitere Anregungen finden, wie Sie Ihr System noch sicherer und schneller konfigurieren können. Ein Haken in der entsprechenden Checkbox reicht, nach *Einstellungen übernehmen* bringt der XP Antispy auch diese Angelegenheit ins Reine (siehe Abbildung 1.4).

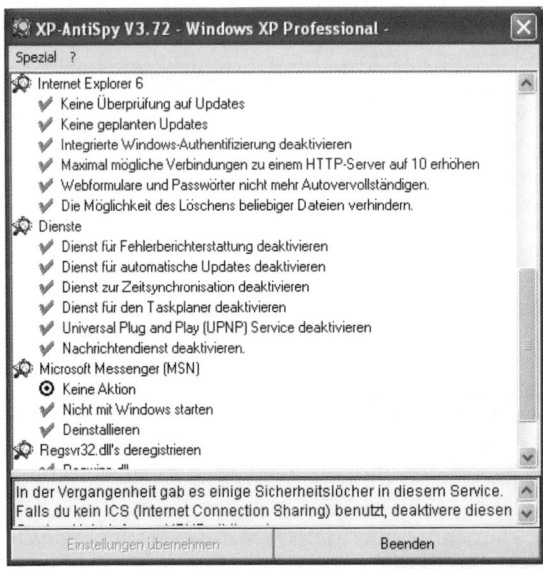

Abbildung 1.4: Die Verbindung ins Netz gehört wieder mir.

Sie können im Übrigen die durchgeführten Änderungen zurückfahren; unter *Spezial* finden Sie das entsprechende Menü. Aber ich werde mich hüten, gehört doch mein Computer nun endlich wieder mir!

Die folgenden drei gemischten Beispiele sollen Ihnen abschließend weiter verdeutlichen, wie XP Ihren Rechner für eigene Zwecke nutzt und/oder Dinge vor Ihnen verheimlicht. Das alles müsste nicht sein, aber in Windows XP ist es Realität!

Unsere Internetverbindung gehört uns!

Wie eingangs bereits erwähnt, reserviert XP bis zu 20 % der zur Verfügung stehenden Internetbandbreite für eigene Zwecke – und verheimlicht das Ganze obendrein! Und bezahlt keine Gebühren dafür! Ein starkes Stück, oder?

XP Antispy bringt das auf Ihrem Rechner derart in Ordnung, dass die Bandbreite für XP auf Null gesetzt wird. Wenn Sie doch ein oder zwei Prozent spendieren wollen, oder wenn Sie einfach mal sehen wollen, wie diese 20 % verheimlicht werden, dann folgen Sie mir kurz:

Start, Ausführen, gpedit.msc öffnet das notwendige Verwaltungsprogramm. *Administrative Vorlagen, Netzwerk, QoS Paketplaner* führt uns zur Abbildung 1.5. Sie erkennen, dass standardmäßig die Begrenzung der (seitens XP) reservierbaren Bandbreite nicht konfiguriert ist. Würden Sie dieser Aussage die 20 % für XP entnehmen?

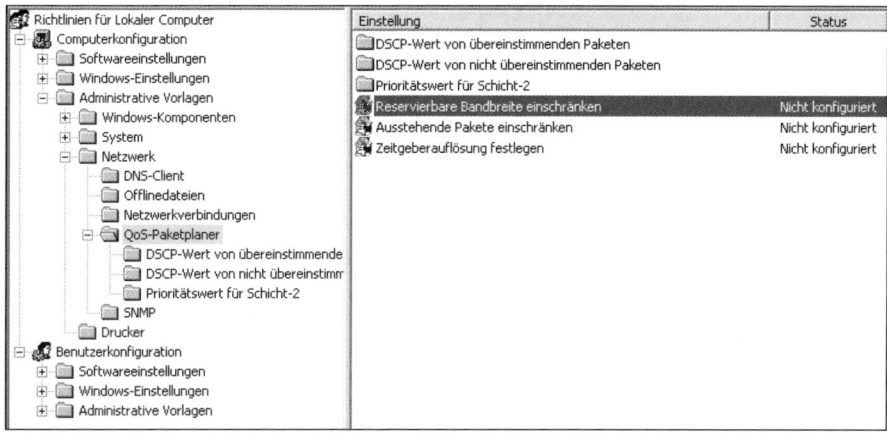

Abbildung 1.5: Reservierbare Bandbreite einschränken – Nicht konfiguriert?!

Nach einem Doppelklick auf die *Bandbreite* sind wir auch noch nicht unbedingt schlauer (siehe Abbildung 1.6).

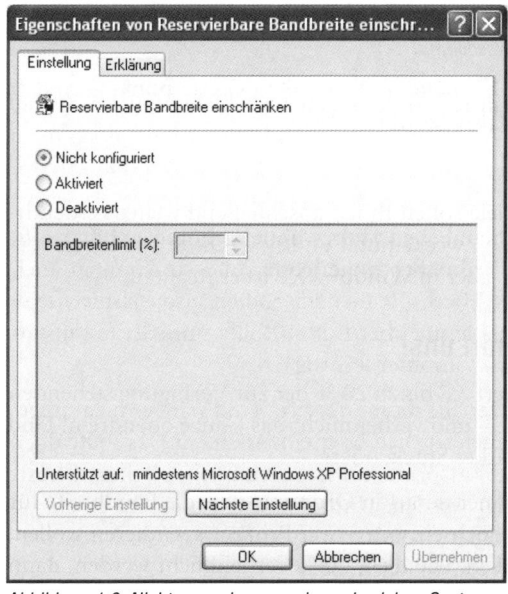

Abbildung 1.6: Nichts zu sehen, von irgendwelchen Systemreservierungen

Doch nach *Aktiviert* taucht wie von Zauberhand eine *20* auf (siehe Abbildung 1.7). Das ist der Betrag, den XP sich erlaubt in Anspruch zu nehmen. Sicherlich nicht immer, aber immer öfter. Spaß beiseite, diese Information hätten in zwei Menüs zuvor auch schon angezeigt werden können.

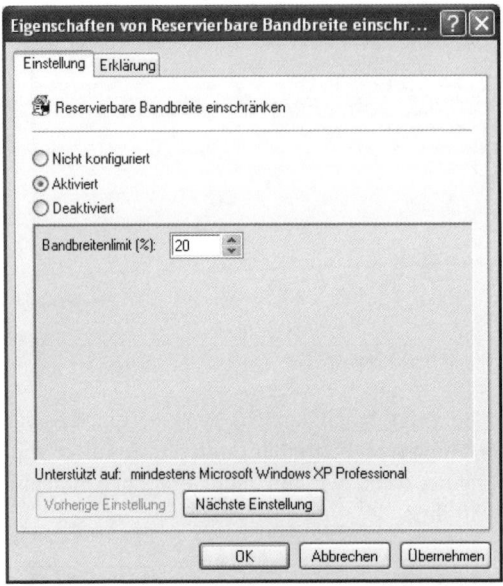

Abbildung 1.7: Erst jetzt lässt XP die Katze aus dem Sack!

Jedenfalls ist bei mir sehr schnell die XP-Bandbreite auf dem Gefrierpunkt gelandet, danach gehört die Internetverbindung wieder mir.

Heimliche Mitbewohner

Die in diesem Abschnitt behandelten heimlichen Mitbewohner gehören zu Microsoft. Sie werden bei der Installation standardmäßig eingerichtet, und sie könnten auch einer möglichen Fernwartung seitens Microsoft dienen. Sollten also beispielsweise Probleme mit Ihrem System auftreten, könnte Microsoft mithilfe eines der fest installierten heimlichen Mitbewohner Ihren Computer fernwarten.

Was nicht übel klingt, nur wie oft nutzen Sie diesen Service? Und wäre es nicht überhaupt sinnvoller, erst im Bedarfsfall einen solchen User einzurichten? Das sollte doch möglich sein, bei einer solchen Firma. Entsprechend frage ich mich, ob diese Ghosts wirklich nur zur Fernwartung benötigt werden. Und obendrein frage ich mich, ob nicht auch Cracker diese Ghosts fernsteuern könnten – irgendeines der vielen Sicherheitslöcher in Windows wird das doch ermöglichen, oder?

Wie auch immer, lassen Sie uns kurz nachschauen, welche Wohngemeinschaft unser Rechner beherbergt.

Über *Systemsteuerung, Verwaltung, Computerverwaltung, Lokale Benutzer und Gruppen, Benutzer* kommen Sie zur Abbildung 1.8. Sie erkennen unschwer, dass Sie nun wirklich nicht allein auf Ihrem Computer sind.

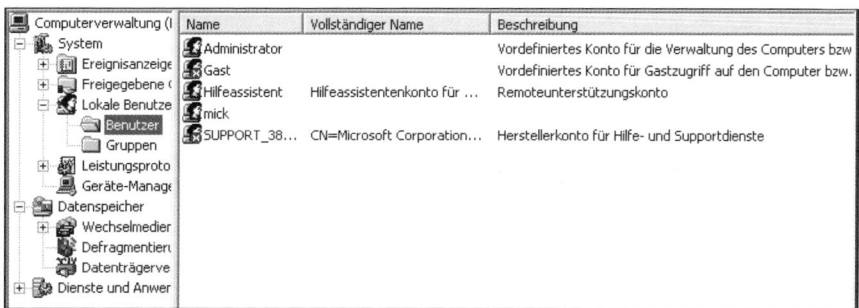

Abbildung 1.8: Gast mit lebenslangem Wohnrecht und Hilfsassistent

Der *Administrator* wird zur Installation benötigt! Doch danach? Merkwürdig, dass Sie ihn nicht löschen können, auch wenn Sie inzwischen einen anderen Benutzer mit Admin-Rechten angelegt haben! Ich meine, wenn wir ihn nicht brauchen, warum dann nicht weg damit? Braucht Microsoft ihn?

> Das Mindeste was Sie tun sollten ist, den Administrator umzubenennen und danach zu deaktivieren. Ein Cracker, der Ihre Maschine gefunden hat, muss diese ja nicht schon beim ersten Versuch übernehmen können!
>
> **PROFITIPP**

Der Gast hat offiziell weniger Rechte, kann nichtsdestoweniger unseren Rechner auch nicht verlassen! Doch sollten Sie auch diesen Gast zunächst umbenennen und danach deaktivieren!

Der Hilfeassistent kann sowohl deaktiviert als auch gelöscht werden; und das gilt auch für den Microsoft-Support-Mitarbeiter! Beide sollten Sie zumindest umbenennen! Sollten Sie die direkte Hilfe seitens Microsoft eher selten in Anspruch nehmen wollen, löschen Sie sicherheitshalber den zuständigen Sachbearbeiter!

Windows Messenger als normales Zubehör – oder vollständig entfernen

Die Standardinstallation Ihres Windows XP versteckt üblicherweise den Windows Messenger in den unendlichen Weiten des Systems. Und man fragt sich, warum der Messenger nicht als ganz normales Zubehör wie Notepad und Co. behandelt wird. Absicht, oder einfach ein Versehen? Wir können Letzteres leicht korrigieren:

Der Messenger wird wie durch Zauberhand sichtbar, wenn Sie die Datei *sysoc.inf* (im *Windows*-Ordner *Inf*) wie folgt ändern:

Zeile alt: msmsgs=msgrocm.dll,OcEntry,msmsgs.inf,*hide*,7 wird zu

Zeile neu: msmsgs=msgrocm.dll,OcEntry,msmsgs.inf,,7 – also einfach das *hide* aus der ursprünglichen Zeile löschen. Wenn Sie nun in der Systemsteuerung die Windows-Komponenten anzeigen lassen, haben diese Zuwachs bekommen. Und natürlich können Sie den Messenger nun auch ganz normal löschen – und auch wieder installieren lassen. Es ist ja Ihr Computer!

1.2 Surfen – mit Fun oder Sicherheit?

Doch nun zum Sorgenkind Nummer 1 unter allen Internetprogrammen: dem Browser. Kaum ein Programm wird häufiger benutzt, kaum ein Programm bietet so viele Möglichkeiten, kaum ein Programm bietet so viele Risiken. Wir kommen nicht umhin, auch bei den Browsern nach dem Rechten zu sehen.

Die Überschrift deutet schon auf den Zielkonflikt hin, den Sie in diesem Abschnitt lösen müssen: Spaß, Unterhaltung und immer mehr und aufwändigere Werbung – oder Sicherheit für Ihre Daten? Eines vorab, Sie können nicht beides bekommen! Und wir können wohl festhalten, dass sich das Risiko für Ihre Daten umso mehr erhöht, je lockerer Sie die Sicherheitseinstellungen in Ihren Browsern konfigurieren. Deshalb schauen wir uns diese sofort einmal an:

Die Zonen beim Internet Explorer

Der Microsoft Internet Explorer bietet Ihnen vier Sicherheitszonen an, in die Sie die von Ihnen angesurften Seiten einsortieren können. Dabei kommt jede Zone mit einem vordefinierten, aber frei konfigurierbaren Sicherheitsniveau daher. Drücke ich mich klar genug aus? Vielleicht schauen wir uns die Zonen einfach mal an:

1 Über *Extras, Internetoptionen, Sicherheit* kommen Sie zur Abbildung 1.9. Hier finden Sie sicherlich selber die *Eingeschränkten Sites.* Webseiten aus dieser Zone dürfen auf Ihrem Rechner so gut wie nichts mehr anstellen, entsprechend sollten Sie möglicherweise gefährdende Adressen hier einsortieren. Dubiose Download-, Sex- und Dialerseiten wären Kandidaten, falls Sie nicht besser ganz darauf verzichten wollen.

2 Das Gegenteil bilden die Seiten, denen Sie absolut *vertrauen* (siehe Abbildung 1.10)! Diese Seiten dürfen entsprechend auf Ihrem Rechner nahezu tun und lassen, was sie wollen. Möglicherweise ist Ihre Bankenseite ein Kandidat, bis diese mal geknackt wird.

Surfen – mit Fun oder Sicherheit?

Abbildung 1.9: Möglicherweise gefährliche Seiten

Abbildung 1.10: Seiten, denen Sie absolut vertrauen

Workshop 1 – Die Optimierung des Systems

3 Ein Zwischending bilden die Seiten aus einem möglicherweise vorhandenen lokalen oder *Firmennetzwerk* (siehe Abbildung 1.11). Die Seiten hierin genießen etwas weniger Vertrauen als die der Vertrauenswürdigen Sites, aber noch immer mehr als die Eingeschränkten Sites.

Abbildung 1.11: Das lokale Intranet – weniger gefährlich?

4 Alle nicht einsortierten Seiten landen dann vollautomatisch in der *Internet Zone* (siehe Abbildung 1.12). Für Sie als normalen Benutzer (ich denke, Sie sind normal) gelten also für den Fall, dass Sie kein ausgeklügeltes Sortierverfahren angewendet haben, grundsätzlich die Einstellungen dieser Zone.

5 Es bleibt uns nun nur noch, einen Blick auf die Einstellungen zu werfen, die Sie für jede Zone unabhängig voneinander vornehmen können. Aktivieren Sie dazu den Button *Stufe anpassen*, und scrollen Sie sich durch die Abbildung 1.13.

Abbildung 1.12: Der Rest ist Internet

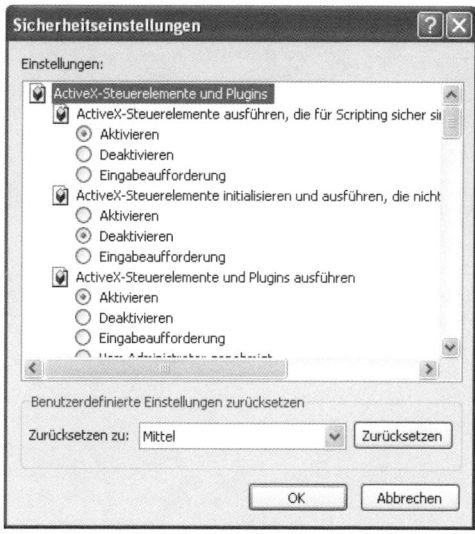

Abbildung 1.13: Das Tuning für jede der vier Zonen

Und nun gilt eine alte Bauernregel: Je mehr Sie einem der vielen Module erlauben, desto höher wird Ihr Risiko. Und das gilt für jedes Modul, wobei man den Grad der Gefährdung sicherlich diskutieren könnte, die eigentliche Tatsache aber nicht!

> Mein Tipp für Ihre Einstellungen der vier Zonen lautet entsprechend: Setzen Sie die *Internet-Zone* zunächst auf *Hoch* – und es spricht nichts dagegen, die Einstellungen über *Stufe einstellen* noch zu verschärfen. Dasselbe gilt für die *Intranet-Zone*. Die *Eingeschränkten Sites* meiden Sie ganz (oder Sie verwenden Sie als Testzone), und in die *Vertrauenswürdige Zone* packen Sie die Seiten, auf die Sie angewiesen sind, und die in Ihrer Internet Zone nicht funktionieren. Wobei Sie das Sicherheitsniveau für die vertrauenswürdige Zone aber nur so weit verringern, wie es unbedingt erforderlich ist! Wenn also eine Bankenseite unbedingt JavaScript voraussetzt und Sie die Bank nicht wechseln wollen, dann ermöglichen Sie JavaScript, aber auch nicht mehr.

Sicherheit bei Netscape

Ich habe mir schnell noch eine neue CD besorgt, auf der das neueste Netscape 7.1 auf meinen Test wartet. Doch schauen wir erst mal in den Sicherheitsbereich, der fast der alte geblieben ist.

Über *Bearbeiten, Einstellungen, Erweitert* kommen Sie zur Abbildung 1.14. Hier lässt sich lediglich Java erlauben oder nicht.

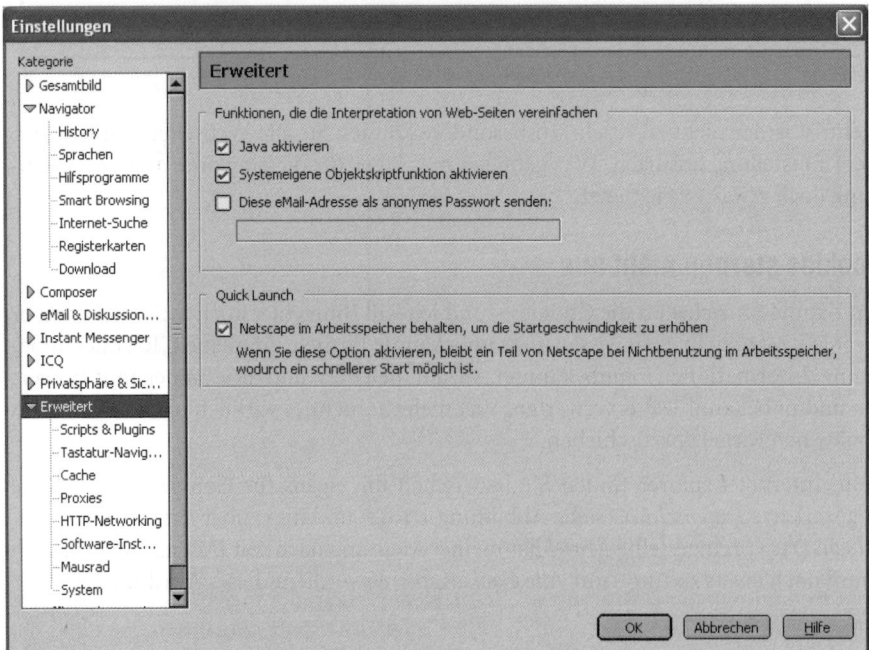

Abbildung 1.14: Java – enable or disable

Unter *Scripts&Plugins* lassen sich dann noch etwas differenziertere JavaScript-Befugnisse verwalten (siehe Abbildung 1.15).

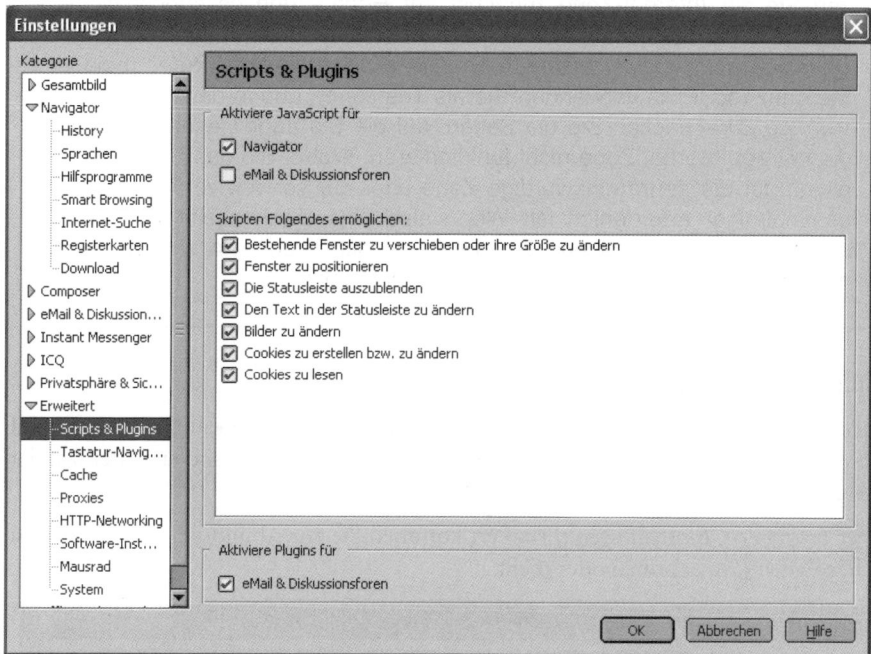

Abbildung 1.15: Differenzierte JavaScripts für den Navigator

Mehr ist leider nicht zu regeln. Insbesondere können Sie alle Webseiten mit lediglich einer Einstellung ansurfen. Was genügen mag, aber für die eine oder andere Anwendung doch etwas wenig bietet.

Cookies sterben nicht aus

Ein Kapitel für sich sind die Cookies – und ich will Ihnen hier auch nicht viel darüber erzählen. Mir reicht es zu wissen, dass unbekannte Firmen auf meinem Rechner unbekannte Informationen in unbekannter Anzahl speichern und diese unbekannt auswerten und unbekannt weiterverwenden. Viel mehr braucht es wirklich nicht, um diesem Spuk einen Riegel vorzuschieben.

Beim Internet Explorer finden Sie inzwischen die eigens für Cookies eingerichtete Registerkarte *Datenschutz* (siehe Abbildung 1.16) – und diese über *Extras, Internetoptionen*. Das voreingestellte *Mittel* hat meiner Meinung nach mit Datenschutz wirklich kaum noch etwas zu tun – nur *Alle Cookies sperren* verdient dieses Attribut.

Workshop 1 – Die Optimierung des Systems

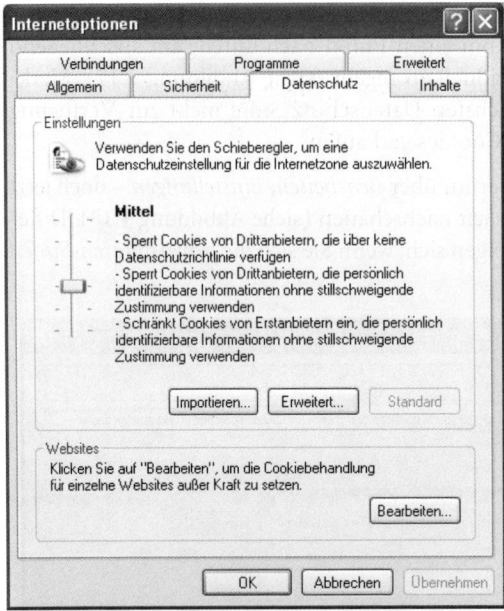

Abbildung 1.16: Block all Cookies – Sicherheit geht vor

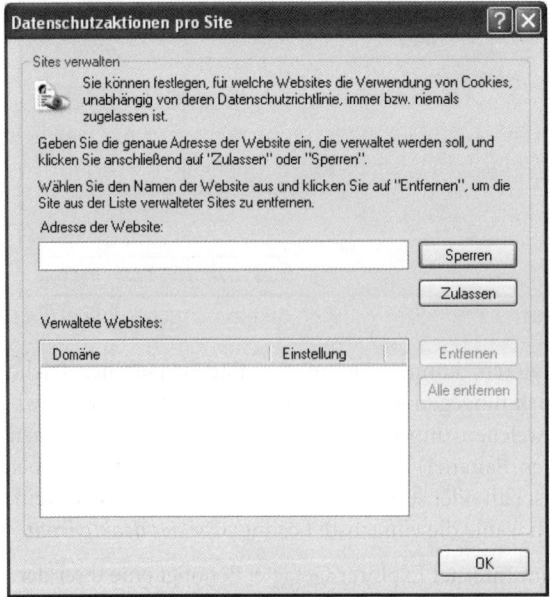

Abbildung 1.17: Ausnahmen im Guten und Bösen sind möglich.

Surfen – mit Fun oder Sicherheit?

Wenn Sie auf die Webseiten nicht verzichten können, die noch immer Cookies einsetzen, schalten Sie die Sicherheitsstufe um einen Punkt nach unten, um anschließend über *Bearbeiten* einzelne Seiten individuell zu regeln (siehe Abbildung 1.17). Merkwürdig, dass diese Option in der höchsten Datenschutz-Stufe nicht zur Verfügung steht. Will Microsoft jetzt auch noch Cookies verkaufen?

Die Netscape Cookies finden Sie wiederum über *Bearbeiten*, *Einstellungen* – doch jetzt müssen Sie unter *Privatsphäre&Sicherheit* nachschauen (siehe Abbildung 1.18). Differenzierte Einstellungsmöglichkeiten zeigen sich, wenn Sie sich die *privatsphären-Stufen anzeigen* lassen.

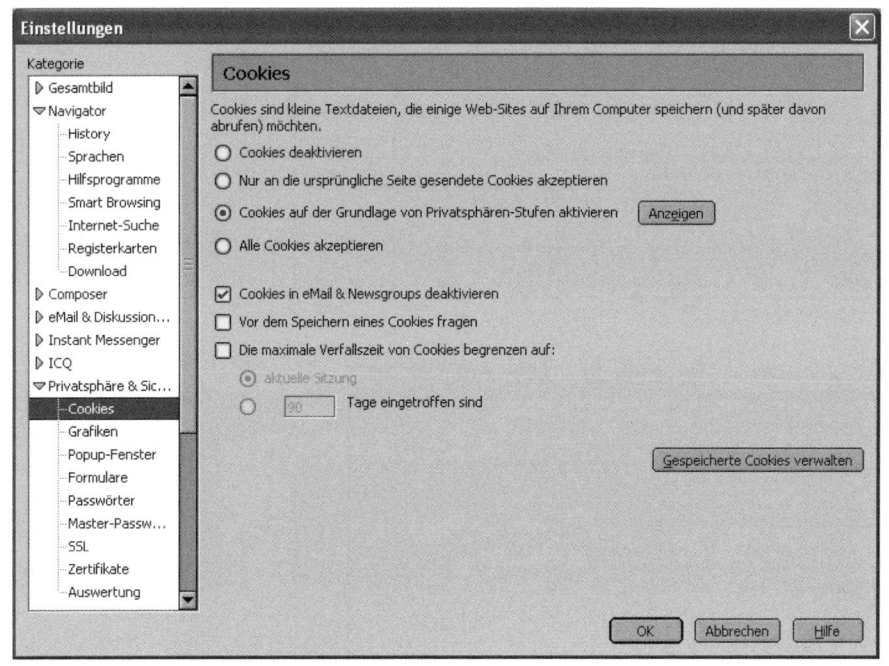

Abbildung 1.18: Cookies in allen Variationen

Sobald Sie *benutzerdefiniert* aktivieren, können Sie an den Rädchen drehen (siehe Abbildung 1.19). Ich wundere mich hingegen nur, welch feine Unterschiede es inzwischen gibt. Und dass ich irgendwelchen unbekannten Policen unbekannter Firmen irgendwo in Panama (nichts gegen Panama) vertrauen soll, dass diese mit den über mich gesammelten Daten kein Geschäft oder sonst was machen. Und wenn doch? Nein, das überzeugt mich alles nicht! Ich wähle die einfachste Lösung: *Cookies deaktivieren*.

Ansonsten gilt das auch schon beim Internet Explorer Gesagte: Benötigt eine Ihrer derzeit noch unverzichtbaren Webseiten Cookies zum besseren Funktionieren, dann schalten Sie die Sicherheitsstufe genau so weit zurück, dass Sie diese Seite benutzen können.

Workshop 1 – Die Optimierung des Systems

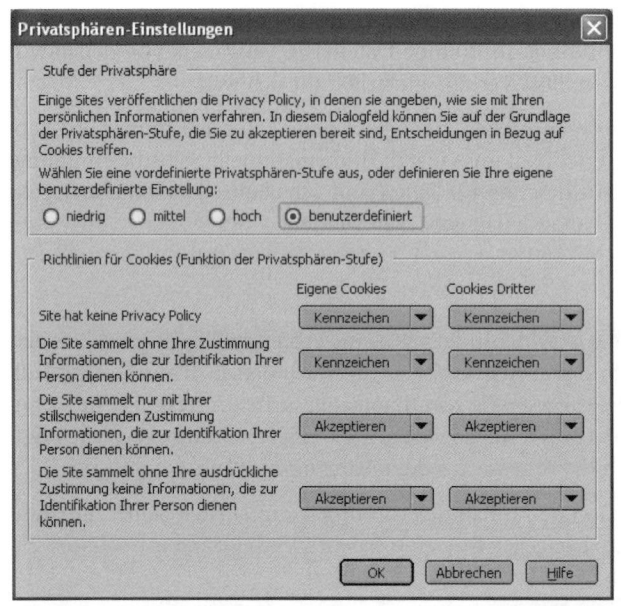

Abbildung 1.19: Differenzierte Einstellungen – aufgrund unbekannter Polices

Netscape bietet Ihnen übrigens einen separaten *Cookie Manager*, den Sie sowohl aus dem soeben besprochenen Menü heraus aufrufen können als auch direkt aus den *Extras* im Navigator (siehe Abbildung 1.20).

Abbildung 1.20: Ein neuer Beruf? Cookie Manager!

Ist ja echt verrückt! Wir verwenden inzwischen unsere Zeit, unsere Rechnerkapazität und unsere Verbindungsgebühren, um fremde Dateien zu verwalten, von denen wir nun wirklich gar nichts wissen. Die Werbe-Industrie traut sich was!

Zur Legalität möchte ich noch anmerken, dass diese sicherlich nicht immer gegeben ist. Das Bundesverfassungsgericht hat uns einst die informationelle Selbstbestimmung zuerkannt, wonach wir Eigentümer unserer Daten sind. Ich denke, dass sollte auch gelten, wenn unsere Daten in Cookie-Form gebacken werden!

Verlauf und Cache

Es geht hier natürlich nicht um Geld, sondern um eine grundsätzliche Eigenschaft der Browser, Ihnen einmal mehr das Surfen so angenehm wie möglich zu machen. Im Fall des Verlaufs merken sich die Browser die von Ihnen angesurften Adressen. Und wenn Sie nun noch mal zur selben Adresse surfen wollen, kann diese z.B. autovervollständigt werden oder Sie suchen sich die Adresse aus dem Adressfenster aus.

Der Cache seinerseits speichert den Inhalt der von Ihnen angesurften Seiten, um diesen bei Bedarf nochmals anzuzeigen, ohne eine erneute Verbindung ins Internet zu benötigen. Auch eine gute Sache, die Geld und Zeit spart!

Das einzige Problem dabei ist, dass auch andere Benutzer Ihres Computers diese Adressen und Inhalte anschauen können. Ihre Arbeitskollegen oder Vorgesetzten werden sich fragen, warum Sie z.B. Jobbörsen besuchen.

Sollten also Sie oder Ihr Browser mal eine weiße Weste brauchen, beim Internet Explorer finden Sie *Verlauf* und *Cache* über *Extras, Internetoptionen, Allgemein* (siehe Abbildung 1.21).

Bei Netscape gibt's etwas mehr Arbeit: Den *Cache* finden Sie über *Bearbeiten, Einstellungen, Erweitert* (siehe Abbildung 1.22). Die *History* zeigt sich unter *Bearbeiten, Einstellungen, Navigator*.

Beachten Sie, dass sich der Cache nicht deaktivieren lässt. Im Workshop 10 stelle ich Ihnen aber ein Tool vor, dass Ihre Surfspuren per Mausklick beseitigt.

Workshop 1 – Die Optimierung des Systems

Abbildung 1.21: History und Cache auf einen Griff

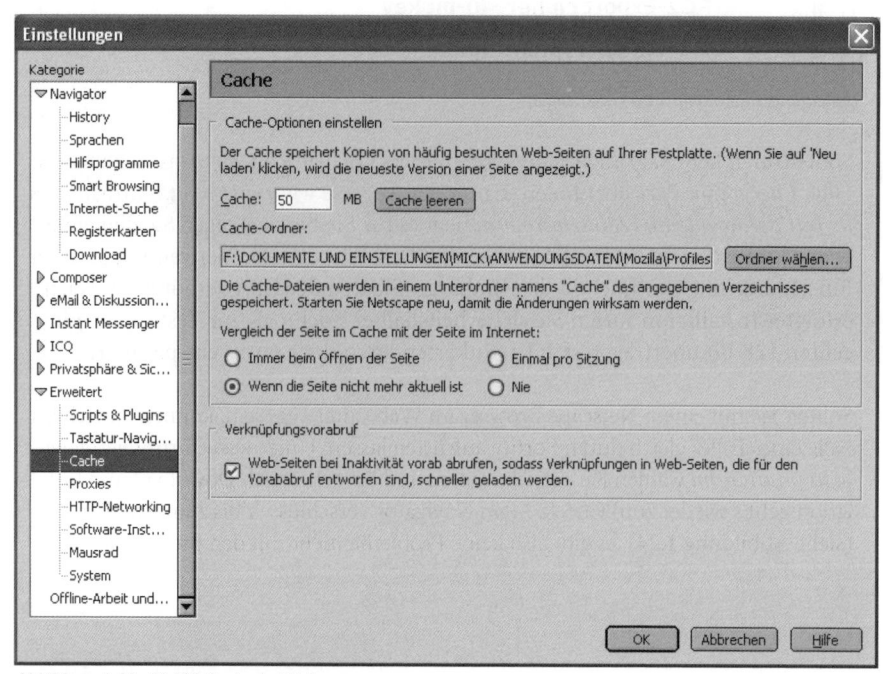

Abbildung 1.22: 50 MB Cache bei Netscape

Starke Verschlüsselung

Eine ausreichende Verschlüsselung in amerikanischen Programmen ist erst seit relativ kurzer Zeit möglich. In älteren Browsern kann also durchaus noch eine unsichere Verschlüsselung konfiguriert sein.

1. Sie können Ihren Internet Explorer auf die Schnelle überprüfen, indem Sie einen Ausflug ins Web zu *https://www.fortify.net/sslcheck.html* unternehmen (siehe Abbildung 1.23). Sobald Sie die Seite erreichen, werden die maximalen Sicherheitseinstellungen Ihres Browsers getestet und Ihnen angezeigt. Scrollen Sie den Bildschirm noch etwas weiter nach unten, erhalten Sie zusätzliche Kommentare.

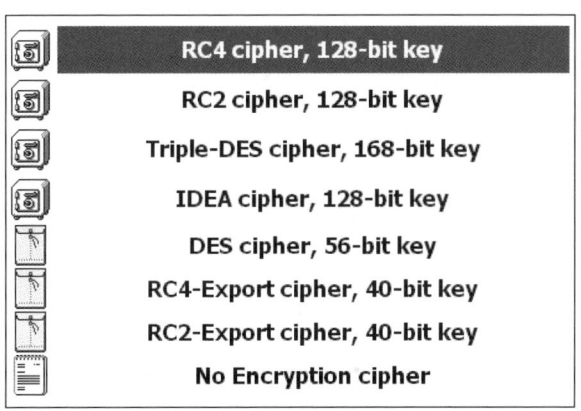

```
RC4 cipher, 128-bit key
RC2 cipher, 128-bit key
Triple-DES cipher, 168-bit key
IDEA cipher, 128-bit key
DES cipher, 56-bit key
RC4-Export cipher, 40-bit key
RC2-Export cipher, 40-bit key
No Encryption cipher
```

Abbildung 1.23: Mein Browser ist sicher!

2. Sollte Ihnen kein Safe angezeigt werden, ist es höchste Zeit, sich das so genannte *High Encryption Pack* abzuholen. Unter der Adresse *www.microsoft.com/windows/ ie_intl/de/download/128bit/intro.htm* liegt es für Sie bereit. Folgen Sie den einfachen Anweisungen, und beachten Sie den Hinweis, dass die Verwendung starker Entschlüsselung nur noch in den Embargo-Staaten der USA verboten ist. Nach erfolgter Installation surfen Sie sicherheitshalber nochmals zur Testseite – mit echten 128 Bit übertragen sich Kreditkartendaten doch etwas entspannter.

3. Sollten Sie mit einem Netscape Browser im Web unterwegs sein, können Sie sich im Falle eines Falles gleich durch Fortify aufrüsten lassen: Unter *www.fortify.net/down-load_main.html* wählen Sie Betriebssystem und Sprache, nach Download und Installation geht's wieder zum Check. Mein Navigator verschlüsselt bis zum Anschlag (siehe Abbildung 1.24), es gibt also keine Probleme mehr mit den Browsern.

Abbildung 1.24: Auch Netscape zeigt inzwischen 128 Bit Verschlüsselung an.

4 Ihr Opera-Browser sieht dem ganzen Prozedere gelassen zu; als nichtamerikanisches Produkt verfügt er von Haus aus über 128 Bit Verschlüsselung – manchmal sind es eben die Kleinen, die schneller sind als die Dinos J!

Wir können das Thema Verschlüsselung an dieser Stelle zwar nicht vertiefen, einen wichtigen Tipp möchte ich Ihnen aber doch noch geben: Was für die Browser gilt, muss für andere Clients, mit denen Sie Daten im Internet übertragen, längst nicht gelten. Es treiben sich tatsächlich noch ältere Programme herum, die allenfalls mit 40 Bit Verschlüsselungstiefe verschlüsseln. Eine solche Verschlüsselung ist fast schon nicht mehr ernst zu nehmen. Seien Sie also vorsichtig, wenn Sie dem Internet wichtige Daten übergeben!

Anonymes Surfen

Zum Abschluss unseres kleinen Browser-Tunings noch ein kleiner Hinweis auf den Workshop 8: Anonymes Surfen. Unsere Browser sind ja wahre Plaudertaschen, was unsere Daten betrifft. Es gibt hierzu diverse Testseiten im Internet. Manche dieser Testseiten wissen mehr über uns als wir, zumindest vor dem letzten Selbsterfahrungskurs an der VHS. Anonymes Surfen wird da Abhilfe schaffen! Im Workshop 8 erfahren Sie alles Weitere.

Hier geht's jetzt weiter mit ein paar absoluten Profis, die unser System unter die Lupe nehmen werden.

1.3 Die ständige Überwachung des Systems

Ich weiß nicht, ob Sie das Gerücht auch schon gehört haben: Microsoft will sich freiwillig aufteilen! Es soll ein kleines Softwarehaus gegründet werden, das sich um die Weiterentwicklung des Betriebssystems kümmert – der wirklich riesige Rest wird nur noch Patches herstellen. Schlimm ist, das jeder Angestellte in der Patch-Abteilung arbeiten will (wegen der Sicherheit des Arbeitsplatzes). Ich weiß nicht, ob was dran ist an dem Gerücht, aber so viel würde sich eigentlich nicht ändern.

Fast stündlich werden neue Patches zum Download bereitgestellt, die ebenfalls fast stündlich gefundene Sicherheitslöcher stopfen sollen. Als privater Nutzer, der noch einer Lohnarbeit nachgeht, hat man für solche Patch-Orgien einfach keine Zeit (und Nerven). Noch schlimmer trifft es System-Administratoren, die ja eigentlich für Sicherheit sorgen sollen – bei Microsoft-Produkten!

Kein Wunder also, dass es inzwischen Software gibt, die Ihnen dabei hilft, Ihr System auf dem Laufenden zu halten. Und es wird Sie freuen, dass diese Software Ihr System zusätzlich auf Sicherheitslöcher untersucht! Dabei spielt es keine Rolle, ob es sich um einen Maschine oder ein ganzes Netz handelt. Die Rede ist vom LANguard Network Security Scanner, der in diesem Abschnitt kurz vorgestellt wird.

Weiterhin zeige ich Ihnen die Verwendung zweier kleiner Tools, mit denen Sie Ihren Computer selber analysieren und überwachen können, falls Sie zur Abwechslung auch mal selber an den Rädchen drehen wollen. Mithilfe von NTfilemon können Sie beliebige Dateien in Echtzeit beobachten, NTregmon kümmert sich um die Registry. Mit beiden zusammen analysieren Sie, z.B. bei Regenwetter, selber die Arbeitsweise anderer Programme. Und wenn Sie z.B. wissen, welche Programme auf welche Dateien zugreifen, können Sie bei vielen Computerspielen Ihre Ratings leicht modifizieren. Nur ärgern Sie Ihren Partner nicht zu sehr, wenn Sie alle seine Rekorde locker gebrochen haben!

Doch vorher an die wirkliche Arbeit, Ihr Rechner und/oder Netzwerk wartet auf die Analyse.

LANguard Network Security Scanner

Zunächst die etwas unangenehme Nachricht: Der LANguard Network Security Scanner kostet mindestens ein paar hundert Euro! Unter *www.gfisoftware.de* finden Sie entsprechende Informationen. Nun aber doch die eher positive Nachricht: Sie können das Produkt 30 Tage lang kostenlos testen, danach dürfen Sie es bei privater Nutzung (leicht eingeschränkt) kostenlos weiter verwenden.

> Und noch eine gute Nachricht: Sie finden auf unserer Buch-CD die Datei *lannetscan.exe* vom September 2003. Darin steckt der Network Security Scanner, den wir nun kurz anschauen werden. Falls Ihnen im Übrigen die englische Sprache so nahe steht wie mir, finden Sie auch ein gutes deutschsprachiges Handbuch für den Security Scanner auf der CD (*lanscan3man_de.zip*).

Workshop 1 – Die Optimierung des Systems

1 Die Installation wird Sie sicherlich nicht überfordern, da – wie inzwischen üblich – ein Wizard die meisten Aufgaben erledigen wird. Und da ist er auch schon (siehe Abbildung 1.25).

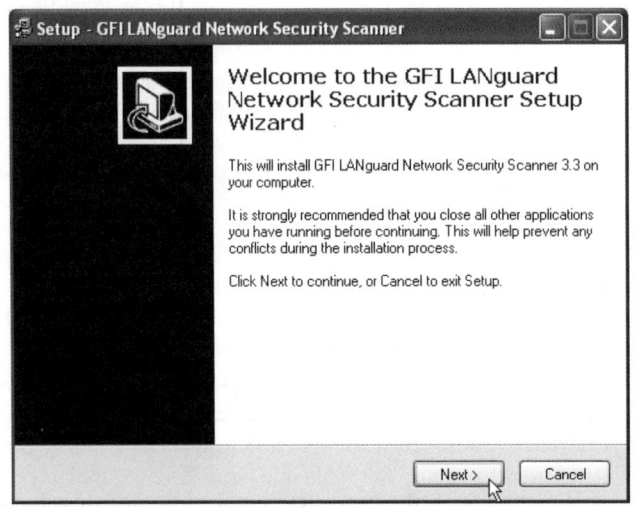

Abbildung 1.25: Herzlich willkommen zum erweiterten System-Check!

2 Nach Abschluss der Installation werden automatisch neueste Infos geholt (siehe Abbildung 1.26).

Abbildung 1.26: Neueste Informationen werden geholt.

3 Da Sie sicherlich schon ganz wild auf den ersten Scan warten, über *File* und *New Scan* erhalten Sie die Abbildung 1.27. *What do you want to scan today?* Sie können also einen Computer scannen (einfach dessen Namen angeben), eine Liste von Computern und einen Bereich, durch IP-Adressen eingeschränkt. Kommen Sie hier aber bitte nicht auf dumme Gedanken ...

Die ständige Überwachung des Systems

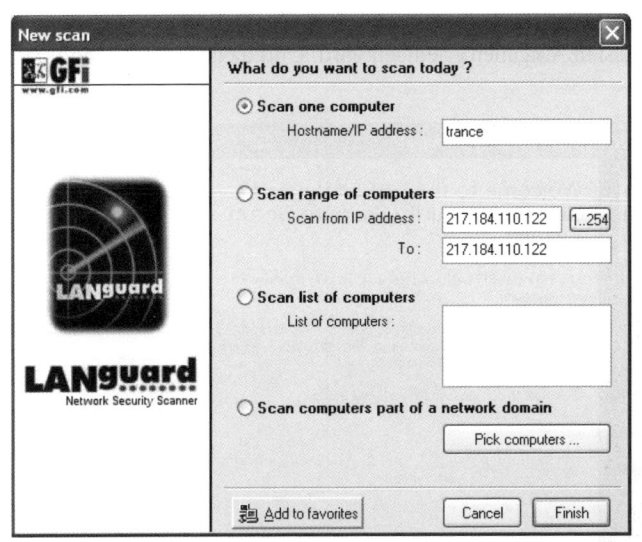

Abbildung 1.27: Ein Scan Ihres (!) Computers oder Heimnetzwerkes

4 Das erste Ergebnis lässt nicht lange auf sich warten: Ein Rechner wurde gefunden – und es ist eine *Windows box* (siehe Abbildung 1.28).

```
Resolving host trance ...

Resolved as : 127.0.0.1
NETBIOS discovery ...
Done sending, waiting for responses ...
SNMP discovery ...
Community string : public
Done sending, waiting for responses ...
ICMP sweep ... (PING!)
Done sending, waiting for responses ...
PONG from 127.0.0.1
 - Time to live (TTL) = 128 (128)
   + Same network segment
 - ICMP code in response = 0 => Windows box
 - Timestamp Reply (127.0.0.1)
 - ICMP UNREACH for closed port (127.0.0.1)
Ready
1 Computer(s) found.
```

Abbildung 1.28: Prescan zur Bestimmung der Maschine(n)

Workshop 1 – Die Optimierung des Systems

5 Anschließend starten die Scans, um beispielsweise Betriebssystem, offene Ports und Sicherheitslücken zu finden (siehe Abbildung 1.29).

```
[127.0.0.1]
NETBIOS/SMB is not enabled on this computer.
Resolving 127.0.0.1...

UDP scanning thread started ...
TCP scanning started ...
Resolved as : localhost
2 open port(s).
Gathering banners ...

UDP scanning thread stopped.
Operating System : Windows 9x/XP
Operating System : Windows Me/XP

Alerts probing ..
Checking FTP Alerts ...
Checking DNS Alerts ...
Checking Mail Alerts ...
Checking Service Alerts ...
Checking RPC Alerts ...
Checking Miscellaneous ...
Checking Information ...

Scan completed in 8 seconds.
Ready
```

Abbildung 1.29: Nach acht Sekunden ist alles vorbei!

6 Sie erkennen an der Abbildung 1.30 unmissverständlich, dass zwei TCP Ports (135 und 5000) standardmäßig geöffnet (!) sind und auch zwei UDP Ports (445 und 1900) Microsofts Kommunikation erlauben. Ohne Firewall bleibt das einfach so!

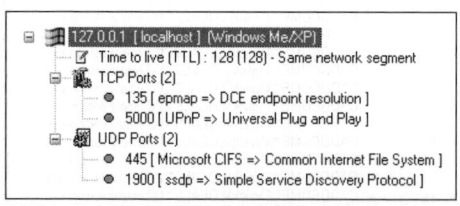

```
□ ■ 127.0.0.1 [ localhost ]  (Windows Me/XP)
    ├─ ☑ Time to live (TTL) : 128 (128) - Same network segment
    ├─ ■ TCP Ports (2)
    │     ● 135 [ epmap => DCE endpoint resolution ]
    │     ● 5000 [ UPnP => Universal Plug and Play ]
    └─ ■ UDP Ports (2)
          ● 445 [ Microsoft CIFS => Common Internet File System ]
          ● 1900 [ ssdp => Simple Service Discovery Protocol ]
```

Abbildung 1.30: Nur die unter Windows offenen Ports sind gefunden.

Mehr wird bei meinem Notebook nicht bemängelt. Ich hoffe, bei Ihrem Rechner oder Netzwerk liegt auch alles im grünen Bereich! Was Sie in jedem Fall bemerken sollten ist, dass es unter Windows einige offene Ports gibt, die ohne Firewall ständig geöffnet sind. Aktuelles Beispiel mag *msblaster* sein, der bei mir minütlich an Port 135 anklopft. Zum Glück blockt ein Firewall diese Versuche in heiterer Gelassenheit ab.

NTfilemon – zur Beobachtung einzelner Programme und/oder Dateien

Normalerweise wissen Sie nicht, was sich alles auf Ihrem Rechner abspielt. Insbesondere ist Ihnen unbekannt, welche Programme wirklich gestartet wurden, welche Dateien wie geöffnet wurden usw. Kurz, Sie sind nicht unbedingt Herr Ihres eigenen Computers! Dieses Unwissen wird ausgenutzt, um z.B. Cookies eben nicht im Cookie-Ordner zu speichern, sondern irgendwo anders.

Wenn Sie diesem Treiben nachspüren wollen (zugegeben etwas für Tüftler wie Sie), dann habe ich eine nettes Tool: *NTfilemon*, ein kleines Programm, das Ihnen alle Dateibewegungen in Echtzeit anzeigt. Das Tool erhalten Sie kostenlos unter *www.sysinternals.com*. Wir konnten es leider nicht auf unsere Buch-CD pressen, da uns bis zum Anwerfen des Brenners keine Genehmigung vorlag. Andererseits sind es lediglich 84 KB (nicht MB, nicht GB), wenig genug, mal wieder einen echten Download zu üben! Und vielleicht bringen Sie sich auch gleich *NTregmon* mit, denn dieses Tool brauchen wir im nächsten Abschnitt.

Nach Aktivierung des Programms werden Sie zwangsläufig einen Schreck bekommen (siehe Abbildung 1.31). Die Zeilen huschen nur so über den Bildschirm, es ist fast unmöglich mitzulesen oder gar einen vernünftigen Screenshot zu machen. Jede bekannte Aktion und noch mehr unbekannte Aktionen werden protokolliert, sobald diese durchgeführt werden (das ist Echtzeit in Realität).

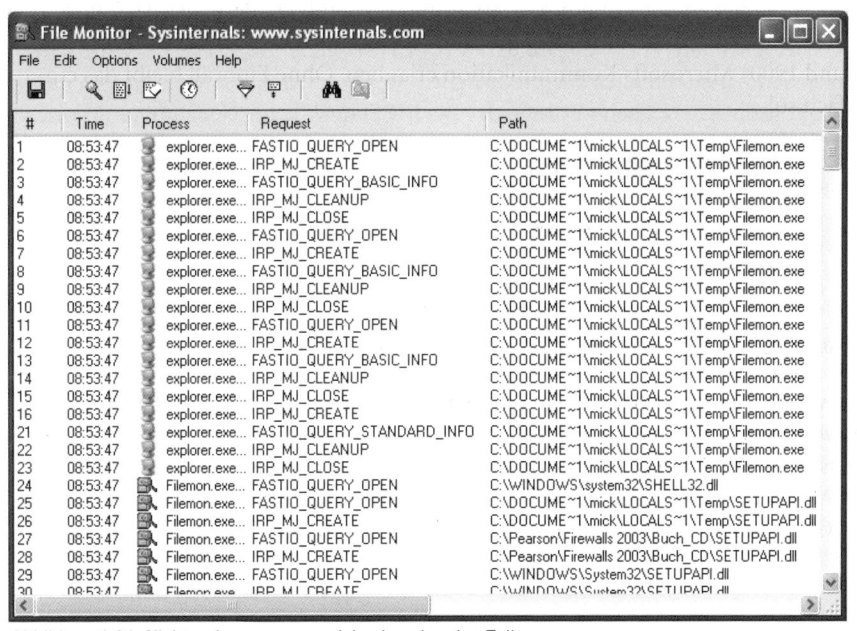

Abbildung 1.31: Nichts wie weg vor so vielen huschenden Zeilen

Mit zwei Handgriffen bringen Sie das alles auf ein erträgliches Maß: Der Filemon-*Filter* (siehe Abbildung 1.32) regelt gewissermaßen stufenlos die Ihrerseits gewünschte Anzeige. Und wenn Sie die Anzeige dann noch einfrieren, können Sie sogar mitlesen! Beachten Sie, dass in der *Include*-Zeile mindestens ein * (als Platzhalter) steht, denn sonst wird eben nichts included.

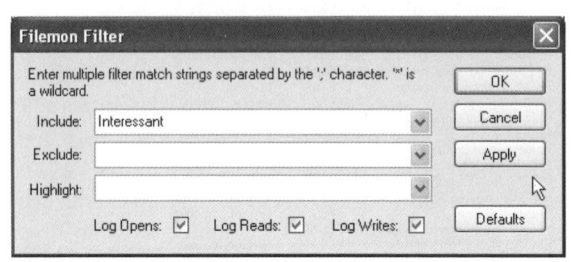

Abbildung 1.32: Der Filemon-Filter bringt alles in Ordnung.

Aktivieren Sie nun Ihre Checkboxen und begeben sich mal auf die Suche nach neuen Cookies. Oder suchen Sie sich die Datei heraus, in der Ihr Computerspiel Ihre neuesten Rekorde speichert. Sie werden bald sicherlich einer der World-Champions sein!

NTregmon – zur Beobachtung der Registry

Wie Sie dem Namen eventuell schon entnehmen, finden Sie in diesem Abschnitt ein zum vorhergehenden *NTfilemon* ähnliches Tool: *NTregmon*. Falls Sie es noch nicht heruntergeladen haben, erhalten Sie die lediglich 85 KB unter *www.sysinternals.com*, da uns auch für dieses Tool beim Pressen der Buch-CD noch keine Genehmigung vorlag.

NTregmon wird für Sie fortan die Kommunikation zur *Registry* überwachen – bis hinunter zur Schlüsselebene, wie Ihnen Abbildung 1.33 zeigt.

Die ständige Überwachung des Systems

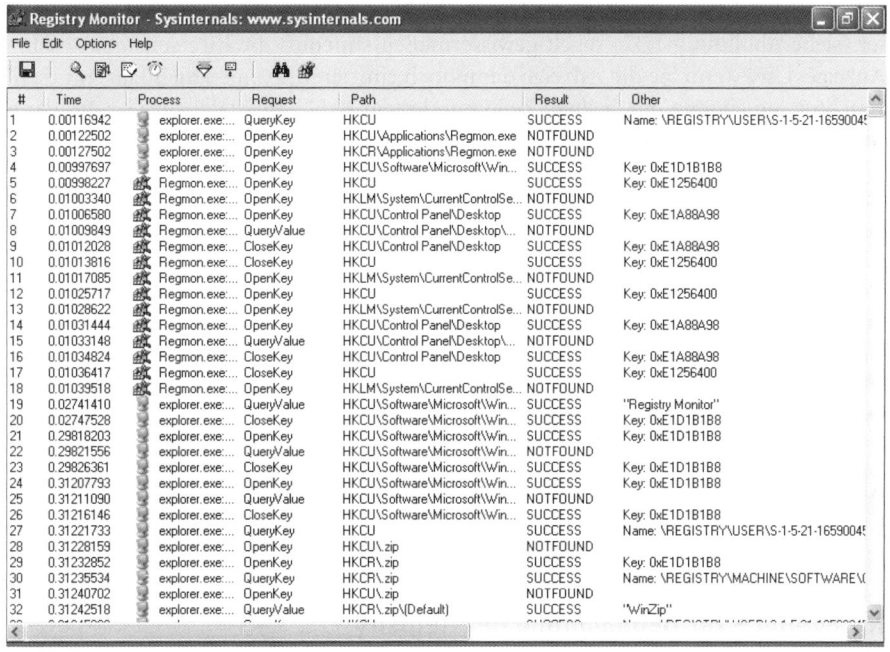

Abbildung 1.33: Programme und Registry – bis zur Schlüsselebene

Der Schreck des Anschauens sitzt hoffentlich nicht ganz so tief, da Sie ja schon etwas Ähnliches befürchtet haben. Dennoch werden Sie auch mit dem *Regmon Filter* Ihre Anzeige etwas differenzierter einrichten wollen. Beachten Sie, dass Ihnen neben Opens, Reads und Writes nun auch Errors und Successes zum Filtern zur Verfügung stehen (siehe Abbildung 1.34).

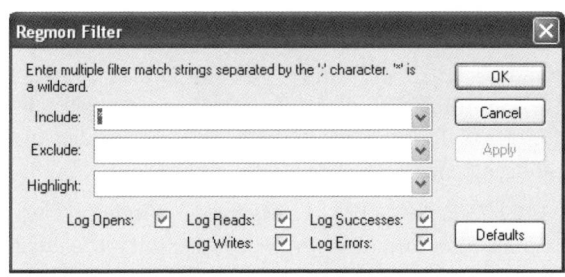

Abbildung 1.34: Ein leicht modifizierter Filter

Ich bin mir sicher, dass Sie, wenn Sie es denn erst mal versuchen, mit den beiden vorgestellten Systemtools eine Menge Dinge erfahren werden, die Sie vielleicht schon immer wissen wollten. Zu viele Programme nutzen unseren Rechner auf nicht immer legale Art, da wird es Zeit, auch diesen mal auf die Finger zu schauen.

1.4 Tipps und Tricks zur erhöhten Sicherheit

Im letzten Abschnitt des ersten Workshops möchte ich Ihnen nur noch kurz ein paar Tipps geben, die Sie sicherlich schon hundertmal gehört haben, die aber häufig noch nicht berücksichtigt werden. Obwohl die Anwendung dieser kleinen Regeln wirklich einiges Unangenehme verhindern hilft! Steigen wir also gleich ein:

Autostarts – auch für Dialer und Trojaner

Alle Windows-Versionen bieten den ausführbaren Programmen verschiedene Möglichkeiten, gleich beim Herauffahren des Rechners aktiv zu werden. Es verwundert nicht, dass diese Möglichkeit genutzt wird – leider auch von Dialern und Trojanern. Es kostet Sie lediglich ein paar Sekunden, die folgenden Checks durchzugehen – ansonsten könnten es schon bald ein paar hundert Euro sein.

1 Sie werden zwar kaum einen Bösewicht unter *Start, Programme, Autostart* erwischen, dennoch sollten Sie kurz nachschauen, ob kein unbekanntes Programm enthalten ist.

2 Verstecktere Möglichkeiten werden da schon eher genutzt. Werfen Sie einen Blick in die *Registry* (*Start, Ausführen, regedit*) gemäß Abbildung 1.35:

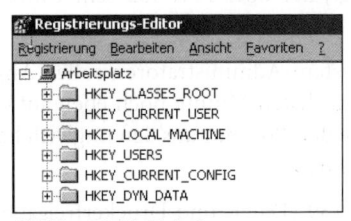

Abbildung 1.35: Dialer?

- Wenn Sie sich anschließend zu *HKEY_CURRENT_USER, Software, Microsoft, Windows, CurrentVersion* durchklicken, finden Sie *Run* und vielleicht *Runonce* (siehe Abbildung 1.36). Einträge in diesen Schlüsseln werden für den aktuellen Benutzer wunschgemäß gestartet.

- Unter *HKEY_LOCAL_MACHINE, SOFTWARE, Microsoft, Windows, CurrentVersion* finden Sie ebenfalls *Run* und *Runonce*. Wie zuvor gilt: Sie sollten die hierin gestarteten Programme kennen. Ansonsten hilft Ihnen *Google*, notfalls ein AntiViren-Hersteller weiter.

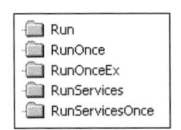

Abbildung 1.36: Aktivierungsmöglichkeiten in der Registry

3 Weitere Möglichkeiten bestehen in der Datei *System.ini* im Windows-Ordner: Falls Sie darin die Zeile *shell=Explorer.exe mtmtask.dll* finden, dann haben Sie beim Hochfahren einen SubSeven gestartet.

4 Schließlich lassen sich Programme aller Art auch mittels *Win.ini* des Windows-Ordners starten. Einträge hinter *LOAD=* oder *RUN=* werden beim Hochfahren aktiviert.

5 Unter XP kommen Sie im Übrigen recht schnell an die meisten Einträge. Geben Sie *msconfig.exe* im *Start*menü unter *Ausführen* ein. In einem ausführlichen Menü werden Ihnen die Startmöglichkeiten aufgelistet.

Auf die Modulebene wollen wir nun nicht auch noch hinunter, aber die häufigsten Autostarts sind damit vorsorglich kontrolliert! Obendrein sperren wir im Workshop 10 Dialer und Trojaner explizit ein!

Die immer offenen Windows-Ports

Wie Sie an verschiedenen Stellen in diesem Buch sehen können, werden einige Ports Ihres Rechners von Windows standardmäßig geöffnet! Ohne Zutun des Benutzers, ohne dessen Wissen, oft ohne vom Benutzer genutzt zu werden – aber nicht selten zu dessen Schaden. Aktuellstes Beispiel ist *msblaster*, der über Port 135 sein Unwesen treibt.

Auch dieser Port ist standardmäßig geöffnet: System-Administratoren sollen Angestellten das Herunterfahren des Systems in der nächsten Minute noch eben auf den Bildschirm senden können; ansonsten kennen Sie den Port nur aus den ungleich häufigeren allseits beliebten WinPopups/Messenger-Spams.

Auch die anderen offenen Ports, in erster Linie 139 (Datei- und Druckerfreigaben), machen Sinn, wenn Sie richtig benutzt werden. Doch bei fehlerhafter Einstellung der Freigaben – und das ist bei einem Laien recht flott passiert – ist nicht selten die ganze Festplatte futsch, weil diese soeben mit der ganzen Welt geteilt wurde.

Ein Firewall bewacht alle Ports, auch die zuvor genannten; ohne Firewall besteht jedoch ein erhebliches Risiko für die Benutzer, spätestens dann, wenn die *Datei- und Druckerfreigabe* für Microsoft-Netzwerke aktiviert ist (siehe Abbildung 1.37).

Abbildung 1.37: Schwarz auf weiß: erlaubt anderen Computern den Zugriff

Sie selbst können sich im Übrigen freuen. Alle in diesem Buch vorgestellten Firewalls blocken diesen und andere offene Ports nach außen ab! Und alle Firewalls protokollieren minütliche Versuche, über diesen einzudringen!

Der riskante Besuch im Chatroom

Keine Bange, Sie können und sollen weiterhin chatten, was die Leitung hergibt, wir sollten nur kurz Ihr Risiko dabei verringern.

> **VORSICHT!**
> Viele Messenger und Chat-Clients geben beim Anmelden Ihre *IP-Adresse* im Klartext bekannt. Insbesondere bei den modernen DSL-Anschlüssen bleibt diese temporäre Kennung dann mehrere Stunden lang unverändert. Wie Sie bereits wissen, ist durch diese *IP-Adresse* Ihr Computer weltweit lokalisierbar. Einem möglichen Angreifer fehlt nun nur noch ein offener Port!

Kein Problem für Ihren „Chatfreund", mit dem Sie soeben über dasselbe Online-Tool kommunizieren, das in der Regel bereits mehrere Ports auch für Filetransfers geöffnet hat. Sie sollten also zumindest ganz vorsichtig sein, wenn Sie von einem Unbekannten Dateien auf Ihren Rechner laden.

Das zweite Risiko besteht im Allgemeinen in der langen Geltungsdauer Ihrer IP-Adresse. Hat ein Angreifer nach einigen vergeblichen Versuchen (weil ihm die richtigen Tools fehlen oder weil er in der Ausbildung ist) doch noch Ihren Rechner erreicht, kann er in aller Ruhe weiterüben. Das muss sich nicht positiv auf Ihre Daten auswirken!

> **PROFITIPP**
>
> Anonymes Surfen über einen Proxyserver verhüllt schon mal Ihre IP-Adresse, im Workshop 8 zeige ich Ihnen, wie einfach und effektiv das ist.

Das dritte und für heute letztes Risiko der Online-Tools (von den hohen Gebühren der Telekom abgesehen) besteht darin, dass Sie die Software von einer unsoliden Quelle downloaden. Es kann durchaus sein, dass sich hinter dem Online-Tool ein Trojaner unter falschem Namen verbirgt. Mein Rat an Sie: Laden Sie die bekanntesten ICQ und Co. nur direkt von den entsprechenden Herstellern oder wirklich etablierten Download-Adressen herunter.

Unsichere Passwörter – unsicheres System

Das machen wir jetzt ganz kurz, da ich Sie nun wirklich nicht auch noch mit diesem Thema überstrapazieren möchte. Die Dinger sind wichtig, da mit deren Wissen jeder Bösewicht oder auch Bösewichtin Zugriff auf eben durch das Passwort geschützte Daten erhält. Der Schutz ist also nur so viel Wert, wie das Passwort schwierig zu erraten ist. Und wenn Sie an Ihre Passwörter denken ...

In den Hackertools stelle ich Ihnen obendrein einen Passwort-Cracker vor, von dem Sie Ihre Passwörter überprüfen lassen können. Ich denke, damit werden Ihnen Ihre letzten Illusionen bezüglich der Sicherheit durch Ihre Passwörter geraubt. Zum Glück finden Sie im Workshop 10 ein Tool, dass Ihnen beim Generieren neuer Passwörter hilft.

Die gute alte Datensicherung

Und zum Abschluss nun die Bauernregel Nummer 1: Sichern Sie Ihre Daten regelmäßig! Wenigstens die wichtigsten, und auch die, deren Rekonstruktion sehr aufwändig wäre, oder hin und wieder einfach alle Ihre Daten!

Und bitte sichern Sie Ihre Daten auf einem anderen Medium als der üblichen Festplatte. Denn wenn diese ihren Geist aufgibt (und jede Festplatte gibt irgendwann ihren Geist auf), helfen Ihnen auch zehn Sicherheitskopien auf demselben Medium nicht aus der Klemme.

Ich will Sie nicht überreden, neue Hardware zu kaufen. Aber eine externe Festplatte kostet nun wirklich nicht mehr die Welt. Sie können diese über einen USB-Anschluss ohne Schraubenzieher mit Ihrem Rechner verbinden. Zur Sicherung als solcher benutzen Sie ein Backup-Programm Ihres Betriebssystems. Noch einfacher geht es, wenn Sie die zu sichernden Dateien einfach von der internen zur externen Festplatte kopieren.

Ebenfalls im Workshop 10 finden Sie darüber hinaus Software, die Ihre Daten verschlüsselt und speichert. Dann kann auch im Fall eines Diebstahls Ihrer Daten kaum noch etwas passieren.

1.5 Zusammenfassung

Dieser erste Workshop befasste sich ganz allgemein mit Ihrem Betriebssystem und den damit verbundenen Schwachstellen, Risiken und Nebenwirkungen. So hatten Sie beispielsweise Gelegenheit, XP beim Telefonieren zuzuschauen oder den Hörer wieder selber in die Hand zu nehmen. Das alles konnten Sie manuell durchführen oder auch von einem kleinen Tool erledigen lassen.

Die Browser kamen auf den Prüfstand, insbesondere deren Sicherheitseinstellungen und die gebotenen Möglichkeiten, unsere restliche Privatsphäre zurückzuholen. Ältere Browser wurden verschlüsselungstechnisch auf den neuesten Stand gebracht, damit nicht jeder Lauscher unterwegs Ihre Kreditkartennummern abschreiben kann.

Und wir installierten drei Programme, die Sie nutzen können, um Ihren Rechner zu checken bzw. beobachten zu lassen. Diese Programme unterstützen Sie bei der laufenden Wartung Ihres Systems. Abschließend gab es noch ein paar Tipps und Tricks für den Alltag, die Sie berücksichtigen sollten: Datensicherung für den Fall der Fälle, Passwörter die den Namen verdienen – und die immer noch offenen Ports Ihres Nachbarn. Vielleicht geben Sie ihm einen Tipp ☺.

Workshop 2

ZoneAlarm – einfach und schnell

Dieser Workshop installiert und konfiguriert nun endlich Ihren ersten Personal Firewall: ZoneAlarm. Das Programm ist einfach (fast schon intuitiv) zu bedienen, es bedarf keines technischen Studiums, und es ist kostenlos zu benutzen, solange der Gebrauch privaten Charakter vermuten lässt.

ZoneAlarm wird die Netzanschlüsse Ihres Rechners überwachen. Sobald ein Programm eine Verbindung ins Internet aufbauen will, checkt ZoneAlarm die von Ihnen erstellte grüne Liste. Verfügt das Programm über entsprechende Befugnisse, darf es raus. Ansonsten erhalten Sie einen Hinweis oder die Benutzung wird automatisch versagt.

Versuche von außen, auf Ihren Rechner zuzugreifen, benötigen ebenfalls die Erlaubnis von Ihnen bzw. ZoneAlarm. Wiederum wird die Liste der erlaubten Programme gecheckt und der Zugriff gewährt oder extra bei Ihnen nachgefragt oder automatisch abgewiesen.

Alle Einstellungen von ZoneAlarm sind nachträglich und jederzeit zu verändern. Sollten Sie also zu Beginn irgendeine falsche Einstellung wählen, macht das gar nichts. Wir werden diese falsche Einstellung später aufspüren und optimieren. Tatsächlich besteht also kaum eine Möglichkeit, grobe Fehler zu machen. Gerade richtig für Ihren ersten Firewall!

2.1   Die Installation

Neue Programme installieren sich heutzutage in der Regel selbsttätig. Sie müssen lediglich hier und da ein wenig klicken. Die Installation von ZoneAlarm birgt aber zusätzlich eine kleine angenehme Überraschung. Neugierig? Dann nichts wie los!

Workshop 2 – ZoneAlarm – einfach und schnell

AUF DER CD-ROM

Die jeweils aktuellste Version von ZoneAlarm erhalten Sie unter *www.zonelabs.com* – auf der Buch-CD befindet sich ZoneAlarm 3.7 vom September 2003 (*zaSetup_37_202.exe*). Diese Version wird anschließend besprochen. Weiterhin haben wir Ihnen ZoneAlarm 4 Pro zum kostenlosen 30-Tage-Test (*zapSetup_40_123.exe*) auf die CD gepresst.

1 Ein Doppelklick auf die selbstinstallierende Datei bietet Ihnen in Abbildung 2.1 unmittelbar die Auswahl des *Installations-Verzeichnisses* an:

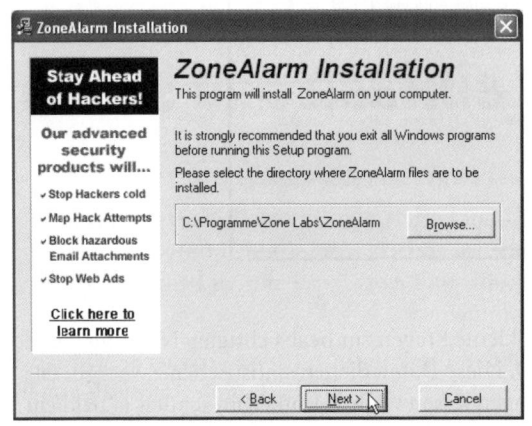

Abbildung 2.1: Installations-Verzeichnis auswählen

2 In der folgenden Abbildung 2.2 können Sie ein paar private Daten angeben. Ihre *email address* sollte insbesondere dann stimmen, wenn Sie sich registrieren oder auch über Updates informieren lassen wollen.

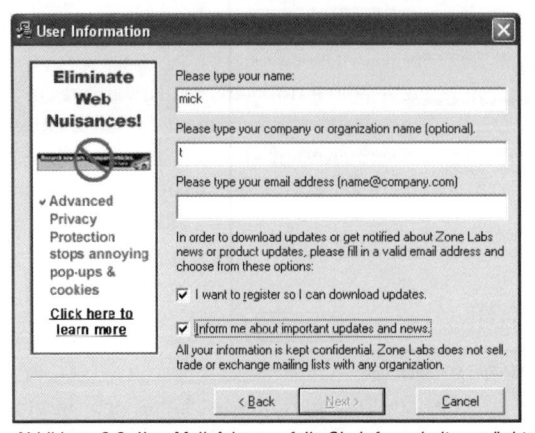

Abbildung 2.2: Ihre Mail-Adresse, falls Sie Infos erhalten möchten

Die Installation

3. Das berühmt berüchtigte *EULA* (End User License Agreement) folgt in Abbildung 2.3. Ich habe den Text mal von meinen chinesischen Anwälten checken lassen – Sie können ihn akzeptieren, es wird Ihnen kein Zeitungsabo untergejubelt!

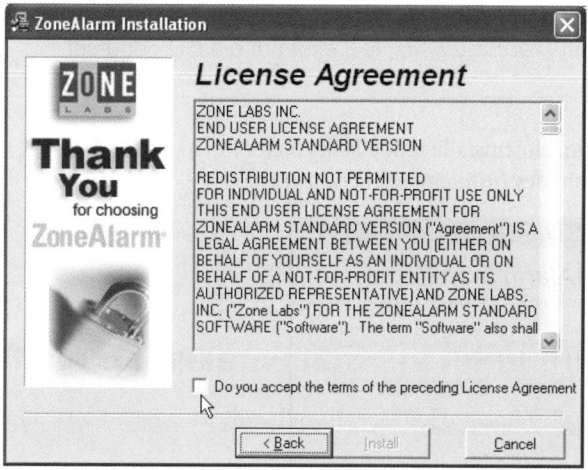

Abbildung 2.3: EULA – OLALA

4. Abschließend noch ein paar kleine Fragen zur beabsichtigten Nutzung von ZoneAlarm (siehe Abbildung 2.4). Diese Daten dienen statistischen Zwecken, falls Sie die Daten überhaupt übertragen lassen wollen. Immerhin schützt ja bald ein Firewall vor unberechtigter Nutzung des Internets.

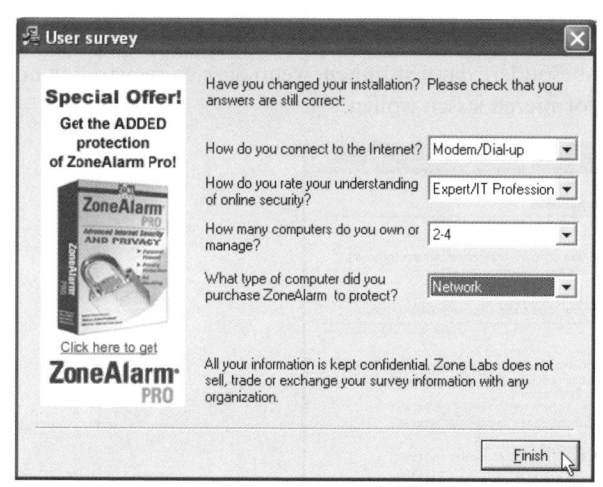

Abbildung 2.4: Ein paar statistische Daten schaden nie.

Workshop 2 – ZoneAlarm – einfach und schnell

5 Nach Ihrem *Finish* wird die Software installiert. Ihr *OK* in Abbildung 2.5 bewirkt den notwendigen Restart.

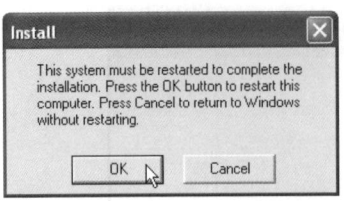

Abbildung 2.5: Windows bleibt Windows – Restart!

Die Installation liegt damit hinter Ihnen. Doch Sie sind noch nicht entlassen. Ein Wizard wird Sie abschließend kurz durch die Standardkonfiguration des Firewalls leiten.

2.2 Ein Wizard leitet die Standardkonfiguration

Vorab: Machen Sie sich noch keine großen Gedanken um die richtigen Einstellungen. Alles lässt sich jederzeit korrigieren.

1 Doch das sagt Ihnen auch der Wizard, den Sie mit Ihrem *Next* der Abbildung 2.6 starten sollten.

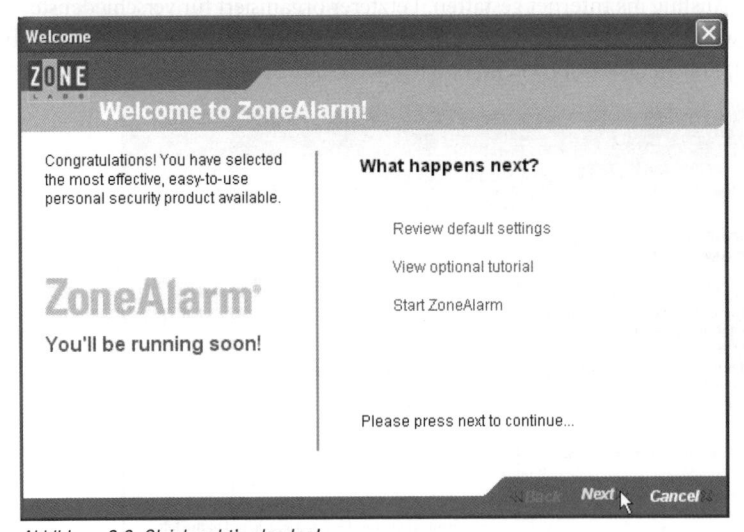

Abbildung 2.6: Gleich geht's also los!

2 ZoneAlarm wird viele illegale Zugriffe auf Ihren Rechner blocken – und die ständigen Alarm-Meldungen können nerven. Ich empfehle Ihnen dennoch, sich zumindest zu Beginn der Benutzung informieren zu lassen. So erhalten Sie einen

Ein Wizard leitet die Standardkonfiguration

guten Eindruck dessen, was Sie bisher nicht bemerkten. Lassen Sie sich also gemäß Abbildung 2.7 *alarmieren*!

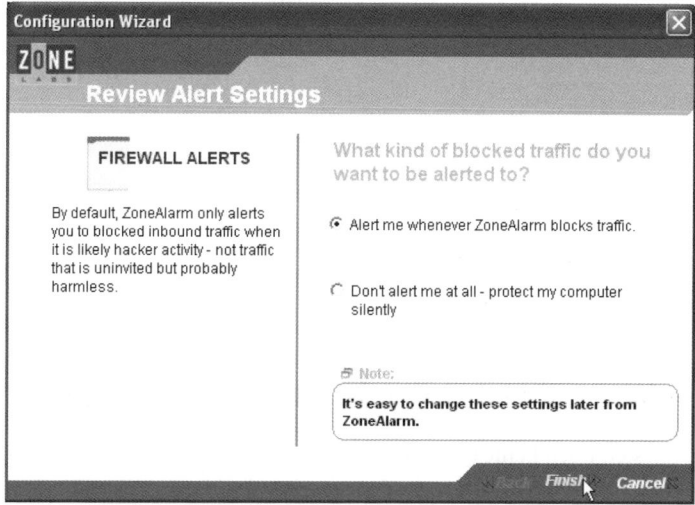

Abbildung 2.7: Wann darf ZoneAlarm Sie belästigen?

3 Als Nächstes möchte der Wizard Ihrem Browser und dem Microsoft Service Manager den Ausflug ins Internet gestatten. Letzterer organisiert für verschiedenste Windows-Services den Internetzugriff, sodass Sie ihn an dieser Stelle noch erlauben können. Folgen Sie entsprechend einfach der Voreinstellung gemäß Abbildung 2.8.

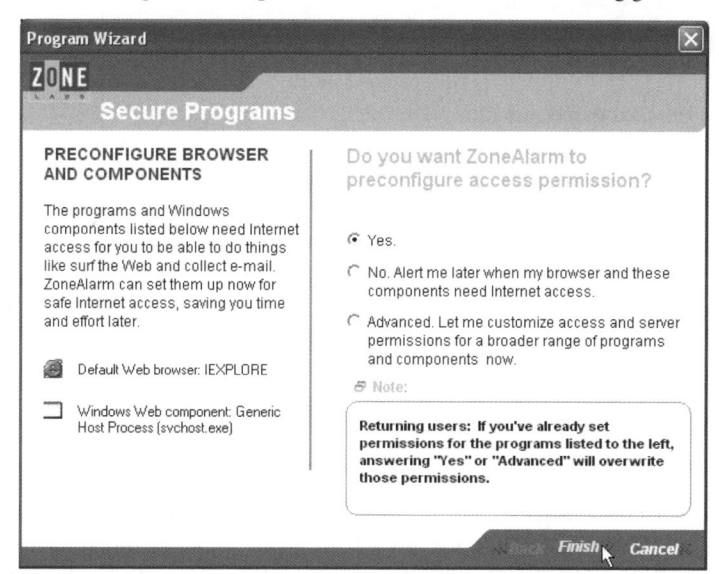

Abbildung 2.8: Browser und Service Manager werden Sie brauchen!

WERKSTATT

59

Workshop 2 – ZoneAlarm – einfach und schnell

4 Und das war es auch schon. Der Wizard gratuliert Ihnen zu Ihrer erfolgreichen Arbeit. Und er legt Ihnen zum Abschied das brandneue *Tutorial* ans Herz, das Sie sich aus Abbildung 2.9 heraus zeigen lassen können.

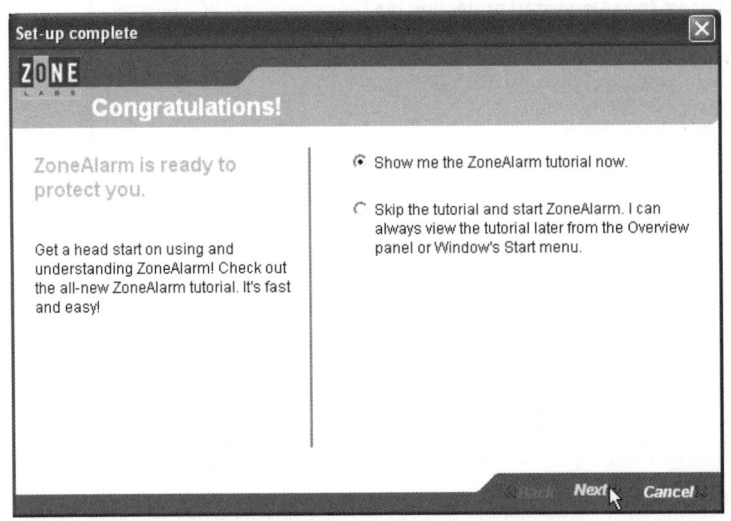

Abbildung 2.9: Gratulation, Sie haben es geschafft!

Ihr ZoneAlarm Firewall ist damit installiert und für den Anfang eingerichtet. Bevor wir uns ans Eingemachte wagen, werfen wir einen Blick ins brandneue Tutorial.

2.3 Ein erster Einstieg in neun Schritten

Die Firma Zone Labs hat sich etwas ganz Nettes ausgedacht: Ein kleines Tutorial soll den Benutzer mit den grundlegenden Funktionen und Möglichkeiten von ZoneAlarm vertraut machen. Sicherlich eine nachahmenswerte Idee, der wir dankbar folgen werden.

1 Der erste Schritt in Abbildung 2.10 informiert Sie darüber, dass Sie sofort nach Programmstart von ZoneAlarm geschützt sind. Und falls Sie nichts mehr an den Rädchen drehen wollen, gelten jetzt schon die Einstellungen der Sicherheitsprofis des Herstellers Ihres Firewalls.

2 Im zweiten Schritt dann eine allgemeine Antwort auf die Frage, wie Sie überhaupt geschützt werden. Sie entnehmen der Abbildung 2.11, dass ZoneAlarm als Türsteher fungiert, Ihre Programme vor Veränderung schützt und obendrein Ihre Mail-Anhänge überwacht.

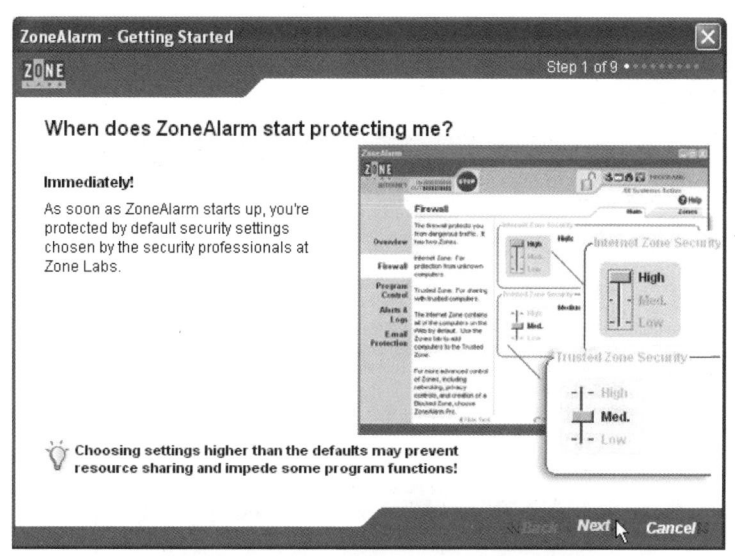

Abbildung 2.10: Sobald ZoneAlarm gestartet wurde, sind Sie geschützt.

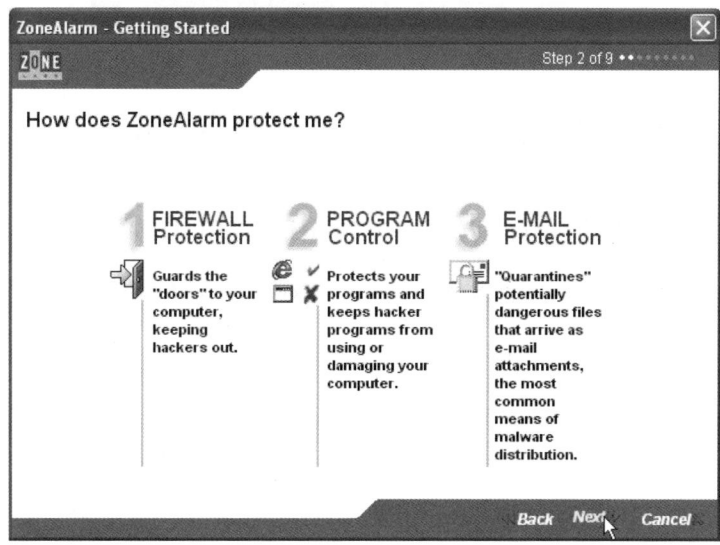

Abbildung 2.11: Aller guten Dinge sind drei!

3. ZoneAlarm macht Sie in Abbildung 2.12 vorsorglich darauf aufmerksam, dass Sie zu Beginn der Benutzung ein paar Alarm-Meldungen bekommen werden. Unbekannte Programme und unerlaubte Zugriffe von irgendwo werden fortan bemerkt!

Workshop 2 – ZoneAlarm – einfach und schnell

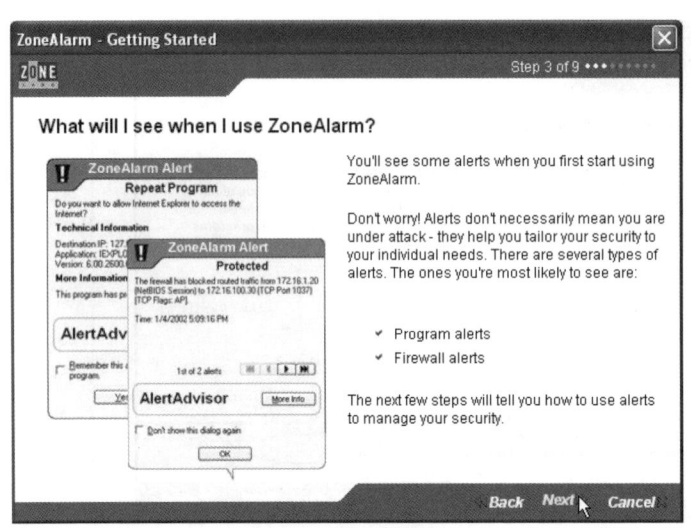

Abbildung 2.12: Bekommen Sie keinen Schreck, wenn ein Alarm ertönt!

4 In der anschließenden Abbildung 2.13 wird Ihnen auch gleich erklärt, wie Sie bei einem *Programm-Alarm* reagieren können: Sagen Sie *Ja* oder *Nein* und Zone-Alarm kann sich Ihre Entscheidung für das jeweilige Programm merken, damit Sie nicht immer wieder neu gefragt werden müssen.

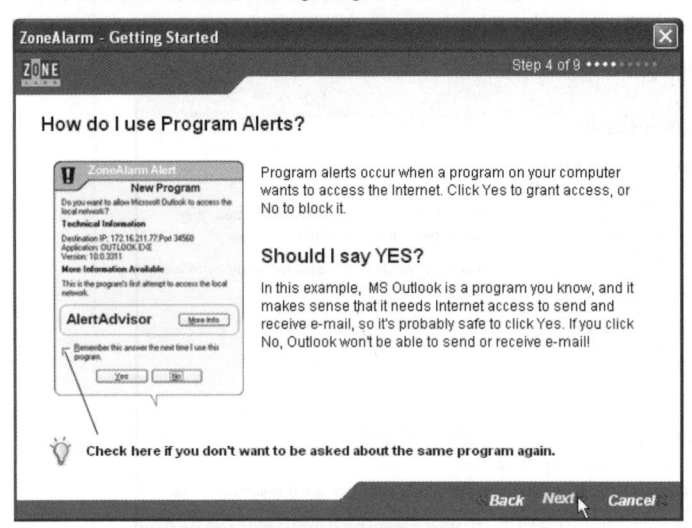

Abbildung 2.13: Wie Sie bei einem Programmalarm reagieren können

5 Auch für den Fall, dass Sie das den Alarm auslösende Programm nicht kennen, ist vorgesorgt: Fragen Sie einfach den AlertAdvisor von ZoneAlarm, der Junge kennt sich bestens aus (siehe Abbildung 2.14).

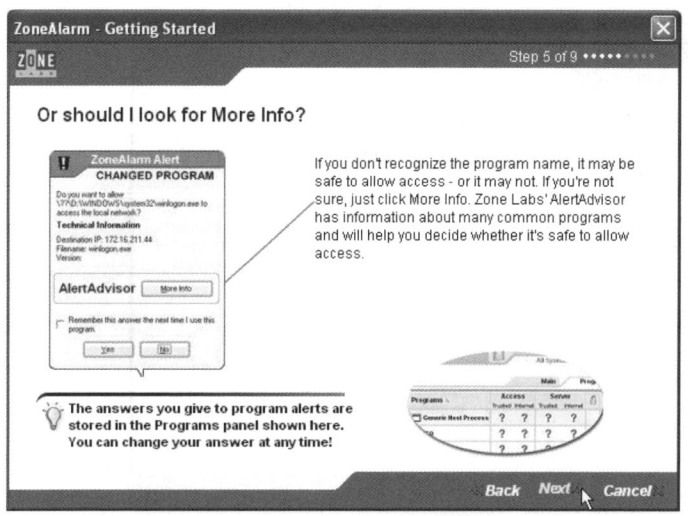

Abbildung 2.14: Unbekannte Programme überprüft ZoneAlarm auf Wunsch.

6 Neben den Alarm-Meldungen, die von unbekannten Programmen ausgelöst wurden, kennt ZoneAlarm den reinen Firewall-Alarm (siehe Abbildung 2.15). Falls beispielsweise eine böse BlackHat Ihren Rechner scannt, würde das zu vielen, vielen Firewall-Meldungen führen. Sie müssen das nicht alles lesen! Es reicht, wenn es protokolliert wird. Mehr dazu natürlich später.

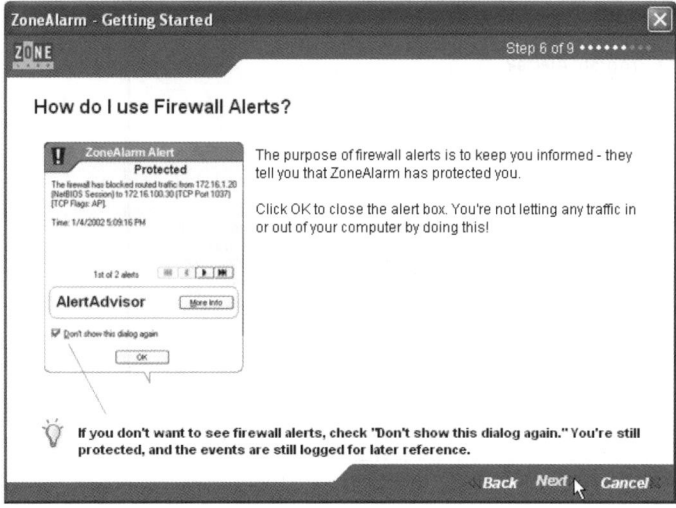

Abbildung 2.15: Firewall Alerts zur Dokumentation

Workshop 2 – ZoneAlarm – einfach und schnell

7 ZoneAlarm unterscheidet in Abbildung 2.16 zwischen den so genannten Trusted und Internet Zones. Das wird Ihnen später z.B. ermöglichen, unterschiedliche Rechte für Ihr Heimnetzwerk und das Internet einzurichten.

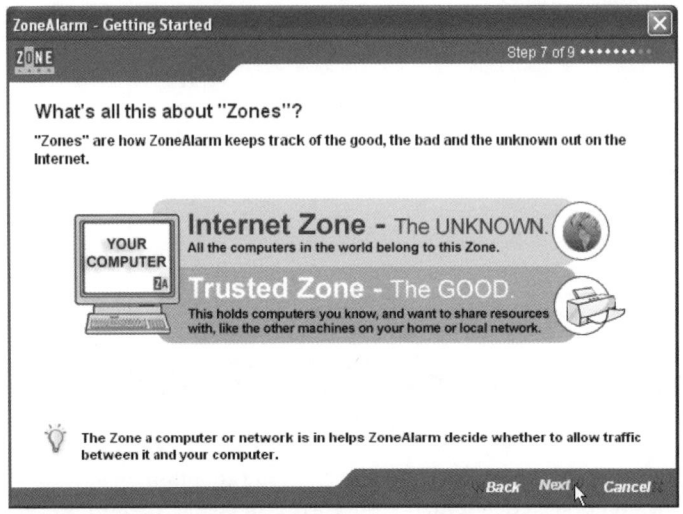

Abbildung 2.16: Die Guten ins Trusted-Töpfchen – der Rest ist Internet

8 ZoneAlarm hilft Ihnen im Notfall mit zwei Emergency Buttons. Wie Sie Abbildung 2.17 entnehmen, gibt es Internet Lock und Stop. Während beim *Internet Lock* noch besondere Programme ins Netz dürfen, sind bei *Stop* alle Schotten dicht.

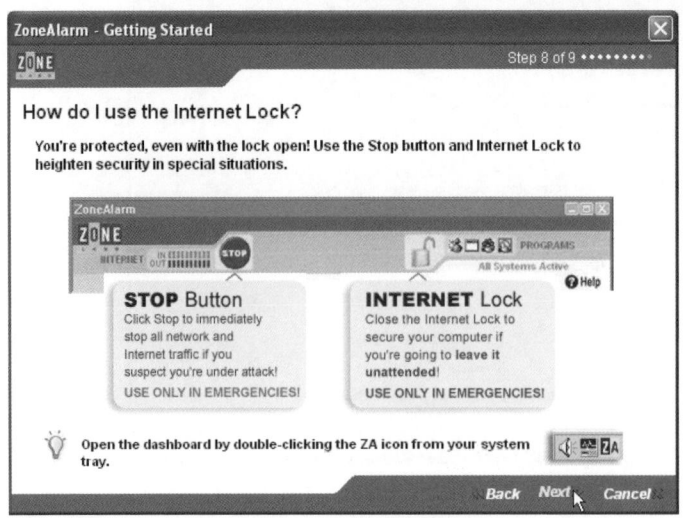

Abbildung 2.17: Im Falle eines Falles reicht ein Mausklick!

9 So, damit haben Sie es geschafft! ZoneAlarm zeigt Ihnen in Abbildung 2.18 nur noch, wie Sie *Help* bekommen können.

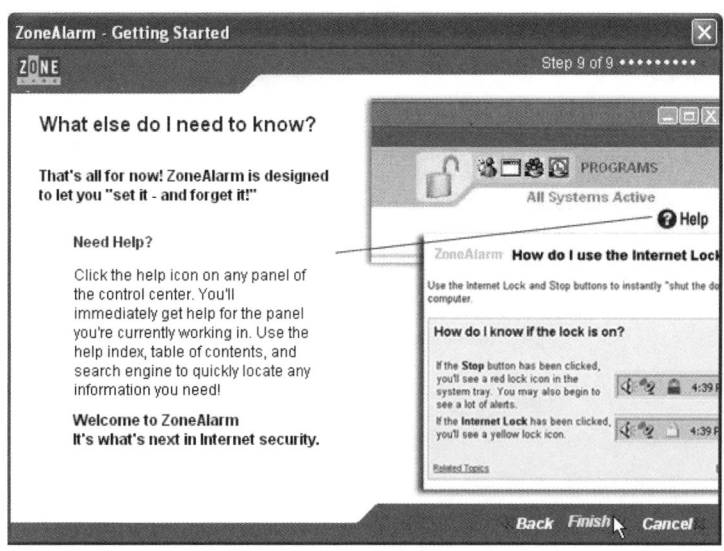

Abbildung 2.18: Kontextsensitive Hilfe per Mausklick

Ich hoffe, Sie haben sich alles gemerkt ☺. Brauchen Sie im Grunde aber nicht, da Sie das Tutorial jederzeit erneut aufrufen können. In den Programmen des Startmenüs finden Sie den Eintrag *Zone Lab*, das *Tutorial* müssen Sie dort selber suchen. Oder Sie folgen mir gleich ins ZoneAlarm Control Center.

2.4 Das ZoneAlarm Control Center

Den einen oder anderen von Ihnen wird der erste Anblick des ZoneAlarm Control Centers möglicherweise fast erschlagen. Auch mir fiel fast die Suppenschüssel übers selbst gebastelte Modem (dann hätte ich keinen Firewall mehr gebraucht). Aber fassen Sie sich, wir werden uns die einzelnen Hauptbestandteile jetzt cool und locker anschauen.

Die Übersicht des Control Centers

Standardmäßig startet das ZACC (!) mit der *Übersicht*, neudeutsch Overview. ZoneAlarm versichert Ihnen nochmals, dass Sie nun geschützt sind. Auch brauchen Sie nichts weiter zu tun, als auf einen Alarm zu warten – der aber sicherlich bald kommen wird (versprochen!). Wie Sie in Abbildung 2.19 weiterhin sehen, hat ZoneAlarm bisher ja noch nicht allzu viel arbeiten müssen.

Workshop 2 – ZoneAlarm – einfach und schnell

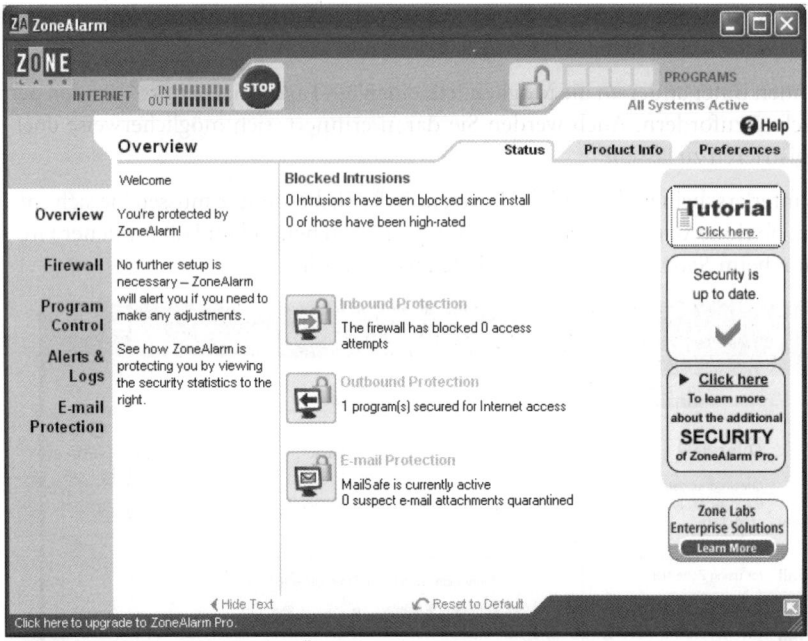

Abbildung 2.19: Alle Abteilungen im Überblick

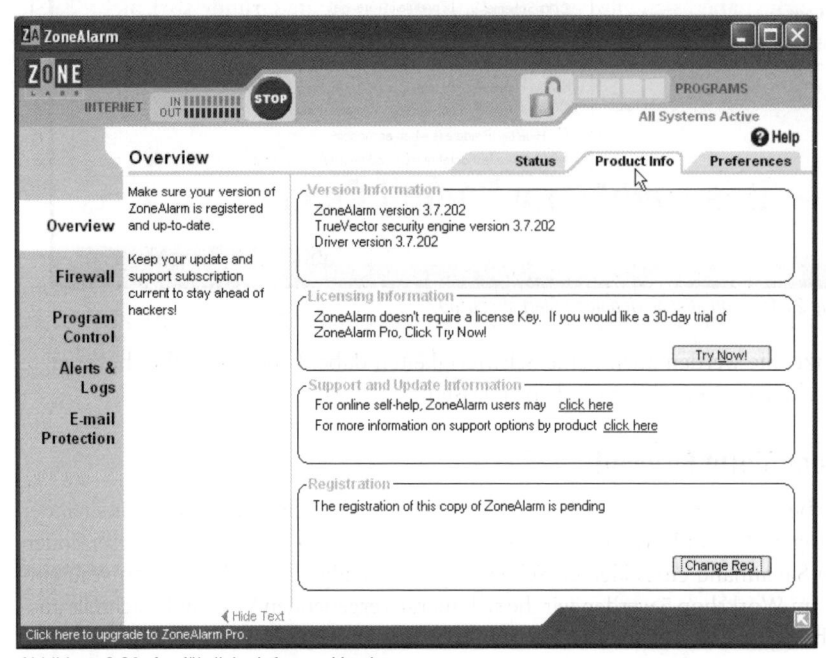

Abbildung 2.20: Ausführliche Infos zur Version

Ausführliche Informationen zur Programmversion erhalten Sie auf Wunsch beim Klick auf *Product Info* (siehe Abbildung 2.20).

Sie erkennen unter anderem die Möglichkeit, einen 30-Tage-Trial der Pro-Version per Mausklick anzufordern. Auch werden Sie daran erinnert, sich möglicherweise doch noch registrieren zu lassen.

Interessanter erscheinen da wohl die *Preferences* der Insbesondere müssen Sie sich entscheiden, ob ZoneAlarm *automatisch* nach Updates suchen soll und ob Ihr neuer Firewall schon beim *Start* von Windows geladen werden soll.

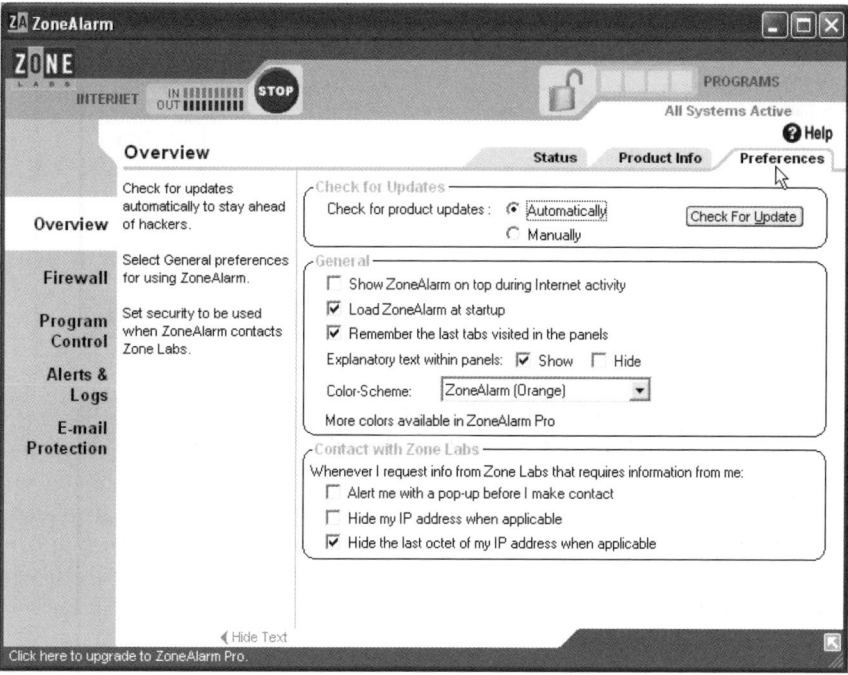

Abbildung 2.21: Automatische Updates? Start at startup?

Ich denke, Sie werden auch keine Schwierigkeiten dabei haben, sich Ihre bevorzugte Startmaske von ZoneAlarm merken zu lassen.

Der ZoneAlarm Firewall

Wie Sie bereits im Tutorial gesehen haben, unterscheidet ZoneAlarm zwei voneinander unabhängige Zonen: Trusted und Internet (siehe Abbildung 2.22). Für jede dieser Zonen können Sie anhand eines kleinen Schiebereglers das allgemeine Sicherheitsniveau einstellen. Im Workshop 5 werden wir die sich hieraus ergebenden Vor- und Nachteile ausführlich besprechen. Auch die *Zones* und *Advanced* finden Sie im Workshop 5.

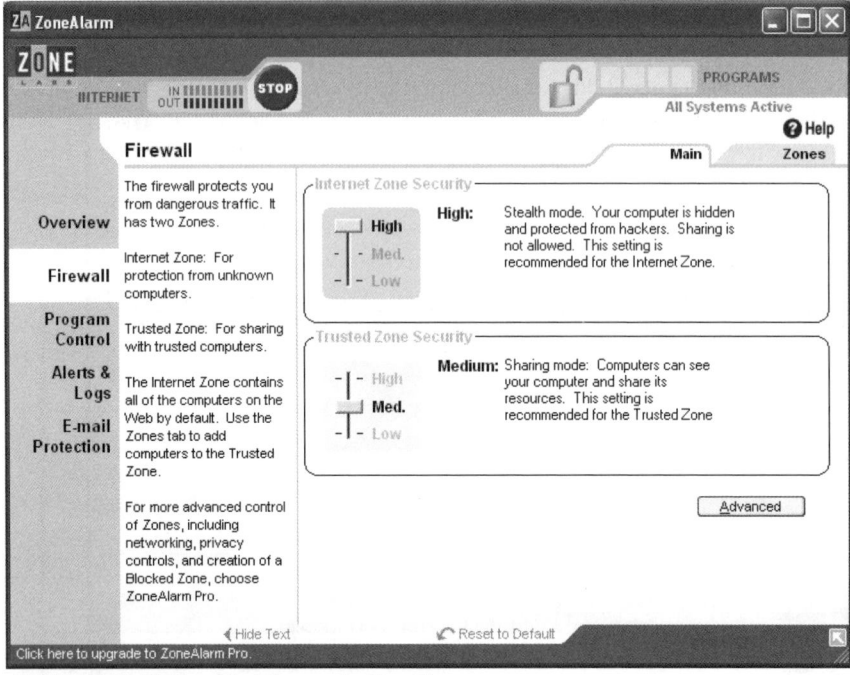

Abbildung 2.22: Die Grundeinstellungen des Firewalls

Eine wichtige Anmerkung dennoch schon hier: Lassen Sie die Einstellungen vorläufig so *High* wie sie sind. Der somit aktivierte Stealth-Modus verbirgt Ihren Computer vor Crackern aller Art. *Medium* wäre zwar auch nicht übel: Ihr Rechner bliebe geschützt, würde aber auf Kontaktversuche aus dem Internet antworten. Womit dann in den dunklen Bereichen des Netzes klar wäre, dass unter einer bestimmten Adresse ein Computer antwortet: Ihr Computer. Den man sich anschließend näher anschauen wird – das muss wohl nicht sein!

ZoneAlarm Program Control

Im diesem Menü legen Sie ZoneAlarms Kontrollrechte gegenüber Ihren Programmen fest. So bestimmen Sie standardmäßig (Medium), dass ZoneAlarm Ihre Programme identifiziert und auf deren Rechte überprüft. Über einen kleinen Schieberegler (siehe Abbildung 2.23) finden Sie die Alternative *Low*: ZoneAlarm kontrolliert nicht mehr, sondern merkt sich widerspruchslos einfach alles, was Sie bzw. Ihre Programme anstellen. Die Risiken und Nebenwirkungen werden ausführlich in Workshop 5 besprochen.

Doch werfen Sie schon mal einen Blick auf Abbildung 2.24. Hier finden Sie den während der Installation voreingestellten Browser und Manager wieder. Die Einzelheiten diskutieren wir ebenfalls in Workshop 5, wir werden aber in wenigen Minuten weitere Programme aufnehmen.

Das ZoneAlarm Control Center

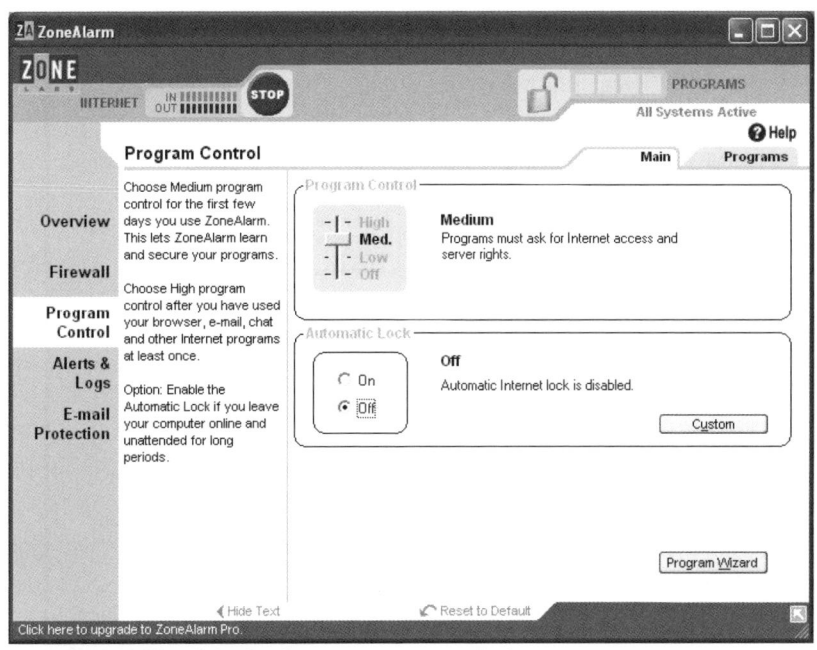

Abbildung 2.23: Was dürfen Ihre Programme wann anstellen?

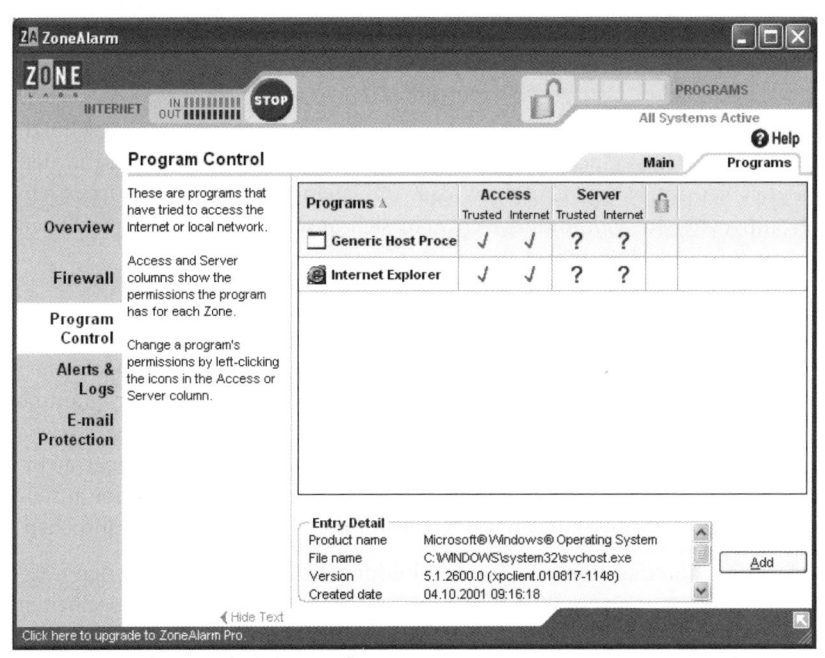

Abbildung 2.24: Die Liste der bekannten Programme

WERKSTATT

69

Wenn Sie sich nun wieder in die Registerkarte *Main* begeben, dann sollten Sie ganz allein bis zur Abbildung 2.25 finden. In den *Custom Lock Settings* bietet Ihnen Zone-Alarm die kleine, aber angenehme Möglichkeit, Ihren Internetzugang differenziert zu sperren.

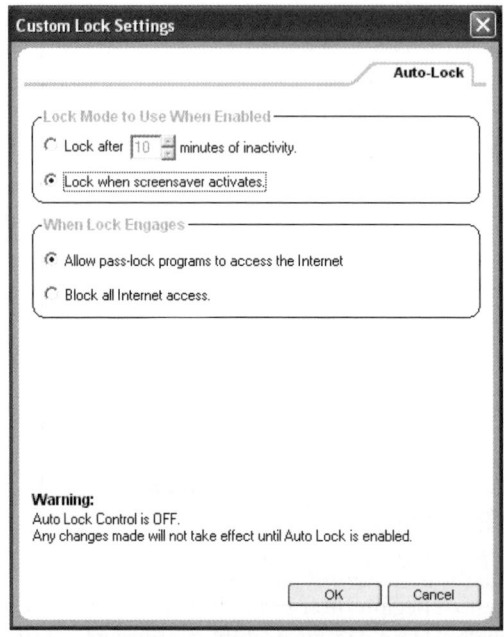

Abbildung 2.25: Differenziertes Auto Lock

Beispielsweise dann, wenn auch Ihr Bildschirmschoner aktiv ist, weil sich die Gehaltsverhandlungen beim Boss hinziehen. Beachten Sie, dass Sie bestimmte Programme derart einrichten können, dass diese trotz Internet Locks ins Internet abrauschen können. Wie das alles im Einzelnen funktioniert, sehen Sie in Workshop 5.

ZoneAlarm Alerts&Logs

Das nächste Menü *Alerts&Logs* bietet Ihnen in Abbildung 2.26 zunächst einmal die Möglichkeit, alle Alarm-Meldungen auszuschalten, die nicht von Ihren eigenen Programmen herrühren. Wie bei der Installation bereits bemerkt, vermeiden Sie somit, den Portscan eines Crackers mit ein paar hundert identischen Alerts mitzuverfolgen.

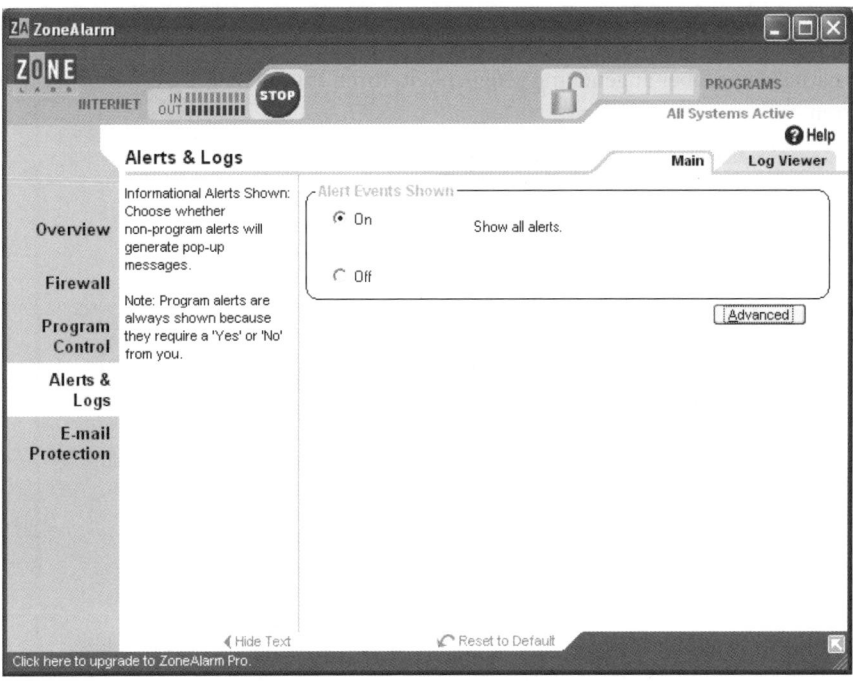

Abbildung 2.26: Wissen ist Macht, nichts wissen macht auch nichts

Ich empfehle Ihnen dennoch, zumindest zu Beginn Ihrer Firewall-Nutzung, sich alles anzeigen zu lassen. Einfach nur deshalb, damit Sie ein Gefühl für Ihren Firewall bekommen (ist ja auch nur ein Mensch).

Der *Log Viewer* und die *Advanced* Options betrachten wir ausführlich im entsprechenden Workshop 6.

ZoneAlarm E-mail Protection

Im letzten zu besprechenden Menü geht es nur kurz um die *ZoneAlarm E-mail Protection*. Nehmen Sie den Begriff nicht zu ernst, achten Sie vielmehr direkt auf das Wort „Basis" in *Basis MailSafe* gemäß Abbildung 2.27. Viel mehr als einen Basisschutz sollten Sie also beim besten Willen nicht erwarten; ohnehin finden Sie in Workshop 10 Tools, die mehr als die Basis bieten.

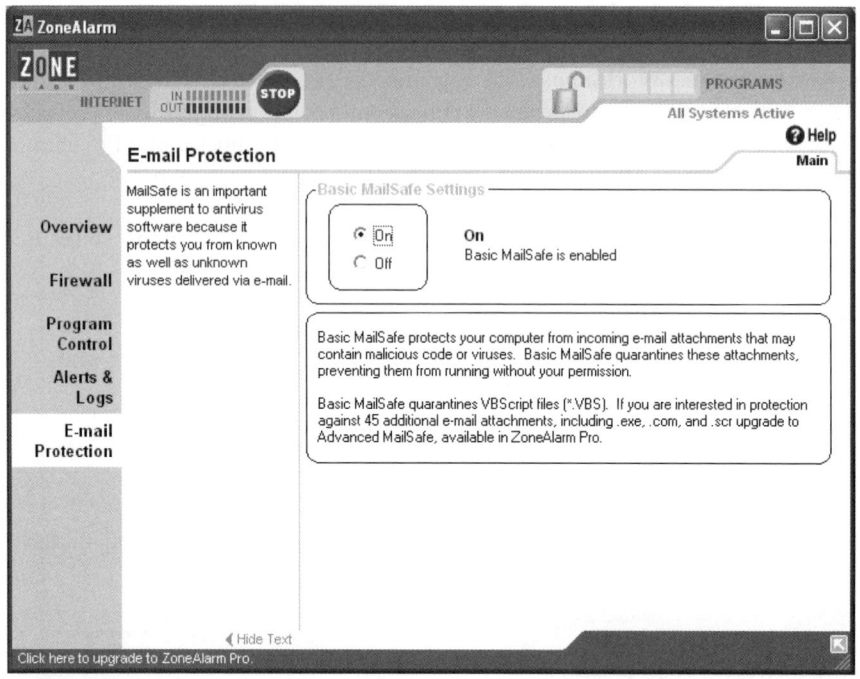

Abbildung 2.27: Basisschutz für E-Mails inbegriffen

Sollten Sie also irgendwelche Schwierigkeiten mit Ihrem Mail-Client haben, die Sie sonst nicht hatten, deaktivieren Sie testweise diese Basisfunktion wieder.

Die weiteren Elemente des Control Centers

Zu den weiteren Symbolen des Control Centers ist nicht viel zu sagen. Links oben sehen Sie eine sehr einfache grafische Anzeige des Traffics zwischen dem Internet und Ihrem Rechner, unterteilt nach Upload und Download.

Das Stopp-Symbol daneben unterbricht sämtlichen Internet Traffic auf der Stelle, hingegen lässt das Vorhängeschloss extra ausgezeichnete Programme nach wie vor passieren.

Weiterhin werden Ihnen Symbole ehemals aktiver Programme angezeigt. Sobald diese wiederum Daten transportieren, leuchten sie auf.

In der Hilfe schließlich gibt's neben einem englischen Handbuch ein paar Online-Links und zusätzliche Infos. Bitte schauen Sie gelegentlich auch mal in dieses Handbuch. Es ist sehr einfach strukturiert, und es bietet wirklich detaillierte Informationen zu fast jedem ZoneAlarm-Objekt.

2.5 Die Arbeitsweise von ZoneAlarm

Zum Abschluss dieses Workshops wollen Sie nun vielleicht auch noch wissen, wie und ob denn ZoneAlarm überhaupt arbeitet?! Hm, eigentlich eine ganz gute Idee. Wir werden also so unschuldig wie wir sind, ein für ZoneAlarm bisher unbekanntes Programm starten und versuchen, damit ins Netz zu gehen. Mal sehen, was dann passiert!

1 Ich möchte meine Post abholen und starte einen Mail-Client. Wie immer soll er die Post abholen und versenden, dazu muss er ins Internet (siehe Abbildung 2.28).

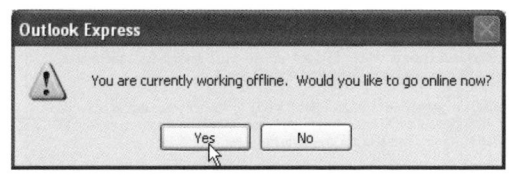

Abbildung 2.28: Gut, wir gehen nun online

2 Ich habe wenig vollautomatisch eingestellt, daher muss ich nun noch die Verbindung auswählen (siehe Abbildung 2.29).

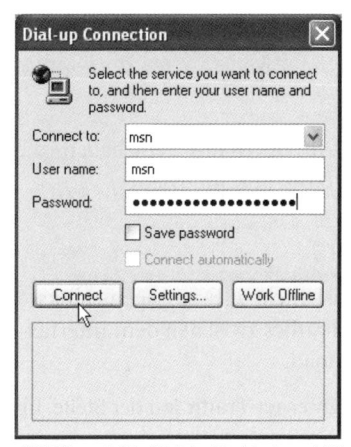

Abbildung 2.29: Welche Verbindung hätten Sie gern?

Workshop 2 – ZoneAlarm – einfach und schnell

3 Bisher hat sich ZoneAlarm nicht gemeldet, im Hintergrund rauscht und piepst es, doch dann kommt mit Abbildung 2.30 mein erster Alarm:

Abbildung 2.30: Der erste Alarm – ZoneAlarm hat aufgepasst.

4 ZoneAlarm informiert mich darüber, dass es sich um den ersten Ausgehversuch des Programms *msimm.exe* handelt. Sollte Ihnen Ihr Mail-Client unbekannt sein, hilft Ihnen der AlertAdvisor mit *More Info* weiter (siehe Abbildung 2.30).

5 Der AlertAdvisor sucht in ZoneAlarms Heimat-Büro nach Infos über *msimm.exe* und gibt mir mittels Abbildung 2.31 den Rat, Outlook Express ins Internet zu lassen.

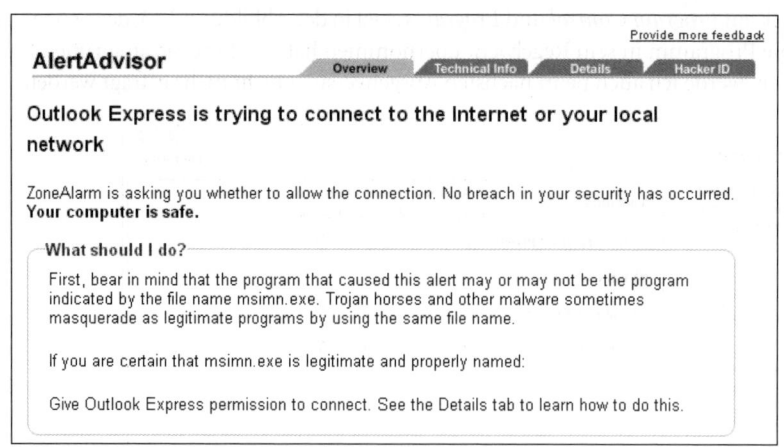

Abbildung 2.31: Give Outlook Express a chance

Die Arbeitsweise von ZoneAlarm

6   Das werde ich auch sofort tun, damit Outlook Express nicht noch länger warten muss. Entsprechend gebe ich mein *Yes* gemäß Abbildung 2.32, und da ich sicherlich irgendwann nochmals Mails abholen werde, soll sich ZoneAlarm meine Entscheidung merken. Ein Häkchen in der *Remember*-Checkbox wird dafür sorgen.

Abbildung 2.32: Für jetzt und alle Zeiten: Yes

Damit haben wir nun ein bisher unbekanntes Programm, beim Versuch ins Internet abzutauchen, erwischt. Anschließend wurde das Programm vom AlertAdvisor überprüft. Schließlich sollte sich ZoneAlarm noch unsere Entscheidung gemerkt haben, das Programm auf Dauer ins Internet zu lassen. Letzteres werden wir gleich überprüfen:

Ein Klick auf *Program Control* und *Programs* zeigt in der Abbildung 2.33, dass ZoneAlarm das neue Programm in sein Regelwerk übernommen hat. Und wie Sie am grünen Haken erkennen, werde ich auch beim nächsten Ausgehversuch nicht mehr gefragt werden.

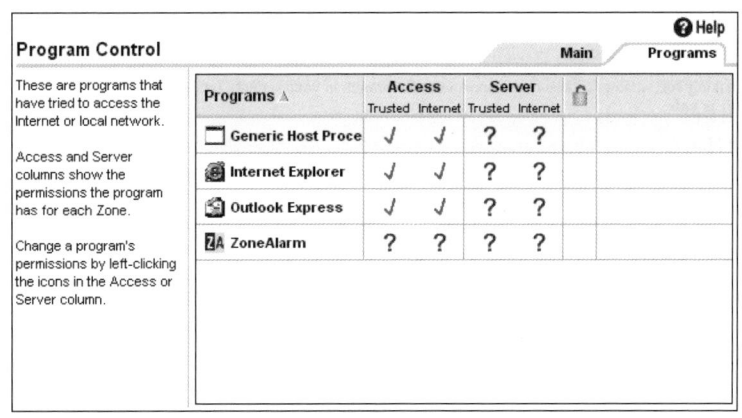

Abbildung 2.33: Outlook Express darf auf Dauer ins Netz.

Ich denke, Sie sollten nun selber etwas Praxis sammeln. Starten Sie Ihre gewohnten Programme, erlauben Sie ihnen so wenig wie möglich und schauen einfach, was dabei passiert. Denken Sie daran, dass Sie im Zweifelsfall direkt von ZoneLabs online Hilfe erhalten können.

Und ärgern Sie sich bitte nicht darüber, dass ZoneAlarm Programme meldet, von denen Sie bisher gar nicht wussten, dass diese überhaupt ins Internet gehen. Deren Zeiten des unbemerkten Datenklaus auf Ihrem Rechner sind nun wohl endgültig vorbei!

2.6 ZoneAlarm Pro

Im Unterschied zum vorgestellten ZoneAlarm verfügt ZoneAlarm Pro über erweiterte Netzwerkmöglichkeiten und bringt noch ein paar kleinere Schmankerl. Wenn Sie hinreichend mit der kostenlosen Version vertraut sind, testen Sie doch einfach mal ZoneAlarm 4 Pro (Buch-CD, September 2003, *zapSetup_40_123.exe*). Der Preis betrug im September 2003 49,95 $.

2.7 Zusammenfassung

Nun liegt die erste Installation eines Firewalls hinter Ihnen. Ich hoffe, Sie hatten keine gravierenden Schwierigkeiten dabei. Es ging ja fast nur um die Verwaltung von Programmen und gewissen „Ausgangsregeln".

Für den Anfang reicht es völlig, wenn Sie nun nach und nach Ihre gewohnten Programme starten und diesen mögliche Rechte einräumen. Als allgemeine Strategie empfehle ich Ihnen, Ihren Programmen zunächst so wenig wie möglich zu erlauben. Und scheuen Sie sich auch nicht, irgendwie merkwürdigen Ansprüchen eines Programms auf den Grund zu gehen. ZoneLabs helfen Ihnen per Mausklick weiter!

Zugegeben, das erscheint auf den ersten Blick ein ziemlicher Aufwand zu sein, doch dieser vermindert sich mit jedem wirklich sauber konfigurierten Programm. Als Lohn winkt Ihnen immerhin eine erhöhte Sicherheit Ihrer Daten in einer unsicheren Zeit. Und das ist doch auch schon etwas!

Workshop 3

Outpost – clever und anwenderfreundlich

In diesem Workshop 3 installieren und konfigurieren wir einen zweiten Firewall: Outpost Firewall 1.0. Und ich verspreche Ihnen, dass Sie Ihre wahre Freude daran haben werden, auch wenn es hin und wieder etwas technischer wird. Doch dafür bietet Ihnen Outpost auch einige zusätzliche Möglichkeiten, die Sie bei ZoneAlarm nicht finden!

Sie werden alle diese Funktionen nach und nach kennen lernen, auch ein paar wirkliche Firewall-Highlights werden darunter sein! In diesem Workshop jedoch schauen Sie sich die Grundausführung an, die im Übrigen auch schon einiges zu bieten hat.

Von Haus aus kennt Outpost bereits ein paar Standardregeln zum Betrieb des Internets und eines möglichen lokalen Netzwerkes. Darum brauchen Sie sich zunächst einmal nicht zu kümmern. Möchten dann irgendwann unbekannte Programme ins Netz, werden Sie um Ihre Erlaubnis oder Ablehnung gebeten. Auf Wunsch können Sie sofort eine entsprechende Regel für die Zukunft erstellen lassen.

Sämtliche Einstellungen lassen sich natürlich jederzeit modifizieren, zu umfangreiche Befugnisse können Sie also später per Mausklick auf das unbedingt notwendige Maß beschränken.

Trotz wirklich ausgefeilter Technik erhalten Sie Outpost 1.0 kostenlos – zumindest bei privater Nutzung. Ein Grund mehr, das Programm nun unter die Lupe zu nehmen!

3.1 Die Installation

Falls Sie nun aufgeregt sind oder sogar feuchte Hände bekommen – es lohnt sich (noch) nicht. Die Installation läuft quasi automatisch ab, nach dem für viele Windows-Programme üblichen Strickmuster.

> **VORSICHT!** Beachten Sie dennoch den Hinweis des Herstellers, dass Outpost erst dann installiert werden darf, wenn alle anderen Firewalls deinstalliert wurden. In besonderen Fällen kann es ansonsten zu Fehlfunktionen kommen!

> **AUF DER CD-ROM** Die jeweils aktuellste Version von Outpost Firewall 1.0 erhalten Sie direkt bei *www.agnitum.com*. Wir können Ihnen auf unserer Buch-CD Outpost 1.0 vom September 2003 anbieten (*OutpostInstall.exe*). Sollten Sie das Produkt mögen, dann finden Sie auf der Buch-CD zusätzlich Outpost 2.0 (*OutpostProInstall.exe*). Diese Version kostet aber nach der Testphase etwas. Kostenlos hingegen ist wieder das sehr leicht zu lesende deutschsprachige Handbuch über Outpost, Internet und Firewalls (*Outpost_Man_D.pdf*).

1 Ein Doppelklick auf das Installationssymbol (siehe Abbildung 3.1) bringt die Angelegenheit einen Schritt voran. Hin und wieder muss ich noch daran denken, welche Arbeit die Installation eines neuen Programms früher bereitete. Rund zwanzig Experten diskutierten wild durcheinander, natürlich wusste keiner richtig Bescheid. Und nur durch eine Kette wirklich glücklicher Zufälle brachte man das Programm dann irgendwie zum Laufen.

Abbildung 3.1: Das sich selbst installierende Programm

Die Installation

2 Heute helfen uns mehr oder weniger freundliche Assistenten bei allen Arbeiten rund um den Computer. Auch Outpost schickt uns einen solchen, der die gröbste Arbeit für uns erledigen wird (siehe Abbildung 3.2).

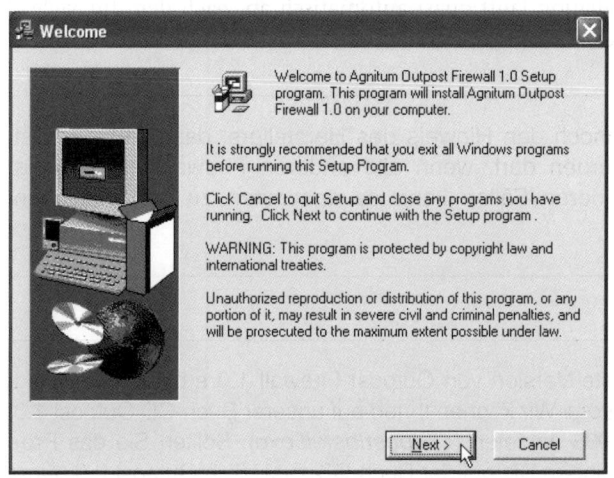

Abbildung 3.2: Die Installation nach dem üblichen Strickmuster beginnt.

3 Hat bei Ihnen der Klick auf *Next* geklappt? Schön, dann haben wir schon fast das Schlimmste hinter uns gebracht J! Die EULA wartet auf Ihr *Agreement* (siehe Abbildung 3.3).

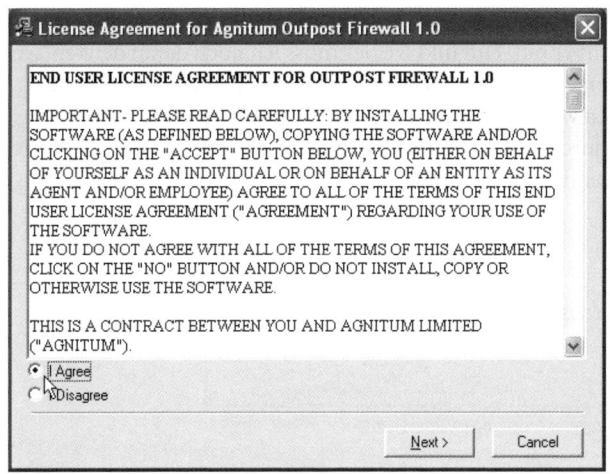

Abbildung 3.3: Agree or not Agree – hm ...

WERKSTATT

Workshop 3 – Outpost – clever und anwenderfreundlich

4 Und bestimmen Sie, ob und wo Sie Outpost wiederfinden wollen (siehe Abbildung 3.4).

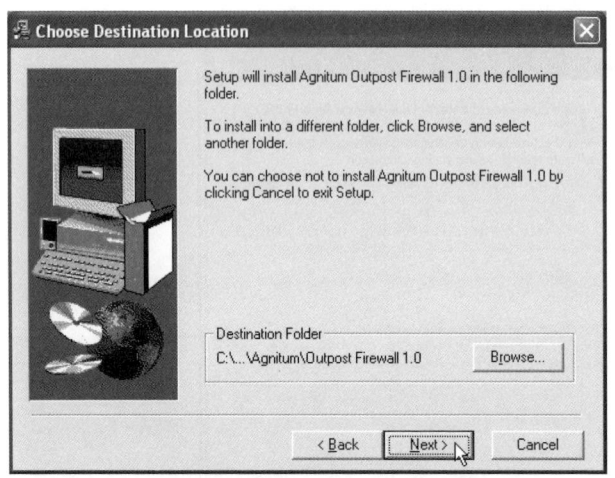

Abbildung 3.4: Agnitum\Outpost Firewall 1.0 – passt schon

5 Wählen Sie nun eine Ihnen halbwegs gängige Sprache zur Bedienung des Firewalls. Es muss nicht Japanese sein, *German* ist auch im Angebot (siehe Abbildung 3.5).

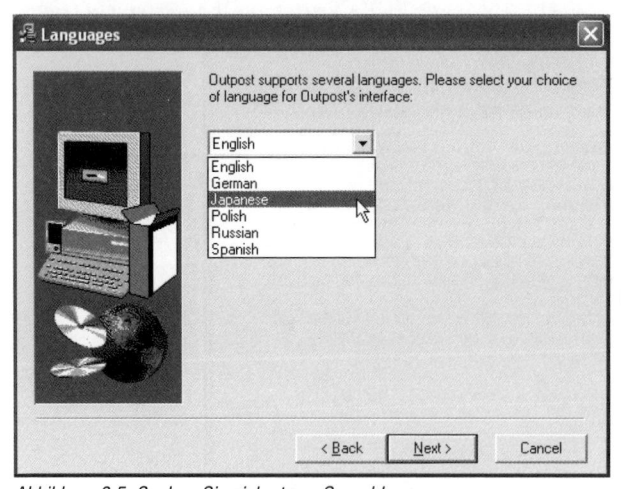

Abbildung 3.5: Suchen Sie sich etwas Sprechbares aus.

Die Installation

6 Nach Ihrem *Next* können die benötigten Dateien installiert werden. Falls Sie sich nun doch für Japanese entscheiden wollen, ginge es noch mal *Back* (siehe Abbildung 3.6).

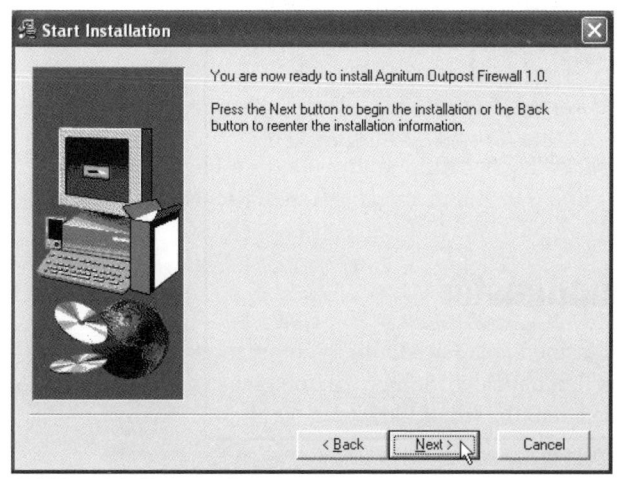

Abbildung 3.6: Ein letztes Next startet den Kopiervorgang der Dateien.

7 Scheinbar ist heute unser Glückstag. Die Installation hat geklappt (siehe Abbildung 3.7)!

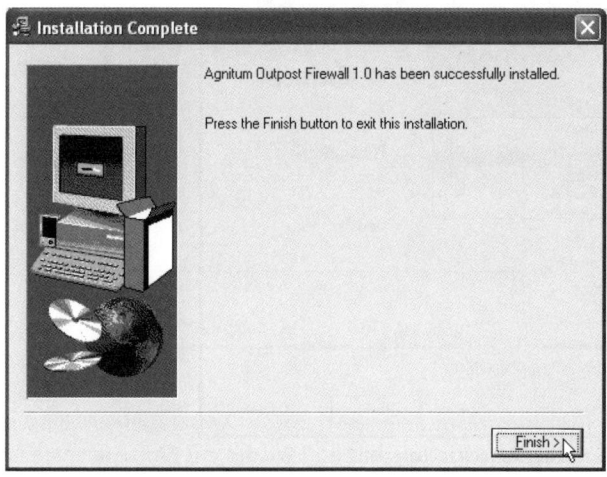

Abbildung 3.7: Mal wieder Glück gehabt ...

8 Nur noch der ewige *Neustart* des Systems – Windows bleibt eben Windows (siehe Abbildung 3.8).

WERKSTATT 81

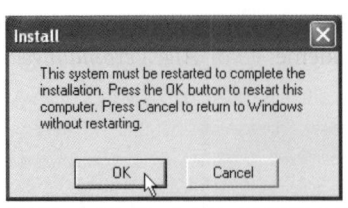

Abbildung 3.8: Neustart ist mal wieder angesagt.

9 Damit haben Sie es wirklich geschafft! Agnitum Outpost Firewall 1.0 wurde erfolgreich installiert und wartet nun auf einen ersten Rundgang.

3.2 Das Hauptfenster

Nach dem Restart Ihres Rechners sollte sich Outpost automatisch mit dem Hauptfenster der Abbildung 3.9 bei Ihnen melden. Sollten Sie hingegen lediglich ein neues Symbol in der Taskleiste neben der Uhr sehen, aktivieren Sie es nun.

Abbildung 3.9: Das Outpost Firewall-Hauptfenster

Das Design erinnert mich irgendwie an diverse Microsoft-Anwendungen. Und auch beim Schreiben dieses Kapitels rutschte mir hin und wieder ein Outlook anstelle des Outposts heraus. Na ja, ich werde es bald gespannt haben!

Den einfachsten Zugang zu Outpost erreichen Sie, wenn Sie sich im Hinterkopf die zwei Bereiche Verbindungen und Plug-Ins merken. Das wird ja nicht zu viel verlangt sein, oder? Zur Vertiefung des soeben Erlernten schauen wir uns gleich beide Bereiche etwas genauer an.

Das Hauptfenster

Vorab möchte ich Ihnen noch kurz einen Eindruck dessen vermitteln, was Outpost unter der Haube hat. Öffnen Sie dazu nur das kleine + vor *Alle Verbindungen* der Abbildung 3.10:

```
Mein Internet
    Alle Verbindungen  (3)
        System
        Generic Host Process for Win32 Services
        LSA Shell (Export Version)
    Erlaubt
    Blockiert
Plug-Ins
    Werbefilter
    Filtern von Inhalten
    DNS Cache
    Aktive Inhalte
    Dateianlagen-Filter
    Abwehr von Angriffen
```

Abbildung 3.10: Outpost erkennt bereits drei Verbindungen.

Wie Sie sehen, erkennt Outpost auf meinem Rechner nicht nur den Service Manager (*svchost.exe*) wie ZoneAlarm, sondern listet zusätzlich ein System-Programm und eine LSA Shell. Bei Ihnen mag das etwas anders aussehen, als bei meinem uralten Notebook. Und vielleicht gibt's bei Ihnen auch nur den Service Manager?!

Nun können wir noch etwas tiefer in die Materie einsteigen: Klicken Sie auf *Alle Verbindungen* oder auch auf eine derselben. Ihr Monitor sollte nun ein der Abbildung 3.11 ähnliches Bild zeigen:

i	Anwendung	Remote Host	Remote Port	Protokoll	Empfan...	Gesende
+	LSASS.EXE	*.*.*.*	n/a	UDP	0 bytes	0 bytes
+	LSASS.EXE	n/a	n/a	Unbekanntes Prot...	0 bytes	0 bytes
+	SVCHOST.EXE	*.*.*.*	n/a	UDP	0 bytes	0 bytes
+	SVCHOST.EXE	*.*.*.*	n/a	UDP	0 bytes	0 bytes
+	SVCHOST.EXE	*.*.*.*	n/a	UDP	0 bytes	0 bytes
+	SVCHOST.EXE	*.*.*.*	n/a	UDP	0 bytes	0 bytes
+	SVCHOST.EXE	*.*.*.*	n/a	UDP	0 bytes	0 bytes
+	SVCHOST.EXE	*.*.*.*	n/a	TCP	0 bytes	0 bytes
+	SVCHOST.EXE	*.*.*.*	n/a	TCP	0 bytes	0 bytes
+	SVCHOST.EXE	*.*.*.*	n/a	UDP	0 bytes	0 bytes
+	SVCHOST.EXE	*.*.*.*	n/a	UDP	0 bytes	0 bytes
+	SVCHOST.EXE	n/a	n/a	IGMP	0 bytes	0 bytes
+	SYSTEM	*.*.*.*	n/a	UDP	0 bytes	0 bytes
+	SYSTEM	*.*.*.*	n/a	TCP	0 bytes	0 bytes
+	SYSTEM	*.*.*.*	n/a	TCP	0 bytes	0 bytes
+	SYSTEM	n/a	n/a	RAWSOCKET	0 bytes	0 bytes
+	SYSTEM	n/a	n/a	GRE	0 bytes	0 bytes

Abbildung 3.11: Programme werden differenziert gelistet.

Während ZoneAlarm lediglich einen svchost allgemein verwaltete, listet Ihnen Outpost jede Instanz des svchosts auf, unterteilt und sortiert nach Port und Protokoll. Und tatsächlich erhalten Sie je Instanz weitere Informationen, wie schon das + vor dem

Namen vermuten lässt. Klicken Sie also darauf, um die folgende Abbildung 3.12 zu sehen. Sie erhalten unter anderem Informationen darüber, wann der Prozess gestartet wurde, ob er auf Aktivierung wartet, und natürlich die benutzte Portnummer.

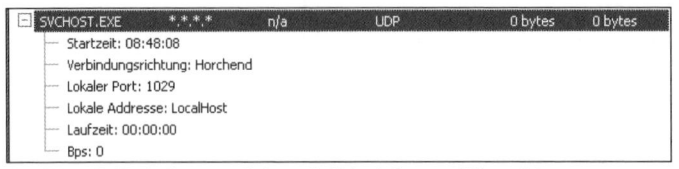

```
SVCHOST.EXE        *.*.*      n/a         UDP      0 bytes    0 bytes
    Startzeit: 08:48:08
    Verbindungsrichtung: Horchend
    Lokaler Port: 1029
    Lokale Addresse: LocalHost
    Laufzeit: 00:00:00
    Bps: 0
```

Abbildung 3.12: Je Prozess gibt's zusätzliche Infos - auf Wunsch!

Doch erschrecken Sie nicht, Sie können auch ohne diese differenzierten Infos gut mit Outpost arbeiten. Nur sollten Sie wissen, dass diese Informationen zur Verfügung stehen und auch zur Filterung eingesetzt werden können! Mehr dazu erfahren Sie aber erst in Workshop 5. Wir schauen uns jetzt erst mal die Optionen des Firewalls an.

3.3 Die Optionen

Gleich vorab: Sie kommen auch ohne technisches Studium durch diesen Abschnitt. Die etwas kniffligeren Einstellungen heben wir uns für die Workshops 5 bis 3000 auf! Hier nun in wenigen Schritten der Einstieg in die Optionen des Outpost Firewall 1.0:

1 Die Registerkarte *Allgemein* bietet die wohl wichtigste Möglichkeit, Outpost beim Systemstart gleich mit zu aktivieren. Ich denke, Sie sollten diese Einstellung übernehmen, da Sie sich dann keinen Knoten mehr ins Taschentuch machen müssen, der Sie an irgendetwas Wichtiges erinnern sollte, woran Sie sich aber nun nicht mehr erinnern. Lassen Sie es also bei der aktivierten Option *Bei Systemstart automatisch starten* (siehe Abbildung 3.13). Die Log-Datei und deren Einstellungen sind Thema des Workshops 6.

2 Einfach, übersichtlich und dabei informativ kommt die Registerkarte *Anwendung* gemäß Abbildung 3.14 daher. Hier werden Sie später alle einen Internetzugriff beanspruchenden Anwendungen sauber aufgelistet wiederfinden – natürlich richtig einsortiert. Wir werden gleich, bald, später – je nachdem wie schnell Sie lesen – erste Anwendungen automatisch aufnehmen lassen.

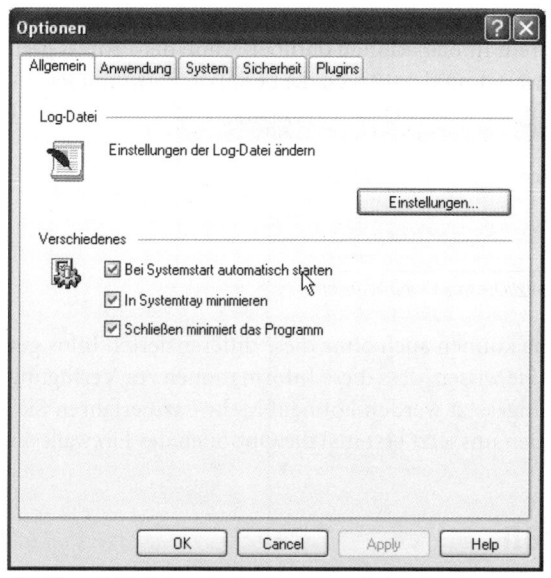

Abbildung 3.13: Automatischer Programmstart und mehr

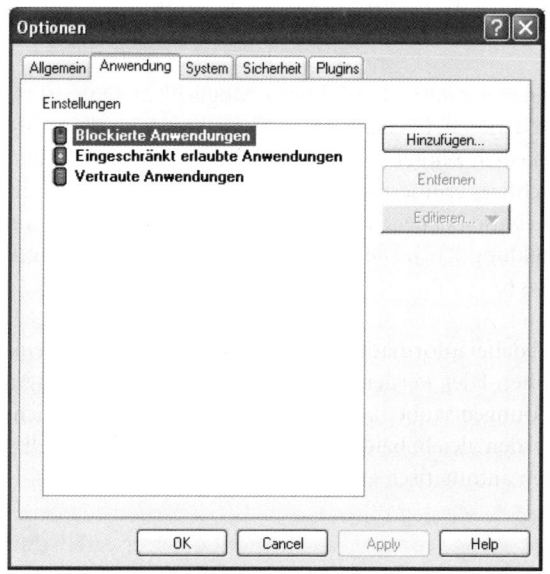

Abbildung 3.14: Benutzerfreundliche Unterteilung der Anwendungen

Workshop 3 – Outpost – clever und anwenderfreundlich

3 Wie Sie es schon fast gewohnt sind, unterscheidet auch Outpost zwischen Anwendungen und *System*-Programmen, die ohne Internet nicht mehr leben können. Die Standardzugriffe des Systems sind sinnvoll voreingestellt, sodass Sie sich darum nicht mehr kümmern müssen. Im Workshop 5 schauen wir uns diese Einstellungen genau an; Sie können aber gern jetzt schon mal in die *Einstellungen* der Abbildung 3.15 schauen – alles halb so schlimm!

Abbildung 3.15: Alle systemspezifischen Regeln in einem Menü

4 Outpost bietet Ihnen unter *Sicherheit* zwar keine Schieberegler wie ZoneAlarm, aber dennoch fünf verschiedene Sicherheitsstufen Ihres Firewalls (siehe Abbildung 3.16). Standardmäßig ist der Regel-Assistent für Ihre Sicherheit zuständig; Sie werden ihn bald kennen lernen. Daneben können Sie alles blockieren oder gar nichts. Und falls Sie nicht mehr gefragt werden wollen, wählen Sie *Alles ungeregelte blockieren* oder auch *Erlauben*. Letztere Einstellung *Erlaube alles außer* lässt natürlich alle bisher unbekannten Angriffe zu, daher sollten Sie diese Option, wenn überhaupt, nur sehr vorsichtig nutzen.

5 Die *Plugins* der Abbildung 3.17 werden Ihnen ebenfalls viel Freude bereiten! Auch wenn Sie keine Wunderdinge von den einzelnen Modulen erwarten dürfen. Für die einzelnen Themen gibt es jeweils Spezialprogramme, die jedes für sich schon teurer sind als der ganze Outpost Firewall 1.0 zusammen, dennoch lohnt sich ein näheres Hinschauen.

Die Optionen

Abbildung 3.16: Das standardmäßige Sicherheitsniveau

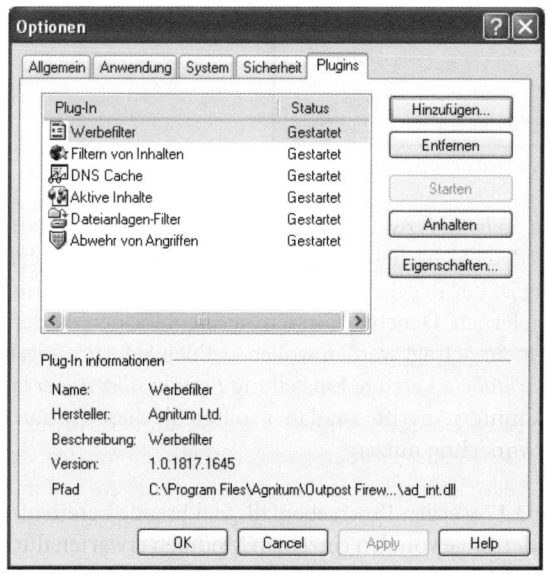

Abbildung 3.17: Nützliche Helferlein zum Nulltarif

3.4 Die Plug-Ins

Wenn Sie die Registerkarte *Werbefilter* aktivieren, erkennen Sie unmittelbar, dass Outpost Webseiten nach den berühmt-berüchtigten ad-strings scannen und diese löschen kann, bevor sie Ihre Augen verderben (siehe Abbildung 3.18). Zusätzlich bannt Outpost Banner und beliebige Grafiken nach Abmessungen. Dabei sind beide Menüs intuitiv zu bedienen, sodass Sie also leicht selber neue Grafiken bzw. Ad-Server hinzufügen können.

Der zu aktivierende Papierkorb bietet Ihnen im Übrigen eine komfortable Hilfe an. Sobald Sie diesen aktivieren, wird er grundsätzlich angezeigt. Sie können ungewollte Werbung danach einfach mit der Maus in den Papierkorb ziehen, wonach Ihre Internetverbindung wieder ein wenig schneller wird.

Abbildung 3.18: Werbung muss leider draußen bleiben.

Die Abbildung 3.19 zeigt Ihnen einen zweifachen Inhaltsfilter: So können Sie Internetseiten, die bestimmte Wörter enthalten, oder auch ganze Webseiten, vor den Augen Ihrer Kleinen (z.B. Spielzeug, Video, Games) oder Ihres Partners (z.B. Auto, Fußball, Alkohol) verbergen. Denken Sie daran, auch den Firewall zu verbergen, sonst ist Ihre ganze Absicht schnell geringfügig modifiziert. Sie merken dies daran, dass Sie selbst keine Seiten über Mode, Schmuck, Ayurveda und mehr angezeigt bekommen!

Jetzt wird's wieder ganz ernst: Der *DNS* Cache entlastet das Internet, Ihre Leitung und somit Ihren Geldbeutel. Zwar nicht gerade gewaltig, aber wir werden es mitnehmen (siehe Abbildung 3.20). Bei erneutem Ansurfen einer Webadresse wird einfach die gecachte IP aus dem Cache benutzt. Das freut auch den DNS, muss er doch so nicht ständig dieselben Fragen beantworten!

Abbildung 3.19: Inhaltsfilter für die Kleinen und Heiligen

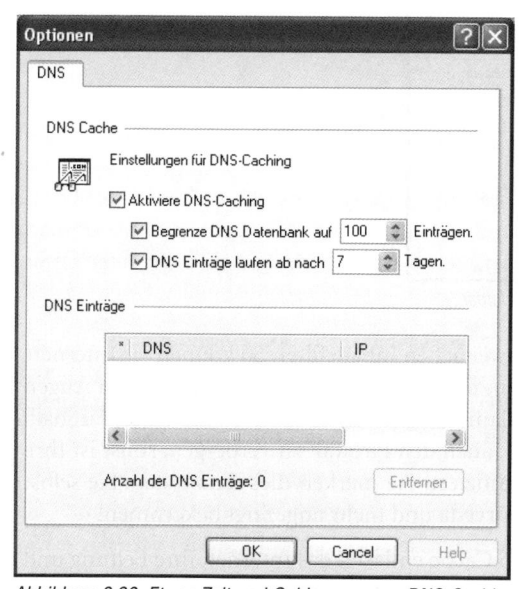

Abbildung 3.20: Etwas Zeit und Geld sparen per DNS-Caching

Das *Filtern von Dateianlagen* (siehe Abbildung 3.21) ist sicherlich gut gemeint. Nur scheint mir der Schritt, generell alle Attachments eines bestimmten Typs umzubenennen, einen Schritt zu weit zu gehen. Schließlich gibt es noch immer ungleich mehr harmlose Anhänge als schädliche. Wählen Sie also vielleicht eher die Benachrichtigung aus, damit Ihnen keine sich automatisch öffnenden Anhänge untergejubelt werden.

Empfehlenswert ist es aber sicherlich, einen professionellen Mailscanner einzusetzen. In Workshop 10 gibt's weitere Informationen dazu.

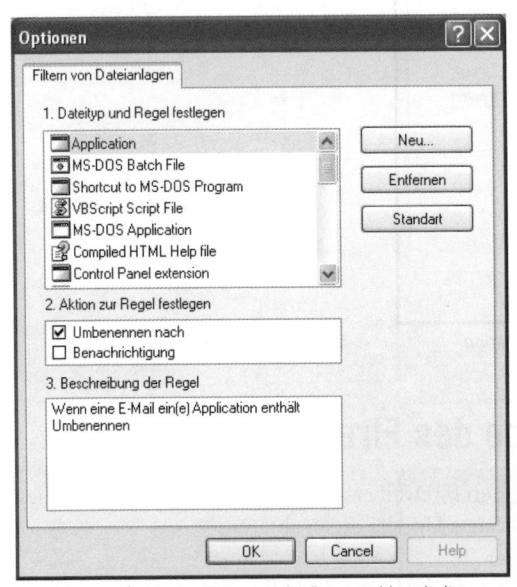

Abbildung 3.21: Dateianhänge aufspüren und bearbeiten

Die *Abwehr von Angriffen* ist eine Stärke von Outpost Firewall 1.0. Ich las darüber in verschiedenen Publikationen des Netzes. Und tatsächlich bietet Ihnen Outpost nicht nur die Möglichkeit, einen Alarm zu definieren, sondern zusätzlich können Sie festlegen, was bei einem Alarm zu tun ist.

Wenn Sie den Schieberegler einmal ganz weit nach oben und einmal ganz weit nach unten ziehen – nein schieben (ist ja ein Schieberegler) –, kann bereits ein ICMP oder Outpost selber den Alarm auslösen. Wenn Sie nicht ständig die Alarmsirenen heulen lassen wollen, aber doch hin und wieder, dann bleiben Sie einfach *Normal*!

Wie Sie z.B. dem Benutzerhandbuch entnehmen können, ist Outpost im Übrigen derart modular aufgebaut, dass weitere Plug-Ins nicht ausgeschlossen sind. Schauen Sie also gelegentlich auf die Webseite des Herstellers, vielleicht hat sich ja wieder etwas getan!

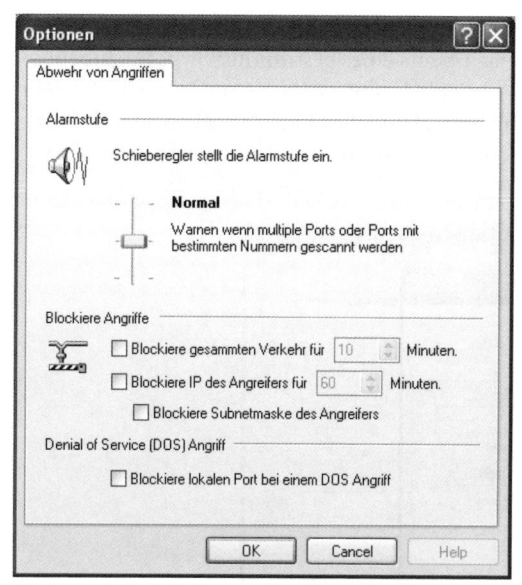

Abbildung 3.22: Definition des Angriffs und Reaktion

3.5 Die Arbeitsweise des Firewalls

Nach all der Theorie wird es nun Zeit, den Firewall erstmals zu testen. Wir werden dies unmittelbar anhand des Agnitum Products Update ausprobieren.

1. Sobald Sie in *Ihrem Internet* das *Update* aktivieren, wird Ihnen *Automatic* empfohlen (siehe Abbildung 3.23). Custom funktioniert bei mir nicht, sonst könnte ich Ihnen mehr darüber sagen.

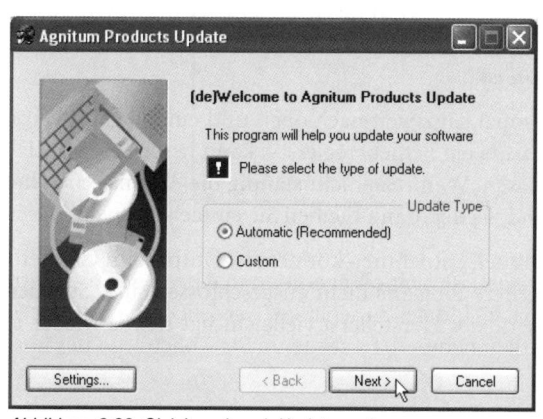

Abbildung 3.23: Gleich mal nach Updates schauen

Workshop 3 – Outpost – clever und anwenderfreundlich

2 Eine kleine Überraschung schließt sich an: Nicht Outpost wird beim Sprung ins Internet erwischt, sondern der Service Manager (siehe Abbildung 3.24). Er beansprucht eine Verbindung zu 239.255.255.250, Port 1900, Protokoll UDP. Microsoft verwendet diesen Port für sein UPnP (Universal Plug&Pray) – ich brauche es eigentlich nicht. Aber wenn es den Service Manager glücklich macht, darf er nochmals raus. In Workshop 5 werden wir nicht mehr so großzügig sein!

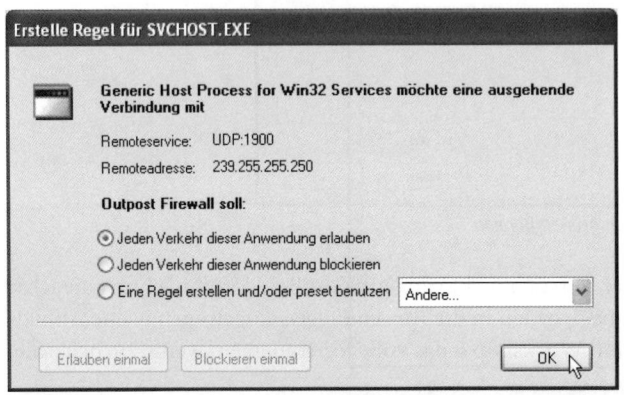

Abbildung 3.24: Der Service Manager wurde erwischt.

3 Anschließend geht's wie erwartet weiter: Agnitum Update möchte heim. Ich gebe vorerst die Generalvollmacht fürs Internet (siehe Abbildung 3.25).

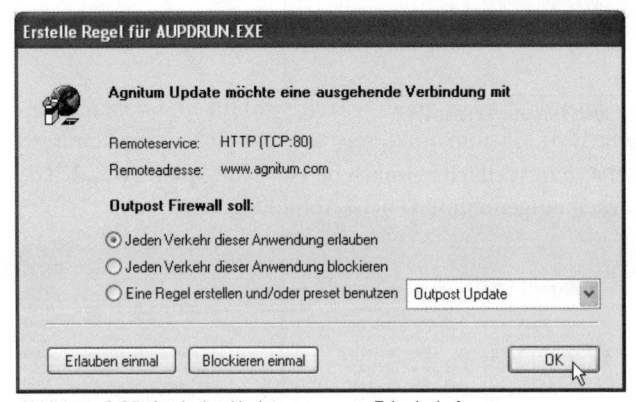

Abbildung 3.25: Auch das Update muss um Erlaubnis fragen.

4 Wie mir Abbildung 3.26 erklärt, ist meine Version up to date. Doch die Empfehlung, einmal wöchentlich nach Updates zu schauen, werde ich und müssen Sie bei der Freeware nicht wörtlich nehmen. Es sei denn, Sie wollen Updates üben ...

Die Arbeitsweise des Firewalls

Abbildung 3.26: Alles im grünen Bereich

5 Dennoch war unser Versuch nicht ganz nutzlos: Beide Vollmachten, die ich kurz vorher gegeben habe, wurden in die *Anwendungen* eingetragen (siehe Abbildung 3.27). Wir werden in Workshop 5 das volle Vertrauen ein wenig zurückziehen.

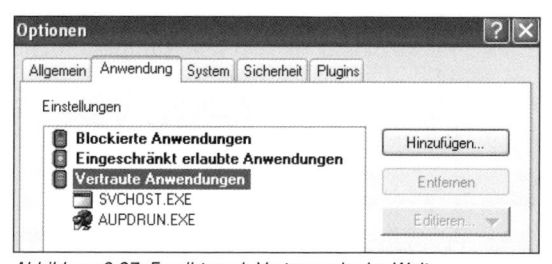

Abbildung 3.27: Es gibt noch Vertrauen in der Welt.

6 Und noch etwas zeigt sich: Weil ich heimlich bereits beim Spiegel war, hat der *Werbefilter* seine Arbeit aufgenommen (siehe Abbildung 3.28).

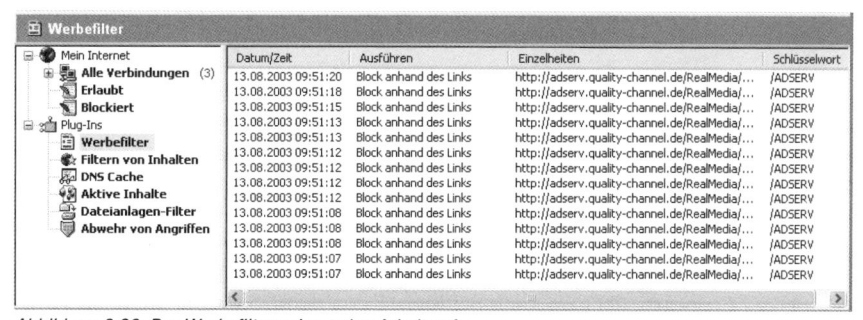

Abbildung 3.28: Der Werbefilter nahm seine Arbeit auf.

WERKSTATT

7 Und letztlich füllt sich langsam aber sicher auch der *DNS Cache*, wie Sie der Abbildung 3.29 entnehmen können.

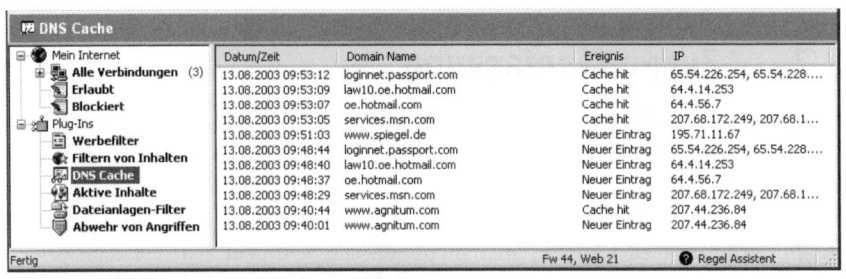

DNS Cache			
	Datum/Zeit	Domain Name	Ereignis	IP
Mein Internet				
Alle Verbindungen (3)	13.08.2003 09:53:12	loginnet.passport.com	Cache hit	65.54.226.254, 65.54.228....
Erlaubt	13.08.2003 09:53:09	law10.oe.hotmail.com	Cache hit	64.4.14.253
Blockiert	13.08.2003 09:53:07	oe.hotmail.com	Cache hit	64.4.56.7
Plug-Ins	13.08.2003 09:53:05	services.msn.com	Cache hit	207.68.172.249, 207.68.1...
Werbefilter	13.08.2003 09:51:03	www.spiegel.de	Neuer Eintrag	195.71.11.67
Filtern von Inhalten	13.08.2003 09:48:44	loginnet.passport.com	Neuer Eintrag	65.54.226.254, 65.54.228....
DNS Cache	13.08.2003 09:48:40	law10.oe.hotmail.com	Neuer Eintrag	64.4.14.253
Aktive Inhalte	13.08.2003 09:48:37	oe.hotmail.com	Neuer Eintrag	64.4.56.7
Dateianlagen-Filter	13.08.2003 09:48:29	services.msn.com	Neuer Eintrag	207.68.172.249, 207.68.1...
Abwehr von Angriffen	13.08.2003 09:40:44	www.agnitum.com	Cache hit	207.44.236.84
	13.08.2003 09:40:01	www.agnitum.com	Neuer Eintrag	207.44.236.84

Abbildung 3.29: Und auch der DNS Cache füllt sich.

Sie sollten nun wiederum selber ein paar Adressen ansurfen und ein paar Internetprogramme starten, damit Sie Umgang und Arbeitsweise des Outpost Firewalls kennen lernen. Sollten Ihnen dabei bisher unbekannte Programme gemeldet werden, scheuen Sie sich nicht, diesen die kalte Schulter zu zeigen, sprich, keinen Zugang zu gestatten.

Leider bietet Outpost keine automatische Überprüfung eines Ihnen unbekannten Programms, doch wenn Sie Google bemühen, sollten Sie auch recht schnell die benötigten Informationen erhalten können. Wichtig ist: Lassen Sie kein unbekanntes Programm passieren! Genau dieses könnte ein wirklicher Bösewicht sein!

3.6 Outpost Pro

Im Unterschied zum vorgestellten Outpost Free verfügt Outpost Pro über erweiterte Netzwerkmöglichkeiten und bringt noch ein paar kleinere Schmankerl (siehe Abbildung 3.30) mit sich.

Featues	Outpost Pro 2.0	Outpost Free 1.0
Packet/Application filtering	Yes	Yes
Network monitoring	Yes	Yes
Web privacy	Yes	Yes
Components Control (Anti-Leak)	Yes	No
Auto-configuration of apps/network	Yes	No
History of connections/events	Yes	No
Stateful Inspection technology	Yes	No
Internet Connection Sharing (ICS) Support	Yes	No
Automatic Online Updates	Yes	No
Support Service	Yes	No
Price	$39.95	freeware

© 1999-2003 by Agnitum, Ltd. All rights reserved.

Abbildung 3.30: Die Unterschiede zwischen Free und Pro

Vielleicht werden Sie aber dennoch erst mal mit der kostenlosen Version vertraut, bevor Sie die Pro-Version für einen Monat testen – Sie haben dann einfach mehr davon. Die Version vom September 2003 finden Sie unter *OutpostProInstall.exe* auf der Buch-CD; der Preis beträgt zu diesem Zeitpunkt 39,95 $.

3.7 Zusammenfassung

Die ersten Schritte mit Outpost Firewall 1.0 liegen hinter Ihnen; ich hoffe, dass Sie nicht zu oft über IP-Adressen, Protokolle und Ports gestolpert sind. Behalten Sie im Hinterkopf, dass diese technischen Angaben lediglich der Adressierung und dem ordentlichen Datentransport dienen und weltweit standardisiert sind. Und Sie diese zur Filterung nutzen können, aber nicht müssen! Outpost arbeitet auch ohne Ihre Anwendung der differenzierten technischen Möglichkeiten hinreichend gut.

Standardmäßig sollten Sie zumindest in den ersten Wochen der Nutzung den Regel-Assistenten aktiviert lassen. Dieser sucht immer erst nach einer bestehenden Regel, und wenn er nichts findet, fragt er Sie. Je mehr Programme Sie schon „bearbeitet" haben, umso weniger werden Sie vom Assistenten bemerken.

Und sicherlich werden Ihnen die kleinen, aber feinen Plug-Ins Freude bereiten. So quasi nebenbei wird wenigstens die gröbste Werbung draußen gehalten, da traut man sich schon mal wieder eher ins Netz. Ja, und vielleicht schützen Sie Ihren Partner wirklich vor neuen Autos und Computern, indem Sie den Inhaltsfilter aktivieren!

Workshop 4

Sygate – mit allen Finessen

Dieser vierte Workshop hat es nun in der Tat in sich! Sie werden Sygate Personal Firewall 5.1 kennen lernen. Dieser Firewall stellt meines Erachtens die Spitze der frei erhältlichen Firewalls dar, weder ZoneAlarm noch Outpost erreichen auch nur annähernd dessen Funktionalität. Und vielleicht schauen Sie sich gelegentlich mal die Latte an fantastischen Preisen an, die Sygate jahrein, jahraus gewinnt.

Mit ein Grund dafür dürfte die überaus benutzerfreundliche Oberfläche sein, hinter der sich sozusagen nicht öffentlich feinste Technik verbirgt. Aber nur wenn Sie so wollen! Freaks unter Ihnen werden die nächsten Wochen wohl kaum noch aus dem Haus kommen, wenn Sie erst mal die Feinheiten unter die Lupe nehmen. Machen Sie sich diesbezüglich auf einiges gefasst!

Bei aller Technik brauchen Sie keinesfalls auf Bequemlichkeit verzichten: Sygates Firewall ist flexibel konfigurierbar, Sie als Benutzer bestimmen den Detaillierungsgrad sowohl der Darstellung als auch der Filterfunktionen. Wobei bereits die Standardeinstellungen einen zuverlässigen Schutz und eine, auch für Einsteiger in die Materie, transparente Arbeitsweise an den Tag legen.

Darüber hinaus bietet Sygate Personal Firewall die wirklich differenziertesten Filter- und umfassendsten Logbuch-Möglichkeiten – aber auch ganz praktische Hilfen wie z.B. eine Testseite im Netz, die Ihre Einstellungen auf Wunsch jeweils überprüft und anzeigt. Fehlerhafte Konfigurationen lassen sich somit direkt aufspüren, bevor größerer Schaden entsteht. Insgesamt bietet Sygate Personal Firewall 5.1 ein abgerundetes Paket zum Thema Private Firewalls – zu einem fast schon nicht mehr angemessenen Preis: kostenlos für private Nutzung – und zu diesem Preis werde ich Ihnen Sygate Personal Firewall jetzt verkaufen!

4.1 Die Installation

Sie werden sicherlich kaum Hilfe brauchen bei der nachfolgenden Installation. Ich zeige Ihnen dennoch die einzelnen Schritte, damit auch wirklich nichts schief gehen kann bei Ihrem nächsten Firewall.

> Sie finden die aktuellsten Versionen im Netz unter *www.sygate.com* – die Version 5.1 vom September 2003 auf der Buch-CD (*spf.exe*). Diese Software werden wir anschließend besprechen. Sobald Sie fit sind, installieren Sie sich doch auch mal die Pro-Version, die Sie 30 Tage testen können (Buch-CD *pspf.exe*).
>
> Es gibt im Übrigen inzwischen auch eine deutschsprachige Ausgabe des Sygate Personal Firewalls (*www.sygate.de*). Allerdings ist diese Version keine Freeware, und Sie werden zu einer allgemeinen Firewall-Seite weitergeleitet. Aus beiden Gründen stelle ich Ihnen lieber das freie Original vor.

1 Die Installation starten Sie durch Aktivierung des sich selbst installierenden Programms (siehe Abbildung 4.1).

Abbildung 4.1: Der noch verpackte Firewall

2 Falls Sie befürchtet haben, Sie müssten nun selber etwas arbeiten, keine Bange, der InstallShield Wizard wird das Gröbste für Sie erledigen (siehe Abbildung 4.2).

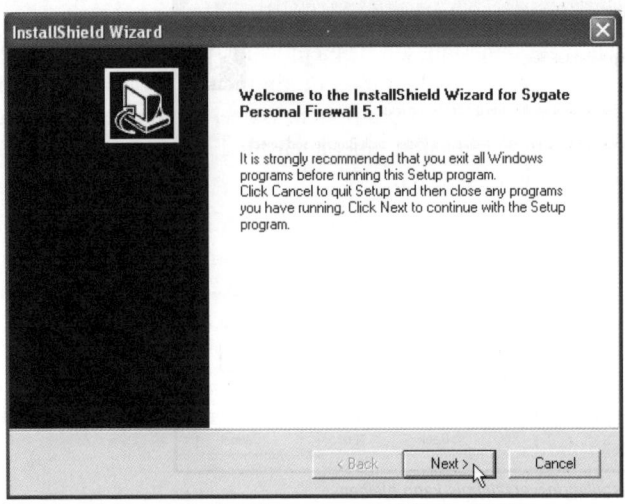

Abbildung 4.2: Der InstallShield Wizard installiert für Sie SPF 5.1.

Die Installation

3 Einmal mehr zahlte es sich aus, wenn man einen Anwalt in der Familie hätte. Ich bedaure das für meinen Teil immer wieder, muss ich doch einfach vertrauensvoll auf *Yes* klicken (siehe Abbildung 4.3). Hoffentlich wird mir keine Waschmaschine mitgeliefert!

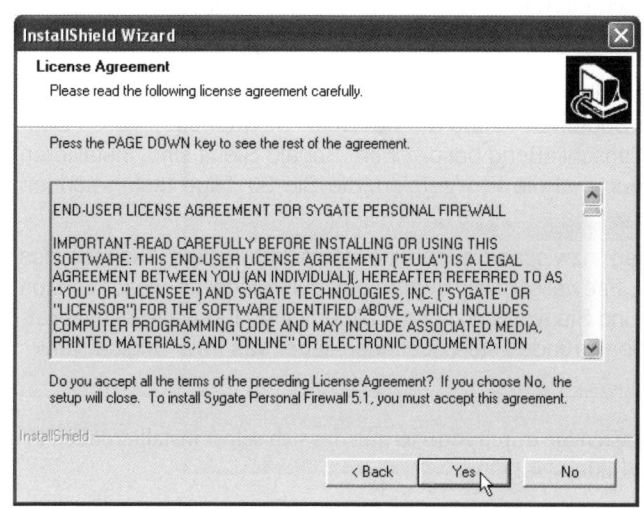

Abbildung 4.3: Die EULA, wohl eines der wenigst gelesenen Dokumente

4 Gleich darauf geht's um die Auswahl des Installationsverzeichnisses. Passen Sie die *Destination Location* (altdeutsch Zielordner) an Ihre Maschine an, oder übernehmen Sie einfach den angebotenen Ordner mittels *Next* (siehe Abbildung 4.4).

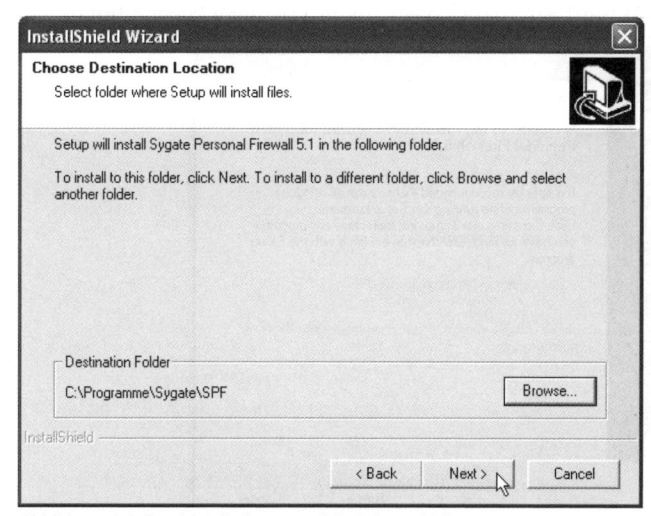

Abbildung 4.4: Das Installationsverzeichnis kann bleiben.

Workshop 4 – Sygate – mit allen Finessen

5 Wie möchten Sie SPF 5.1 in den Programmen des Startmenüs wiederfinden? Die in Abbildung 4.5 empfohlene Bezeichnung *Sygate Personal Firewall* ist wohl kaum zu verbessern.

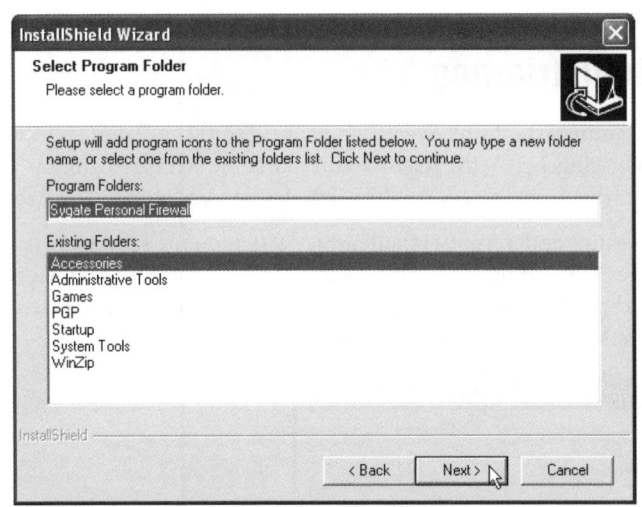

Abbildung 4.5: Sygate Personal Firewall im Startmenü

6 Anschließend werden die Dateien kopiert und installiert. Der Wizard beendet seine schwierige Arbeit mit einem Hinweis darauf, dass die Installation erfolgreich verlaufen ist (siehe Abbildung 4.6). Bevor Sie das Programm benutzen können, müssen Sie allerdings den Computer neu starten.

Abbildung 4.6: Nur noch ein Neustart

Das war also die Installation des Sygate Personal Firewall 5.1. Nicht gerade eine wirkliche Herausforderung für Ihren Intellekt! Doch da kann Ihnen geholfen werden! Vorher gibt's jedoch noch ein bisschen Marketing:

4.2 Die Registrierung

Vor dem ersten Programmstart erbittet Sygate ein paar persönliche Daten von Ihnen. Diese müssen Sie nicht eingeben – Ihr *Register Later* lässt die Registrierung bis zum nächsten Programmstart verschwinden, bei dem sich das Spielchen dann wiederholt.

Bei erfolgter Registrierung andererseits erhalten Sie kostenlosen Mail-Support und Hinweise auf Upgrades – allerdings nur dann, wenn Sie eine korrekte Mail-Adresse angegeben haben. Und beachten Sie zusätzlich, dass eine mögliche Business-Lizenz an die Ihrerseits genannte Mail-Adresse geschickt wird (siehe Abbildung 4.7).

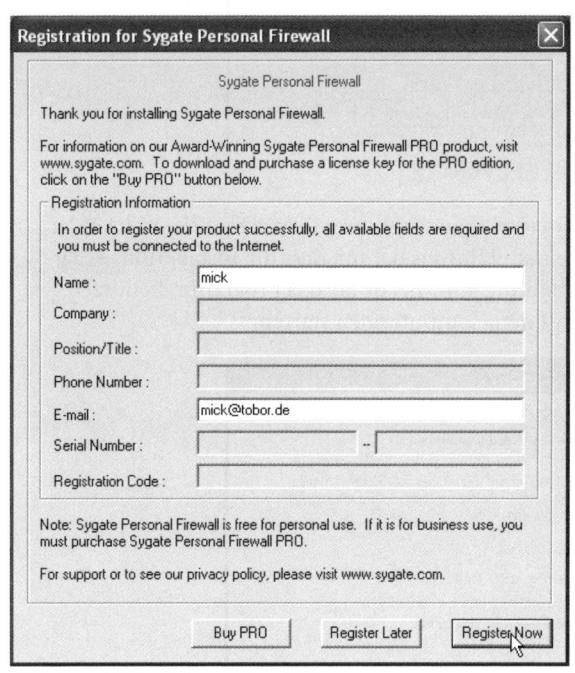

Abbildung 4.7: Register – erst mal later

4.3 Die Visualisierung neben der Uhr

Sobald Sygate Personal Firewall 5.1 Ihre Daten bewacht, finden Sie ein entsprechendes Symbol in der Taskleiste neben der Uhr (siehe Abbildung 4.8).

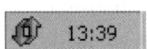

Abbildung 4.8: SPF neben der Uhr

Die beiden Pfeile zeigen in unterschiedlichen Farben den gesamten Traffic auf der Leitung an. So erkennen Sie zu jeder Sekunde mit einem Blick den bidirektionalen Status Ihres Netzzugangs. Eine wirklich feine Sache, sobald man sich mit dieser Visualisierung angefreundet hat.

Insgesamt unterscheidet SPF zwischen den folgenden Zuständen:

- Der *Pfeil nach unten* kennzeichnet ankommende Daten.
- Der *Pfeil nach oben* kennzeichnet ausgehende Daten.
- Die Farbe *Grau* kennzeichnet keinen Traffic.
- Die Farbe *Blau* kennzeichnet erlaubten Traffic.
- Die Farbe *Rot* kennzeichnet geblockten Traffic.
- Ein *aufblinkendes* Symbol kennzeichnet einen Alarmzustand!

Aber noch ist ja alles in Ordnung, ein Rechtsklick auf den Doppelpfeil öffnet das Kontextmenü (siehe Abbildung 4.9).

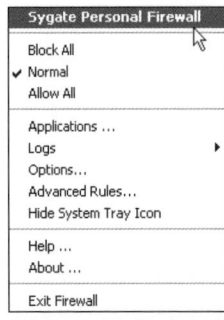

Abbildung 4.9: Hinein in die SPF 5-Hauptkonsole

Sie erkennen, dass sich der Firewall standardmäßig im Zustand *Normal* befindet. Wir nehmen das einfach mal hin und öffnen mittels *Sygate Personal Firewall* die so genannte Hauptkonsole.

4.4 Die Hauptkonsole des Firewalls

Die Hauptkonsole beinhaltet sechs verschiedene Elemente, die Ihnen alle möglichen Informationen Ihres Firewalls per Mausklick zur Verfügung stellen werden (siehe Abbildung 4.10). Im Einzelnen erkennen Sie die bei Windows-Programmen übliche *Menüleiste* und gleich darunter die *Symbolleiste*. Das *Traffic-Fenster* zeigt Ihnen Geschwindigkeit und Gesamtmenge der ankommenden und ausgehenden Daten – aber damit nicht genug, auch die Attacken werden grafisch dargestellt!

Alle Windows-seitig gestarteten Netzanwendungen finden Sie in der *Running Applications* List. Darunter gibt es dann noch die Möglichkeit, die *Message Console* zu zeigen – und letztlich die *Statuszeile* mit kontextsensitiven Infos rund um das Programm.

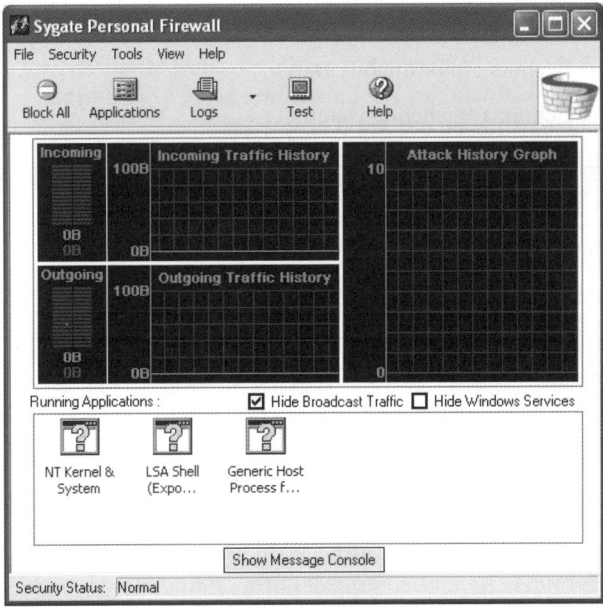

Abbildung 4.10: Der Sygate Personal Firewall in Standardausführung

Man könnte auf den ersten Blick etwas erschreckt sein. Doch werden Sie sich sehr schnell an den Umgang mit Sygate gewöhnen, zumal Sie sogleich im *View*-Menü Ihre Sicht der Dinge in wenigen Schritten einstellen können.

1. Wie Sie bemerken werden, erkennt Sygate ebenso wie Outpost die drei bereits gestarteten Windows Services, die auf eine gelegentliche Verbindung ins Netz warten. Ein Klick auf *Hide Windows Services* (siehe Abbildung 4.11) schafft in meiner Konfiguration etwas mehr Platz im *Running Applications* Window.

Workshop 4 – Sygate – mit allen Finessen

Abbildung 4.11: Windows Services ausblenden

2 Der allgemeine Netzwerk-Traffic kann mittels *Hide Broadcast Traffic* aus den Grafiken herausgehalten werden. Die Statistiken sind dann etwas weniger gefälscht ☺.

3 Probieren Sie nun einmal die verschiedenen Anzeige-Modi aus! Lassen Sie aber dazu die Windows Services noch sichtbar. Die Einstellung *Large Icons* führt zu den bekannt übersichtlichen Symbolen der Abbildung 4.12:

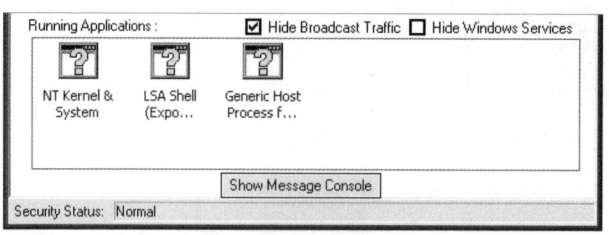

Abbildung 4.12: Irgendwie gewohnter, oder?

4 Die unübersehbaren Fragezeichen auf den Symbolen kennzeichnen im Übrigen den Sicherheitszustand der entsprechenden Programme. Das *Fragezeichen* weist darauf hin, dass vor Datentransport Ihre Erlaubnis eingeholt wird. Ein Verbotsschild gemäß Abbildung 4.13 schiebt jedem Traffic einen Riegel vor! Erkennen Sie hingegen gar keine besondere Kennzeichnung des Programmsymbols (und liegt dies nicht an Ihren Augen), darf das entsprechende Programm unbeschränkt Daten rein- und rausschaufeln.

Abbildung 4.13: No Traffic at all!

5 Bevor nun bei den Technik-Freaks unter Ihnen ein gewisser Frust aufkommt, ob dieser zu bildlichen Sichten, probieren wir eine weitere *View* aus: *Connection Details* (siehe Abbildung 4.14).

Die Hauptkonsole des Firewalls

Abbildung 4.14: Connection Details für die Technik-Freaks

6 Ja, da bleibt kein Auge trocken! *Anwendung, Protokoll, aktueller Status, Lokaler Port, Remote Port, IP-Adresse,* die *Prozess-Nummer* (!) und der *Pfad* in Ihrem System. Man kann sich kaum satt sehen an diesen Informationen der Abbildung 4.15. Wann bekommt man sonst auch schon mal die Prozess-ID gezeigt, auch wenn Sie dazu etwas scrollen müssen?

Abbildung 4.15: Das Internet „persönlich"

7 Werfen Sie nun noch einen kurzen Blick auf die Message Console, die Sie mit einem Klick auf *Show Message Console* öffnen können. Wie Sie Abbildung 4.16 entnehmen können, protokolliert Sygate allgemeine Daten wie Start des Programms und Veränderungen im Sicherheitslevel. Die Message Console wird aber auch protokollieren, wenn sich Programmversionen bekannter Running Applications ändern! Ein Trojaner, der sich z.B. als Ihr Mail-Client ausgibt, würde sofort entdeckt. Unter der Haube errechnet SPF 5.1 den Hashwert eines jeden bekannten Programms. Jede Veränderung des Programms führt zu einem veränderten Hashwert – jeder Schwindel fliegt also sofort auf.

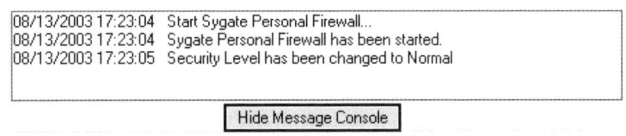

Abbildung 4.16: Das Logbuch in der Message Console

Falls Sie sich fragen, wofür ein solches Logbuch gut sein soll, beachten Sie den folgenden Tipp:

> **PROFITIPP**
>
> Abbildung 4.16 zeigt Ihnen allgemeine Daten des Firewalls: Datum und Uhrzeit sind protokolliert! Damit entlarven Sie z.B. einen Spitzbuben, der während Ihrer Abwesenheit den Firewall herunterfährt, anschließend weiteren Unfug treibt und dann den Firewall wieder startet, als sei nichts geschehen.

Doch im Moment liegt noch alles im grünen Bereich. Da bleibt uns Zeit, die Einstellungen im *Security*-Menü anzuschauen (siehe Abbildung 4.17).

Sie erkennen lediglich drei Zustände in der *Security*, in der *Normal* als Standard aktiviert ist. *Normal* bedeutet, wie bereits erwähnt, dass vor beabsichtigtem Datentransport eines unbekannten Programms Ihre Erlaubnis eingeholt wird. *Block All* lässt überhaupt keinen Traffic mehr durch, *Allow All* hingegen erlaubt alles! *Block All* werden Sie möglicherweise in dem Moment aktivieren wollen, wenn SPF 5.1 den Alarmzustand visualisiert. *Allow All* hingegen ist gleichbedeutend mit einer Deaktivierung des Firewalls.

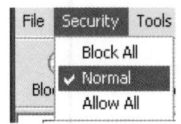

Abbildung 4.17: Normal als Standard

Wenn Sie wollen, können Sie Ihren Sygate Personal Firewall nun ganz normal benutzen. Wann immer ein bisher unbekanntes Programm auftaucht, werden Sie benachrichtigt und um Ihre Entscheidung gebeten. Ich mache Ihnen das noch mal schnell vor.

1 Ich starte ganz unauffällig meinen Browser und harre der Dinge, die da kommen. Hm, das System ist wieder schneller, wie Sie der Abbildung 4.18 entnehmen können:

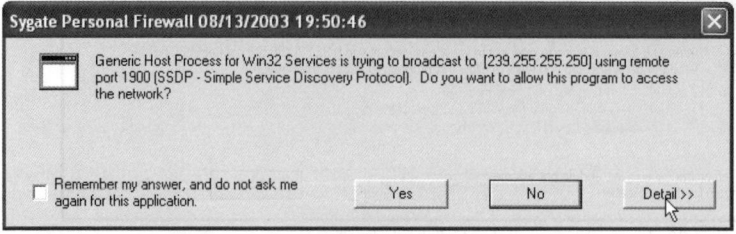

Abbildung 4.18: Simple Service, aber ziemlich schnell

2. Ob Sygate noch mehr Infos auf Lager hat? Die Details führen zur Abbildung 4.19 und werfen mich bald vom Hocker! Wer hätte dem kleinen svchost so etwas zugetraut? Jedenfalls erfahren Sie alles, was Sie wissen wollen und nicht wissen wollen. Ein Tipp, Yes or No, springt leider nicht heraus – wie bei ZoneAlarm möglich! Doch die Infos reichen als solche aus: UDP Port 1900, Universal Plug&Pray, Windows. Ich gebe nochmals mein *Yes*, sonst nimmt Sygate die Maske nie vom Bildschirm! Im nächsten Workshop bleibt der Manager daheim.

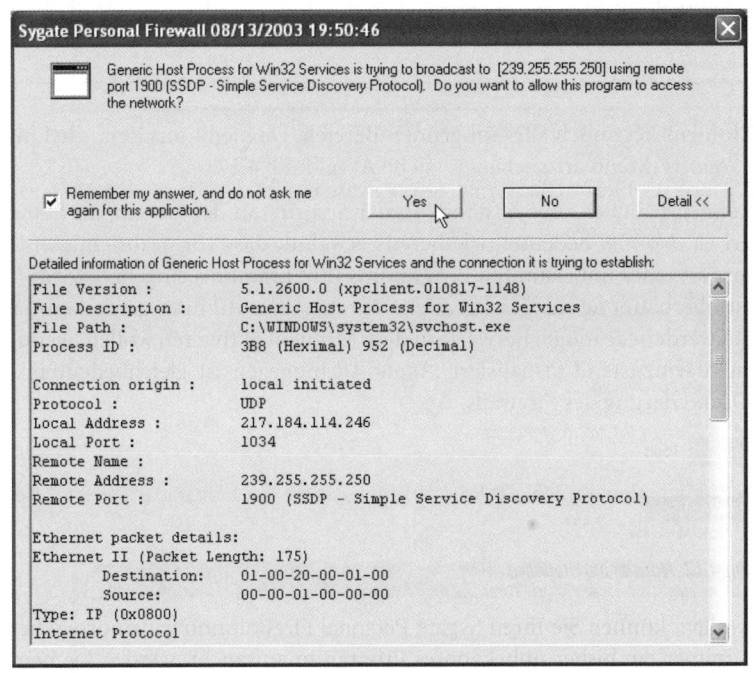

```
Sygate Personal Firewall 08/13/2003 19:50:46

    Generic Host Process for Win32 Services is trying to broadcast to [239.255.255.250] using remote
    port 1900 (SSDP - Simple Service Discovery Protocol). Do you want to allow this program to access
    the network?

    [x] Remember my answer, and do not ask me
        again for this application.      [ Yes ]    [ No ]    [ Detail << ]

Detailed information of Generic Host Process for Win32 Services and the connection it is trying to establish:
File Version    :    5.1.2600.0 (xpclient.010817-1148)
File Description :    Generic Host Process for Win32 Services
File Path       :    C:\WINDOWS\system32\svchost.exe
Process ID      :    3B8 (Heximal) 952 (Decimal)

Connection origin :  local initiated
Protocol        :    UDP
Local Address   :    217.184.114.246
Local Port      :    1034
Remote Name     :
Remote Address  :    239.255.255.250
Remote Port     :    1900 (SSDP - Simple Service Discovery Protocol)

Ethernet packet details:
Ethernet II (Packet Length: 175)
        Destination:   01-00-20-00-01-00
        Source:        00-00-01-00-00-00
Type: IP (0x0800)
Internet Protocol
```

Abbildung 4.19: Was Sie schon immer über Prozess 3B8 (Hex) wissen wollten

3. Anschließend ist endlich der Browser an der Reihe! Der bekommt mein *Yes*, auch zukünftig (siehe Abbildung 4.20).

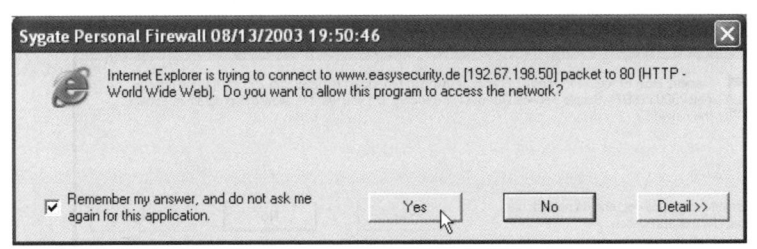

```
Sygate Personal Firewall 08/13/2003 19:50:46

    Internet Explorer is trying to connect to www.easysecurity.de [192.67.198.50] packet to 80 (HTTP -
    World Wide Web). Do you want to allow this program to access the network?

    [x] Remember my answer, and do not ask me
        again for this application.      [ Yes ]    [ No ]    [ Detail >> ]
```

Abbildung 4.20: Ja, der Browser darf natürlich wieder raus.

Workshop 4 – Sygate – mit allen Finessen

4 Dann eine Überraschung: Cydoor Technologies ad-system meldet sich bei Sygate. Haben Sie schon mal davon gehört? Ich auch nicht, sagen wir mal vorerst *No* (siehe Abbildung 4.21).

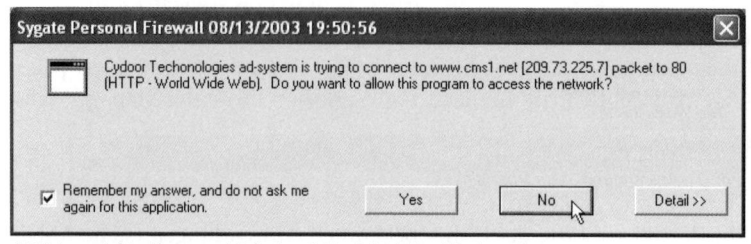

Abbildung 4.21: Aber was ist Cydoor? No, jetzt keine Werbung!

5 Hm, Cydoor probiert es noch mal, aber Sygate blockt den Versuch locker ab (siehe Abbildung 4.22).

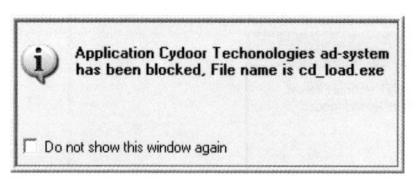

Abbildung 4.22: Cydoor wurde geblockt.

6 Vielleicht auch gleich noch die Post abholen, wenn die Leitung schon mal frei ist (siehe Abbildung 4.23)?

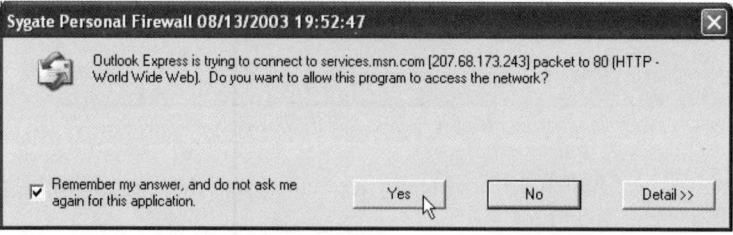

Abbildung 4.23: Gleich noch die Post abholen

Und damit haben wir genug Stoff gesammelt, um uns die *Tools, Applications* der Abbildung 4.24 anzuschauen.

Die Hauptkonsole des Firewalls

Abbildung 4.24: Die Anwendungen im Überblick

Sie sehen die detaillierte Liste der bisher bekannten Anwendungen (siehe Abbildung 4.25). Sygate erklärt Ihnen, dass diese Liste die Programme darstellt, die bisher kategorisiert wurden. Die entsprechenden Ergebnisse erkennen Sie in der kleinen Checkbox zu Beginn der *FileName*-Zeile. Klicken Sie spaßeshalber in die Checkbox, werden Ihnen je Programm die unterschiedlichen Security-Levels angezeigt.

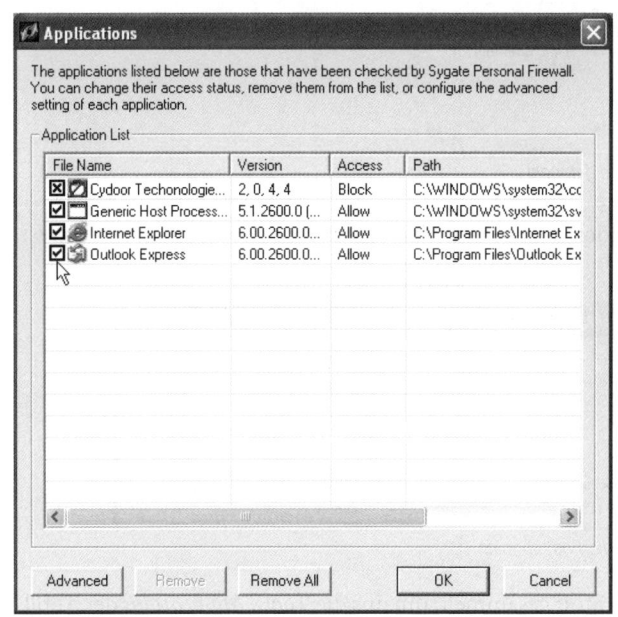

Abbildung 4.25: Noch herrscht eine gewisse Übersicht.

Workshop 4 – Sygate – mit allen Finessen

> **PROFITIPP**
>
> Setzen Sie sich nun sicherheitshalber hin und holen Sie noch mal tief Luft. Anschließend klicken Sie auf *Advanced* der Abbildung 4.25. Wie der Name *Advanced Application Configuration* bereits befürchten lässt, bestehen in dieser Maske vielfältige Möglichkeiten, jeder einzelnen Anwendung individuelle Filtereinstellungen zuzuweisen. Sie erkennen auf den ersten Blick *Trusted IPs* und *Screensaver-Einstellungen,* darunter detaillierte Eingabefelder zur zeitlichen Steuerung der Filterfunktionen (siehe Abbildung 4.26). Wir werden uns diese Möglichkeiten im nachfolgenden Workshop anschauen.

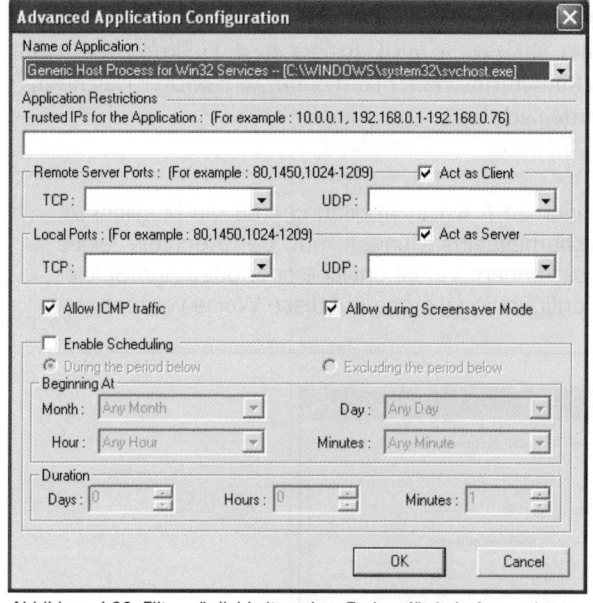

Abbildung 4.26: Filtermöglichkeiten ohne Ende – für jede Anwendung

Auch den *Logs* des *Tools*-Menüs ist ein separates Kapitel gewidmet – daher können wir uns gleich in den *Options* des *Tools*-Menüs umschauen. Doch vorher sollten Sie die Hinweise der Abbildung 4.27 beachten: Die in den untergeordneten Menüs nicht zu aktivierenden Checkboxen gehören zur Pro-Version.

Die Hauptkonsole des Firewalls

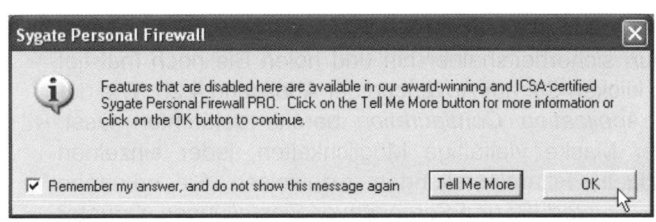

Abbildung 4.27: Ein Wink mit dem Zaunpfahl

- Doch nun zu den *General*-Optionen der Abbildung 4.28. Hier finden Sie allgemeine Konfigurationsmöglichkeiten. So aktivieren Sie beispielsweise den automatischen *Start* des Firewalls beim Hochfahren des Rechners. Falls Sie den gesamten Traffic deaktivieren lassen, sobald sich der *Screensaver* einschaltet, müssen Sie beachten, dass dann auch Ihre Mails möglicherweise nicht mehr automatisch geholt werden können. Umgekehrt ist diese Funktion sehr wohl sinnvoll, denn wenn der Bildschirmschoner läuft, kann so mancher Datentransport unbeobachtet vonstatten gehen.

> **PROFITIPP**
>
> Darüber hinaus bietet Ihnen SPF 5.1 in Abbildung 4.28 die Möglichkeit, Veränderungen der Sicherheitseinstellungen nur bei Kenntnis eines *Passwords* vornehmen zu können. Versehentliche oder böswillige Spielereien an Ihrer Firewall-Konfiguration werden auf diese Weise vermieden.

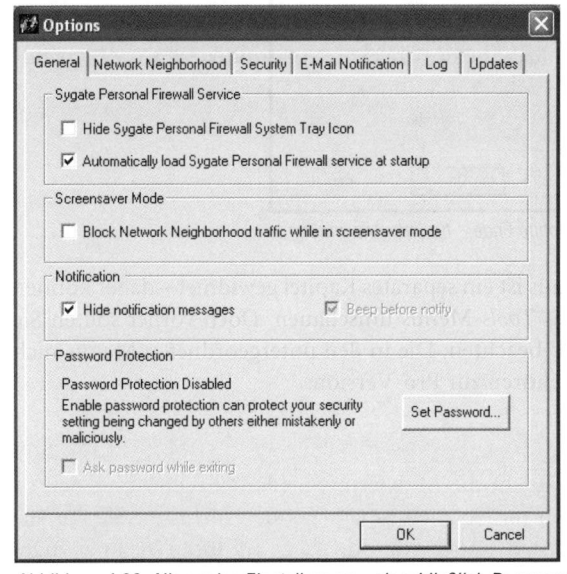

Abbildung 4.28: Allgemeine Einstellungen – einschließlich Password

WERKSTATT

111

Workshop 4 – Sygate – mit allen Finessen

- Eine sehr komfortable Funktion zeigt sich in der Registerkarte *Network Neighborhood* (siehe Abbildung 4.29). SPF 5.1 scannt während der Installation Ihre Netzwerkumgebung. Anschließend erlaubt SPF 5.1 Ihrem Rechner standardmäßig, auf die Dateien und Drucker des gesamten Netzwerks zuzugreifen – aber nicht umgekehrt!

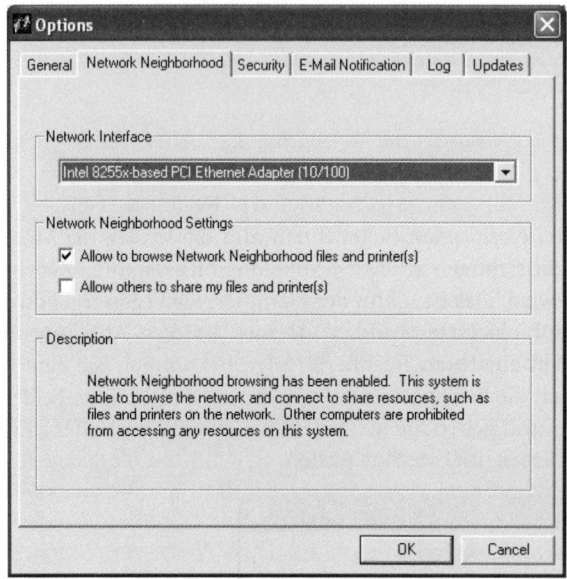

Abbildung 4.29: Auch das Netzwerk im Griff

- Beachten Sie die Veränderung in der Description, sobald Sie an den beiden Häkchen herumspielen. Falls beide Checkboxen deaktiviert werden, sind alle Netzaktivitäten gestoppt (siehe Abbildung 4.30).

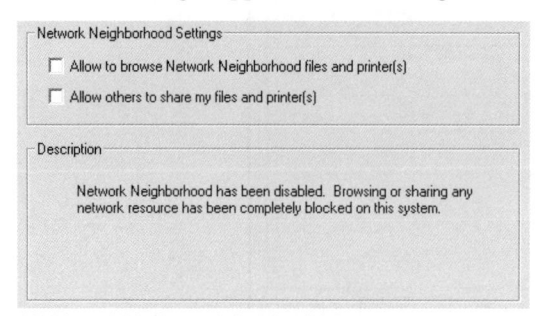

Abbildung 4.30: Netzwerk-Activity gleich zero

- Im Gegensatz dazu ermöglicht die Aktivierung beider Checkboxen einen ungehinderten Datenaustausch im Netz. Nunmehr können nicht nur Sie auf andere Rechner des Netzes zugreifen – auch von dort kann auf Ihren Rechner zugegriffen werden (siehe Abbildung 4.31).

Die Hauptkonsole des Firewalls

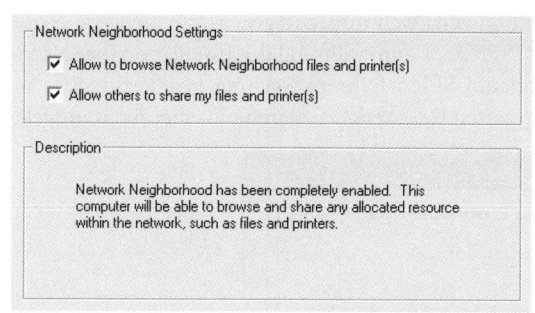

Abbildung 4.31: Freiheit im Netz – Datenzugriff für alle und alles

- Die Registerkarte *E-Mail Notification* bietet Ihnen nun tatsächlich die Möglichkeit, sich per Mail benachrichtigen zu lassen, sobald ein unerlaubter Zugriff auf Ihren Rechner erkannt wird. Das ist schon der Hammer: Sie liegen irgendwo am Strand oder arbeiten für ein paar Stunden in einer anderen Abteilung Ihrer Firma; sobald ein Angriff auf Ihren Rechner erfolgt, bekommen Sie eine Mail. Tragen Sie hierzu einfach die benötigten Daten in die entsprechenden Felder ein (siehe Abbildung 4.32), und geben Sie außerdem an, ob Sie *sofort* oder in *regelmäßigen Abständen* benachrichtigt werden wollen.

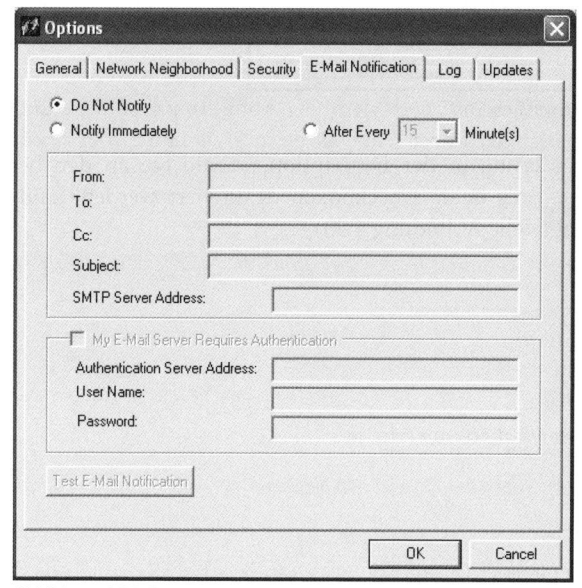

Abbildung 4.32: Benachrichtigung per Mail!

- Die nächste Registerkarte *Log* in den *Options* regelt die allgemeinen Einstellungen der vier verschiedenen Logbücher (siehe Abbildung 4.33). Wir schauen uns diese Karte und mehr im entsprechenden Workshop an.

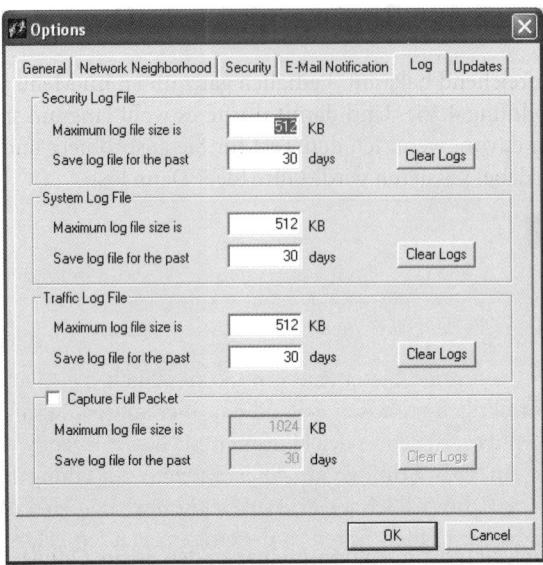

Abbildung 4.33: Grundeinstellungen der Logfiles

Automatische Updates konfigurieren Sie in der Registerkarte *Updates* (daher der Name). Und um weiter erhöhte Sicherheit geht's unter *Security*, in der auch quasi alle wesentlichen Funktionen der Pro-Version angekündigt werden.

Werfen wir noch einen letzten Blick ins *Tools*-Menü der Abbildung 4.34. Sie erkennen hier unter anderem die Möglichkeit, Ihren Firewall beim Hochfahren des Rechners automatisch mitstarten zu lassen. Diese Möglichkeit sollten Sie nutzen!

Abbildung 4.34: Erscheint angebracht: Sygate beim Systemstart aktivieren

> **PROFITIPP**
>
> Als kleines Schmankerl, wie die Hamburger sagen, können Sie auch das *Sygate Icon* verschwinden lassen. Das empfiehlt sich unter Umständen dann, wenn Personen in Ihrer Umgebung nicht wissen müssen, dass Ihr Rechner von Sygate geschützt und protokolliert wird, und Sie mal eben aus dem Haus müssen!

4.5 Der erste Test der Systemsicherheit

Nun sind Ihnen alle Tools hinreichend bekannt. Lediglich ganz unten im Menü reizt *Test Your Firewall* (siehe Abbildung 4.35). Und damit dürfte es wohl langsam spannend werden! Was hielten Sie davon, wenn ich den Test für Sie ausprobiere und Sie sich zunächst anschauen, was dabei passieren wird? Gute Idee? Dann los!

Abbildung 4.35: Ein erster Test

1. Ein Klick auf *Test Your Firewall* führt mich unmittelbar zu den Sygate Online Services, die Sie auch über die Adresse *http://scan.sygate.com* erreichen können (siehe Abbildung 4.36).

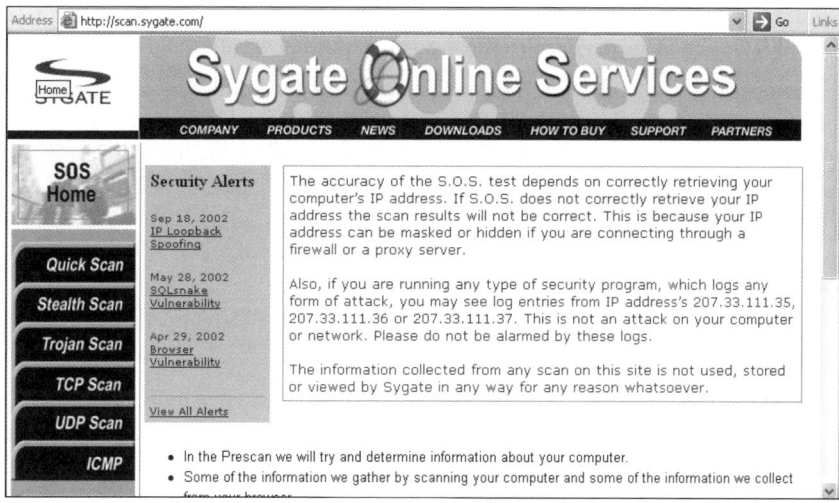

Abbildung 4.36: SOS – Sygate testet Ihren Rechner auf undichte Stellen.

2. Es stehen Ihnen viele verschiedene Tests zur Verfügung: Der Quick Scan ermittelt dabei erst mal Ihre *IP-Adresse*, *Betriebssystem* und *Browser* (siehe Abbildung 4.37). Das fängt ja gut an!

Workshop 4 – Sygate – mit allen Finessen

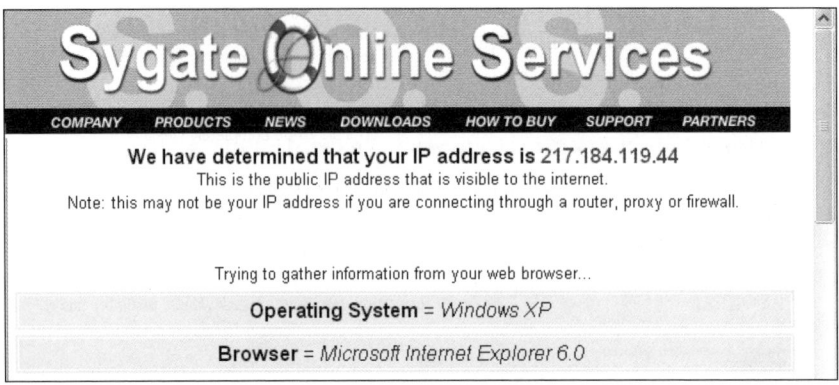

Abbildung 4.37: IP-Adresse, XP und Browser sind also bekannt, hm ...

3 Anschließend entscheide ich mich für den *Stealth scan* (siehe Abbildung 4.38). Dabei werden übliche Ports des Computers gescannt, und vielleicht merkt nicht einmal der Firewall etwas davon?!

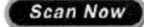

Abbildung 4.38: Der Stealthscan sucht nach gewöhnlichen TCP Services.

4 Das erhoffte Ergebnis des Scans kommt nach kurzer Zeit: Alle Ports sind *geblockt* (siehe Abbildung 4.39). In Sygates Terminologie bedeutet das, dass diese Ports nicht nur geschlossen, sondern für den Rest der Welt komplett verborgen sind. Da kommt natürlich Freude auf!

Der erste Test der Systemsicherheit

HTTPS	443	BLOCKED	This port has not responded to any of our probes. It appears to be completely stealthed.
Server Message Block	445	BLOCKED	This port has not responded to any of our probes. It appears to be completely stealthed.
SOCKS PROXY	1080	BLOCKED	This port has not responded to any of our probes. It appears to be completely stealthed.
SOURCE PORT	1095	BLOCKED	This is the port you are using to communicate to our Web Server. A firewall that uses Stateful Packet Inspection will show a 'BLOCKED' result for this port.
WEB PROXY	8080	BLOCKED	This port has not responded to any of our probes. It appears to be completely stealthed.

You have blocked all of our probes! We still recommend running this test both with and without Sygate Personal Firewall enabled... so turn it off and try the test again.
If you are not already running our Enterprise Security Agent or our Personal Firewall, try our **Award-Winning** Personal Firewall now.

Abbildung 4.39: Alles ist BLOCKED – mein Therapeut muss von vorne beginnen.

Und es wird noch erfreulicher: Von den unauffälligen Portscans hat unser Firewall sehr wohl etwas bemerkt. Er blinkt schon lange und scheint richtig aufgeregt zu sein. Und tatsächlich, der Portscan ist im *Security Log* fein säuberlich festgehalten (siehe Abbildung 4.40)!

Time	Security Type	Severity	Direction	Protocol	Local IP	Application Name	Count
08/13/2003 21:42:24	Port Scan	Minor	Incoming	TCP	217.184.119.44		4
08/13/2003 21:42:14	Port Scan	Minor	Incoming	TCP	217.184.119.44		4
08/13/2003 21:42:04	Port Scan	Minor	Incoming	TCP	217.184.119.44		1
08/13/2003 21:41:54	Port Scan	Minor	Incoming	TCP	217.184.119.44		3
08/13/2003 21:41:44	Port Scan	Minor	Incoming	TCP	217.184.119.44		3
08/13/2003 21:41:34	Port Scan	Minor	Incoming	TCP	217.184.119.44		2
08/13/2003 21:41:24	Port Scan	Minor	Incoming	TCP	217.184.119.44		2
08/13/2003 21:41:14	Port Scan	Minor	Incoming	TCP	217.184.119.44		4

Abbildung 4.40: Auch der heimische Firewall hat alles gemerkt!

Nach diesen beruhigenden Ergebnissen kommt man auf die Idee, die Tests auch mal ohne Firewall durchzuführen. Aus diesem Grunde verlasse ich Sygate Personal Firewall 5.1 für ein paar Minuten und führe den identischen Test ohne Firewall durch.

Zunächst kennt SOS nun auch meinen Computer- und Gruppennamen, den er vorher nicht ermitteln konnte. Aber es kommt noch schlimmer: Alle Ports sind lediglich Closed, bis auf einen, den wohl bekannten 139er, der ist sogar geöffnet, damit die ganze Welt sich meine Festplatte teilen kann (siehe Abbildung 4.41).

Workshop 4 – Sygate – mit allen Finessen

IDENT	113	CLOSED	This port has responded to our probes. This means that you are not running any application on this port, but it is still possible for someone to crash your computer through known TCP/IP stack vulnerabilities.
NetBIOS	139	OPEN	NetBios is used to share files through your Network Neighborhood. If you are connected to the internet with this open, you could be sharing your whole hard drive with the world! This is a very dangerous port to have open.
HTTPS	443	CLOSED	This port has responded to our probes. This means that you are not running any application on this port, but it is still possible for someone to crash your computer through known TCP/IP stack vulnerabilities.
Server Message Block	445	CLOSED	This port has responded to our probes. This means that you are not running any application on this port, but it is still possible for someone to crash your computer through known TCP/IP stack

Abbildung 4.41: Port 139 ist geöffnet. Und nichts mehr geblockt!

VORSICHT!

Ein Angreifer findet also bei einem ungeschützten Computer nicht nur einen „leibhaftigen" Computer unter der sequenziell getesteten IP-Adresse. Er wird auch gleich eingeladen, bei Port 139 nachzuschauen, ob z.B. zufälligerweise ein paar falsche Freigaben herumliegen. Danach gehört der Rechner dem Angreifer. Also Schotten runter, Firewall wieder rauf!

4.6 Sygate Pro

Im Unterschied zum vorgestellten Sygate Free verfügt Sygate Pro über erweiterte Intrusion-Detection und bringt noch ein paar kleinere Schmankerl mit sich, wie beispielsweise erweiterte Abwehrmöglichkeiten von DOS-Attacken. Doch ohne Betrieb eines eigenen Servers ist dies kaum sinnvoll. Vielleicht werden Sie also erst mal mit der kostenlosen Version vertraut, bevor Sie die Pro-Version einen Monat lang testen (Buch-CD *pspf.exe*). Der Spaß kostet im September 2003 mit 39,95 $ zwar nicht so viel wie ein Feuerlöscher, doch scheint mir schon die Freeware für den privaten Gebrauch üppig auszureichen. Vielleicht spenden Sie ja für diese Version die Hälfte an die Sygates ☺.

4.7 Zusammenfassung

Ich denke, Sie sind angenehm überrascht und erschlagen von den vielen Möglichkeiten, die Ihnen Sygate Personal Firewall 5.1 bietet. Und hoffentlich haben Sie nicht ob der Vielfalt der technischen Möglichkeiten das Handtuch geworfen. Zur Erinnerung, Sie müssen ja nicht einmal unter die Haube schauen! Es genügt, lediglich die bislang unbekannten Programme (auf Dauer) abzuwinken oder abzulehnen. SPF 5.1 sorgt für hinreichende Sicherheit, auch wenn Sie sich nicht um die Details kümmern möchten.

Sicherlich bietet Sygate Personal Firewall 4 mehr an Fire als ZoneAlarm und Outpost. Denken Sie an die Flexibilität der Oberfläche, die einfache Handhabung trotz der ungeheuren Möglichkeiten und an die Filter- und Logmöglichkeiten, die Sie in den nachfolgenden Kapiteln anwenden werden. Ich würde mich freuen, wenn Sie sich die kleine Mühe machen würden, auch die nun folgenden Workshops zu besuchen. Darin werden wir alle Filter verfeinern, Angreifern per Logbuch auf die Spur kommen und vieles mehr.

Im Allgemeinen möchte ich an dieser Stelle den drei Firmen ZoneLabs, Agnitum und Sygate dafür danken, dass sie uns ihre Firewalls kostenlos zur Verfügung stellen. So viel Schutz unserer Daten zum Nulltarif ist ja schon fast nicht mehr angemessen – kann aber nichtsdestotrotz so bleiben!

Workshop 5

Filter verstehen und richtig konfigurieren

Zu Beginn dieses Workshops will ich Ihnen ein kleines Märchen erzählen: Es war also einmal ein wunderbares Schloss mit verschiedenen Portalen und rund 65 000 Zimmern. Der im Schloss wohnende König (kann auch ein Prinz gewesen sein) war ein wenig naiv – er ließ Portale und Zimmer unbewacht und unverschlossen. Und so geschah, was zu der damaligen Zeit geschehen musste: Spitzbrecher und Einbuben erkundeten das Schloss, entwanden das wertvolle Mobiliar und als nichts mehr zu holen war, hinterließen sie eine mittelüppige Ladung Dynamit und sprengten das ganze schöne Schloss in die Luft.

Hm, warum erzähle ich Ihnen das? Was hat das mit einem Computerbuch zu tun? Sie wissen es längst: Das Schloss ist Ihr Computer, die Portale sind Ihre Netzanschlüsse und die Zimmer ähneln den Ports. Und Sie sind der König – aber zum Glück sind Sie nicht auch so naiv!

Alle bisher vorgestellten Firewalls sind in der Lage, die „Portale" des Computers zu überwachen. Und die Firewalls übernehmen die Aufgabe, alle Zimmer zu öffnen, zu verschließen oder sogar zu verbergen. Sie als König geben Ihre entsprechenden Befehle mit der Maus – wie es sich für einen modernen König gehört.

5.1 Standardkonfigurationen der Firewalls

Unsere Firewalls schützen Ihren Rechner bereits unmittelbar nach der Installation! Zunächst lässt die jeweilige Standardkonfiguration keine unbekannten Programme ungefragt ins Netz. Darüber hinaus kennt jeder Firewall einige oder viele Systempro-

Workshop 5 – Filter verstehen und richtig konfigurieren

gramme von Windows, die ihrerseits von den Firewall-Experten der Hersteller voreingestellt wurden, um Sie zu entlasten. So weit, so gut!

Kommt nun ein bisher unbekanntes Programm daher, meldet der Firewall dieses Programm bei Ihnen und bittet um Ihre Entscheidung. Tatsächlich ist diese Vorgehensweise bei allen Firewalls gleich. Und so liegt es nahe, dass wir uns nun diesen identischen Ablauf genauer anschauen. Dabei werden wir die Programme aber nicht nur abnicken, sondern wir werden die Firewalls mit immer mehr verfeinerten Regeln füttern, bis wir den uns auf den Computer zugeschnittenen Firewall fix und fertig konfiguriert haben.

Damit die Firewalls die gleichen Startbedingungen haben, werde ich alle erneut minimal vorkonfiguriert installieren. Das erleichtert Ihnen einen direkten Vergleich.

Bei ZoneAlarm bleibt lediglich der Service Manager erhalten, und der ist auch schnell gelöscht (siehe Abbildung 5.1)! Falls Sie wie ich kein Löschen-Menü finden, Rechtsklick auf das Programm und *Remove* tut's auch!

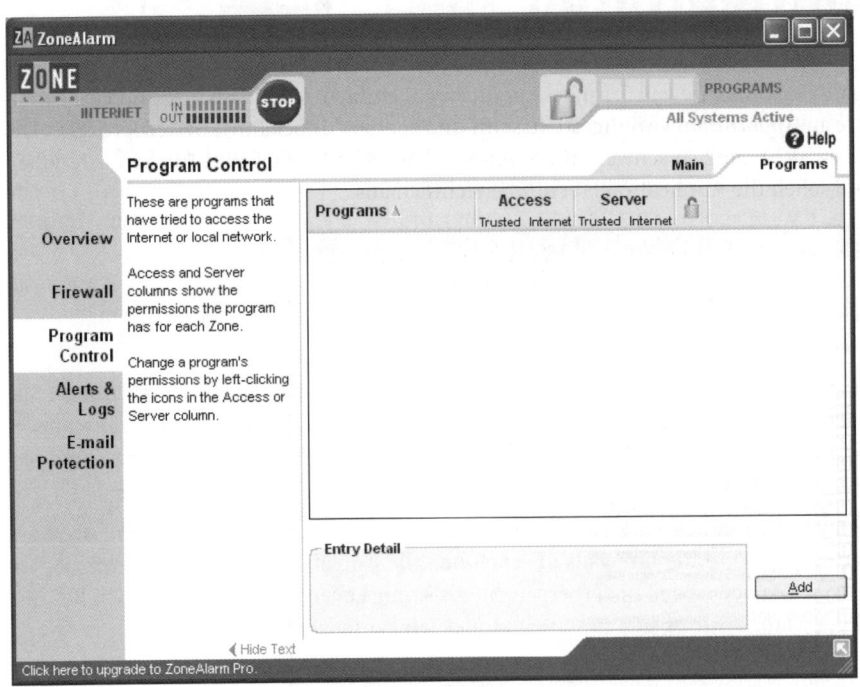

Abbildung 5.1: ZoneAlarm kennt nun keine Programme mehr.

Outpost Firewall 1.0 meldet mir unmittelbar nach Programmstart zwar drei Verbindungen (siehe Abbildung 5.2), aber wie Sie den *Filtereinstellungen* unmittelbar entnehmen können, ist keine dieser Verbindungen bisher konfiguriert. So bleibt uns vorerst nichts weiter zu tun.

Standardkonfigurationen der Firewalls

Abbildung 5.2: Outpost kennt drei Verbindungen, doch keine ist konfiguriert.

Sygate Personal Firewall 5.1 macht es uns nicht einfach: Von Haus aus sind eine ganze Latte an *Applications* voreingestellt, samt und sonders unbekannte Systemprozesse. Da fällt es nicht ganz so schwer, auf *Remove All* der Abbildung 5.3 zu klicken. Anschließend sehen die Applications recht übersichtlich aus.

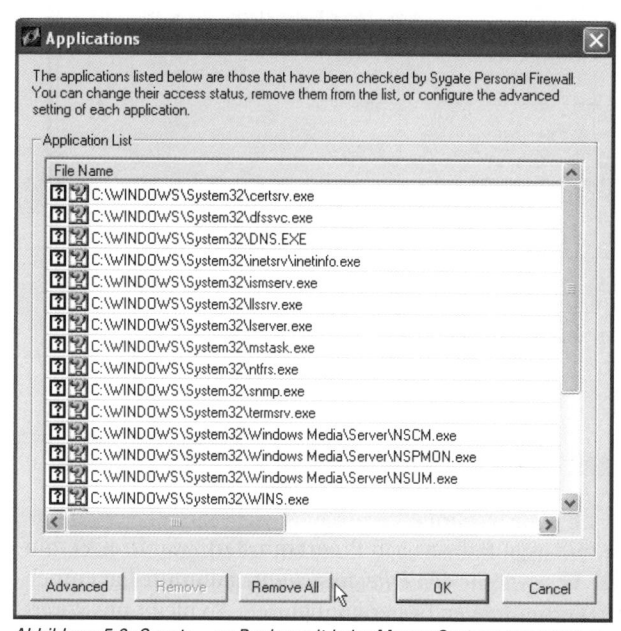

Abbildung 5.3: Sygate – zu Beginn mit jeder Menge Systemprogrammen

Meine drei Firewalls wissen nun nichts mehr; aber sie sind äußerst lernbereit, wie Sie in den kommenden Abschnitten sehen werden. Und obwohl es für Sie etwas Arbeit bedeutet, die individuell benötigten Programme nach und nach in die verschiedenen Firewalls zu integrieren, empfehle ich Ihnen diese Vorgehensweise.

Sie werden so Ihren Firewall besser kennen lernen, und damit können Sie ihn auch besser nutzen. Und Sie löschen viele der Systemprozesse, die Sie höchstwahrscheinlich ohnehin nie brauchen werden. Das wiederum erhöht die Übersichtlichkeit. Und ehrlich gesagt, so schwierig ist das alles ohnehin nicht!

5.2 Die ZoneAlarm-Filtereinstellungen

Wir werden zunächst die Einstellungsmöglichkeiten von ZoneAlarm genauer unter die Lupe nehmen. Es sind nicht die meisten, sodass Sie also einen leichten Einstieg in die Materie bekommen. Folgen Sie mir dazu bitte in die Registerkarte *Firewall*.

1. ZoneAlarm selbst empfiehlt Ihnen, in der Internet Zone bevorzugt *High* zu sein, im so genannten *Stealth mode* (siehe Abbildung 5.4). Anfragen von außen werden nicht einmal abgelehnt; insbesondere müssen Sie sich Ihre Festplatte nicht mit der ganzen Welt teilen! Für die Netzwerke und Computer der Trusted Zone gelten etwas verringerte Sicherheitseinstellungen (Medium). Ihr Rechner antwortet auf Anfragen aus dieser Zone, und Sie können z.B. auch Ihren Drucker mit allen ans heimische Netzwerk angeschlossenen Computern teilen. Vielleicht teilen die sich dann auch die Kosten für neue Tintenfässer mit Ihnen?

Abbildung 5.4: ZoneAlarm empfiehlt High.

2. Für Ausnahmefälle, falls z.B. eine bisherige Verbindung nicht mehr klappt, können Sie die Sicherheit der Internet Zone auf *Medium* zurückfahren. Ihr Rechner ist nun zwar für die ganze Welt sichtbar, dennoch sind z.B. ankommende Zugriffsversuche auf Ihr Netzwerk blockiert (siehe Abbildung 5.5). Doch bedenken Sie, dass allein die bestätigte Anwesenheit Ihres Rechners Ihr Risiko erhöht.

Schieben Sie den Regler so schnell wie möglich wieder auf *High*, auch wenn es etwas Arbeit für Sie bedeutet.

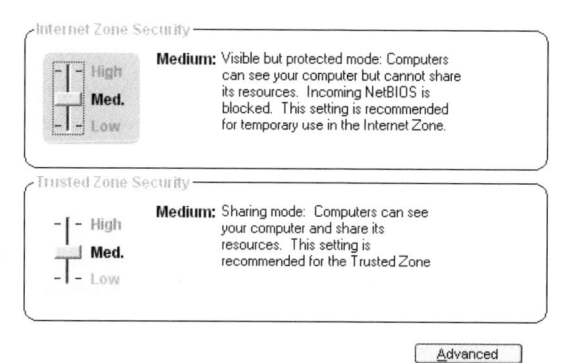

Abbildung 5.5: „Medium" lässt die Maschine nach außen sichtbar.

3 Die Einstellung *Low* bietet keinen wesentlichen Schutz mehr, um es mal vorsichtig auszudrücken (siehe Abbildung 5.6)! Im Grunde gar keinen Schutz, den Sie allenfalls für kurze Testzwecke im eigenen Netzwerk nutzen sollten, wenn Sie z.B. eines der Hackerprogramme des Anhangs 1 ausprobieren, um damit Ihr (!) Netzwerk mit und ohne Firewall zu scannen. Vergessen Sie aber nicht, nach den Spielchen die Regler wieder auf *High* und *Medium* zu setzen!

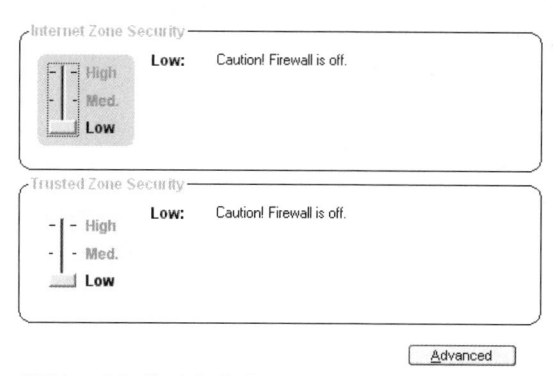

Abbildung 5.6: Allenfalls für Testzwecke auf „Low"setzen!

4 Nach den allgemeinen Security-Einstellungen werfen wir nun einen Blick in die *Advanced* Settings der Abbildung 5.7. Beachten Sie, dass die hier möglichen Einstellungen alle anderen Regelungen überschreiben. So können Sie hier die unter *Program Control, Programs* erlaubten Server per Mausklick blocken. Oder Sie erlauben die Verwendung ungewöhnlicher Protokolle, obwohl Sie High sind, was sonst erst in der Medium-Einstellung erlaubt wäre. Weiterhin können Sie Traffic aus der Internet und Trusted Zone über übliche DNS/DHCP-Ports erlauben. Das

Workshop 5 – Filter verstehen und richtig konfigurieren

Beste ist hier sicherlich, Sie lassen alle Einstellungen wie Sie sind und spielen erst dann ein wenig damit herum, wenn Sie mit irgendwelchen bekannten Programmen Schwierigkeiten haben.

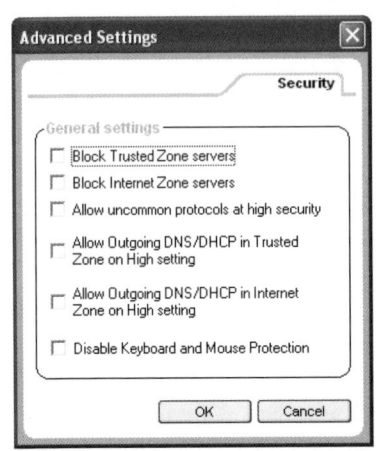

Abbildung 5.7: Allgemeine Settings haben Priorität vor Programm-Settings.

5 Damit sind alle Filtermöglichkeiten der zwei Zonen besprochen. Schauen Sie sich nun noch kurz an, welche Selektionen die *Program Control* erlaubt.

6 Die Grundeinstellungen der Abbildung 5.8 zwingen alle Programme dazu, den Internetzugriff zu beantragen und zusätzlich nach Server-Rechten zu fragen, sollten die Programme diese benötigen.

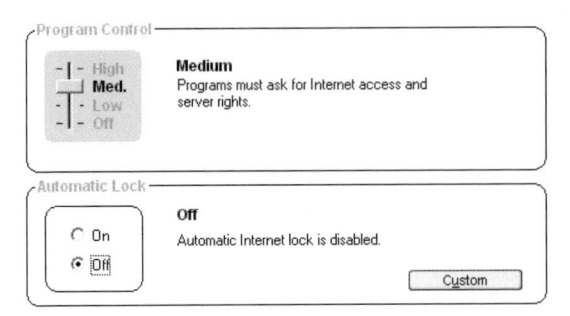

Abbildung 5.8: Standardprogrammkontrolle

126 WERKSTATT

Die ZoneAlarm-Filtereinstellungen

7 Das werden wir gleich ausprobieren. Ich starte meinen Browser, um eine Seite im Netz anzuschauen. Wie schon erwartet, meldet sich wieder der Service Manager noch vor dem Browser zu Wort (siehe Abbildung 5.9). Doch dieses Mal klicke ich auf *No* und will schauen, was passiert.

Abbildung 5.9: Der Service Manager drängelt sich wieder vor.

8 Es geht erwartungsgemäß mit dem Browser weiter (siehe Abbildung 5.10).

Abbildung 5.10: Der Browser darf ins Netz.

Workshop 5 – Filter verstehen und richtig konfigurieren

⑨ Dann meldet sich nochmals der Manager (siehe Abbildung 5.11); nun nicht mehr unterwegs im Auftrag des UPnP, sondern für Herrn DNS. Aber dennoch, wieder *No*!

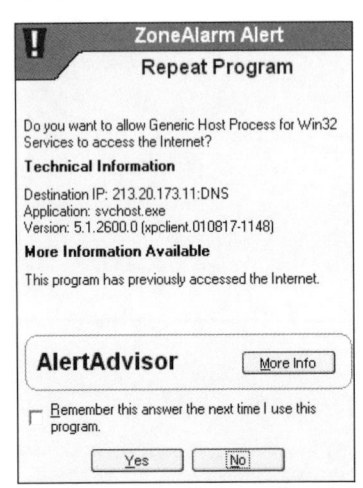

Abbildung 5.11: Der Manager schon wieder, aber wieder No!

Und weil ich schon mal eine freie Leitung erwischt habe, sollen gleich noch meine Mails abgeholt werden (siehe Abbildung 5.12).

Abbildung 5.12: Und gleich noch Mails hinterher

128 WERKSTATT

Die ZoneAlarm-Filtereinstellungen

10 ZoneAlarm hat sich meine verschiedenen Antworten gemerkt, die jeweils nur für den Augenblick gelten haben (wir leben ja schließlich auch hier und jetzt). Abbildung 5.13 entnehmen Sie, dass die soeben behandelten Programme sauber aufgelistet wurden. Und auch die aktuellen Befugnisse sind verzeichnet.

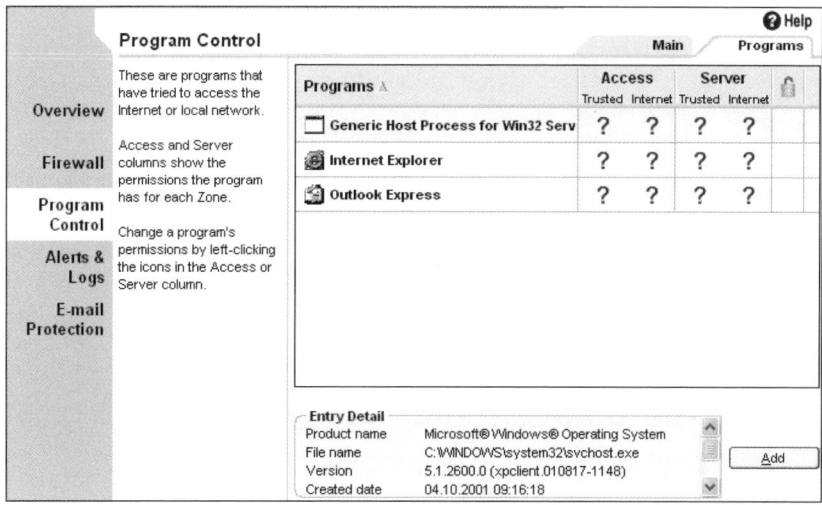

Abbildung 5.13: Die bisher erkannten Programme im Wartezustand

11 Machen wir nun Nägel mit Köpfen, indem wir Browser und Mail-Client auf Dauer den Ausgang ins Internet erlauben, den Manager aber blocken. Sie erreichen das ganz einfach, indem Sie mit der Maus die aktuellen Befugnisse anklicken und dann entsprechend auswählen. Jedenfalls sieht meine Liste anschließend wie in Abbildung 5.14 aus:

Abbildung 5.14: Manager geblockt, Surfen und Mails erlaubt

Und meine ersten Versuche, mit diesen Einstellungen zu surfen und Mails abzuholen, klappten wie gewohnt. Bis ich bemerke, dass irgendetwas an meinen Programmen oder am Computer nicht mehr stimmt, lasse ich den Manager nicht mehr ins Netz.

Und ich denke, das dies generell keine dumme Strategie ist: Programme, die Sie nicht kennen, erst mal blockieren. Programme, bei denen Sie unsicher sind, erst mal blockieren. Alles andere erst mal blockieren! Nein, Spaß beiseite, die Programme, denen Sie vertrauen, können Sie je nach Häufigkeit der Verwendung einmal erlauben oder auch auf Dauer genehmigen.

Sollten dann irgendwelche Probleme beim Betrieb des einen oder anderen Programms auftreten, haben Sie immer noch die Möglichkeit, Ihre erteilten Befugnisse zu erweitern. Dies aber wiederum nur so weit, wie es für den reibungslosen Ablauf unbedingt notwendig ist.

Und da hapert es schon bei ZoneAlarm. Sie haben dies vielleicht beim Manager bemerkt, der ja soeben für zwei verschiedene Windows-Services Daten besorgen und/oder abliefern wollte. Was nun, wenn Sie den einen Service auf Dauer brauchen, den anderen aber auf Dauer blocken wollen? Hm, Sie haben Recht, das geht bei ZoneAlarm offensichtlich. Wir brauchen verfeinerte Filter, die Protokolle und Ports berücksichtigen können.

5.3 Die Outpost-Filtereinstellungen

Unser zweiter Firewall kommt ja selbst ziemlich frisch daher, wie Sie der Abbildung 5.15, die Sie über die *Filtereinstellungen* des Hauptfensters erreichen, unmittelbar entnehmen können.

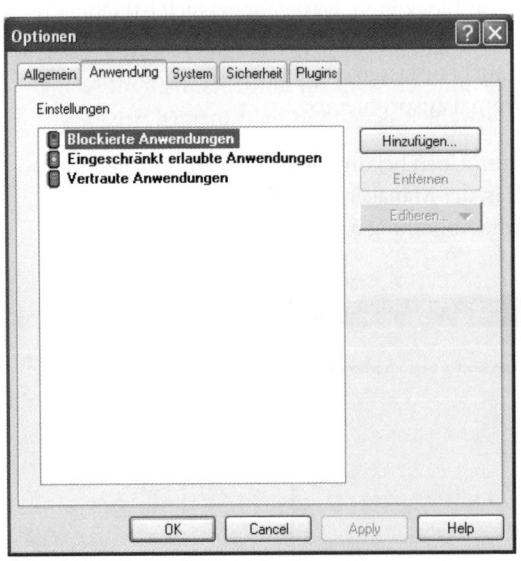

Abbildung 5.15: Outpost kennt noch keine Programme.

Doch bevor wir neue Programme einsortieren, werfen wir zunächst einen Blick in die allgemeinen *Sicherheits*einstellungen der Abbildung 5.16.

Die Outpost-Filtereinstellungen

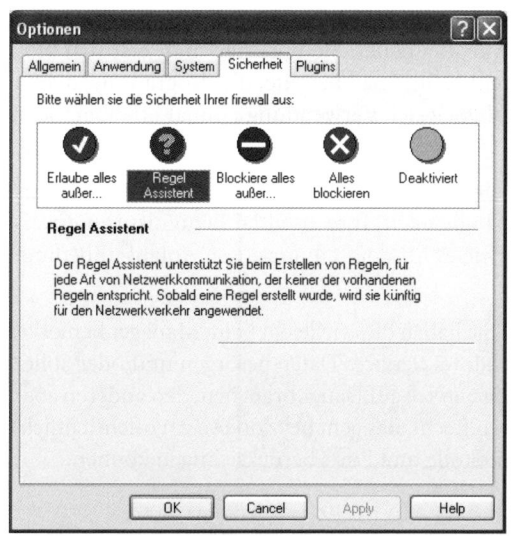

Abbildung 5.16: Bei neuen Programmen möchten wir gefragt werden.

Outpost unterscheidet insgesamt fünf verschiedene Stufen: Der *Regel Assistent* ist voreingestellt. Dieser besagt, dass Sie bei jedem bisher unerfassten Programm, das ins Netz möchte, gefragt werden, was zu tun ist.

Weiterhin können Sie alles erlauben bzw. blockieren, was nicht geregelt ist! Obendrein können Sie absolut alles blockieren – und gar nichts (deaktiviert). Ich denke, dass Sie zu Beginn den Regel-Assistenten brauchen, lassen Sie ihn also bitte aktiviert. Und noch besser, wir werden ihn gleich einmal ausprobieren!

1. Damit wir ein paar Programme zum Üben bekommen, starte ich nacheinander Browser und Mail-Client! Und klar, der Manager drängelt sich, wie im tatsächlichen Leben, einmal mehr vor (siehe Abbildung 5.17). Und wie schon bei Zone-Alarm bleibt er diesmal daheim!

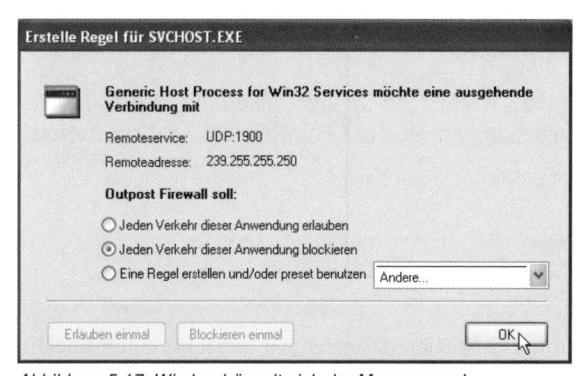

Abbildung 5.17: Wieder drängelt sich der Manager vor!

131

Workshop 5 – Filter verstehen und richtig konfigurieren

2 Der Browser darf zu Google, vorerst auch für immer und alles (siehe Abbildung 5.18).

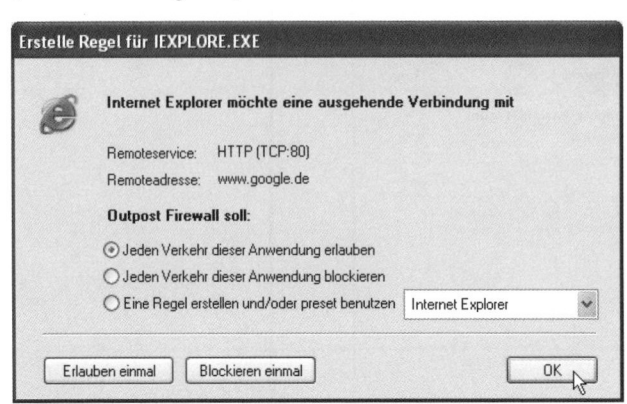

Abbildung 5.18: Der Explorer bittet um die Erlaubnis.

3 Und auch die Mails sollen erlaubt werden, wie auch immer (siehe Abbildung 5.19).

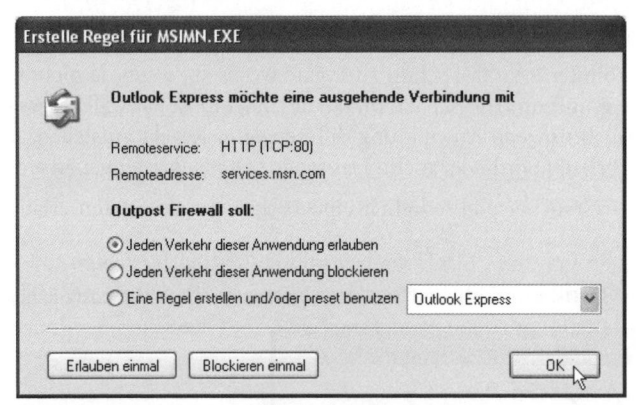

Abbildung 5.19: Und der Mail-Client möchte ins Netz.

4 Abbildung 5.20 dokumentiert, was wir vor wenigen Sekunden ausgewählt haben: Unser Manager wird zwar schmollen, aber er ist blockiert. IE und OE dürfen raus.

Die Outpost-Filtereinstellungen

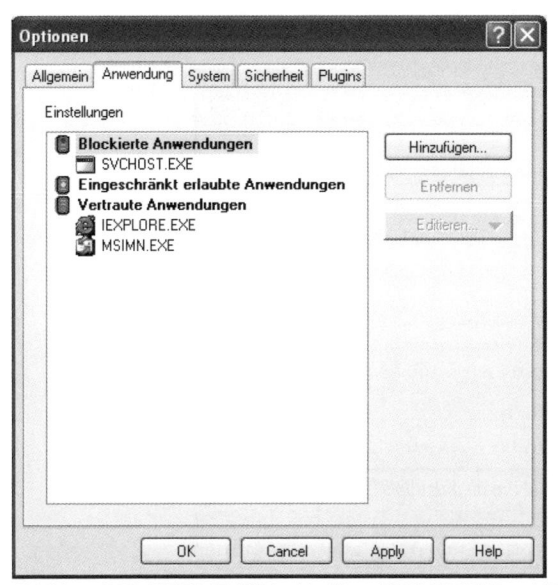

Abbildung 5.20: SVCHOST.EXE ist blockiert, IEXPLORE.EXE und MSIMN.EXE vertrauensvoll (na ja).

Bis hierhin ähnelt unser Vorgehen der Aufnahme neuer Programme dem Ablauf bei ZoneAlarm. Und wir könnten nun fast schon zu Sygate wechseln, wenn da nicht noch eines der Highlights wäre, aufgrund dessen ich Ihnen diesen Outpost Firewall ausgesucht habe. Sie können nämlich für jede Anwendung differenzierte Regeln aufstellen, nach denen die Anwendung erlaubt wird oder nicht. Das schauen wir uns jetzt genau an:

Wir werden in einem ersten Beispiel lediglich eine Webseite zum Surfen erlauben: *www.easysecurity.de.*

1. Aktivieren Sie den *Browser* und klicken Sie auf *Editieren* (siehe Abbildung 5.21):

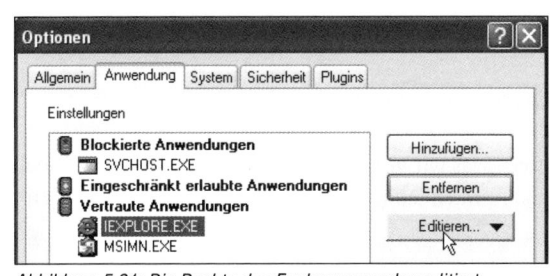

Abbildung 5.21: Die Rechte des Explorers werden editiert.

2. Ja, wir wollen eine Regel erstellen (siehe Abbildung 5.22):

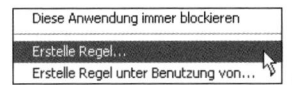

Abbildung 5.22: Wir erstellen eine Regel.

WERKSTATT

133

Workshop 5 – Filter verstehen und richtig konfigurieren

3 Und es soll eine ganz neue Regel sein (siehe Abbildung 5.23)!

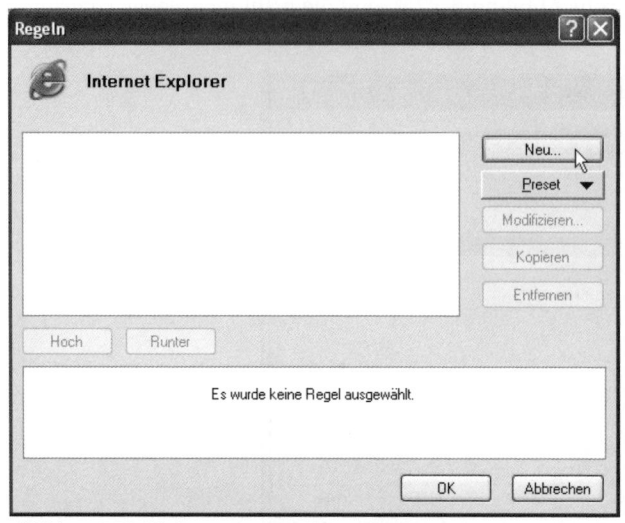

Abbildung 5.23: Wir lassen uns was Neues einfallen.

4 Fallen Sie nun nicht vom Hocker, wenn Sie die Abbildung 5.24 sehen! Alles halb so schlimm, und vielleicht kennen Sie ein ähnliches Regelwerk bereits schon von Ihren Mailfiltern her.

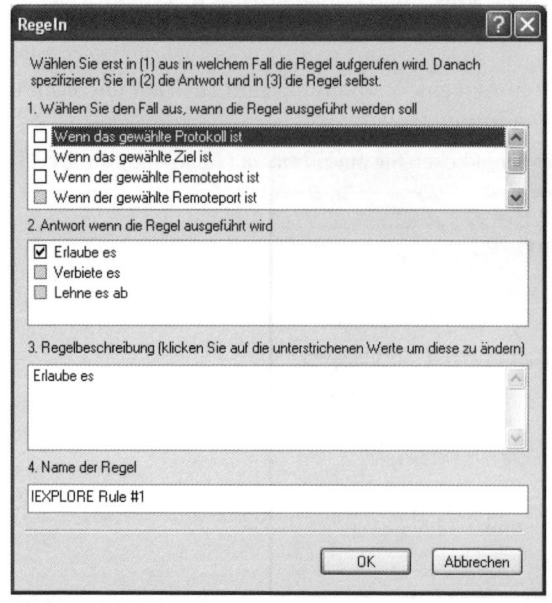

Abbildung 5.24: Was wäre, wenn ...

Die Outpost-Filtereinstellungen

5 Wir brauchen jedenfalls den *Remotehost*, das ist die Zieladresse, die wir als einzige erlauben wollen (siehe Abbildung 5.25), und die nicht mehr lange *Undefiniert* bleiben wird.

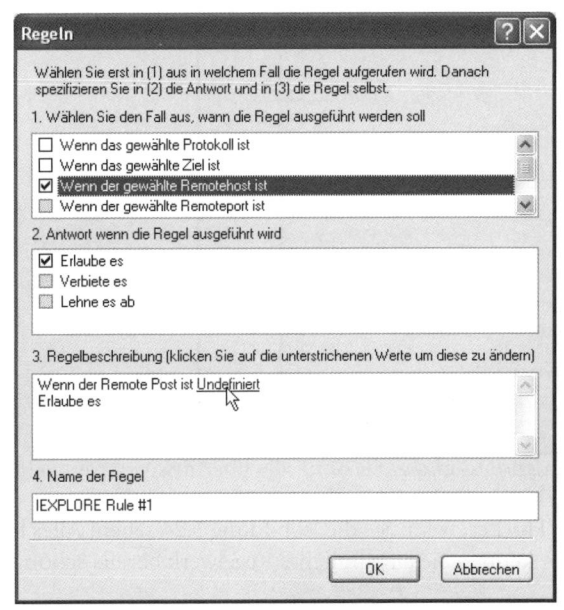

Abbildung 5.25: Wenn die Adresse wie lautet?

6 Die Adresse wird eingetragen, aber ich möchte noch etwas *Hinzufügen* (siehe Abbildung 5.26). Outpost nimmt eine Verbindung zum DNS auf und ermittelt die korrespondierende IP-Adresse.

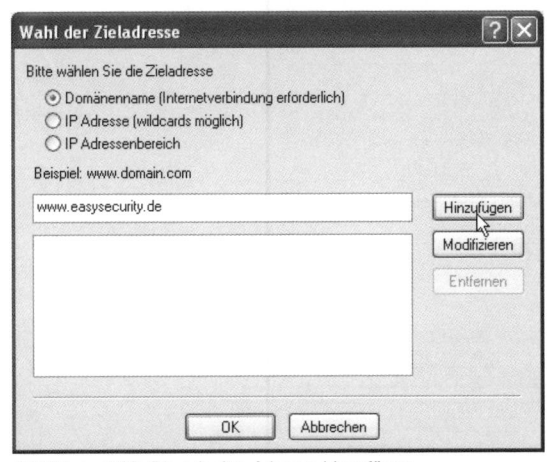

Abbildung 5.26: Die erlaubte Adresse hinzufügen

Workshop 5 – Filter verstehen und richtig konfigurieren

7 Beides wird dann notiert, wie Sie Abbildung 5.27 entnehmen können.

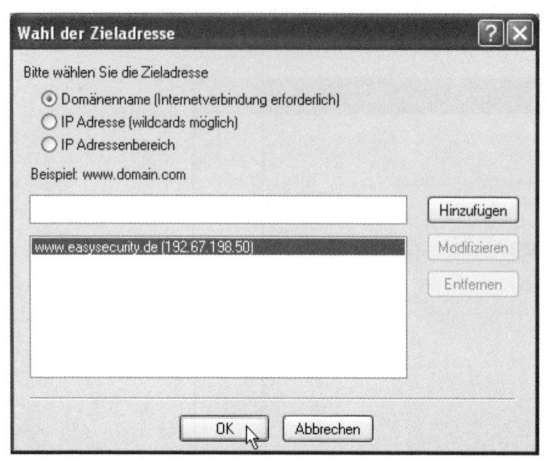

Abbildung 5.27: Adresse und deren automatisch ermittelte IP-Adresse

8 Die Regel wird übernommen und nochmals ohne alle überflüssigen Möglichkeiten angezeigt. Da fällt die Kontrolle bei komplexen Konstruktionen leichter (siehe Abbildung 5.28).

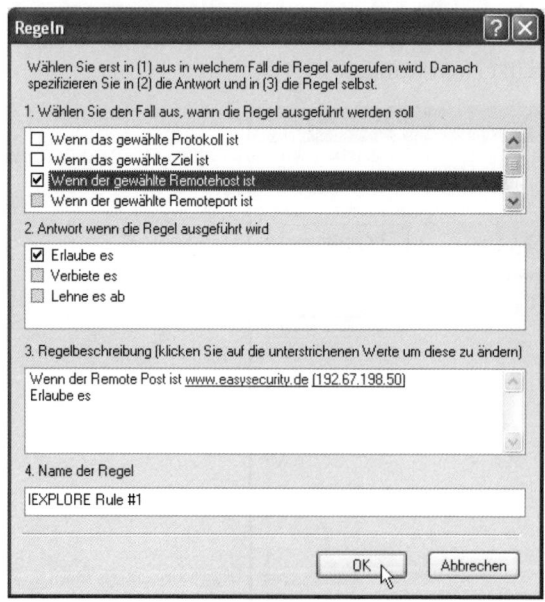

Abbildung 5.28: Regel 1 ist im Kasten.

Die Outpost-Filtereinstellungen

9 Noch übersichtlicher nun die *IEXPLORE Rule #1*. Wie Sie sich denken können, ließe sich auch noch eine zweite Adresse erfassen. Doch wollen wir nicht zu großzügig sein!

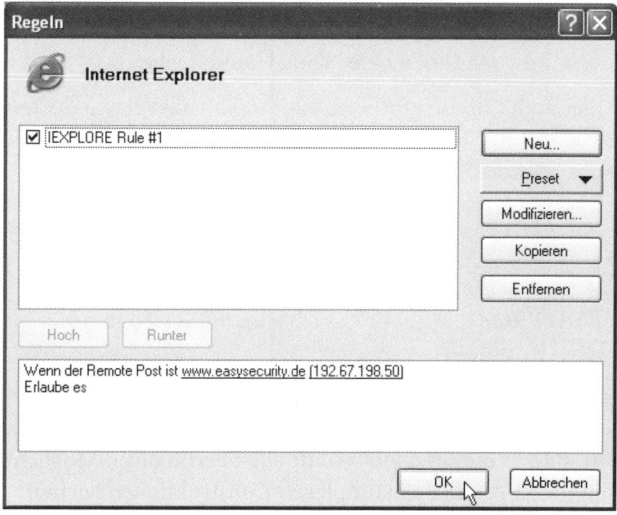

Abbildung 5.29: Noch mal ohne Wenn und Aber aufgeführt

10 Und schließlich zeigt die Abbildung 5.30, dass der Explorer nur noch eingeschränktes Vertrauen besitzt (wen wundert's?)!

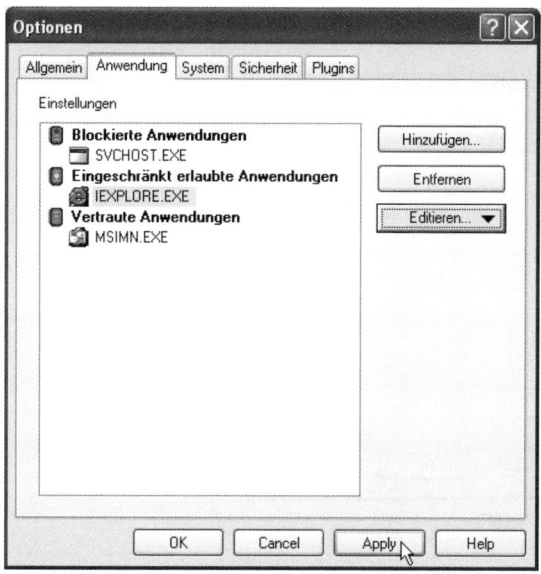

Abbildung 5.30: Das Vertrauen wurde eingeschränkt!

137

Workshop 5 – Filter verstehen und richtig konfigurieren

Tatsächlich kann der Browser nun nur noch problemlos zur erlaubten Seite surfen. Gibt man eine andere Adresse an, fragt Outpost nach. Sie können dies weiter verschärfen, wenn Sie den Regel-Assistenten ausschalten und stattdessen alles nicht Geregelte blockieren. So können Sie tatsächlich recht einfach für Ihren Partner bestimmen, dass er sich nur noch Ihre bevorzugte Geschenkseite im Internet anschauen kann. Doch bevor Sie dies ausprobieren, gebe ich Ihnen eine kleine Hausaufgabe:

Richten Sie den Browser jetzt und in dieser Reihenfolge so ein, dass genau die folgenden Bedingungen erlaubt sind:

- TCP ausgehend an Port 80-83
- TCP ausgehend an Port HTTPS
- TCP ausgehend an Port SOCKS
- TCP ausgehend an Ports PROXY:3128, PROXY:8080, PROXY:8088

Wenn Sie dann noch können, erlauben Sie auch die folgenden Verbindungen:

- TCP ausgehend an Port FTP
- TCP eingehend von Port FTPDATA
- TCP ausgehend an Port 1024-65535 (schwierig!)
- TCP eingehend an Port 1024-65535 (Fleißaufgabe)

So, mehr fällt mir nicht ein. Bitte korrigieren Sie Ihre Arbeit selbst, indem Sie alle Ihre Eingaben mit der folgenden Tabelle vergleichen (siehe Abbildung 5.31):

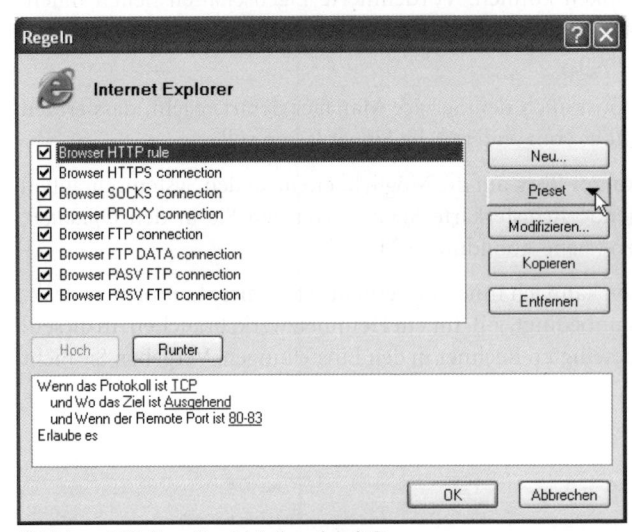

Abbildung 5.31: Zum Vergleich Ihrer Arbeit ☺

Falls Sie es sich etwas einfacher machen wollen, habe ich auch nichts dagegen: Erstellen Sie Ihre Regeln *unter Benutzung* (siehe Abbildung 5.32):

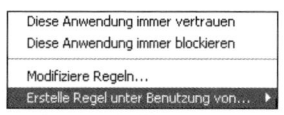

Abbildung 5.32: Eine kleine Abkürzung

Wählen Sie sich den *Browser* (siehe Abbildung 5.33), denn es sollen ja gerade die Browser-Eigenschaften definiert werden:

Abbildung 5.33: Nur noch Browser auswählen

Damit hätten Sie den Browser insgesamt aufs Browsen und ein wenig mehr eingeschränkt, ohne sich zu viel Arbeit machen zu müssen.

Sie entnehmen diesem kleinen Beispiel natürlich, dass Sie alle Ihre Anwendungen nach etlichen Kriterien einschränken können. Vordefinierte Eigenschaften helfen Ihnen, das Gröbste per Mausklick zu notieren. Die individuelle Feinarbeit sollte dann nicht mehr allzu viele Mühe machen.

Und Sie könnten mit Outpost auch den Service Manager derart regeln, dass er den einen Port besuchen darf, aber vom anderen die Finger lassen soll.

Zum Abschluss noch ein kurzer Blick auf die Möglichkeiten, an den Systemschrauben zu drehen. Die entsprechende Registerkarte *System* erreichen Sie in den *Optionen*, wenn Sie auf *System* klicken (siehe Abbildung 5.34).

Zur *NetBios Kommunikation* kann ich Ihnen nur erneut raten, diese komplett zu deaktivieren, wenn Sie sie nicht unbedingt, z.B. für ein Heimnetzwerk, brauchen. In diesem Fall konfigurieren Sie die beteiligten Rechner in den Einstellungen. Vergeben Sie nicht zu viele Wildcards ☺.

Abbildung 5.34: Die Schrauben des Systems

Die *ICMP*-Einstellungen der Abbildung 5.35 sind hinreichend verschwiegen eingestellt. Beispielsweise wird ein ankommendes Ping (Echo Request) gefiltert, ein ausgehendes Ping hingegen durchgelassen (Sie können also andere Rechner pingen, aber diese Sie nicht). Sollten Sie mit speziellen Rechnern des Internets Probleme bekommen, würde Outpost im Hauptfenster die Regel anzeigen, die zur Blockade geführt hat. Diese Regel können Sie dann etwas großzügiger handhaben.

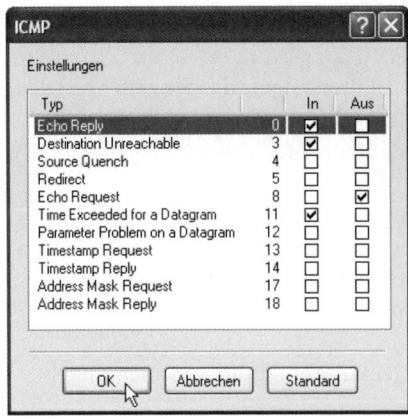

Abbildung 5.35: ICMP-Einstellungen – nur im Notfall ändern

Das für die ICMP-Einstellungen Gesagte trifft analog auch für die allgemeinen Systemeinstellungen zu. Lassen Sie die Regeln einfach wie sie sind (siehe Abbildung 5.36). Im

Problemfall wird Ihnen Outpost mitteilen, welche Einstellung zu scharf gewählt ist. Diese können Sie dann aufweichen.

Ich möchte Ihnen hier aber auch zusätzlich notieren, dass die Freeware im Grunde keine großartige Systemmodifikation unterstützt. Das heißt, bevor Sie zu viel Zeit in komplizierte Versuche investieren, testen Sie Outpost 2.0.

Abbildung 5.36: Allgemeine Systemeinstellungen – nur im Notfall ändern

Im Übrigen können Sie sich bei Ihrer Konfiguration Hilfe holen, indem Sie notwendige Einstellungen von Sygate kopieren. Hm, womit wir sehr elegant im nächsten Abschnitt gelandet wären!

5.4 Die Sygate-Filtereinstellungen

Kommen wir nun zum wirklich ausgefeiltesten Filtersystem, das Sie sich vorstellen können (auch wenn Sie es vielleicht nicht wollen). Mit Sygate Personal Firewall 5.1 können Sie alles filtern: Kreuz und quer, drüber und drunter – aber auch ganz einfach, wie Sie sofort sehen werden.

1. Ich starte einmal mehr den Internet Explorer – und einmal mehr drängelt sich Herr Manager vor! Immerhin sauber kommentiert von Sygate, wie Sie der Abbildung 5.37 entnehmen können. *Remember* und *No*!

2. Erwartungsgemäß dann der Explorer, der gemäß Abbildung 5.38 auch mittels *Remember* und *Yes* eingestuft wird.

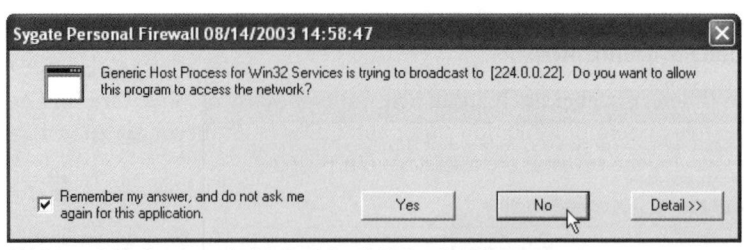

Workshop 5 – Filter verstehen und richtig konfigurieren

Abbildung 5.37: Sygate erwischt ebenfalls als Erstes den Manager.

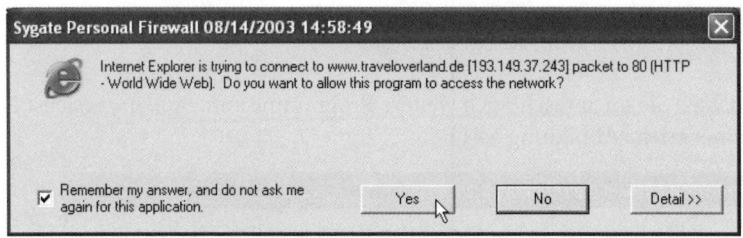

Abbildung 5.38: Nun wieder der Internet Explorer – Yes!

3 Zurück im Hauptfenster des Sygate Firewalls eine angenehme Überraschung: Die soeben erfassten Programme sind in die *Running Applications* übernommen worden (siehe Abbildung 5.39). Und auch die erteilten Befugnisse sind aus den Symbolen ersichtlich.

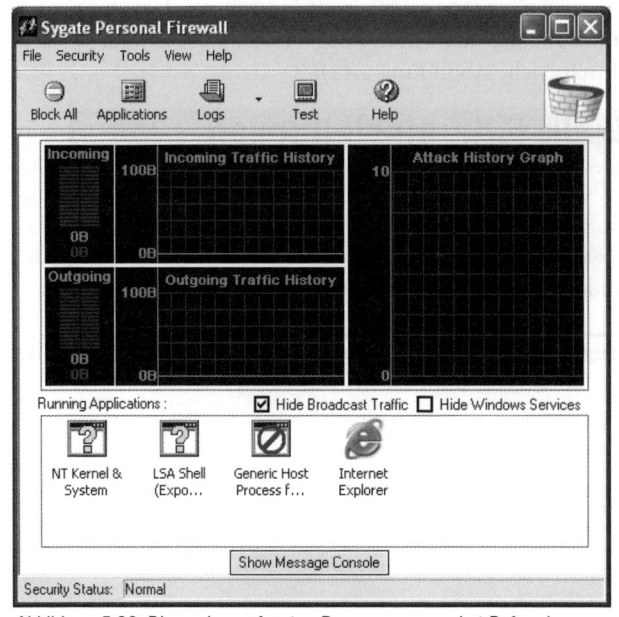

Abbildung 5.39: Die soeben erfassten Programme – nebst Befugnissen

Die Sygate-Filtereinstellungen

4 Und natürlich sind die beiden neuen Programme auch in den *Applications* der Abbildung 5.40 enthalten.

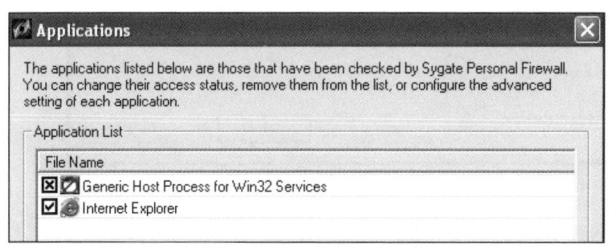

Abbildung 5.40: Die noch kurze Liste der Applications

5 Doch lassen Sie mich rasch noch weitere Programme aufnehmen, zunächst PGP für immer (siehe Abbildung 5.41):

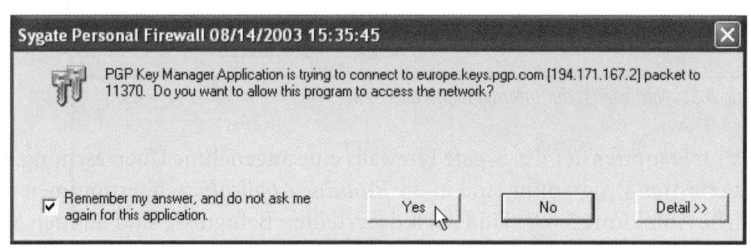

Abbildung 5.41: PGP muss sich erst legitimieren.

6 Und zur Abwechslung ein paar neue Mahjongg Tower; nicht einmal Spiele können ungehindert durch (siehe Abbildung 5.42):

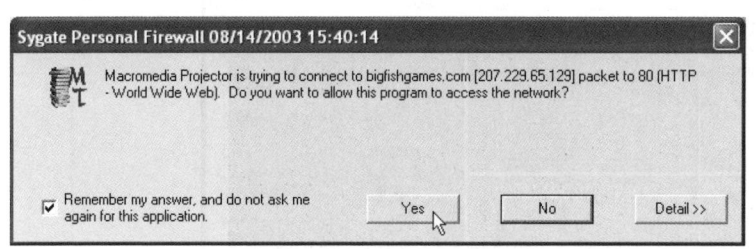

Abbildung 5.42: Auch der Download neuer Mahjongg Tower wird bemerkt.

Workshop 5 – Filter verstehen und richtig konfigurieren

7 Babylon möchte die neuen Wechselkurse abholen, doch heute reichen meine Cents noch aus (siehe Abbildung 5.43):

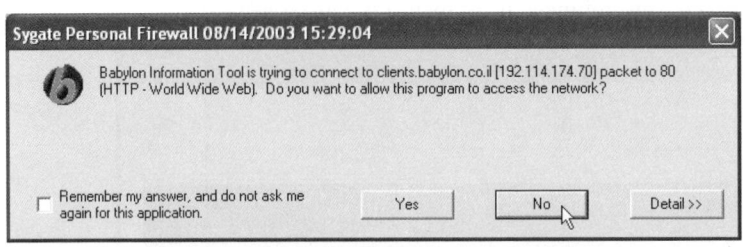

Abbildung 5.43: Aktuelle Wechselkurse? Heute nicht!

8 Werbung hat sich wieder irgendwoher eingeschlichen, na ja, das haben wir gleich für alle Zeiten bearbeitet (siehe Abbildung 5.44). *Remember No!*

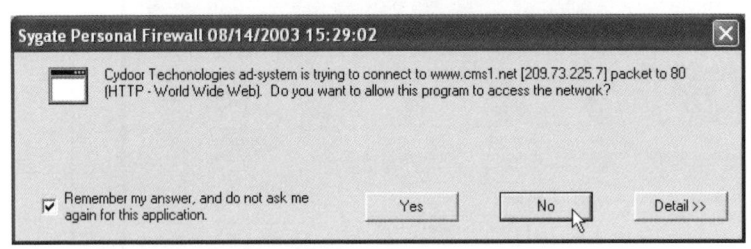

Abbildung 5.44: Für Werbung keine Zeit!

9 Gut, nun noch zum Abschluss die Post abholen; vielleicht kommt ja doch mal etwas Angenehmes (siehe Abbildung 5.45)!

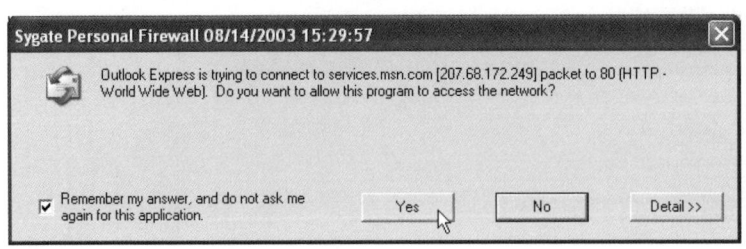

Abbildung 5.45: Nur noch die Post abholen

Die Sygate-Filtereinstellungen

10 Damit soll es genug sein! Wie Sie der Abbildung 5.46 entnehmen können, musste ich die Windows Services jetzt endgültig deaktivieren, sonst hätten die richtigen Anwendungen nicht mehr ins Fenster gepasst.

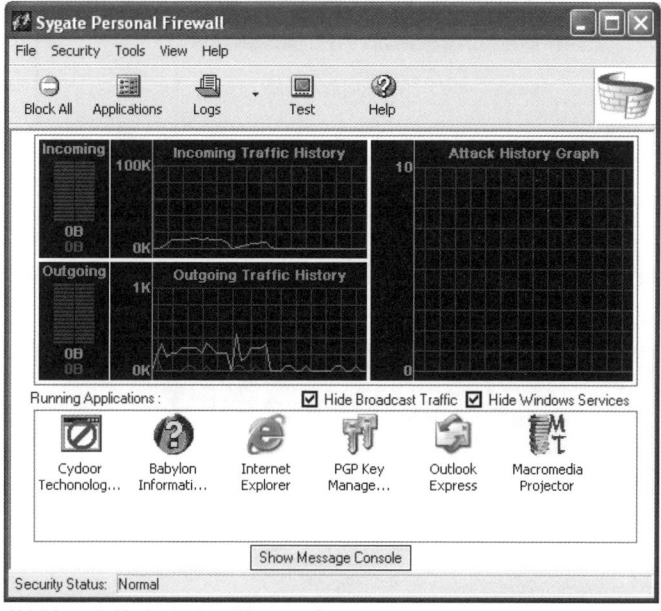

Abbildung 5.46: Auch ohne Windows Services füllen sich die Running Apps.

11 Und natürlich haben sich unsere *Applications* ordentlich erweitert (siehe Abbildung 5.47).

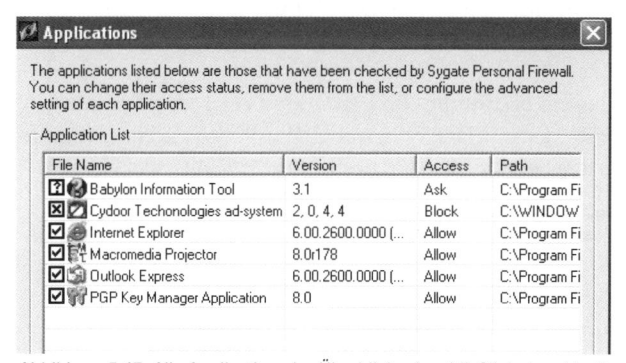

Abbildung 5.47: Alle Applications im Überblick, einschließlich der aktuellen Befugnisse

12 Wenn Sie nun befürchtet (oder gehofft) haben, dass die technischen Daten jeder einzelnen Anwendung irgendwie verschwunden sein könnten, kann ich Sie beruhigen. Alle Interna sind nach wie vor bekannt, allerdings müssten Sie mal kurz auf *Advanced* der Registerkarte *Applications* klicken. Für den PGP Key Manager erhalte ich die Abbildung 5.48:

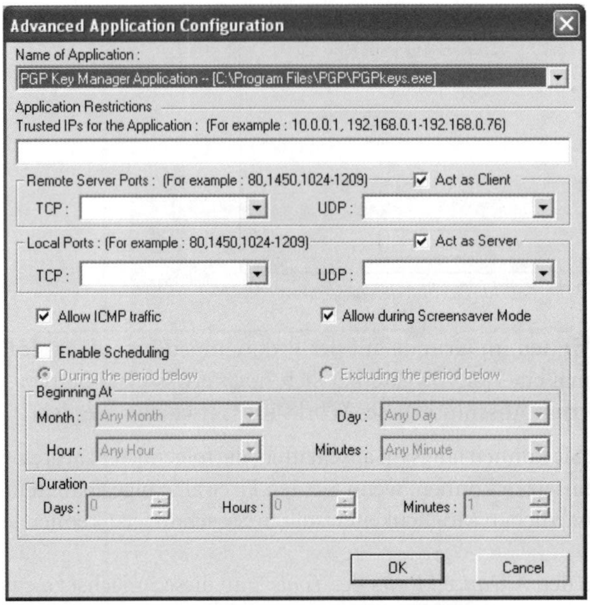

Abbildung 5.48: Der PGP Key Manager vor dem Feintuning

13 Laufen Sie nun nicht davon, es bleibt alles ganz einfach! Für jedes Ihrer bereits erfassten Programme können Sie also in dieser *Advanced Application Configuration* erweiterte Regeln definieren. So lässt sich beispielsweise der Netzzugang einzelner Programme bei Einschalten des Bildschirmschoners abschalten oder beibehalten.

14 Oder Sie verbinden ein bestimmtes Programm mit einer ganz bestimmten Trusted IP-Adresse oder mit TCP oder mit UDP. Womit Sie eine Möglichkeit gefunden hätten, den Service Manager bestimmte Aufgaben ausführen zu lassen.

15 Die Profis unter Ihnen werden schon darauf gewartet haben: In der AAC können Sie einzelnen Anwendungen neben Client- auch Server-Rechte einräumen (beispielsweise für Ihren eigenen Webserver). Und wenn Sie wollen, darf auch nur diese Anwendung das Internet Control Message Protocol verwenden.

Damit nicht genug, einige Programme sollten wirklich nur außerhalb der Kernarbeitszeit laufen: Online-Spiele, Chat-Clients usw. Sie wissen schon! Nehmen wir also an, dass Ihre Kernarbeitszeit bis abends 20 Uhr läuft, dann erlaubt Ihnen die folgende Abbildung 5.49 in jedem Monat, an jedem Tag ab abends 8 Uhr für immerhin zweieinhalb Stunden Online-Spiele. Länger nicht, da Sie ja morgens um sechs wieder aus-

Die Sygate-Filtereinstellungen

geschlafen im Büro sein sollten. Na ja, vielleicht kennt Ihr Chef diesen Firewall nicht – ich drücke Ihnen die Daumen!

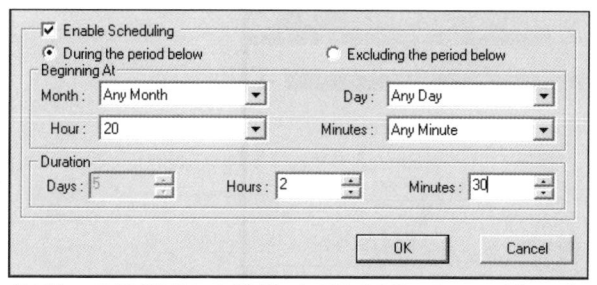

Abbildung 5.49: Täglich ab 20 Uhr darf für 2,5 Stunden gespielt werden.

Alle bisherigen Filter wirkten im Grunde auf der Programmebene – das galt für alle drei Firewalls gleichermaßen. Doch Sygate hat sich noch etwas ganz Starkes ausgedacht, wie wir uns nun zum Abschluss dieses Workshops anschauen werden.

Ein Hinweis zu Beginn: Sie können langsam abschlaffen, die folgenden Features werden Sie erst dann sinnvoll einsetzen können, wenn Sie den Firewall einigermaßen im Griff haben. Doch die grundsätzlichen Möglichkeiten sollten Sie schon jetzt kennen lernen.

1 Die *Tools* führen zu den *Advanced Rules* der *Tools*, und diese zunächst zu einer wichtigen Warnung: Die Einträge der Advanced Rules überlagern alle anderen Filtereinstellungen (siehe Abbildung 5.50).

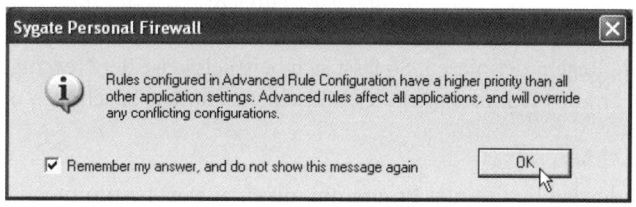

Abbildung 5.50: Advanced übertrumpft die programmspezifischen Regeln.

2 Die nachfolgende Abbildung 5.51 sieht dennoch harmlos aus. Ein Klick auf das *Add* wird jedoch den Stein ins Rollen bringen!

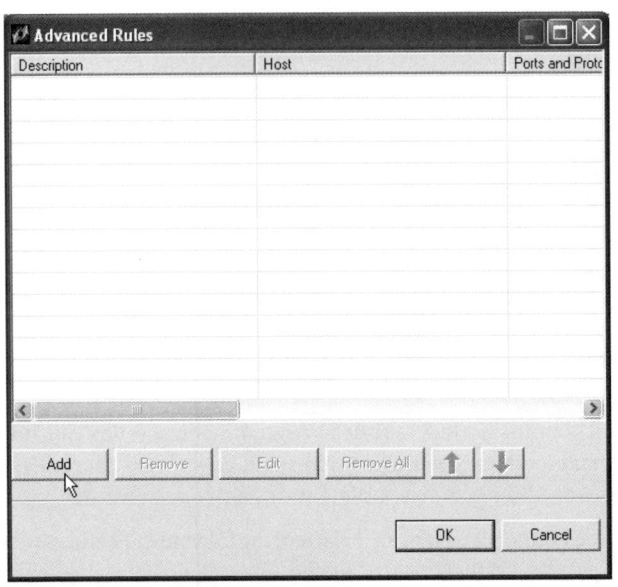

Workshop 5 – Filter verstehen und richtig konfigurieren

Abbildung 5.51: Noch keine Advanced Rules

3 Ja, und dann kommen die *Advanced Rule Settings*, die Ihnen jetzt noch einmal etwas Konzentration abverlangen werden. Vielleicht ein aufmunternder Tee oder starker Kaffee vorab? Ein Spaziergang vielleicht, oder öffnen Sie wenigstens mal ganz kurz das Fenster! Jedenfalls besteht die momentan zu bearbeitende Regel bisher darin (siehe Abbildung 5.52), dass quasi

- alle Verbindungen,
- eingehend und ausgehend,
- mit jedem Rechner,
- an jedem Port,
- bei beliebigem Protokoll,
- geblockt sind!

Da wird also nicht mehr allzu viel Traffic Ihre Leitungen belasten!

Haben Sie es? Super, dann werden wir diese Regel jetzt derart verfeinern, dass alles erlaubt ist! Was nicht zu schwierig ist: Ich gebe Ihnen drei Versuche! Dann sollten Sie die folgende Abbildung 5.53 hinbekommen haben. Beachten Sie bei Ihren Spielereien, dass sich in der unteren *Rule Summary* der Text an Ihre Änderungen anpasst! Und bitte spielen Sie jetzt ruhig noch etwas weiter.

Die Sygate-Filtereinstellungen

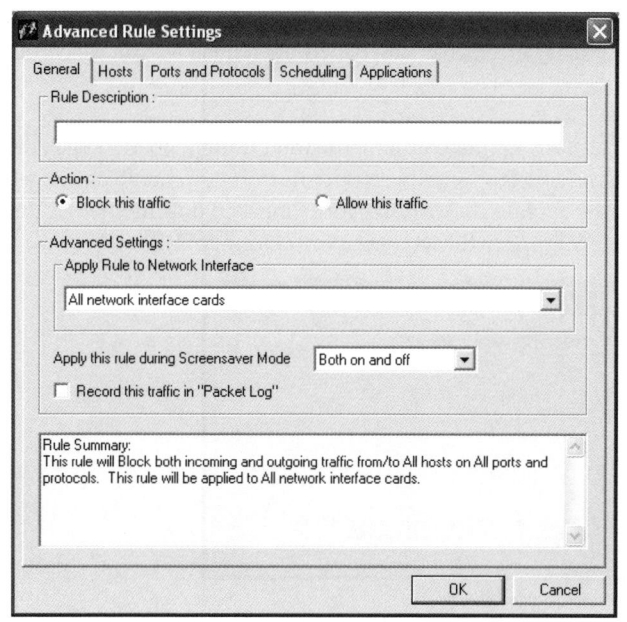

Abbildung 5.52: Alles und überall und überhaupt geblockt

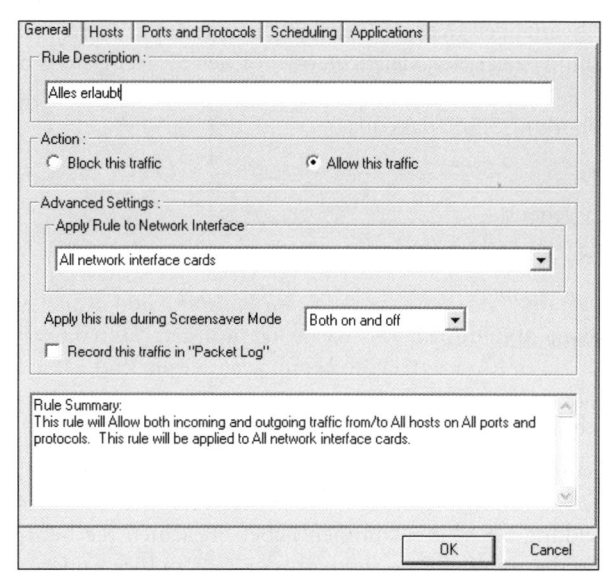

Abbildung 5.53: Nun ist wieder alles erlaubt!

149

Workshop 5 – Filter verstehen und richtig konfigurieren

1 Vergeben Sie einen möglichst sprechenden Namen für Ihre Regel, damit Sie später, wenn Sie ein paar hundert derselben erfasst haben, auch noch wissen, welche Regel was bewirken soll.

2 Auf der Registerkarte *Hosts* können Sie eine Auswahl treffen, ob die Regel, die soeben erstellt wird, für alle Hosts weltweit oder nur für einzelne Rechner gelten soll. Beachten Sie, dass auch in dieser Karte Ihre Eingaben unmittelbar zu Veränderungen in der Rule Summary führen (siehe Abbildung 5.54).

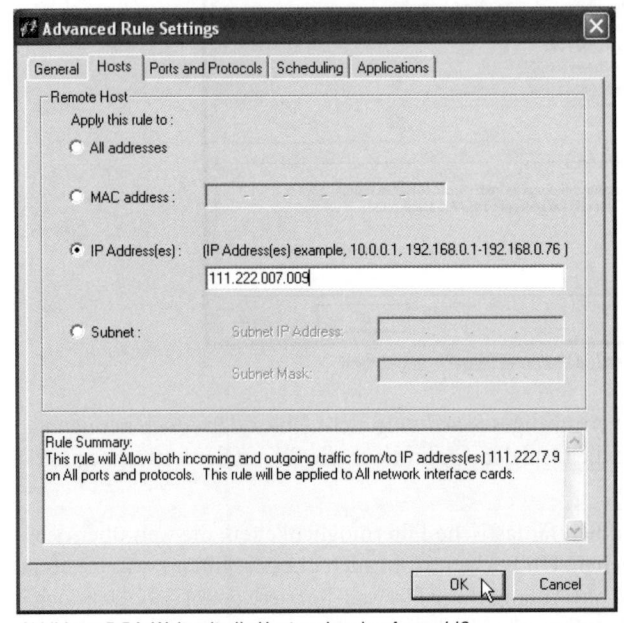

Abbildung 5.54: Weltweit alle Hosts oder eine Auswahl?

3 Klicken Sie nun langsam und bedächtig auf *Ports und Protocols*, und öffnen Sie spaßeshalber *ICMP* (siehe Abbildung 5.55). Sygate nennt Ihnen Namen und Typen. Sie können also Ihren Merkzettel vom Monitor entfernen und dafür wieder die Windows Shortcuts anbappen.

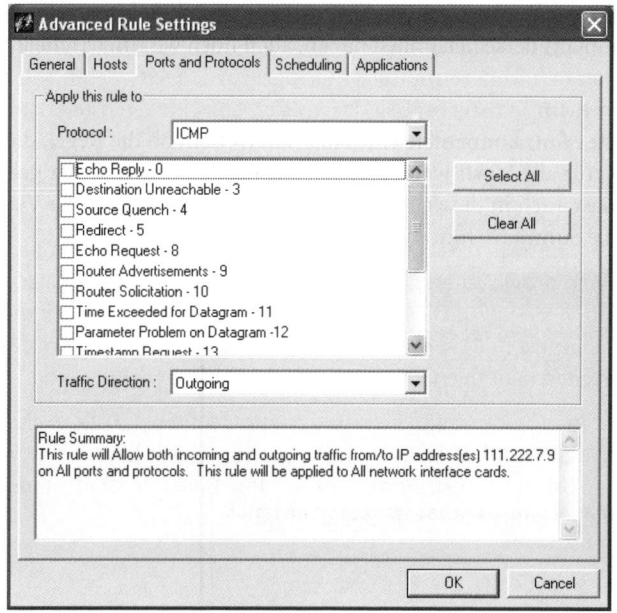

Abbildung 5.55: Welches ICMP darf es sein?

Und klar, dass ein vernünftiges *Scheduling* nicht fehlen darf, doch kennen Sie das bereits. Ebenso wie die Liste der *Applications*, die Sie auf der letzten Registerkarte auswählen können.

Das sind insgesamt wirklich fantastische Filtermöglichkeiten, die weit über den üblichen Standard hinausgehen. Und es geht wohl auch über das hinaus, was Sie als privater Benutzer zumindest am Anfang Ihrer Firewall-Karriere benötigen. Dennoch ist es angenehm zu wissen, dass Ihnen bei Bedarf doch einige sehr differenzierte Filtermöglichkeiten zur Verfügung stehen.

5.5 Zusammenfassung

Hoffentlich schwirrt Ihnen nicht der Kopf vor lauter Ports, Protokollen und IP-Adressen – und den vielen, vielen Filtermöglichkeiten. Letztere können, müssen Sie aber nicht nutzen! Ein paar Dinge sollten Sie aber in jedem Fall aus diesem Workshop mitnehmen.

ZoneAlarm bietet Ihnen drei vordefinierte Security-Level, daneben eine übersichtliche Liste der Ihrerseits bisher geregelten Programme. Das Handling der Systemzugriffe erfolgt mehr oder weniger im Hintergrund. Des einen Leid ist des anderen Freud – auch die nicht sehr differenzierten Filtermöglichkeiten passen in dieses Thema.

Outpost Firewall 1.0 geht einen Schritt weiter. Insbesondere kennt der Regel-Assistent doch einige Interna, die er Ihnen komfortabel zur Auswahl und Nutzung anbietet. So können Sie Ihren Programmen differenziertere Zugangsmöglichkeiten zum Internet einräumen. Und wie wir beim Manager sahen, lassen sich einzelne Dienste erlauben, wobei gleichzeitig andere Dienste verboten blieben.

Sygate Personal Firewall 5.1 setzt tatsächlich noch eins bis zwei drauf! Zunächst findet man einfach zu konstruierende allgemeine Regeln für jedes Programm. Anschließend lassen sich diese Filter programmspezifisch differenzieren. Vorher oder nachher besteht die zusätzliche Möglichkeit, programmunabhängige Regeln aufzustellen, die alle programmspezifischen Regeln überlagern. Diese letzte allgemeine Filtermöglichkeit bieten weder ZoneAlarm noch Outpost in dieser Ausführlichkeit. Ob Sie diese wirklich schon professionellen Möglichkeiten benötigen, ist allerdings eine andere Sache.

Wie auch immer, falls es Ihre Zeit und Ihr Interesse erlaubt, sollten Sie alle drei Firewalls ausprobieren, indem Sie zumindest ein paar Programme einrichten. Sie werden sehen, dass heutzutage selbst die Konstruktion ausgefeilter Filter für Ihre Maus ein Kinderspiel darstellt. Und da sollten Sie es doch auch hinbekommen!

Workshop 6

Logbücher lesen und interpretieren

Wenn Sie Zahlen und gar Statistiken mögen, dann können Sie in diesem Workshop Weihnachten, Ostern, Silvester und obendrein ein paar Geburtstage, die Sie jünger machen, auf einen Tag feiern! Denn Logbücher sind Zahlen und Statistiken satt! Alles, was sich auf den überwachten Leitungen Ihres Rechners tut, wird protokolliert und steht für weitere Analysen zur Verfügung.

So müssen Sie nicht ständig an Ihrem Rechner die Verbindungen überwachen, sondern können beruhigt ins Wochenende gehen. Am Montag sehen Sie dann, welcher Kollege über Ihren Rechner wohin, wie lange und wie oft gesurft ist. Natürlich werden auch mögliche Angriffe von außen in den Logbüchern notiert, und Sie erkennen, wie oft welche Adware neue Werbebanner lädt.

Unsere drei Firewalls bieten jeweils integrierte Log-Funktionen an. Das Angebot reicht dabei von rudimentär (ZoneAlarm) über hinreichend (Outpost) bis professionell (Sygate). Die Anwendung und Bedienung ist jedoch bei allen drei Firewalls gleich: Hin und wieder müssen ein paar Dreifachintegrale im Kopf berechnet werden und ein paar Differenzialgleichungen mindestens dritter Ordnung eindeutig gelöst werden. Spaß beiseite, das stimmt natürlich nicht! Sie brauchen wie immer nur Ihre Maus zum Vergnügen!

Ach, bevor ich es vergesse: Ich werde bei allen drei Firewalls, jeweils frisch initialisiert, nacheinander die folgenden Vorgänge starten:

- Service Manager ablehnen,
- Spiegel ansurfen,

Workshop 6 – Logbücher lesen und interpretieren

- Mails abholen (neue Verbindung),
- Stealth Scan von SOS (*http://scan.sygate.com*) durchführen lassen (neue Verbindung).

So können Sie die Log-Funktionalität der drei Firewalls besser vergleichen und wohl auch verstehen. Und es sollte Ihnen helfen, wenn Sie ebenfalls analog vorgehen. Doch nun zu den einzelnen Firewalls.

6.1 Einfache Logs bei ZoneAlarm

ZoneAlarm wird wieder frisch installiert, alle voreingestellten Filter wurden gelöscht. Anschließend las ich die Online-Nachrichten, holte meine Mails ab und ließ von SOS den üblichen Portscan durchführen. Was hat ZoneAlarm protokolliert?

Sie finden die Logs unter *Alerts&Logs*, wenn Sie sich dann noch die Mühe machen und den *Log Viewer* aktivieren (siehe Abbildung 6.1).

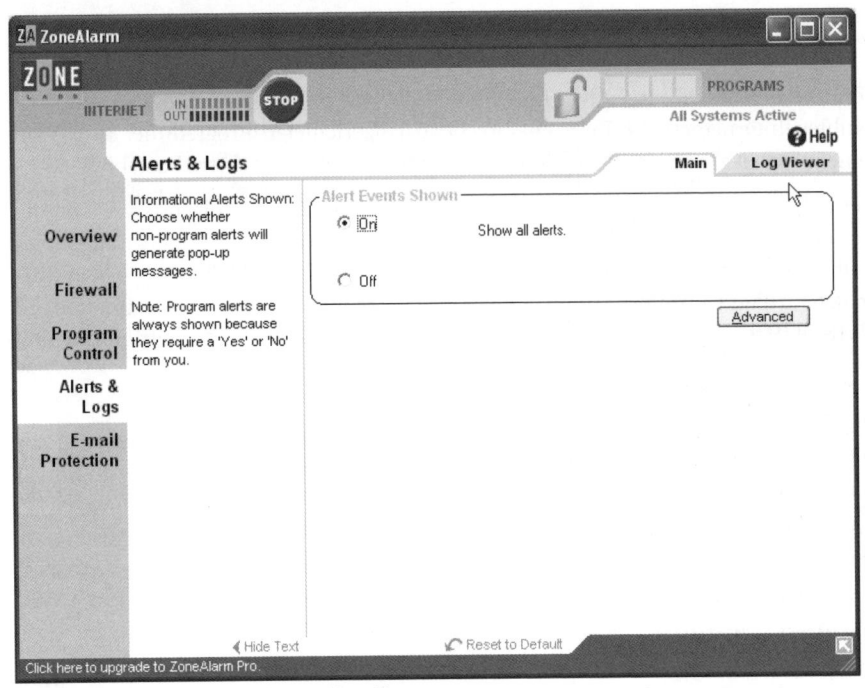

Abbildung 6.1: Der Log Viewer in den Alerts&Logs

Damit wären Sie dann schon im einzigen Log-Fenster gelandet, das Ihnen ZoneAlarm anbietet (siehe Abbildung 6.2).

Einfache Logs bei ZoneAlarm

Rating	Date / Time	Type	Protocol	Program	
High	2003/08/15 09:17:06+2:	Program Access		Generic Host Process	
High	2003/08/15 09:16:58+2:	Program Access		Generic Host Process	
High	2003/08/15 09:13:10+2:	Program Access		Generic Host Process	
Medium	2003/08/15 09:13:00+2:	Firewall	TCP (flags:S)		213.
High	2003/08/15 09:11:50+2:	Program Access		Generic Host Process	
High	2003/08/15 09:11:44+2:	Program Access		Generic Host Process	
Medium	2003/08/15 09:11:44+2:	Firewall	TCP (flags:S)		217.
Medium	2003/08/15 09:11:38+2:	Firewall	TCP (flags:S)		217.

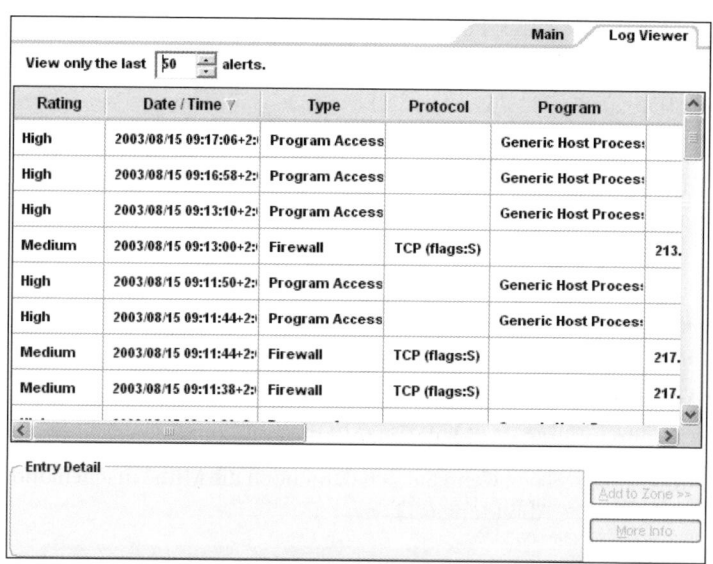

Abbildung 6.2: Das einzige Log-Fenster von ZoneAlarm

Hierin werden nun alle irgendwie unerlaubten Zugriffe protokolliert, hingegen nicht die erlaubten Internetbesuche Ihrer entsprechend eingerichteten Programme. So ist von meinem Surfen zum Spiegel ebenso nichts vermerkt, wie von meinem Postabholen.

Aber natürlich ist der Portscan von SOS aufgefallen, wie Sie der folgenden Abbildung 6.3 entnehmen können! Die Source IP 207.33.111.36 Port 54 gehört zu dieser berühmt-berüchtigten Portscanner-Vereinigung SOS, die mit TCP Synchronisationsversuche (flags:S) unternimmt. Sie erkennen meine temporäre Destination IP 217.184.119.5, und Sie lesen die gescannten Ports. Zum Glück sind alle geblockt!

Source IP	Destination IP	Direction	Action Taken	Count
207.33.111.36:54	217.184.119.9:5	Incoming	Blocked	1
207.33.111.36:54	217.184.119.9:8080	Incoming	Blocked	1
207.33.111.36:54	217.184.119.9:6	Incoming	Blocked	1
207.33.111.36:54	217.184.119.9:8	Incoming	Blocked	1
207.33.111.36:54	217.184.119.9:3	Incoming	Blocked	1
207.33.111.36:54	217.184.119.9:7	Incoming	Blocked	1
207.33.111.36:54	217.184.119.9:2	Incoming	Blocked	1
207.33.111.36:54	217.184.119.9:4	Incoming	Blocked	1

Abbildung 6.3: Der Portscan listet sauber die geblockten Ports

Die Analyse des Log-Screens brachte aber noch weitere merkwürdige Zugriffe ans Tageslicht! In den wenigen Minuten, die ich online war, erhielt ich Besuch von verschiedenen Source IPs, die an unterschiedliche Ports meines Rechners wollten (siehe

Abbildung 6.4), darunter 137 (NetBIOS) und 1214 (KaZaa). Aktueller Spitzenreiter ist aber natürlich msblaster, der an Port 135 anklopft (muss natürlich draußen bleiben).

Ein angekommenes UDP aus 66.231.165.122 von Port 1036 (laut meiner Liste unbekannt) an den NetBIOS Port 137 wird von ZoneAlarm gar als *High* eingestuft! Ja, und dann wäre noch ein ganz normales ICMP:8 (Echo Request) von 62.134.76.61 zu vermelden. Haben die Leute nichts anderes zu tun?

Rating	Date / Time	Type	Protocol	Source IP	Destination IP
High	2003/08/15 09:09:24+	Firewall	UDP	66.231.165.122:1036	217.184.119.28:137
Medium	2003/08/15 09:09:04+	Firewall	ICMP (type:8/c	62.134.76.61	217.184.119.28
Medium	2003/08/15 09:11:44+	Firewall	TCP (flags:S)	217.184.129.2:3432	217.184.119.28:135
Medium	2003/08/15 09:11:38+	Firewall	TCP (flags:S)	217.184.103.130:138	217.184.119.28:135
Medium	2003/08/15 09:11:24+	Firewall	TCP (flags:S)	216.106.13.152:4687	217.184.119.28:1214
Medium	2003/08/15 09:11:16+	Firewall	TCP (flags:S)	216.106.13.152:4687	217.184.119.28:1214
Medium	2003/08/15 09:13:00+	Firewall	TCP (flags:S)	213.7.182.101:1291	217.184.119.28:135

Abbildung 6.4: Einiges an unerwünschten Kontakten

Schauen Sie doch auch mal in Ihren Logs nach! Bestimmt sind ein paar unbekannte Absender dabei. Freuen Sie sich, dass diese jetzt nichts Böses mehr auf Ihrem Rechner anstellen können! Sie können im Übrigen die einzelnen Log-Zeilen bequem nach Ihren Wünschen sortieren, indem Sie auf die Spaltenbezeichnungen klicken!

Beim Handling werden Sie eine gewisse Bequemlichkeit oder gar Komfort vermissen. Doch zumindest unterstützt Sie ZoneAlarm noch beim Sichern Ihrer Log-Daten. Sie erreichen die Abbildung 6.5 über *Advanced* der Registerkarte *Main* der *Alerts&Logs*.

Sie erkennen, dass Ihre *log text files* täglich archiviert werden. ZoneAlarm setzt automatisch das Tagesdatum hinter den üblichen Namen *ZAlog.txt*, die dazugehörige Datei befindet sich im Verzeichnis *C:\WINDOWS\Internet Logs*. Ich schaue mal gerade in mein Logfile (siehe Abbildung 6.6):

Einfache Logs bei ZoneAlarm

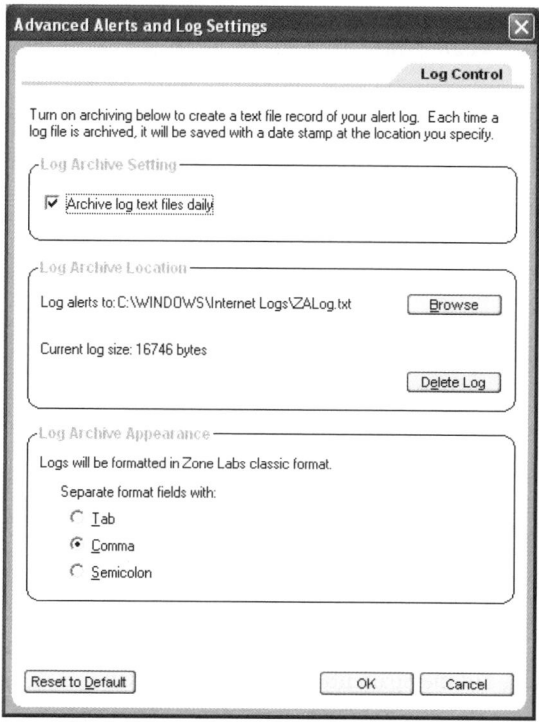

Abbildung 6.5: Wohin mit den geloggten Daten?

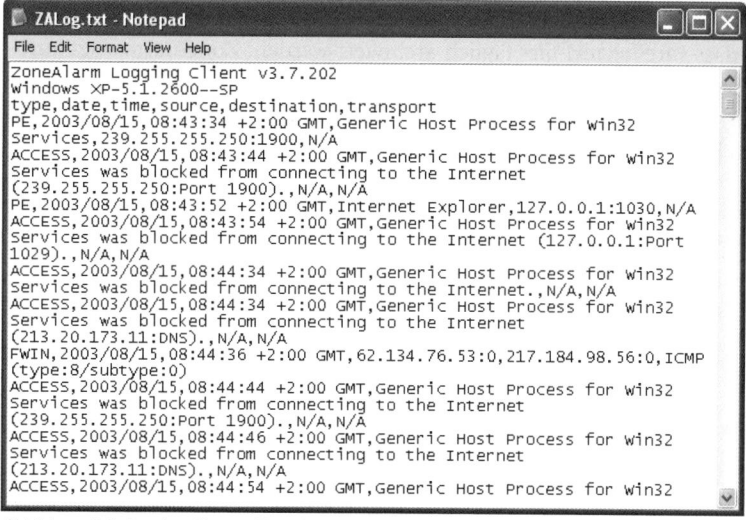

Abbildung 6.6: Das Logfile von ZoneAlarm – alles klar!

Workshop 6 – Logbücher lesen und interpretieren

1 Wenn Sie nicht archivieren, wird Ihr aktuelles Logfile immer größer und damit wohl auch noch unübersichtlicher. Ein tägliches Archivieren erscheint angebracht.

PROFITIPP

Einen Vorteil hat die Archivierung in einer Textdatei: Sie können Kommentare einfügen, damit Sie sich bei späterer Nutzung leichter erinnern können. Vor einer Aktivierung durch ZoneAlarm müssen Sie die Kommentare aber wahrscheinlich wieder entfernen.

Einen Nachteil hat diese einfache Editierung leider auch: Mögliche Angreifer könnten verräterische Zeilen einfach entfernen. Denken Sie also daran, entsprechende Befugnisse für diese Datei *ZAlog.txt* zu konfigurieren.

2 Übrigens, die vielen Abkürzungen, die Sie in den Logfiles finden, wurden von ZoneAlarm sehr übersichtlich in der Hilfe erklärt. Bitte schauen Sie bei Bedarf in die entsprechenden Tabellen der Abbildung 6.7.

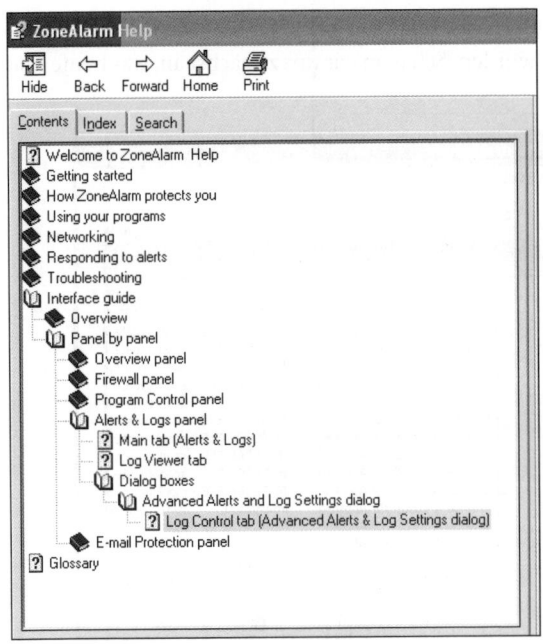

Abbildung 6.7: Die Abkürzungen in den Logfiles

158 WERKSTATT

Die Logs bei Outpost

> Das erneute Einlesen eines archivierten Logfiles gelingt im Übrigen wie befürchtet: Schließen Sie ZoneAlarm, benennen Sie das aktuelle Logfile *ZALog.txt* in *ZALog_akt.txt* um, taufen Sie nun das archivierte Logfile (z.B. *ZALog2003. 12.24.txt*) um in *ZALog.txt*, und starten Sie ZoneAlarm. Achten Sie darauf, dass Sie nun nicht ins Netz gehen, da Sie sonst für vollkommene Verwirrung in Ihren Logfiles sorgen.
>
> Vergessen Sie nicht, anschließend das Ganze rückgängig zu machen!

PROFITIPP

6.2 Die Logs bei Outpost

Schauen wir uns nun an, welche Informationen Outpost für uns bereithält. Der Firewall ist frisch initialisiert, ich lehnte den Manager ab, surfte zum Spiegel, lehnte das sich einmischende Update ab, checkte die Post (dauerte außergewöhnlich lange) und ließ den Stealth Scan laufen!

1 Anschließend startete ich Outpost und freute mich darüber, dass schon mal verschiedene Logs angeboten wurden. Schauen wir uns zunächst an, was heute *Erlaubt* war (siehe Abbildung 6.8).

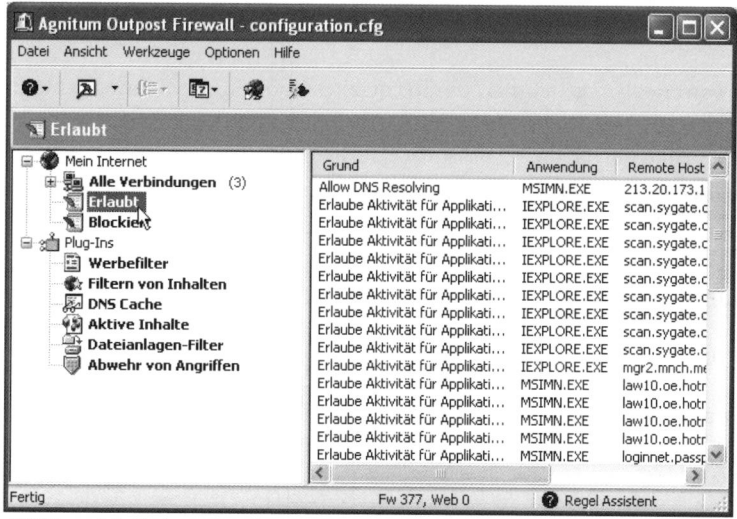

Abbildung 6.8: Die Logs der erlaubten Anwendungen

2 Insbesondere Einsteiger werden sich freuen, dass der Grund für den Zeileneintrag in beschribender Form aufgeführt wird. Das ist richtig was zum Lesen.

WERKSTATT

159

Workshop 6 – Logbücher lesen und interpretieren

Anschließend folgen die zu erwartenden Feinheiten, wie Anwendung, Remote Host (als Webadresse, nicht als IP) usw. (siehe Abbildung 6.9).

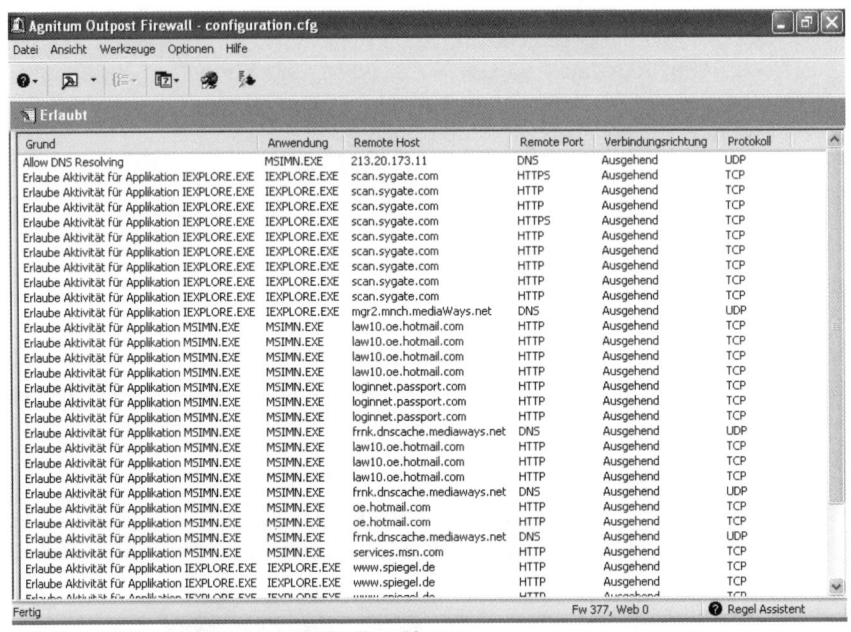

Abbildung 6.9: Logs nach entsprechender Vergrößerung

3 Und es wird noch angenehmer: Ein Rechtsklick in die Spaltennamen ermöglicht es Ihnen, weitere Informationen zu entlocken. Und wenn Sie wollen, können Sie sich die Spalten auch beliebig umsortieren (siehe Abbildung 6.10).

Abbildung 6.10: Weitere Spalten und Sortierung möglich

160

WERKSTATT

Die Logs bei Outpost

4 Oder Sie kontrollieren den Durchsatz der Daten in Bytes pro Sekunde. Ich habe ein paar gecheckt, die benutzte Formel scheint zu stimmen (siehe Abbildung 6.11).

Protokoll	Lokaler Port	Lokale Addresse	Laufzeit	Gesendet	Empfangen	Bps
TCP	1091	217.184.114.217	00:01:31	373 bytes	13,4 Kb	154
TCP	1090	217.184.114.217	00:00:38	1065 bytes	6013 bytes	186
TCP	1089	217.184.114.217	00:00:06	363 bytes	2524 bytes	481
TCP	1088	217.184.114.217	00:00:02	256 bytes	446 bytes	351
TCP	1087	217.184.114.217	00:00:00	0 bytes	0 bytes	0
TCP	1086	217.184.114.217	00:00:18	1861 bytes	36,7 Kb	2193
TCP	1085	217.184.114.217	00:00:00	0 bytes	0 bytes	0
TCP	1084	217.184.114.217	00:00:12	1763 bytes	8384 bytes	845
TCP	1083	217.184.114.217	00:00:14	1805 bytes	39,1 Kb	2991
UDP	1082	217.184.114.217	00:00:00	462 bytes	122 bytes	584
TCP	1047	217.184.119.3	00:00:02	269 bytes	0 bytes	134
TCP	1046	217.184.119.3	00:00:53	2578 bytes	31,3 Kb	652
TCP	1045	217.184.119.3	00:00:02	325 bytes	0 bytes	162
UDP	1044	217.184.119.3	00:00:00	158 bytes	126 bytes	284
TCP	1042	217.184.119.3	00:01:09	3084 bytes	25,6 Kb	424
TCP	1041	217.184.119.3	00:01:09	2290 bytes	23,7 Kb	385
TCP	1040	217.184.119.3	00:01:11	3049 bytes	31,3 Kb	493
TCP	1038	217.184.119.3	00:00:26	293 bytes	97,6 Kb	3855
TCP	1073	217.184.110.118	00:00:01	1938 bytes	453 bytes	2391
TCP	1072	217.184.110.118	00:00:00	1950 bytes	0 bytes	1950
TCP	1071	217.184.110.118	00:00:01	1912 bytes	473 bytes	2385
TCP	1070	217.184.110.118	00:00:01	1338 bytes	2144 bytes	3482
TCP	1069	217.184.110.118	00:00:00	1113 bytes	560 bytes	1673
TCP	1068	217.184.110.118	00:00:00	798 bytes	0 bytes	798
TCP	1067	217.184.110.118	00:00:00	798 bytes	0 bytes	798
UDP	1066	217.184.110.118	00:00:00	0 bytes	67 bytes	67
TCP	1065	217.184.110.118	00:00:00	1048 bytes	0 bytes	1048

Abbildung 6.11: Weitere Informationen ohne Ende

5 Eine ähnlich strukturierte Ausgabe erhalten Sie, wenn Sie die *blockierten* Anwendungen anschauen (siehe Abbildung 6.12). Das eigene Update wird ebenso aufgeführt, wie die vielfachen Versuche des Managers, ins Netz zu entwischen und dort unbekannte Aktivitäten zu entfalten.

Grund	Anwendung	Remote Host	Remote Port	Verbindungs...	Protokoll
Block NetBIOS Traffic	SYSTEM	207.33.111.35	DOMAIN	Eingehend	TCP
Blockiere Aktivität für Applikation SVCHOST.EXE	SVCHOST.EXE	frnk.dnscache.mediaways.net	DNS	Ausgehend	UDP
Blockiere Aktivität für Applikation SVCHOST.EXE	SVCHOST.EXE	frnk.dnscache.mediaways.net	DNS	Ausgehend	UDP
Blockiere Aktivität für Applikation SVCHOST.EXE	SVCHOST.EXE	frnk.dnscache.mediaways.net	DNS	Ausgehend	UDP
Deny Unknown Protocols	SVCHOST.EXE	n/a	n/a	Ausgehend	IGMP
Block NetBIOS Traffic	*NetBIOS	207.33.111.35	DOMAIN	Eingehend	TCP
ICMP Traffic	n/a	62.134.72.119	Echo Request/0	Eingehend	ICMP
Block NetBIOS Traffic	*NetBIOS	68.165.230.34	2372	Eingehend	UDP
Block NetBIOS Traffic	*NetBIOS	68.165.230.34	NETBIOS_NS	Ausgehend	UDP
Blockiere Aktivität für Applikation SVCHOST.EXE	SVCHOST.EXE	239.255.255.250	1900	Ausgehend	UDP
Blockiere Aktivität für Applikation AUPDRUN.EXE	AUPDRUN.EXE	frnk.dnscache.mediaways.net	DNS	Ausgehend	UDP
Blockiere Aktivität für Applikation AUPDRUN.EXE	AUPDRUN.EXE	frnk.dnscache.mediaways.net	DNS	Ausgehend	UDP
Blockiere Aktivität für Applikation SVCHOST.EXE	SVCHOST.EXE	239.255.255.250	1900	Ausgehend	UDP
Block NetBIOS Traffic	*NetBIOS	255.255.255.255	NETBIOS_NS	Ausgehend	UDP
Block NetBIOS Traffic	*NetBIOS	255.255.255.255	NETBIOS_DGM	Ausgehend	UDP
Blockiere Aktivität für Applikation SVCHOST.EXE	SVCHOST.EXE	239.255.255.250	1900	Ausgehend	UDP
Blockiere Aktivität für Applikation AUPDRUN.EXE	AUPDRUN.EXE	www.agnitum.com	HTTP	Ausgehend	TCP

Abbildung 6.12: Die Logs der geblockten Anwendungen

6 Und auch eingehende ICMP Echo Requests werden erwischt und gelistet. Abbildung 6.13 zeigt einen geblockten Versuch von 62.134.72.119. Ein NetBIOS-Paket von 68.165.230.34 wurde ebenfalls geblockt.

Workshop 6 – Logbücher lesen und interpretieren

Blockiert					
Grund	Anwendung	Startzeit	Remote Host	Remote Port	Verbindungsrichtung
Block NetBIOS Traffic	SYSTEM	13:21:44	207.33.111.35	DOMAIN	Eingehend
Blockiere Aktivität für Applikation SVCHOST.EXE	SVCHOST.EXE	13:23:20	frnk.dnscache.mediaways.net	DNS	Ausgehend
Blockiere Aktivität für Applikation SVCHOST.EXE	SVCHOST.EXE	13:23:03	frnk.dnscache.mediaways.net	DNS	Ausgehend
Blockiere Aktivität für Applikation SVCHOST.EXE	SVCHOST.EXE	13:23:03	frnk.dnscache.mediaways.net	DNS	Ausgehend
Deny Unknown Protocols	SVCHOST.EXE	13:21:55	n/a	n/a	Ausgehend
ICMP Traffic	n/a	13:28:32	62.134.72.119	Echo Request/0	Eingehend
Blockiere Aktivität für Applikation SVCHOST.EXE	SVCHOST.EXE	13:27:37	239.255.255.250	1900	Ausgehend
Block NetBIOS Traffic	*NetBIOS	13:27:37	207.33.111.35	DOMAIN	Eingehend
Block NetBIOS Traffic	*NetBIOS	13:27:37	68.165.230.34	2372	Eingehend
Blockiere Aktivität für Applikation AUPDRUN.EXE	AUPDRUN.EXE	13:24:12	frnk.dnscache.mediaways.net	DNS	Ausgehend
Blockiere Aktivität für Applikation AUPDRUN.EXE	AUPDRUN.EXE	13:23:37	frnk.dnscache.mediaways.net	DNS	Ausgehend

Abbildung 6.13: ICMP Echo Requests werden entdeckt und mitgeschrieben.

Nur, wo sind die Portscans des SOS? Hat Outpost die verwendeten ausgesuchten Scans verschlafen? Nein, Sie erhalten entsprechende Informationen unter der *Abwehr von Angriffen* in Abbildung 6.14. Und dort finden Sie auch den kürzlich erfolgten Portscan seitens SOS im Überblick, und nicht je Port aufgelistet!

Abwehr von Angriffen	Datum/Zeit	Art des Angriffs	IP-Addresse	Portscan Details
Mein Internet				
Alle Verbindungen (3)	15.08.2003 14:13:53	Port gescannt	217.184.71.239	TCP(135)
Erlaubt	15.08.2003 14:13:53	Verbindungsversuch	217.184.71.239	TCP(135)
Blockiert	15.08.2003 14:13:28	Port gescannt	217.184.73.44	TCP(135)
Plug-Ins	15.08.2003 14:13:28	Verbindungsversuch	217.184.73.44	TCP(135)
Werbefilter	15.08.2003 14:11:59	Port gescannt	207.33.111.35	TCP(22) UDP(137)
Filtern von Inhalten	15.08.2003 14:11:59	Verbindungsversuch	207.33.111.35	TCP(22)
DNS Cache	15.08.2003 14:11:46	Verbindungsversuch	207.33.111.35	UDP(137)
Aktive Inhalte	15.08.2003 14:11:39	Port gescannt	217.184.124.186	TCP(135)
Dateianlagen-Filter	15.08.2003 14:11:39	Verbindungsversuch	217.184.124.186	TCP(135)
Abwehr von Angriffen	15.08.2003 13:28:32	Verbindungsversuch	62.134.72.119	ICMP(2048)
	15.08.2003 13:28:29	Port gescannt	207.33.111.35	TCP(53) TCP(80)
	15.08.2003 13:28:29	Verbindungsversuch	207.33.111.35	TCP(53)
	15.08.2003 13:28:28	Verbindungsversuch	207.33.111.35	TCP(80)

Abbildung 6.14: Portscans und mehr wurden abgewehrt!

Viel mehr bleibt nun nicht mehr zu sagen. Die Log-Einträge können mit einem *Werkzeug* gelöscht werden, und die Größe der Log-Datei und etwas mehr kann über *Optionen*, *Allgemein*, *Einstellungen* bestimmt werden (siehe Abbildung 6.15).

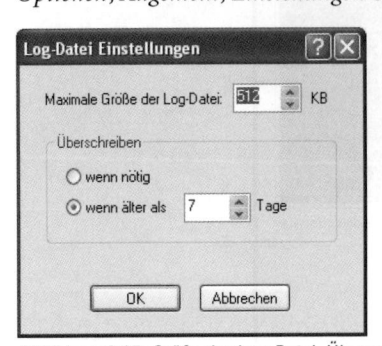

Abbildung 6.15: Größe der Log-Datei, Überschreiben?

Ich denke, Outpost bietet Ihnen unter dem Strich eine hinreichende Dokumentation des Internet Traffics an. Die standardmäßige Unterteilung in Erlaubt, Geblockt und

Angriffe schafft von vornherein etwas Ordnung und erleichtert Ihnen den Einstieg und die Benutzung! Ein wenig schade, dass Archivierung und weitere Filterung der Logs Geld kosten. Andererseits verständlich, steckt ja schon ein Haufen Arbeit dahinter.

Für professionelle Logs reichen die Angaben in der Outpost Freeware allerdings nicht aus, da müssen Sie wohl einmal mehr zu Sygate's Personal Firewall 5.1 greifen.

6.3 Professionelle Logs bei Sygate

Die Log-Funktionalität von ZoneAlarm und Outpost warf Sie sicherlich nicht vom Hocker. Es wurden zwar viele wichtige Daten protokolliert, doch das Handling war eher mühsam und gewünschte Auswertungen waren nur mit einigen Verrenkungen möglich. Sie müssen dennoch keinen professionellen Firewall kaufen, falls Sie „richtige" Logs brauchen – zumindest nicht, bevor Sie einen Blick auf das Sygate-Angebot geworfen haben.

Denn das hat es wirklich in sich, wie Ihnen bereits die Abbildung 6.16 andeutet. Schon im Hauptmenü von SPF 5.1 laden Sie die *Logs* zum Stöbern ein. Eine von vielen durchweg positiven Überraschungen sehen Sie schon zu Beginn: nicht nur ein Log, sondern gleich vier (siehe Abbildung 6.16). Diese vier verschiedenen Logs laufen automatisch im Hintergrund mit. Und es kommt noch schöner, sie lassen sich identisch anschauen, bedienen und auswerten.

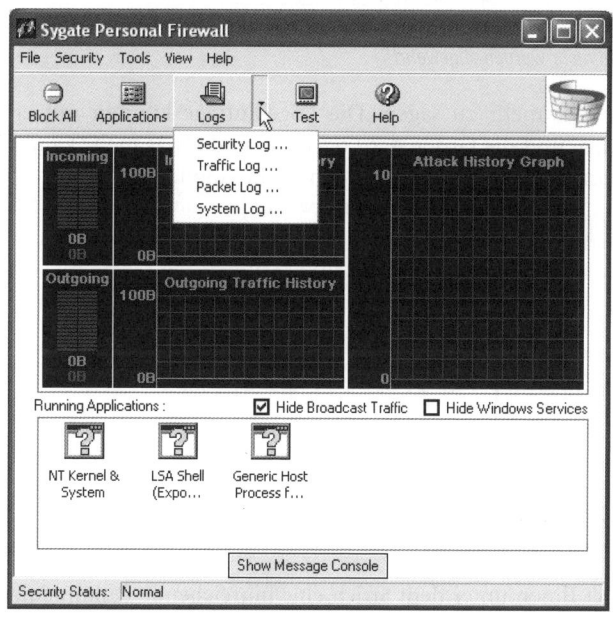

Abbildung 6.16: Extra-Menü Logs für vier extrafeine Logs

Der Traffic Log protokolliert fast alles

Wir beginnen am besten mit dem ganz allgemeinen Traffic Log, der fast alles, was über die Leitung geht, mitschreibt.

1 Sobald Sie im *Logs Menü* auf *Traffic Log* klicken, werden Sie von der folgenden Bildschirmausgabe umgehauen (siehe Abbildung 6.17):

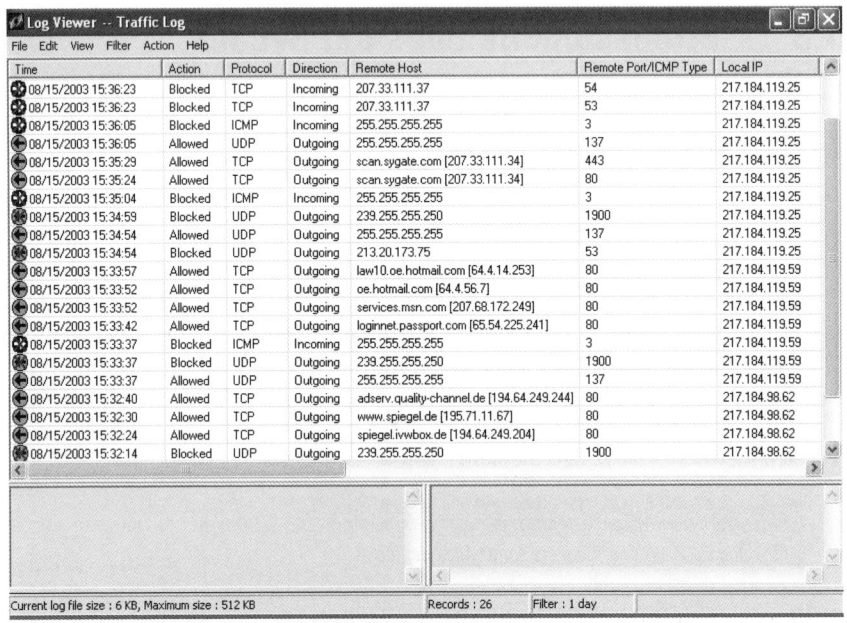

Time	Action	Protocol	Direction	Remote Host	Remote Port/ICMP Type	Local IP
08/15/2003 15:36:23	Blocked	TCP	Incoming	207.33.111.37	54	217.184.119.25
08/15/2003 15:36:23	Blocked	TCP	Incoming	207.33.111.37	53	217.184.119.25
08/15/2003 15:36:05	Blocked	ICMP	Incoming	255.255.255.255	3	217.184.119.25
08/15/2003 15:36:05	Allowed	UDP	Outgoing	255.255.255.255	137	217.184.119.25
08/15/2003 15:35:29	Allowed	TCP	Outgoing	scan.sygate.com [207.33.111.34]	443	217.184.119.25
08/15/2003 15:35:24	Allowed	TCP	Outgoing	scan.sygate.com [207.33.111.34]	80	217.184.119.25
08/15/2003 15:35:04	Blocked	ICMP	Incoming	255.255.255.255	3	217.184.119.25
08/15/2003 15:34:59	Blocked	UDP	Outgoing	239.255.255.250	1900	217.184.119.25
08/15/2003 15:34:54	Allowed	UDP	Outgoing	255.255.255.255	137	217.184.119.25
08/15/2003 15:34:54	Blocked	UDP	Outgoing	213.20.173.75	53	217.184.119.25
08/15/2003 15:33:57	Allowed	TCP	Outgoing	law10.oe.hotmail.com [64.4.14.253]	80	217.184.119.59
08/15/2003 15:33:52	Allowed	TCP	Outgoing	oe.hotmail.com [64.4.56.7]	80	217.184.119.59
08/15/2003 15:33:52	Allowed	TCP	Outgoing	services.msn.com [207.68.172.249]	80	217.184.119.59
08/15/2003 15:33:42	Allowed	TCP	Outgoing	loginnet.passport.com [65.54.225.241]	80	217.184.119.59
08/15/2003 15:33:37	Blocked	ICMP	Incoming	255.255.255.255	3	217.184.119.59
08/15/2003 15:33:37	Blocked	UDP	Outgoing	239.255.255.250	1900	217.184.119.59
08/15/2003 15:33:37	Allowed	UDP	Outgoing	255.255.255.255	137	217.184.119.59
08/15/2003 15:32:40	Allowed	TCP	Outgoing	adserv.quality-channel.de [194.64.249.244]	80	217.184.98.62
08/15/2003 15:32:30	Allowed	TCP	Outgoing	www.spiegel.de [195.71.11.67]	80	217.184.98.62
08/15/2003 15:32:24	Allowed	TCP	Outgoing	spiegel.ivwbox.de [194.64.249.204]	80	217.184.98.62
08/15/2003 15:32:14	Blocked	UDP	Outgoing	239.255.255.250	1900	217.184.98.62

Current log file size : 6 KB, Maximum size : 512 KB   Records : 26   Filter : 1 day

Abbildung 6.17: Der gesamte Traffic im Traffic Log

2 Ich finde meinen Surfausflug zum Spiegel wieder und lese gleich darüber, dass die Leute mich zum *adserv.quality-channel.de* weiterverbunden haben (siehe Abbildung 6.18). Darauf hätte ich wohl verzichten können. Muss mir mal die IP der ads für die Filterung merken ...

08/15/2003 15:32:40	Allowed	TCP	Outgoing	adserv.quality-channel.de [194.64.249.244]
08/15/2003 15:32:30	Allowed	TCP	Outgoing	www.spiegel.de [195.71.11.67]
08/15/2003 15:32:24	Allowed	TCP	Outgoing	spiegel.ivwbox.de [194.64.249.204]

Abbildung 6.18: Vom Spiegel zum Ad-Server

3 Auch mein simples Mailabholen beschäftigt immerhin vier Server (siehe Abbildung 6.19). Kein Wunder also, wenn alles immer so lange dauert!

08/15/2003 15:33:57	Allowed	TCP	Outgoing	law10.oe.hotmail.com [64.4.14.253]
08/15/2003 15:33:52	Allowed	TCP	Outgoing	oe.hotmail.com [64.4.56.7]
08/15/2003 15:33:52	Allowed	TCP	Outgoing	services.msn.com [207.68.172.249]
08/15/2003 15:33:42	Allowed	TCP	Outgoing	loginnet.passport.com [65.54.225.241]

Abbildung 6.19: Meine Mails beschäftigen vier Server.

4 Ich finde auch die zwei Kontakte zu SOS: ansurfen und Quick Scan (siehe Abbildung 6.20).

08/15/2003 15:35:29	Allowed	TCP	Outgoing	scan.sygate.com [207.33.111.34]	443
08/15/2003 15:35:24	Allowed	TCP	Outgoing	scan.sygate.com [207.33.111.34]	80

Abbildung 6.20: Zwei Aufrufe an SOS

5 Wow! Und dann kommt der Angriff von SOS! Gleich fünf verschiedene Ports greifen per TCP an. Da beruhigt mich das Geblockt-Symbol zu Beginn jeder Zeile (siehe Abbildung 6.21).

08/15/2003 15:36:23	Blocked	TCP	Incoming	207.33.111.37	54372
08/15/2003 15:36:23	Blocked	TCP	Incoming	207.33.111.37	81
08/15/2003 15:36:23	Blocked	TCP	Incoming	207.33.111.37	80
08/15/2003 15:36:23	Blocked	TCP	Incoming	207.33.111.37	54
08/15/2003 15:36:23	Blocked	TCP	Incoming	207.33.111.37	53

Abbildung 6.21: Fünf Ports greifen an!

6 Ich habe noch mal ein wenig zur Seite gescrollt und berechne mit Taschenrechner (4 x 22 + 6) immerhin 90 muntere kleine Scans meiner Ports (siehe Abbildung 6.22). Alle sauber gelistet mit Beginn und Ende – und der blockierenden Regel, die für solche Übergriffe angewandt wird!

Count	Begin Time	End Time	Rule Name
6	08/15/2003 15:34:16	08/15/2003 15:35:49	Block_all
22	08/15/2003 15:34:47	08/15/2003 15:35:41	Block_all
22	08/15/2003 15:34:41	08/15/2003 15:35:35	Block_all
22	08/15/2003 15:34:35	08/15/2003 15:35:28	Block_all
22	08/15/2003 15:34:29	08/15/2003 15:35:22	Block_all

Abbildung 6.22: 90 Angriffe insgesamt! Alles geblockt!

Ein paar der vielen Möglichkeiten – je Log

Ich will Ihnen nicht vorenthalten, dass mich eine solche Auflistung begeistert. Alles Wissenswerte komplett vorhanden – und natürlich spaltenweise per Mausklick sortierbar. Falls Sie keine Berührungsängste haben, dann versuchen Sie doch einfach mal, auch Ihrem Traffic Log etwas näher zu treten. Er beißt nicht!

1 Zu jedem Log gehört im Übrigen ein *File Menü* (siehe Abbildung 6.23), worin Sie den soeben betrachteten Log löschen und sichern können. Auch erreichen Sie aus diesem File-Menü heraus die *Options*.

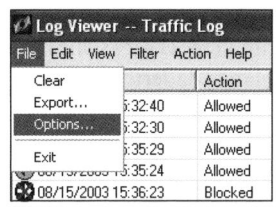

Abbildung 6.23: Ein Blick in die Options

Workshop 6 – Logbücher lesen und interpretieren

2 Abbildung 6.24 erlaubt Ihnen je Log, die maximale Größe des zugehörigen Logfiles festzulegen. Auch können Sie hier bestimmen, wie viele Tage zurück die Log-Daten aufbewahrt werden sollen. Na ja, und Sie können den entsprechenden Log auch sofort löschen, was Sie aber nicht tun sollten!

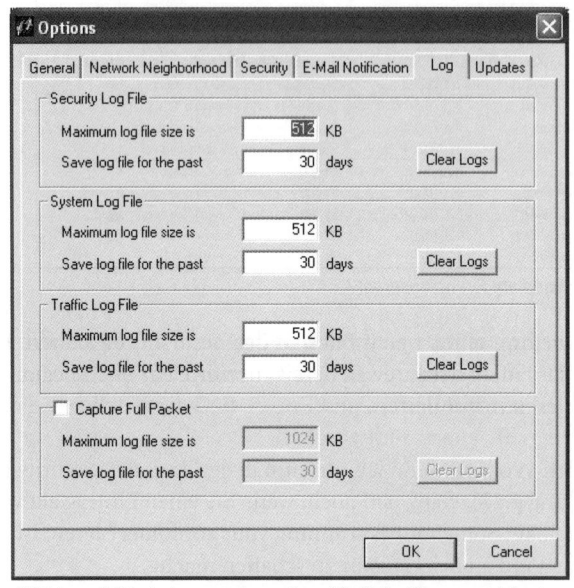

Abbildung 6.24: Je Log werden unterschiedliche Files gespeichert.

3 Sollte Ihnen die Anzeige des betrachteten Logs zu umfangreich geworden sein, wählen Sie lieber eine kürzere Betrachtungszeit. Dies können Sie komfortabel im Filtermenü per Mausklick bestimmen (siehe Abbildung 6.25).

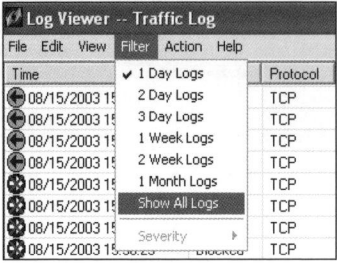

Abbildung 6.25: Man muss ja nicht immer alles sehen!

Doch nun wieder zurück zu den verschiedenen Logs. Sehr hilfreich erscheint der *System Log*. Start, wesentliche Änderungen und Ende des Programms werden in den System Log eingetragen (siehe Abbildung 6.26). Manipulationen Ihrer Arbeitskollegen am Firewall, während Sie bei der Arbeit eingeschlafen sind, sollten somit leicht aufzu-

Professionelle Logs bei Sygate

decken sein. Merken Sie sich vor Ihrem Nickerchen nur, wann Sie den Firewall gestartet haben – und auf welchem Level.

Time	Type	ID	Summary
08/15/2003 15:30:00	Information	12070305	Security Level has been changed to Normal
08/15/2003 15:29:59	Information	12070202	Sygate Personal Firewall has been started.
08/15/2003 15:29:59	Information	12070202	Start Sygate Personal Firewall...
08/15/2003 15:29:59	Information	12070201	Sygate Personal Firewall 5.1.1615
08/15/2003 15:28:53	Information	12070204	Sygate Personal Firewall is stopped
08/15/2003 15:28:52	Information	12070204	Stopping Sygate Personal Firewall....
08/15/2003 15:26:36	Information	12070305	New Option Settings is applied
08/15/2003 15:09:43	Information	12070305	Security Level has been changed to Normal
08/15/2003 15:09:42	Information	12070202	Sygate Personal Firewall has been started.
08/15/2003 15:09:42	Information	12070202	Start Sygate Personal Firewall...
08/15/2003 15:09:42	Information	12070201	Sygate Personal Firewall 5.1.1615

Abbildung 6.26: Hat womöglich jemand am Firewall gedreht?

Ja, und natürlich müssen wir nun einen tiefen Blick in den *Security Log* werfen. Was mich sehr gefreut hat war, dass mich der Firewall bereits unmittelbar nach Beginn des SOS-Portscans über eben diesen informierte.

1. So falle ich nicht aus allen Wolken, wenn ich mir nun in den *Logs* den Security Log anschaue (siehe Abbildung 6.27). Ganz nett auch, wenn Sie einen Eintrag aktivieren! Sie können unmittelbar „Somebody is scanning your computer" lesen. Ist so ähnlich, als wenn sich jemand an der Haustür zu schaffen macht ...

Time	Security Type	Severity	Direction	Protocol	Remote Host	Local IP	Count	Begin Time	End Time
08/15/2003 15:35:53	Port Scan	Minor	Incoming	TCP	207.33.111.37	217.184.119.25	1	08/15/2003 15:35:49	08/15/2003 15:35
08/15/2003 15:35:43	Port Scan	Minor	Incoming	TCP	207.33.111.37	217.184.119.25	3	08/15/2003 15:35:35	08/15/2003 15:35
08/15/2003 15:35:33	Port Scan	Minor	Incoming	TCP	207.33.111.37	217.184.119.25	2	08/15/2003 15:35:28	08/15/2003 15:35
08/15/2003 15:35:23	Port Scan	Minor	Incoming	TCP	207.33.111.37	217.184.119.25	4	08/15/2003 15:35:15	08/15/2003 15:35
08/15/2003 15:35:13	Port Scan	Minor	Incoming	TCP	207.33.111.37	217.184.119.25	4	08/15/2003 15:35:03	08/15/2003 15:35
08/15/2003 15:35:03	Port Scan	Minor	Incoming	TCP	207.33.111.37	217.184.119.25	2	08/15/2003 15:34:57	08/15/2003 15:34
08/15/2003 15:34:53	Port Scan	Minor	Incoming	TCP	207.33.111.37	217.184.119.25	2	08/15/2003 15:34:47	08/15/2003 15:34
08/15/2003 15:34:43	Port Scan	Minor	Incoming	TCP	207.33.111.37	217.184.119.25	4	08/15/2003 15:34:35	08/15/2003 15:34
08/15/2003 15:34:33	Port Scan	Minor	Incoming	TCP	207.33.111.37	217.184.119.25	2	08/15/2003 15:34:29	08/15/2003 15:34

Somebody is scanning your computer.

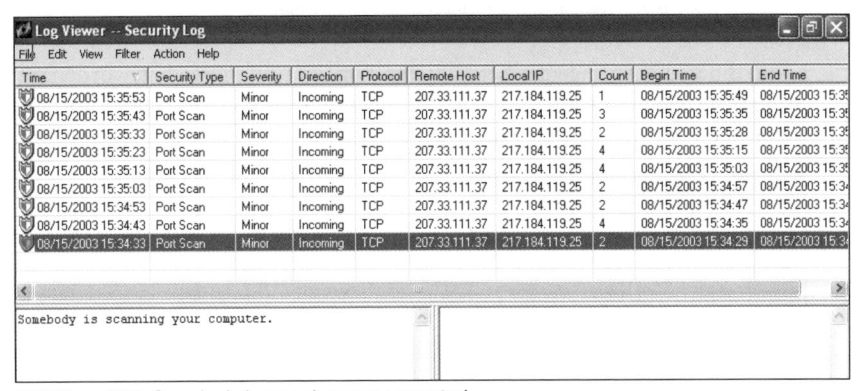

Abbildung 6.27: Somebody is scanning your computer!

2. Was soll man tun? Wenn einem gar nichts mehr einfällt, hilft ja oft der Rechtsklick mit der Maus auf das die Verzweiflung erzeugende Objekt! Und so auch hier, *BackTrace*? Das probieren wir doch gleich mal aus (bitte vorher mit dem Internet verbinden). Das Ergebnis überrascht: Die Route von uns bis zum Angreifer wird komplett angezeigt (siehe Abbildung 6.28).

WERKSTATT

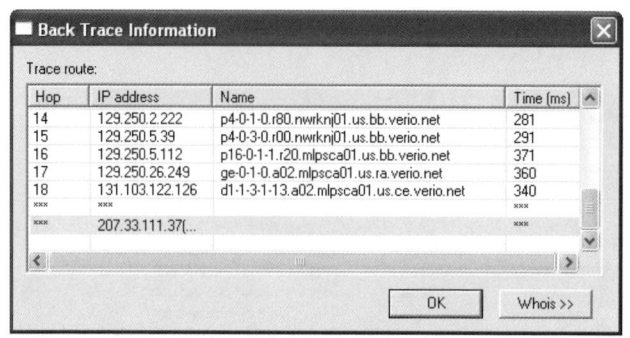

Workshop 6 – Logbücher lesen und interpretieren

Hop	IP address	Name	Time (ms)
14	129.250.2.222	p4-0-1-0.r80.nwrknj01.us.bb.verio.net	281
15	129.250.5.39	p4-0-3-0.r00.nwrknj01.us.bb.verio.net	291
16	129.250.5.112	p16-0-1-1.r20.mlpsca01.us.bb.verio.net	371
17	129.250.26.249	ge-0-1-0.a02.mlpsca01.us.ra.verio.net	360
18	131.103.122.126	d1-1-3-1-13.a02.mlpsca01.us.ce.verio.net	340
xxx	xxx		xxx
xxx	207.33.111.37[...		xxx

Abbildung 6.28: Per Mausklick den Weg zum Angreifer finden

3 Und dann steht da noch *Whois*. Kramen wir mal in der letzten Englischklasse nach (haben Sie die auch viermal besucht?). Wo ist, nein *Wer ist*? Es wird doch wohl nicht möglich sein, dass ... Doch! *Whois* listet Ihnen tatsächlich den Angreifer oder zumindest den Provider, unter dem sich der Angreifer gerade aufgeschaltet hat (siehe Abbildung 6.29).

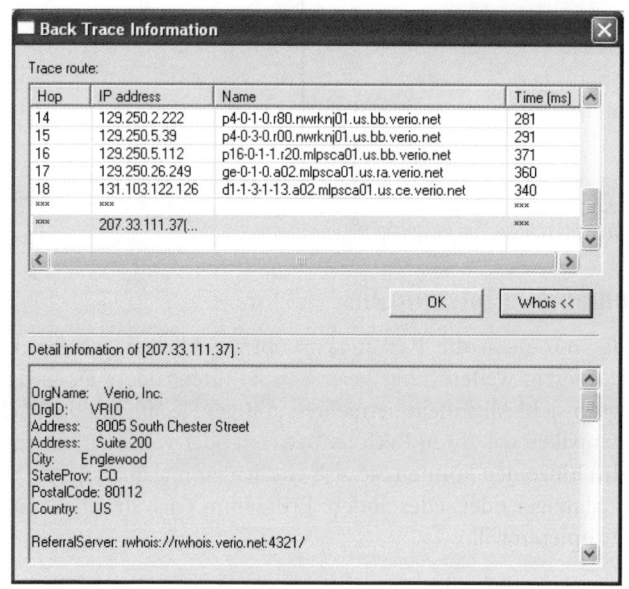

Hop	IP address	Name	Time (ms)
14	129.250.2.222	p4-0-1-0.r80.nwrknj01.us.bb.verio.net	281
15	129.250.5.39	p4-0-3-0.r00.nwrknj01.us.bb.verio.net	291
16	129.250.5.112	p16-0-1-1.r20.mlpsca01.us.bb.verio.net	371
17	129.250.26.249	ge-0-1-0.a02.mlpsca01.us.ra.verio.net	360
18	131.103.122.126	d1-1-3-1-13.a02.mlpsca01.us.ce.verio.net	340
xxx	xxx		
xxx	207.33.111.37[...		xxx

Detail infomation of [207.33.111.37]:

```
OrgName:   Verio, Inc.
OrgID:     VRIO
Address:   8005 South Chester Street
Address:   Suite 200
City:      Englewood
StateProv: CO
PostalCode: 80112
Country:   US

ReferralServer: rwhois://rwhois.verio.net:4321/
```

Abbildung 6.29: Und wer ist der Angreifer?

4 Ich blättere etwas weiter nach unten und erhalte zumindest eine Mail-Adresse und Telefonnummer, die ich bei Missbrauch kontaktieren kann (siehe Abbildung 6.30). Eine kleine Bitte dazu, versuchen Sie höflich zu bleiben – IP-Adressen lassen sich fälschen.

Professionelle Logs bei Sygate

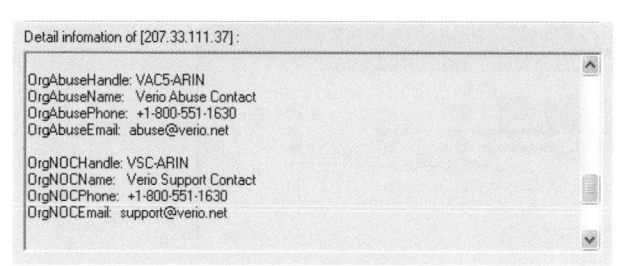

Abbildung 6.30: Bei Missbrauch bitte kontaktieren!

5. Und damit Sie für den kommenden Gerichtsprozess in Panama oder auf den Fidschi-Inseln hinreichend gerüstet sind, werden Sie die Logs aufbewahren wollen. *File*, *Export* bringt Sie zur Abbildung 6.31, hier können Sie bequem jedes Ihrer Logfiles speichern.

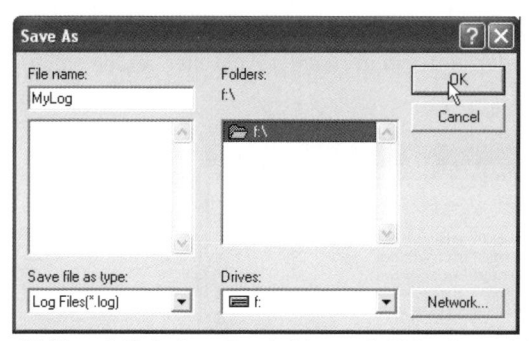

Abbildung 6.31: Auch zur Beweissicherung in MyLog.log speichern

Die Packet Logs zeigen alle Bits einzeln

Nun sind für uns leider nur noch die Packet Logs übrig geblieben, wo Sie doch bestimmt noch dreißig, vierzig weitere Logs vertragen könnten, oder? Doch dafür haben es die Packet Logs in sich! Allgemein betrachtet, können Sie anhand der Packet Logs jedes einzelne Datenpaket, das Ihren Rechner betreten oder verlassen hat, unter die Bit-Lupe nehmen. Im Einzelnen können Sie also endlich einmal analysieren, welche Informationen der Manager oder jedes andere Programm nach draußen schafft oder auf Ihre Festplatte kopieren will.

Workshop 6 – Logbücher lesen und interpretieren

1 Wenn Sie ein einzelnes Programm untersuchen wollen, öffnen Sie am besten die *Advanced Rules* der *Tools* (siehe Abbildung 6.32):

Abbildung 6.32: Packet Log für eine Applikation

2 Aktivieren Sie in den *Applications* die zu beobachtende Application (Service Manager), kommen Sie zurück zum *General*, checken Sie hier *Allow this Traffic* und letztlich *Record this traffic in „Packet Log"*. Wenn Sie wollen, geben Sie dem Ganzen dann noch einen hübschen Namen, überprüfen Sie die Rule Summary, und Sie erhalten die Abbildung 6.33.

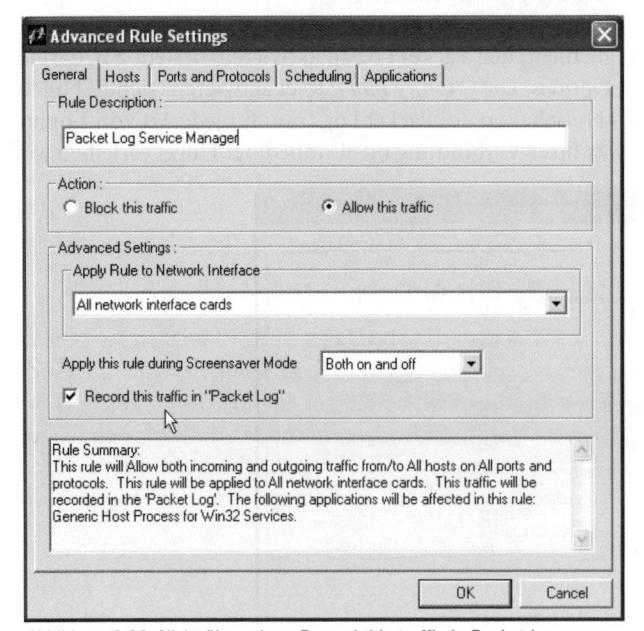

Abbildung 6.33: Nicht übersehen: Record this traffic in Packet Log

3 Nach Ihrem *OK* wurde eine aktivierte *Advanced Rule* notiert. Sie können sich nochmals tabellarisch überzeugen, dass die Regel das tun soll, was Sie wollen (siehe Abbildung 6.34).

Professionelle Logs bei Sygate

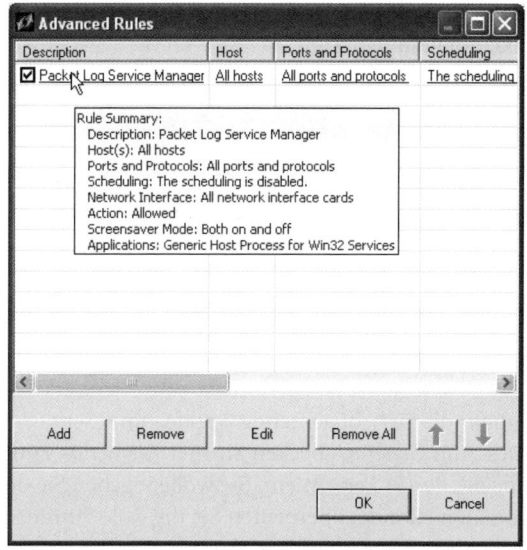

Abbildung 6.34: Tabellarische Übersicht der Packet-Zukunft

Eine einfachere Möglichkeit, den Packet Log zu aktivieren, besteht z.B. darin, dass Sie über *Tools, Options, Log Capture Full Packet* aktivieren (siehe Abbildung 6.35). Nur ist dieses Freischalten des Packet Logs nun für jede Art von Kommunikation aktiviert, was Ihrer Verbindung nicht unbedingt Flügel verleihen wird.

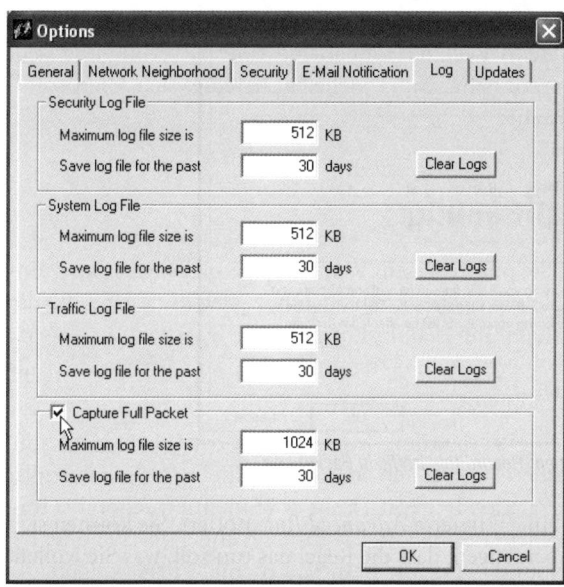

Abbildung 6.35: Capture Full Packet – All!

171

5 Ja, und das ist nun ein wahrhaftiger Packet Log (siehe Abbildung 6.36). Der Manager nutzte die Möglichkeit des Ausgangs und sendete an verschiedenste Hosts die verschiedensten Packets.

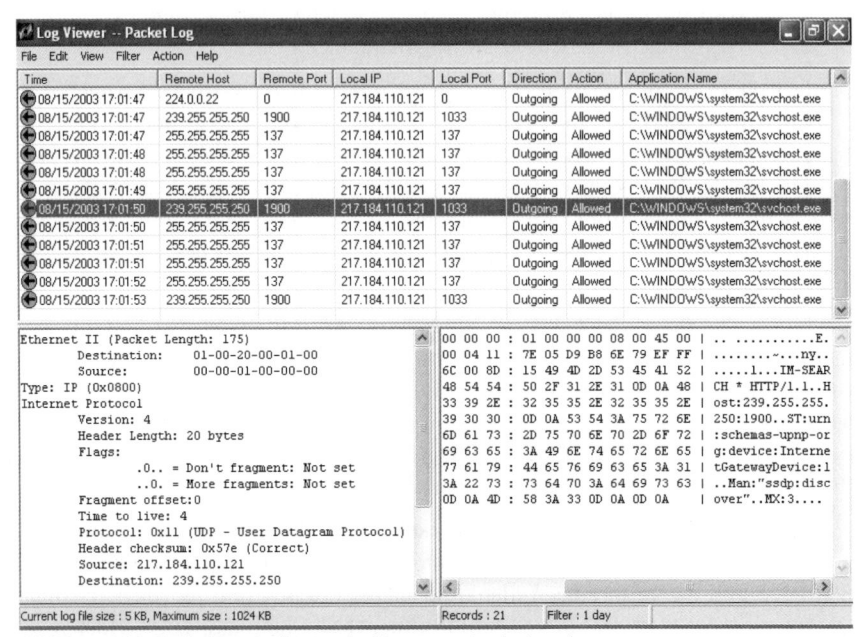

Abbildung 6.36: Bit für Bit aufgelistet – der Manager unter der Lupe!

Ich aber frage mich, wem mein Rechner und meine Internetverbindung gehören würde, wenn ich keinen Firewall hätte. Na ja, vielleicht beteiligt sich Microsoft demnächst an meinen Surfgebühren!

6.4 Zusammenfassung

Ich weiß nun nicht, wie weit Sie mir in diesem Workshop gefolgt sind. Immerhin ging es ja doch hinunter bis auf die Bit-Ebene, wenn auch nur ganz kurz. Und möglicherweise sind die Logs ohnehin nicht Ihr Lieblingsthema: zu viele Zahlen, zu viele Listen, zu viel Zeit, das alles auszuprobieren. Wie auch immer, ein paar wichtige Erkenntnisse sollten Sie in jedem Fall mitnehmen!

Sobald Ihr Rechner irgendeine Verbindung ins Internet oder lokale Netz aufbaut, kann das mitgeschrieben werden – von Ihnen oder Ihrem Chef oder einem neidischen Arbeitskollegen oder Ihrem Partner. Der Mitschnitt dokumentiert schon bei unseren kostenlosen Firewalls quasi jedes einzelne Bit, das Ihren Rechner verlässt oder betritt. IP-Adressen, Datum, Uhrzeit und mehr sind natürlich ebenfalls protokolliert.

Zusammenfassung

Und ich hoffe, Ihnen wird nun nicht ganz übel, wenn Sie an Ihre bisherigen Surftouren auf Ihrer Arbeitsstelle denken. Natürlich weiß Ihr Chef, wann, wie, wohin und wie oft Sie surfen – zumindest könnte er es wissen. Und sicherlich nicht nur Ihr Chef, auch der Systemverwalter, dessen Freundin aus der Telefonzentrale, deren Freundin usw. Spitzen Sie beim nächsten Betriebsausflug mal die Ohren!

Nun wieder ernst, unsere drei Firewalls kamen mit unterschiedlichem Angebot daher. ZoneAlarm protokolliert automatisch unerlaubte Netzereignisse, doch sind die Angaben nicht allzu üppig. Auch bestehen keinerlei Filtermöglichkeiten für den Anwender – weder bei der Protokollierung selber noch bei der Ausgabe der Daten. Outpost gibt sich sichtlich mehr Mühe. Eine sinnvolle Unterteilung in Erlaubt, Geblockt und Angriff erleichtert den Einsatz. Obendrein können Sie selbst bestimmen, was Ihnen angezeigt werden soll.

Sygate hat allerdings auch bei den Logs eindeutig das umfangreichste und differenzierteste Angebot unserer drei Firewalls. Von Haus aus werden vier verschiedene automatische Logs angeboten: Sicherheit, System, Traffic und Packet Log. Mit Letzterem lassen sich frei konfigurierbare Regeln einzeln bis auf die Bit-Ebene verfolgen. Wer es nicht so differenziert mag, wird sich über das integrierte BackTracing freuen, das per Mausklick die Verfolgung ertappter Angreifer zumindest bis zur IP-Adresse ermöglicht.

Ich würde mich freuen, wenn Sie die Logs aller drei Firewalls einfach mal ausprobieren würden. Es ist wirklich unglaublich, wer sich so alles für unsere Daten interessiert. Man blättert durch die Log-Dateien, denkt an nichts Böses – und plötzlich erscheint die IP-Adresse des Chefs, der auf unserem Rechner rein- und rausspaziert. Oder Sie erhalten Besuch vom Finanzamt – nein, jetzt will ich den Teufel nicht an die Wand malen!

Workshop 7

Ein Angriff auf Ihren Rechner

Es vergeht kaum ein Tag, an dem Sie nicht irgendwelche Horrormeldungen lesen, dass der eine oder andere Server geknackt wurde und für ein paar Stunden oder Tage vom Netz musste. Die Schlagzeilen über das Einbrechen in private PCs hingegen halten sich in Grenzen. Aber nicht, weil solche Dinge nicht passieren, sondern weil es einfach zu häufig passiert!

Wenn Sie bereits die vorherigen Workshops besucht haben, erhielten Sie ja bereits etliche dieser Warnungen bzw. Meldungen Ihrer Firewalls. Und nicht zuletzt durch msblaster wissen Sie, wie einfach es obendrein ist, private Rechner zu übernehmen und zu missbrauchen – und dass es geschieht!

Wir wollen in diesem Workshop zwei Dinge untersuchen: 1. Wie reagieren unsere Firewalls auf einen Angriff, der aus dem Internet kommt? 2. Wie reagieren unsere Firewalls auf einen Angriff, der von unserem eigenen Rechner kommt? Sie dürfen auf beide Ergebnisse gespannt sein!

Eine kleine Warnung möchte ich Ihnen aber doch mit auf den Weg geben. Es gibt so viele verschiedene Angriffsmöglichkeiten und täglich werden weitere entwickelt – neue Software, neue Technik machen es möglich! Wie auch immer unsere Firewalls bei den folgenden Tests abschneiden, Sie dürfen das Thema Sicherheit nicht aus den Augen verlieren.

Doch nun zu einem einfachen Angriff aus dem Internet.

7.1 Der Angriff kommt aus dem Internet

Wenn Sie so wollen, können wir jeden Angriff, der aus dem manchmal bösen Internet kommt, in drei Phasen unterteilen: Finden, Eindringen, Abräumen. Diese Phasen schauen wir uns kurz an:

Das Finden Ihres Rechners

Wir nehmen nun mal einen Bösewicht her (es kann auch eine Bösewichtin sein), der vor seinem Computer sitzt, irgendwo kurz vor dem Ende der Welt. Wie soll der Ihren Rechner finden?

Stellen Sie sich dazu ein Telefon vor, das automatisch Rufnummern wählen kann. Sie müssen lediglich noch die Vorwahl angeben, das Telefon probiert dann einfach nacheinander alle möglichen Rufnummern aus. Wenn zehn Sekunden lang kein Antwortzeichen erfolgt, kommt die nächste Nummer dran. Wenn besetzt ist, kommt ein Haken an die Nummer (existiert!) und ein Vermerk, es später nochmals zu probieren. Und wenn gar abgehoben wird, dann ist sofort Kommunikation möglich. Der Nachteil liegt ganz klar bei den langen Wartezeiten und die Gebühren sind auch nicht zu vergessen.

Beim Internet ist fast alles anders. Das Wählen einer Rufnummer geht so schnell, wie der Prozessor IP-Adressen variieren kann, und das Hackertool diese in handliche Ping-Pakete packen kann. Und es braucht nicht auf Antwort gewartet zu werden, da Antwort und neue Anfrage in eine Leitung passen (das ist das Schöne an den handlichen Paketen). Kommt keine Antwort, dann ist die IP-Adresse unbenutzt. Kommt eine Antwort, gibt's schon mal die IP-Adresse, und wenn dort gleich anschließend ein offener Port gefunden wird, kann der Angriff in die nächste Phase treten.

Was lernen wir daraus? Keine Antwort auf unbekannte Anfragen aus dem Internet! Ein normaler Windows-Rechner antwortet auf jede Anfrage aus dem Internet, unsere Firewalls werden das hoffentlich nicht tun!

Das Eindringen in den Rechner

Nachdem also die Bösewichtin Ihren Rechner anhand einer (etwas zu) höflichen Antwort gefunden hat, geht es darum, offene Türen und/oder Fenster zu finden. Solche Sachen heißen bei einem Computer offene Ports, und etwas exakter sind das logische Adressen, an denen eines Ihrer Programme auf eine Antwort wartet. Wartet kein Programm, ist der Port geschlossen. Wartet ein Programm, ist der Port geöffnet.

Nun könnten Sie ja eigentlich beruhigt sein, wenn keines Ihrer Programme gestartet ist. Doch da haben Sie die Rechnung ohne Windows gemacht! Windows hat immer ein paar Überraschungen auf Lager, und so ist es kein Wunder, dass mindestens ein Port standardmäßig geöffnet ist. Und bitte hoffen Sie nicht, dass die Bösewichtin das nicht weiß!

Abräumen des Rechners

Nun ist Ihr Rechner also gefunden, und wenigstens ein Fensterchen war unter Windows geöffnet. Durch dieses wurde nun ein kleines Programm XYZ in Ihren Rechner geschleust, wobei einer der vielen Sicherheitslöcher in Windows vielleicht noch mitgeholfen hat. Ja, und dann wird XYZ gestartet! Was kann passieren? Was immer Sie sich denken können!

XYZ kann Ihre Festplatte bereinigen, kann sich selbst an die Adressen Ihrer Freunde senden und dort ebenfalls aufräumen. XYZ kann Ihre Benutzerkennungen und Passwörter mitschreiben und gelegentlich an den Chef per Mail versenden (Anhang), oder XYZ startet eine eigene Internetsession, um dem Chef kurz vor dem Ende der Welt die Kontrolle über Ihren Rechner zu übergeben. Es ist halt alles möglich, was ein beliebiges Programm tun kann! Den größten Schaden an dieser Stelle können Sie nur noch vermeiden, wenn Sie vorher (!) Ihre Daten gesichert haben. Hinterher ist es zu spät!

7.2 Ein Windows-Rechner ohne Firewall

Schauen Sie sich nun kurz an, wie ein Windows-Rechner ohne Firewall auf Kontaktversuche aus dem Internet reagiert. Ich schalte dazu meinen Firewall aus und rufe nach SOS, dem Sygate Online Service, der Ihnen kostenlos unter *http://scan.sygate.com* zur Verfügung steht.

1 Ich surfe zu *http://scan.sygate.com* (siehe Abbildung 7.1):

Abbildung 7.1: Sygate wird meinen Rechner checken.

2 Quicki, Stealth, Trojan, TCP, UDP und noch immer nicht arbeitender ICMP stehen zur Auswahl (siehe Abbildung 7.2):

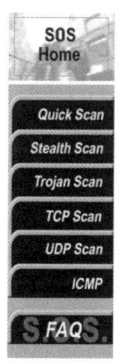

Abbildung 7.2: Welchen Scan hätten Sie gern?

Workshop 7 – Ein Angriff auf Ihren Rechner

3 Der *Prescan* (Quick Scan) wird zunächst allgemeine Infos über den Computer ermitteln (siehe Abbildung 7.3).

> - In the Prescan we will try and determine information about your computer.
> - Some of the information we gather by scanning your computer and some of the information we collect from your browser.
> - This scan will only probe commonly used services and protocols.
> - This will show up in your firewall logs as a port scan from scan.sygate.com.
> - The scan should take about **30 seconds** to complete, if you encounter an error please refresh the web page.
>
> **Scan Now**
>
> Warning: By clicking the **Scan Now** button you agree to let us scan your public IP address.

Abbildung 7.3: Der Quick Scan holt sich die IP-Adresse – gegen Erlaubnis

4 *IP-Adresse, Betriebssystem, Browser, Computer-Name* und aktuelle *Arbeitsgruppe* sind unmittelbar gefunden (siehe Abbildung 7.4). Da wird mir schon etwas anders ...

> **We have determined that your IP address is 217.184.119.54**
> This is the public IP address that is visible to the internet.
> Note: this may not be your IP address if you are connecting through a router, proxy or firewall.
>
> Trying to gather information from your web browser...
>
> **Operating System** = *Windows XP*
>
> **Browser** = *Microsoft Internet Explorer 6.0*
>
> Trying to find out your computer name...
>
> **Computer** = *TRANCE*
>
> **Domain** = *WORKGROUP*
>
> Trying to find out what services you are running...

Abbildung 7.4: Betriebssystem, Browser, Computer-Name und Arbeitsgruppe

5 Dann folgt der *Stealth Scan*. Und wie befürchtet, sind alle Ports allenfalls *CLOSED* (siehe Abbildung 7.5), keinesfalls *BLOCKED*. Es wartet also zwar kein Programm auf Antwort, doch durch mögliche (bekannte!) Mängel könnte noch etwas passieren!

Ein Windows-Rechner ohne Firewall

Your system ports are now being scanned and the results will be returned shortly...
Results from stealth scan at TCP/IP address: 217.184.98.3

Ideally your status should be "**Blocked**". This indicates that your ports are not only closed, but they are completely hidden (**stealthed**) to attackers.

Service	Ports	Status	Additional Information
FTP DATA	20	CLOSED	This port has responded to our probes. This means that you are not running any application on this port, but it is still possible for someone to crash your computer through known TCP/IP stack vulnerabilities.
FTP	21	CLOSED	This port has responded to our probes. This means that you are not running any application on this port, but it is still possible for someone to crash your computer through known TCP/IP stack vulnerabilities.

Abbildung 7.5: Geblockt wird gar nichts, nur CLOSED

6 Ein Angreifer hat es jedoch noch leichter. *NetBIOS Port 139* steht sogar *OPEN* (siehe Abbildung 7.6). Obwohl ich momentan nun wirklich keine Dateien mit der ganzen Welt austauschen will!

IDENT	113	CLOSED	This port has responded to our probes. This means that you are not running any application on this port, but it is still possible for someone to crash your computer through known TCP/IP stack vulnerabilities.
NetBIOS	139	OPEN	NetBios is used to share files through your Network Neighborhood. If you are connected to the internet with this open, you could be sharing your whole hard drive with the world! This is a very dangerous port to have open.
HTTPS	443	CLOSED	This port has responded to our probes. This means that you are not running any application on this port, but it is still possible for someone to crash your computer through known TCP/IP stack vulnerabilities.
Server Message Block	445	CLOSED	This port has responded to our probes. This means that you are not running any application on this port, but it is still possible for someone to crash your computer through known TCP/IP stack vulnerabilities

Abbildung 7.6: NetBIOS 139 ist sogar geöffnet! Hereinspaziert Welt!

Workshop 7 – Ein Angriff auf Ihren Rechner

7 Der *Stealth Scan*, der soeben nur ausgewählte Ports testete, hat mich auf mehr neugierig gemacht. Entsprechend starte ich gleich hinterher den *TCP Scan*, der die Ports 1-1024 testen wird. Na ja, wie befürchtet, ist nicht nur Port 139, sondern auch *Port 135 OPEN*; er wird von Microsoft für WinPopups/Messenger benötigt (siehe Abbildung 7.7). *msblaster* benutzte diesen Port allerdings auch!

	Scanning ports 101 to 110 ...		
	Scanning ports 111 to 120 ...		
	Scanning ports 121 to 130 ...		
	Scanning ports 131 to 140 ...		
Location Service	135	OPEN	Microsoft relies upon DCE Locator service (RPC) to remotely manage services like DHCP server, DNS server and WINS server.
NetBIOS	139	OPEN	NetBios is used to share files through your Network Neighborhood. If you are connected to the internet with this open, you could be sharing your whole hard drive with the world! This is a very dangerous port to have open.
	Scanning ports 141 to 150 ...		
	Scanning ports 151 to 160 ...		
	Scanning ports 161 to 170 ...		

Abbildung 7.7: Port 135 Open – msblaster lässt grüßen!

8 Gut, beim Trojan Scan lädt Port 5000 ein paar Pferdchen ein (siehe Abbildung 7.8).

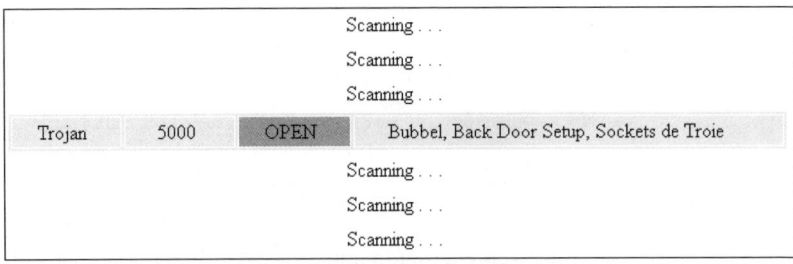

	Scanning ...		
	Scanning ...		
	Scanning ...		
Trojan	5000	OPEN	Bubbel, Back Door Setup, Sockets de Troie
	Scanning ...		
	Scanning ...		
	Scanning ...		

Abbildung 7.8: Port 5000 – welches Pferdchen hätten Sie gern?

9 Und auch der UDP Scan findet Ports 137 und 138 geöffnet, für Windows file and print sharing (siehe Abbildung 7.9).

Ein Windows-Rechner ohne Firewall

Location Service	135	CLOSED	This port has responded to our probes. This means that you are not running any application on this port, but it is still possible for someone to crash your computer through known TCP/IP stack vulnerabilities.
NetBIOS-NS	137	OPEN	Windows/Samba file and print sharing.
NetBIOS-DGM	138	OPEN	Windows/Samba file and print sharing.
NetBIOS	139	CLOSED	This port has responded to our probes. This means that you are not running any application on this port, but it is still possible for someone to crash your computer through known TCP/IP stack vulnerabilities.

Abbildung 7.9: NetBIOS 137, 138 – offen für UDP-Päckchen

10 Ja, und das Universal Plug and Play (oder heißt es Plug and Pray?) braucht ebenfalls einen offenen UDP Port (siehe Abbildung 7.10). Falls ein Cracker die anderen offenen Ports nicht findet, dann bitte bei 1900 versuchen!

SOCKS PROXY	1080	CLOSED	This port has responded to our probes. This means that you are not running any application on this port, but it is still possible for someone to crash your computer through known TCP/IP stack vulnerabilities.
UPnP	1900	OPEN	This is the port used by Universal Plug and Play (UPnP). If this port is open anyone on the Internet may be able to
WEB PROXY	8080	CLOSED	This port has responded to our probes. This means that you are not running any application on this port, but it is still possible for someone to crash your computer through known TCP/IP stack vulnerabilities.

Abbildung 7.10: UPnP braucht einen offenen UDP Port 1900!

11 Sygate ist der Meinung, dass ich nicht vollkommen geschützt bin (siehe Abbildung 7.11). Ich glaube, dieser Meinung kann ich mich anschließen!

> You are not fully protected:
> We have detected that some of our probes connected with your computer.

Abbildung 7.11: You are not fully protected!

Sie sahen eine ganze Reihe offener Ports, alle anderen Ports waren lediglich geschlossen. Sie wissen, dass Windows (wie alle anderen Programme) Fehler enthält, die ausgenutzt werden können und auch werden. Vor diesem Hintergrund Ports standardmäßig offen zu halten, ist meiner Meinung nach unangemessen, wenn nicht gar fahrlässig!

Lassen Sie uns hoffen, dass unsere Firewalls nun für mehr Sicherheit sorgen!

7.3 Schutz durch ZoneAlarm

ZoneAlarm kommt als erster Firewall an die Reihe. Ich installiere ihn frisch und übernehme alle Einstellungen. Der Service Manager bleibt nun wohl für alle Zeiten daheim – für heute reicht's mir mit Microsoft! Nur der Browser darf noch zu *https://scan.sygate.com*:

1 Es fängt gut an: Computer-Name und Arbeitsgruppe sind nicht mehr aufzufinden; das heißt aber nicht, dass nicht mehr gearbeitet wird (siehe Abbildung 7.12).

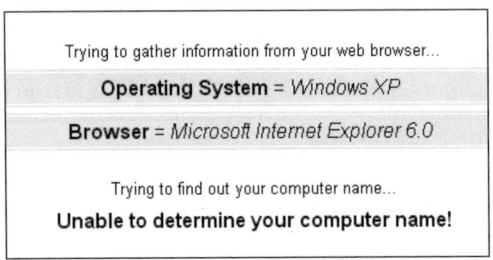

```
Trying to gather information from your web browser...
    Operating System = Windows XP
    Browser = Microsoft Internet Explorer 6.0

Trying to find out your computer name...
Unable to determine your computer name!
```

Abbildung 7.12: Nur noch Browser und Betriebssystem!

2 Es geht auch gut weiter: Aus dem immerhin etwas gefährlichen *CLOSED* wurde nun ein beruhigendes *BLOCKED* (siehe Abbildung 7.13).

Your system ports are now being scanned and the results will be returned shortly...
Results from stealth scan at TCP/IP address: 217.184.98.38

Ideally your status should be "**Blocked**". This indicates that your ports are not only closed, but they are completely hidden (**stealthed**) to attackers.

Service	Ports	Status	Additional Information
FTP DATA	20	BLOCKED	This port has not responded to any of our probes. It appears to be completely stealthed.
FTP	21	BLOCKED	This port has not responded to any of our probes. It appears to be completely stealthed.

Abbildung 7.13: Und aus CLOSED wurde BLOCKED.

3 Der vorhin noch geöffnete NetBIOS-Port 139 ist nun sauber ge*BLOCKED* (siehe Abbildung 7.14).

Schutz durch ZoneAlarm

IDENT	113	BLOCKED	This port has not responded to any of our probes. It appears to be completely stealthed.
NetBIOS	139	BLOCKED	This port has not responded to any of our probes. It appears to be completely stealthed.
HTTPS	443	BLOCKED	This port has not responded to any of our probes. It appears to be completely stealthed.
Server Message Block	445	BLOCKED	This port has not responded to any of our probes. It appears to be completely stealthed.

Abbildung 7.14: NetBIOS 139 BLOCKED

4 Und selbst der Intensivtest *TCP Scan* zeigt, dass der Port 135 ebenfalls inzwischen geblockt ist (siehe Abbildung 7.15).

```
Scanning ports 101 to 110 . . .
Scanning ports 111 to 120 . . .
Scanning ports 121 to 130 . . .
Scanning ports 131 to 140 . . .
Scanning ports 141 to 150 . . .
Scanning ports 151 to 160 . . .
Scanning ports 161 to 170 . . .
```

Abbildung 7.15: Insbesondere Port 135 ohne Befund

5 Die Trojaner-Suche verläuft ebenfalls erfolglos; alle bekannten Ports sind *BLOCKED* (siehe Abbildung 7.16). Vorhin war noch Port 5000 geöffnet!

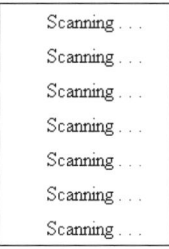

```
Scanning . . .
Scanning . . .
Scanning . . .
Scanning . . .
Scanning . . .
Scanning . . .
Scanning . . .
```

Abbildung 7.16: Port 5000 und alle anderen für die Pferdchen sind BLOCKED.

6 Und alle UDP Ports sind letztlich auch *geblockt* (siehe Abbildung 7.17). Vorhin waren die Ports 137, 138 und 1900 geöffnet!

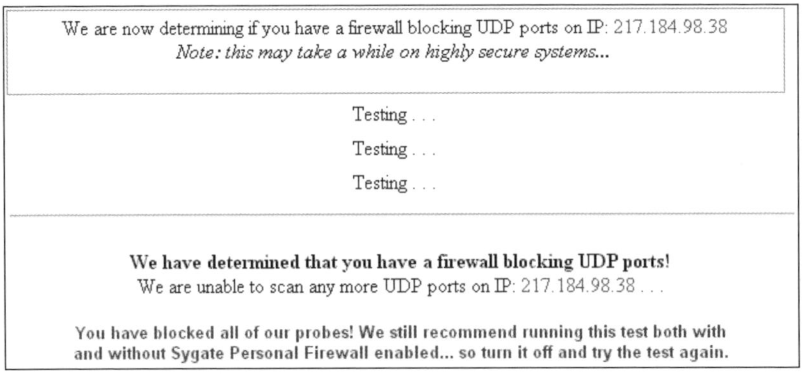

Workshop 7 – Ein Angriff auf Ihren Rechner

> We are now determining if you have a firewall blocking UDP ports on IP: 217.184.98.38
> *Note: this may take a while on highly secure systems...*
>
> Testing...
> Testing...
> Testing...
>
> **We have determined that you have a firewall blocking UDP ports!**
> We are unable to scan any more UDP ports on IP: 217.184.98.38 ...
>
> You have blocked all of our probes! We still recommend running this test both with and without Sygate Personal Firewall enabled... so turn it off and try the test again.

Abbildung 7.17: Ein Firewall blockt die UDP Ports!

7 Die einzelnen Angriffe wurden von ZoneAlarm sauber protokolliert (siehe Abbildung 7.18). Wenn Sie sich die Log-Datei anschauen, wird Ihnen auffallen, dass inzwischen etliche andere Kontaktversuche während des Sygate-Scans erfolgten: ein paar eingehende ICMP-Requests (geblockt) und viele TCP (S) an Port 135. Es hat sich scheinbar herumgesprochen, dass Port 135 üblicherweise geöffnet ist!

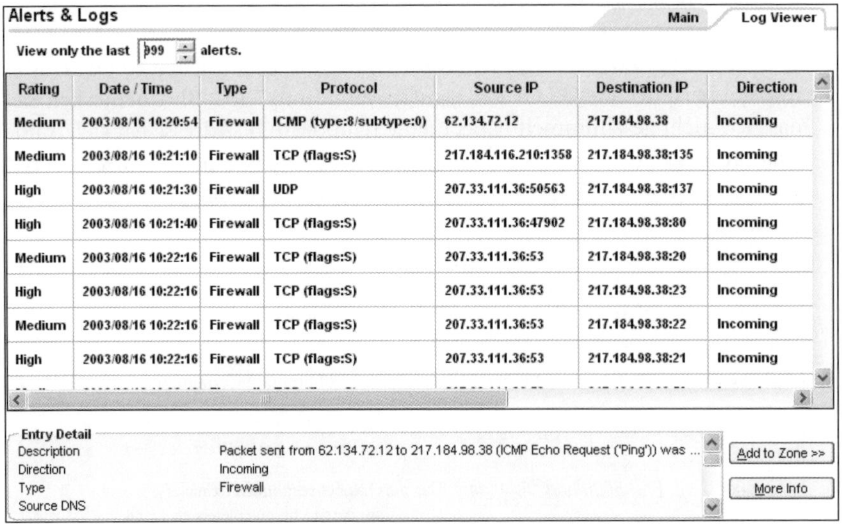

Rating	Date / Time	Type	Protocol	Source IP	Destination IP	Direction
Medium	2003/08/16 10:20:54	Firewall	ICMP (type:8/subtype:0)	62.134.72.12	217.184.98.38	Incoming
Medium	2003/08/16 10:21:10	Firewall	TCP (flags:S)	217.184.116.210:1358	217.184.98.38:135	Incoming
High	2003/08/16 10:21:30	Firewall	UDP	207.33.111.36:50563	217.184.98.38:137	Incoming
High	2003/08/16 10:21:40	Firewall	TCP (flags:S)	207.33.111.36:47902	217.184.98.38:80	Incoming
Medium	2003/08/16 10:22:16	Firewall	TCP (flags:S)	207.33.111.36:53	217.184.98.38:20	Incoming
High	2003/08/16 10:22:16	Firewall	TCP (flags:S)	207.33.111.36:53	217.184.98.38:23	Incoming
Medium	2003/08/16 10:22:16	Firewall	TCP (flags:S)	207.33.111.36:53	217.184.98.38:22	Incoming
High	2003/08/16 10:22:16	Firewall	TCP (flags:S)	207.33.111.36:53	217.184.98.38:21	Incoming

Entry Detail
Description: Packet sent from 62.134.72.12 to 217.184.98.38 (ICMP Echo Request ('Ping')) was ...
Direction: Incoming
Type: Firewall
Source DNS:

Abbildung 7.18: Alle Angriffe sauber protokolliert!

Unterm Strich hat ZoneAlarm in der Standardinstallation alles geblockt, was zu blocken war. Allerdings erteilte ich dem Service Manager absolutes Ausgehverbot. Meine Empfehlung an Sie: Lassen Sie *svchost.exe* auch nicht raus – und wenn, dann nur für die Services, auf die Sie nicht verzichten wollen!

7.4 Schutz durch Outpost

Als nächsten Firewall nehmen wir Outpost unter die Lupe. Auch diesen Firewall werde ich frisch installieren, den Manager einsperren, den Browser rauslassen und auch das automatische Update ablehnen. So vorbereitet kann es zur Portscanner-Vereinigung SOS gehen: *https://scan.sygate.com*.

1 Es fängt ebenfalls gut an: Computer-Name und Arbeitsgruppe sind nicht mehr aufzufinden; vielleicht ist die Gruppe und der Computer doch verschwunden (siehe Abbildung 7.19)?

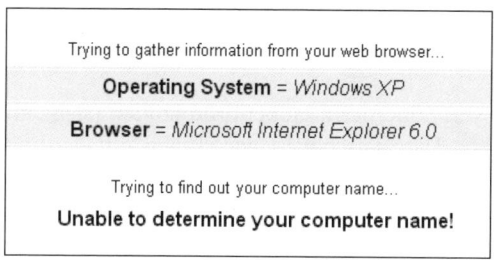

```
Trying to gather information from your web browser...
Operating System = Windows XP
Browser = Microsoft Internet Explorer 6.0

Trying to find out your computer name...
Unable to determine your computer name!
```

Abbildung 7.19: Nur noch Browser und Betriebssystem!

2 Es geht auch gut weiter: Aus dem immerhin etwas gefährlichen CLOSED wurde nun ein beruhigendes BLOCKED (siehe Abbildung 7.13). Bitte bemerken Sie, dass ich nicht geschummelt habe, meine temporäre IP-Adresse hat sich mittlerweile geändert ☺.

Your system ports are now being scanned and the results will be returned shortly...
Results from stealth scan at TCP/IP address: 217.184.119.15

Ideally your status should be "**Blocked**". This indicates that your ports are not only closed, but they are completely hidden (**stealthed**) to attackers.

Service	Ports	Status	Additional Information
FTP DATA	20	BLOCKED	This port has not responded to any of our probes. It appears to be completely stealthed.
FTP	21	BLOCKED	This port has not responded to any of our probes. It appears to be completely stealthed.

Abbildung 7.20: Und aus CLOSED wurde BLOCKED.

3 Auch NetBIOS-Port 139 ist *BLOCKED* (siehe Abbildung 7.21).

Workshop 7 – Ein Angriff auf Ihren Rechner

IDENT	113	BLOCKED	This port has not responded to any of our probes. It appears to be completely stealthed.
NetBIOS	139	BLOCKED	This port has not responded to any of our probes. It appears to be completely stealthed.
HTTPS	443	BLOCKED	This port has not responded to any of our probes. It appears to be completely stealthed.
Server Message Block	445	BLOCKED	This port has not responded to any of our probes. It appears to be completely stealthed.

Abbildung 7.21: NetBIOS 139 BLOCKED

4 Wie erhofft, gibt's auch an Port 135 nichts mehr zu holen (siehe Abbildung 7.22).

```
Scanning ports 101 to 110 ...
Scanning ports 111 to 120 ...
Scanning ports 121 to 130 ...
Scanning ports 131 to 140 ...
Scanning ports 141 to 150 ...
Scanning ports 151 to 160 ...
Scanning ports 161 to 170 ...
```

Abbildung 7.22: Insbesondere Port 135 ohne Befund

5 Keine Ausritte ins Internet mehr für die Trojaner! Alle üblichen Ports, einschließlich 5000, sind *BLOCKED* (siehe Abbildung 7.23). Das war nicht immer so!

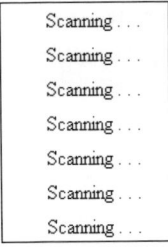

```
Scanning ...
Scanning ...
Scanning ...
Scanning ...
Scanning ...
Scanning ...
Scanning ...
```

Abbildung 7.23: Port 5000 und alle anderen für die Pferdchen sind BLOCKED.

6 Und alle UDP Ports sind letztlich auch geblockt (siehe Abbildung 7.24). Vorhin waren die Ports 137, 138 und 1900 geöffnet!

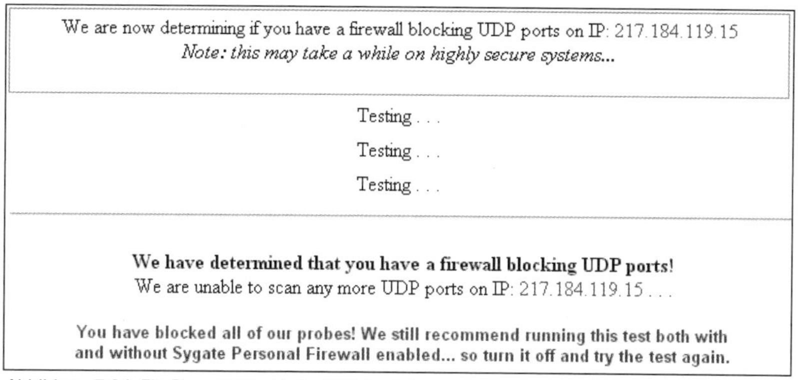

Schutz durch Outpost

> We are now determining if you have a firewall blocking UDP ports on IP: 217.184.119.15
> *Note: this may take a while on highly secure systems...*
>
> Testing . . .
> Testing . . .
> Testing . . .
>
> **We have determined that you have a firewall blocking UDP ports!**
> We are unable to scan any more UDP ports on IP: 217.184.119.15 . . .
>
> **You have blocked all of our probes! We still recommend running this test both with and without Sygate Personal Firewall enabled... so turn it off and try the test again.**

Abbildung 7.24: Ein Firewall blockt die UDP Ports!

Die einzelnen Angriffe wurden auch von Outpost sauber protokolliert (siehe Abbildung 7.25). Und auch während der erneuten kurzen Scanzeit haben sich weitere Angriffe ergeben, die Outpost entsprechend als Angriffe protokollierte. Ein eingehender ICMP-Requests (geblockt) und fünf TCP (S) an Port 135. msblaster ist wirklich gut unterwegs!

Datum/Zeit	Art des Angriffs	IP-Addresse	Portscan Details
16.08.2003 11:06:33	Verbindungsversuch	217.184.105.88	TCP(135)
16.08.2003 11:05:11	Port gescannt	207.33.111.37	TCP(60000) TCP(6) TCP(8) TCP(7) TCP(65000) TCP(4)
16.08.2003 11:05:11	Verbindungsversuch	207.33.111.37	TCP(60000)
16.08.2003 11:05:10	Verbindungsversuch	207.33.111.37	TCP(6)
16.08.2003 11:05:10	Verbindungsversuch	207.33.111.37	TCP(8)
16.08.2003 11:05:10	Verbindungsversuch	207.33.111.37	TCP(7)
16.08.2003 11:05:10	Verbindungsversuch	207.33.111.37	TCP(65000)
16.08.2003 11:05:10	Verbindungsversuch	207.33.111.37	TCP(4)
16.08.2003 11:03:33	Verbindungsversuch	217.184.137.146	TCP(135)
16.08.2003 11:03:17	Verbindungsversuch	207.33.111.34	TCP(1039)
16.08.2003 11:02:21	Verbindungsversuch	217.184.128.222	TCP(135)
16.08.2003 11:01:17	Verbindungsversuch	207.33.111.34	TCP(1039)
16.08.2003 11:00:08	Verbindungsversuch	217.184.129.235	TCP(135)
16.08.2003 10:59:48	Verbindungsversuch	217.184.124.188	TCP(135)
16.08.2003 10:59:10	Verbindungsversuch	62.134.72.12	ICMP(2048)
16.08.2003 10:55:03	Port gescannt	207.33.111.37	TCP(53) TCP(80) UDP(137)
16.08.2003 10:55:03	Verbindungsversuch	207.33.111.37	TCP(53)
16.08.2003 10:54:28	Verbindungsversuch	207.33.111.37	TCP(80)
16.08.2003 10:54:18	Verbindungsversuch	207.33.111.37	UDP(137)

Abbildung 7.25: Alle Angriffe sauber protokolliert!

Outpost hat seine Aufgabe ebenfalls erfolgreich erledigt. Portscans wurden erkannt und protokolliert. Beachten Sie, dass Outpost als einziger Firewall die Möglichkeit bietet, auf einen erkannten Angriff automatisch zu reagieren. Sie finden in den *Optionen* die *Abwehr von Angriffen*. Und dort können Sie insbesondere dann, wenn Ihr Computer unter der Last der Arbeit für einen bestimmten Port zusammenzubrechen droht, diesen Port abklemmen. Für die anderen Ports geht die Arbeit aber ganz normal weiter.

Wir selber gehen jetzt auch eine Runde weiter: Sygate steht auf dem Prüfstand!

7.5 Schutz durch Sygate

Als letzter unserer drei beliebten Firewalls wird nun Sygate selber unter die Lupe genommen. Ich hoffe, dass SOS diesen Firewall ebenso hart rannimmt wie die beiden anderen. Doch wie Ihnen vielleicht an den lieben Schlussmeldungen aufgefallen ist, dachte Sygate bei den vorhergehenden Scans immer, dass ein Sygate Firewall getestet würde. Wir können daraus schließen, dass sie es nicht gecheckt haben, welcher Firewall schützt!

Wie auch immer, Sygate wird frisch installiert, alle voreingestellten Applikationen gelöscht. Der Manager bekommt wieder Hausarrest, doch der Internet Explorer darf wieder zu *https://scan.sygate.com*.

1. Die erste Übung wird bestanden. Nur noch *Operating System* und *Browser* (siehe Abbildung 7.26).

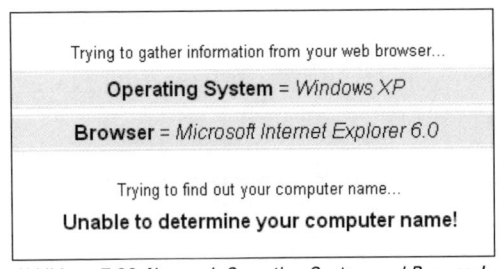

Abbildung 7.26: Nur noch Operating System und Browser!

2. Auch die zweite Übung bringt unseren Firewall noch nicht ins Schwitzen! Aber vielleicht Sie, denn unmittelbar nach Beginn des *Portscans* gibt Sygate Alarm (siehe Abbildung 7.27). Ja, was ist denn da los?

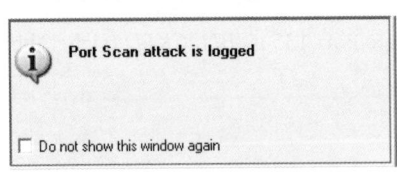

Abbildung 7.27: Portscan attack is logged!

3. Sygate lässt sich auch nicht mehr beruhigen. Selbst nach dem Verschwinden der Meldung blinkt das Sygate-Symbol unübersehbar neben der Uhr (siehe Abbildung 7.28). Es wird erst dann zu blinken aufhören, wenn Sie es aktiviert haben. Sie landen dann unmittelbar im *Security Log!* Doch noch ist es nicht so weit. Wir lassen unseren Rechner noch ein wenig scannen.

Abbildung 7.28: Blinkt, bis es aktiviert wird!

Schutz durch Sygate

4 Wie zu erwarten, ist nun erst recht alles *BLOCKED*. Ein Psychologe wäre zwar nicht begeistert, aber wir können uns freuen (siehe Abbildung 7.29). Beachten Sie, dass sich meine temporäre IP-Adresse nochmals geändert hat!

Your system ports are now being scanned and the results will be returned shortly...
Results from stealth scan at TCP/IP address: 217.184.119.15

Ideally your status should be **"Blocked"**. This indicates that your ports are not only closed, but they are completely hidden (**stealthed**) to attackers.

Service	Ports	Status	Additional Information
FTP DATA	20	BLOCKED	This port has not responded to any of our probes. It appears to be completely stealthed.
FTP	21	BLOCKED	This port has not responded to any of our probes. It appears to be completely stealthed.

Abbildung 7.29: Und aus CLOSED wurde BLOCKED.

5 Wie erhofft, ist NetBIOS-Port 139 *BLOCKED* (siehe Abbildung 7.30).

IDENT	113	BLOCKED	This port has not responded to any of our probes. It appears to be completely stealthed.
NetBIOS	139	BLOCKED	This port has not responded to any of our probes. It appears to be completely stealthed.
HTTPS	443	BLOCKED	This port has not responded to any of our probes. It appears to be completely stealthed.
Server Message Block	445	BLOCKED	This port has not responded to any of our probes. It appears to be completely stealthed.

Abbildung 7.30: NetBIOS 139 BLOCKED

6 Und auch der aktuell überaus beschäftigte Port 135 ist *BLOCKED* (siehe Abbildung 7.31).

Scanning ports 101 to 110 . . .
Scanning ports 111 to 120 . . .
Scanning ports 121 to 130 . . .
Scanning ports 131 to 140 . . .
Scanning ports 141 to 150 . . .
Scanning ports 151 to 160 . . .
Scanning ports 161 to 170 . . .

Abbildung 7.31: Auch und insbesondere Port 135 ohne Befund

7 Die Trojaner kommen nicht mehr an die Luft! Alle üblichen Ports, einschließlich 5000, sind *BLOCKED* (siehe Abbildung 7.32). So sollte es sein!

Workshop 7 – Ein Angriff auf Ihren Rechner

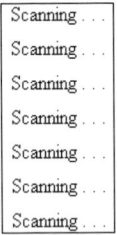

```
Scanning...
Scanning...
Scanning...
Scanning...
Scanning...
Scanning...
Scanning...
```
Abbildung 7.32: Port 5000 und alle anderen für die Pferdchen sind BLOCKED.

8 Es wäre zu schade gewesen, wenn nun versehentlich noch ein UDP vielleicht nur CLOSED gewesen wäre. Aber nichts da! Alle UDP Ports sind letztlich auch *geblockt* (siehe Abbildung 7.33). Ohne Firewall waren die Ports 137, 138 und 1900 geöffnet!

```
We are now determining if you have a firewall blocking UDP ports on IP: 217.184.110.124
         Note: this may take a while on highly secure systems...

                              Testing...
                              Testing...
                              Testing...

       We have determined that you have a firewall blocking UDP ports!
       We are unable to scan any more UDP ports on IP: 217.184.110.124...

   You have blocked all of our probes! We still recommend running this test both with
   and without Sygate Personal Firewall enabled... so turn it off and try the test again.
```
Abbildung 7.33: Ein Firewall blockt die UDP Ports!

9 Die einzelnen Angriffe wurden von Sygate, wie bereits schon angekündigt, sauber protokolliert (siehe Abbildung 7.34).

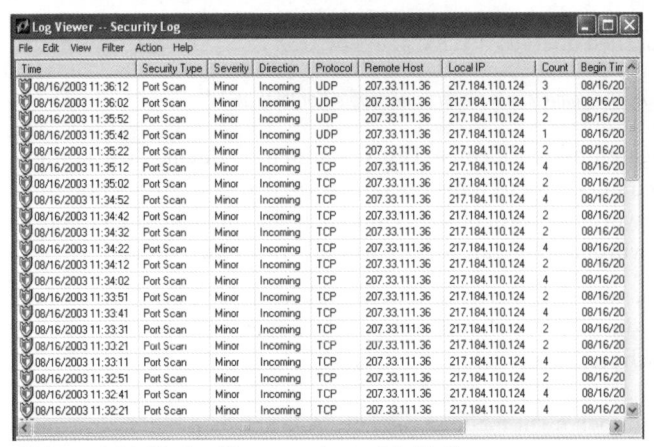

Time	Security Type	Severity	Direction	Protocol	Remote Host	Local IP	Count	Begin Tim
08/16/2003 11:36:12	Port Scan	Minor	Incoming	UDP	207.33.111.36	217.184.110.124	3	08/16/20
08/16/2003 11:36:02	Port Scan	Minor	Incoming	UDP	207.33.111.36	217.184.110.124	1	08/16/20
08/16/2003 11:35:52	Port Scan	Minor	Incoming	UDP	207.33.111.36	217.184.110.124	2	08/16/20
08/16/2003 11:35:42	Port Scan	Minor	Incoming	UDP	207.33.111.36	217.184.110.124	1	08/16/20
08/16/2003 11:35:22	Port Scan	Minor	Incoming	TCP	207.33.111.36	217.184.110.124	2	08/16/20
08/16/2003 11:35:12	Port Scan	Minor	Incoming	TCP	207.33.111.36	217.184.110.124	4	08/16/20
08/16/2003 11:35:02	Port Scan	Minor	Incoming	TCP	207.33.111.36	217.184.110.124	2	08/16/20
08/16/2003 11:34:52	Port Scan	Minor	Incoming	TCP	207.33.111.36	217.184.110.124	4	08/16/20
08/16/2003 11:34:42	Port Scan	Minor	Incoming	TCP	207.33.111.36	217.184.110.124	2	08/16/20
08/16/2003 11:34:32	Port Scan	Minor	Incoming	TCP	207.33.111.36	217.184.110.124	4	08/16/20
08/16/2003 11:34:22	Port Scan	Minor	Incoming	TCP	207.33.111.36	217.184.110.124	4	08/16/20
08/16/2003 11:34:12	Port Scan	Minor	Incoming	TCP	207.33.111.36	217.184.110.124	2	08/16/20
08/16/2003 11:34:02	Port Scan	Minor	Incoming	TCP	207.33.111.36	217.184.110.124	4	08/16/20
08/16/2003 11:33:51	Port Scan	Minor	Incoming	TCP	207.33.111.36	217.184.110.124	2	08/16/20
08/16/2003 11:33:41	Port Scan	Minor	Incoming	TCP	207.33.111.36	217.184.110.124	4	08/16/20
08/16/2003 11:33:31	Port Scan	Minor	Incoming	TCP	207.33.111.36	217.184.110.124	2	08/16/20
08/16/2003 11:33:21	Port Scan	Minor	Incoming	TCP	207.33.111.36	217.184.110.124	2	08/16/20
08/16/2003 11:33:11	Port Scan	Minor	Incoming	TCP	207.33.111.36	217.184.110.124	4	08/16/20
08/16/2003 11:32:51	Port Scan	Minor	Incoming	TCP	207.33.111.36	217.184.110.124	2	08/16/20
08/16/2003 11:32:41	Port Scan	Minor	Incoming	TCP	207.33.111.36	217.184.110.124	4	08/16/20
08/16/2003 11:32:21	Port Scan	Minor	Incoming	TCP	207.33.111.36	217.184.110.124	2	08/16/20

Abbildung 7.34: Alle Angriffe ganz sauber protokolliert!

Schutz durch Sygate

10 Weitere Informationen erhalten Sie von Sygate, sobald Sie einen Eintrag aktivieren (siehe Abbildung 7.35). Nicht gerade angenehm, so etwas zu lesen. Doch ich befürchte fast, wir werden uns daran gewöhnen müssen. Was mit Firewall nur noch halb so unangenehm ist.

```
Somebody is scanning your computer.
```

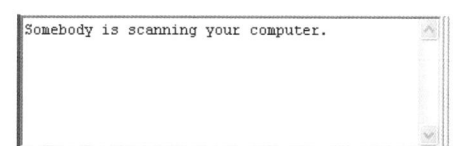

Abbildung 7.35: Somebody is really scanning your computer!

11 Und wenn Sie noch einen Blick in den Traffic Log werfen, erkennen Sie auch dort weitere Angriffsversuche (siehe Abbildung 7.36).

Time	Action	Protocol	Direction	Remote Host	Remote Port/ICMP Type
08/16/2003 11:27:32	Blocked	TCP	Incoming	207.33.111.36	45341
08/16/2003 11:27:26	Blocked	TCP	Incoming	207.33.111.36	55485
08/16/2003 11:27:21	Blocked	TCP	Incoming	207.33.111.36	55484
08/16/2003 11:27:16	Blocked	TCP	Incoming	207.33.111.36	43847
08/16/2003 11:27:06	Blocked	TCP	Incoming	207.33.111.36	43846
08/16/2003 11:27:01	Blocked	TCP	Incoming	207.33.111.36	62446
08/16/2003 11:27:01	Blocked	TCP	Incoming	207.33.111.36	81
08/16/2003 11:27:01	Blocked	TCP	Incoming	207.33.111.36	49883
08/16/2003 11:26:56	Blocked	TCP	Incoming	207.33.111.36	62445
08/16/2003 11:26:56	Allowed	TCP	Outgoing	scan.sygate.com [207.33.111.33]	443
08/16/2003 11:26:56	Allowed	TCP	Outgoing	scan.sygate.com [207.33.111.33]	80
08/16/2003 11:26:56	Blocked	TCP	Incoming	207.33.111.36	80
08/16/2003 11:26:51	Blocked	TCP	Incoming	207.33.111.36	54
08/16/2003 11:26:40	Blocked	TCP	Incoming	207.33.111.36	53
08/16/2003 11:25:44	Allowed	TCP	Outgoing	scan.sygate.com [207.33.111.33]	443
08/16/2003 11:25:44	Allowed	TCP	Outgoing	scan.sygate.com [207.33.111.33]	80
08/16/2003 11:25:39	Blocked	ICMP	Incoming	62.134.72.77	8
08/16/2003 11:25:29	Allowed	UDP	Outgoing	255.255.255.255	138
08/16/2003 11:25:29	Blocked	ICMP	Incoming	255.255.255.255	3
08/16/2003 11:25:29	Allowed	UDP	Outgoing	255.255.255.255	137
08/16/2003 11:25:03	Blocked	UDP	Outgoing	239.255.255.250	1900

Abbildung 7.36: Auch Sygate lehnte weitere unerlaubte Kontakte ab.

Damit hat auch Sygate unseren kleinen Test bestanden. Ich denke, wir können mit Sygate und auch den anderen Firewalls überaus zufrieden sein. Alle Schotten waren dicht, alle Angriffe wurden protokolliert! Und auch die quasi nebenbei bemerkten Einbruchsversuche wurden souverän abgewehrt und vorsorglich mitgeschrieben.

Wenn Sie beachten, wie viele Angriffe jeweils während der doch kurzen Scanzeit zusätzlich erfolgten, dürften Sie sich nun umso mehr freuen, von einem Firewall gegen diese Übergriffe geschützt zu werden!

7.6 Der Angriff kommt von innen – unter falschem Namen

Nachdem wir die Kontaktversuche von außen sauber blockten, können wir uns einem anderen Problem zuwenden. Was ist, wenn der Angriff nicht von außen, sondern gewissermaßen von innen kommt. Das heißt, auf Ihrem Rechner befindet sich bereits irgendein böses Programm, das z.B. darauf wartet, ausspionierte Daten über Sie ins Internet zu senden. Das können Ihre Passwörter sein oder PINs und TANs, die Sie unverschlüsselt auf dem Rechner speichern. Oder einfach nur die Adressen aus Ihrem Adressbuch, oder sonst was!

Dieses kleine Programm hätte ja ein Problem: Es müsste sich bei unserem Firewall anmelden und um Erlaubnis bitten. Und wenn Sie nicht ganz blind jede Anfrage abnicken, sollte der versuchte Datendiebstahl auffallen. Was also tun? Ein nicht gerade selten genutzter Trick besteht nun einfach darin, sich unter einem falschen Namen den Zugang ins Netz zu verschaffen.

Und so werden wir es auch versuchen! Ich habe ein nettes Spiel, das ich hin und wieder spiele, wenn mich meine Tochter an meinen Rechner lässt: Mahjongg Towers. Ab und zu holen wir uns neue Towers ab, dafür wurde die Internetverbindung erlaubt.

> **AUF DER CD-ROM**
> Nun benötigen wir ein echtes Spionage-Programm, was keine einfache Aufgabe ist! Spaß beiseite, es gibt jede Menge, und für unsere Zwecke reicht das *LeakTest.exe* von der Buch-CD. Sie erhalten das Programm kostenlos auch unter der Adresse *www.grc.com*.

Bevor wir nun die einzelnen Tests durchführen, sage ich Ihnen schnell noch etwas zu dem „Trojaner" *LeakTest.exe*. Das Programm macht nichts anderes, als eine Verbindung nach Hause aufzubauen, dort an Port 80 ein Paket abzuliefern (als Nachweis, dass es da war), und dann die Leitung gleich wieder zu kappen. Insbesondere werden keine persönlichen Daten von Ihnen übertragen. Und das Ganze auch nur, wenn unsere Firewalls nicht schlafen!

Damit sind wir bei den Firewalls. Wir werden bei jedem Firewall identisch wie folgt vorgehen:

- Mahjongg Towers als Applikation genehmigen
- Mahjongg Towers umbenennen (siehe Abbildung 7.37), ohne dass der Firewall etwas merkt

Abbildung 7.37: Mahjongg Towers mit Kopie, LeakTest wartet schon

- LeakTest umbenennen (siehe Abbildung 7.38), wieder ohne dass der Firewall etwas merkt

Abbildung 7.38: Wir sehen LeakTest als Mahjongg Towers

- Mahjongg Towers (ist nun LeakTest) erneut starten
- Und dann schauen wir mal!

Wir dürfen gespannt sein, ob unsere Firewalls den Schwindel bemerken und wie sie darauf reagieren! Ich glaube, ich bin selbst gespannt!

7.7 ZoneAlarm und der Angriff von innen

Nach dem üblichen Strickmuster wird ZoneAlarm frisch installiert, Manager bleibt daheim, der Explorer darf raus. Anschließend starte ich einmal Mahjongg Towers, damit ich das Programm genehmigen kann (siehe Abbildung 7.39).

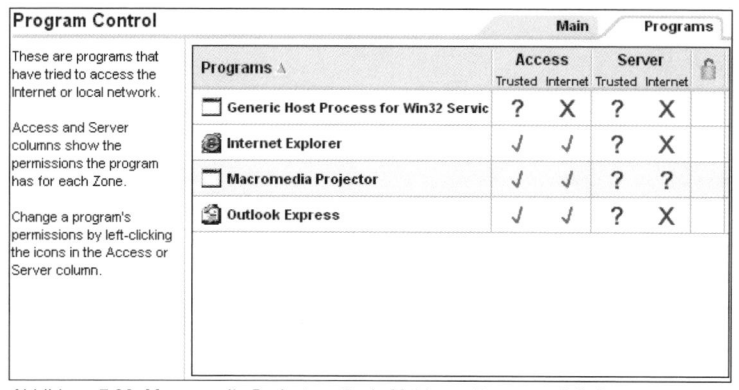

Abbildung 7.39: Macromedia Projector gilt als Mahjongg Towers – Grün!

Workshop 7 – Ein Angriff auf Ihren Rechner

Und dann aktiviere ich ganz vorsichtig das erhalten gebliebene Programmsymbol auf meinem Desktop – pardon, auf dem Desktop meiner Tochter. Doch ZoneAlarm hat aufgepasst (siehe Abbildung 7.40).

Abbildung 7.40: ZoneAlarm bemerkt den Schwindel.

Und auch *LeakTest* selber gibt zu, dass es *Unable to Connect* war und gratuliert uns zu unserem gut arbeitenden Firewall (siehe Abbildung 7.41).

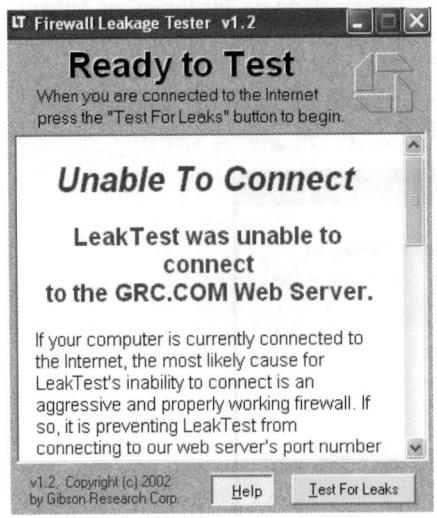

Abbildung 7.41: LeakTest gratuliert zum Firewall.

ZoneAlarm hat das Einschleichen unter falschem Namen in seinen Logs verewigt – und obendrein den Eintrag in der Programmliste auf Fragen zurückgesetzt (siehe Abbildung 7.42).

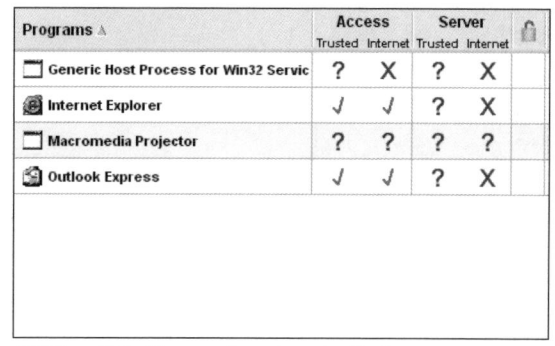

Programs	Access		Server		
	Trusted	Internet	Trusted	Internet	
Generic Host Process for Win32 Servic	?	X	?	X	
Internet Explorer	✓	✓	?	X	
Macromedia Projector	?	?	?	?	
Outlook Express	✓	✓	?	X	

Abbildung 7.42: Macromedia verlor seine Rechte.

ZoneAlarm hatte also keine Mühe, den Schwindel zu bemerken. Schauen wir uns den nächsten Firewall an!

7.8 Outpost und der Angriff von innen

Ich gehe wieder nach dem üblichen Strickmuster vor. Und da wir Ihnen im Anhang noch ein paar wirkliche Hackertools zeigen wollen, fasse ich mich nun etwas kürzer.

1 Also, frisch installiert, Manager Hausarrest, Update erlaubt, Post erlaubt – und natürlich Mahjongg (siehe Abbildung 7.43).

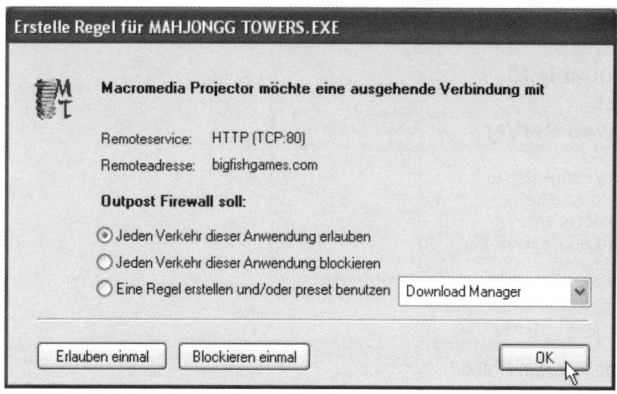

Abbildung 7.43: Macromedia darf neue Tower holen.

Workshop 7 – Ein Angriff auf Ihren Rechner

2 Alle Anwendungen, sauber unterteilt in *Blockiert* und *Vertraut* (siehe Abbildung 7.44).

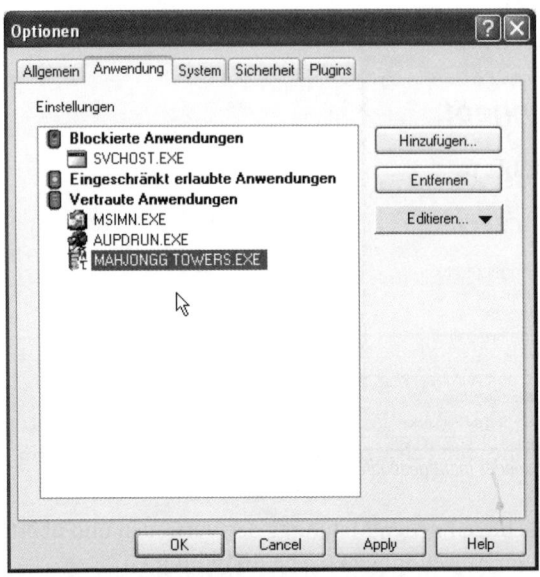

Abbildung 7.44: Mahjongg Towers ist im Kasten!

3 Der wirklich vorsichtige Programmstart des falschen Mahjongg fällt auch Outpost unmittelbar auf! Das *ACHTUNG!* ist nicht zu übersehen (siehe Abbildung 7.45). Sehr angenhm fiel mir auf, dass eine deutschsprachige Beschreibung in diesem Ernstfall wirklich klar ausdrückte, was soeben passiert ist!

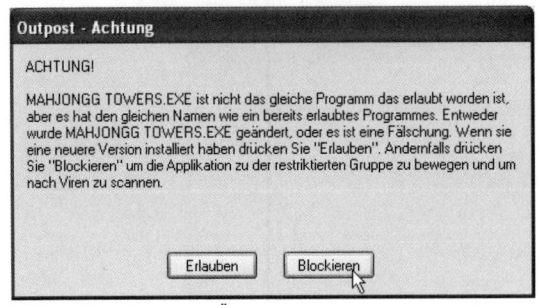

Abbildung 7.45: Achtung Änderung! Erlauben oder Blockieren!

4 Der Leakage-Tester kann einem fast Leid tun! Er schaffte es wieder nicht (siehe Abbildung 7.46)!

Abbildung 7.46: LeakTest hat es wieder nicht geschafft!

5. Outpost entzog dem verdächtigen neuen Mahjongg das Vertrauen und übertrug es in die Liste der blockierten Anwendungen (siehe Abbildung 7.47).

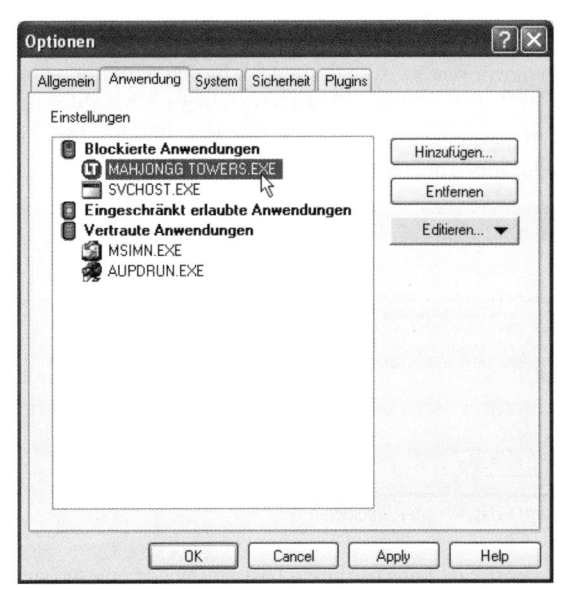

Abbildung 7.47: Mahjongg Towers wurde in die blockierte Zone übertragen!

6 Vielleicht wäre ein Eintrag in die Liste der abgewehrten Angriffe eine Überlegung wert. Beachten Sie, dass in den zwei Minuten des versuchten Aufrufs drei andere Angriffe abgewehrt wurden (siehe Abbildung 7.48)!

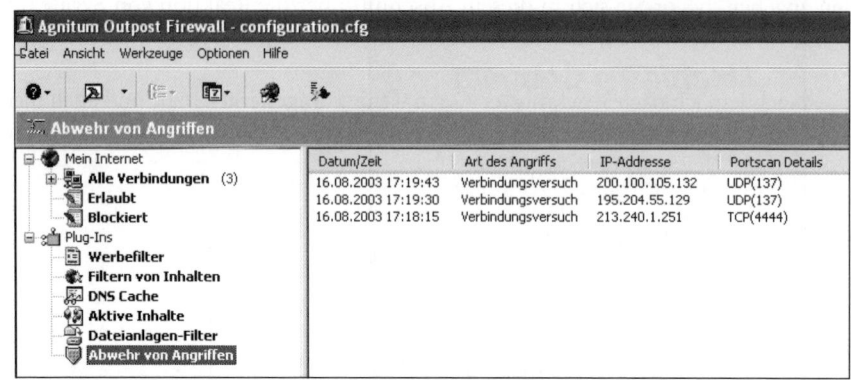

Abbildung 7.48: Blockierte Programmänderung – kein Angriff?

7 Immerhin wurde der Versuch des falschen Programms in die blockierten Logs eingetragen (siehe Abbildung 7.49).

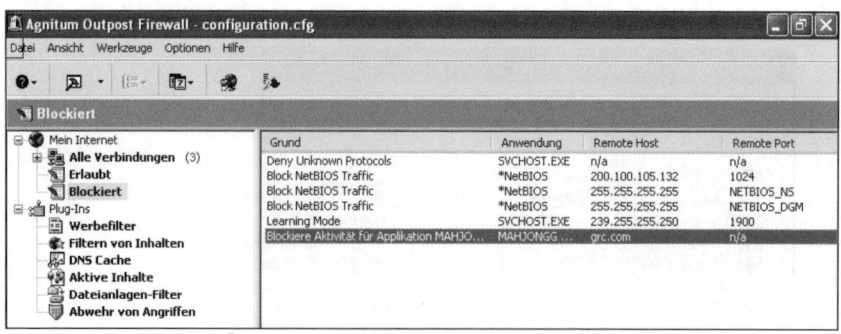

Abbildung 7.49: Blockierte Änderungen im Logbuch!

Outpost hat es also auch geschafft! So kleine Schummeleien werden halt von heutigen Firewalls ohne große Mühe bemerkt. Lassen Sie uns hoffen, dass nun auch unser letzter Test mit Sygate gelingt!

7.9 Sygate und der Angriff von innen

Auch Sygate muss sich dem Täuschungsversuch stellen! Wollen Sie irgendwelche Wetten abgeben, bevor Sie sich in diesem Abschnitt über die Reaktion von Sygate informieren? Ich denke, Sie finden kaum jemanden, der dagegen wetten würde J!

1. Nachdem ich nach Strickmuster 12 ein wenig rumgewerkelt habe und auch mein Mahjongg bekannt gegeben habe (siehe Abbildung 7.50), tausche ich die Files wieder aus. Der Spaß kann beginnen!

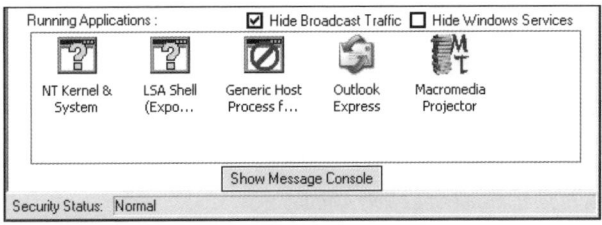

Abbildung 7.50: Macromedia Projector ist im Kasten.

2. Noch ein kurzer Blick in die *Applications* – auch alles in Butter (siehe Abbildung 7.51).

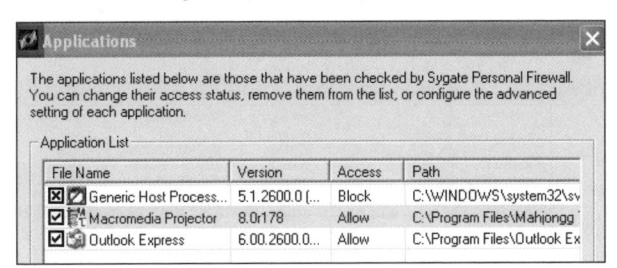

Abbildung 7.51: Auch die Programmliste hat die richtigen Daten.

3. Unmittelbar nach Programmstart des falschen Mahjongg springt mich regelrecht eine Warnung an (siehe Abbildung 7.52). Gleich komplett mit sämtlichen Informationen über die neue Anwendung – und auch mit dem Hinweis, dass sich die Anwendung verändert hat. Nun, wir verändern uns ja alle, aber unsere Anwendungen?

Workshop 7 – Ein Angriff auf Ihren Rechner

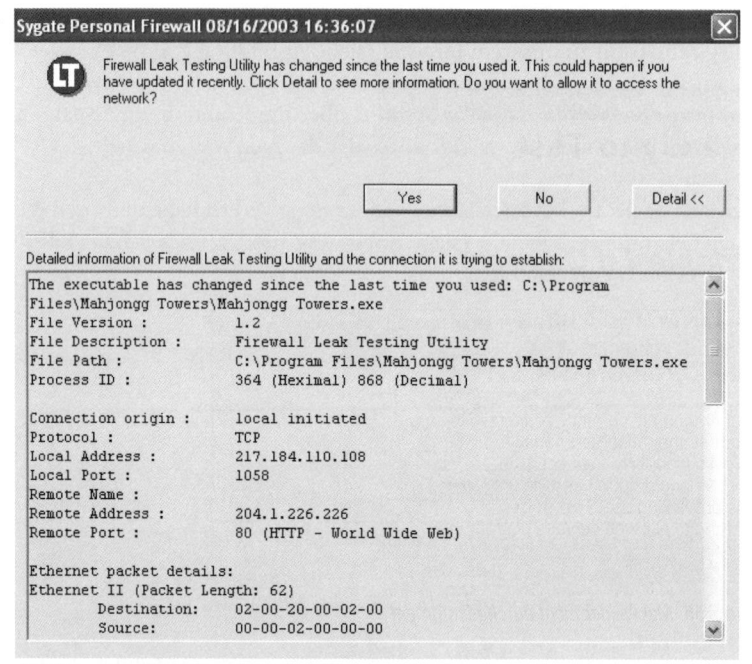

```
Sygate Personal Firewall 08/16/2003 16:36:07                              [X]

    (LT)   Firewall Leak Testing Utility has changed since the last time you used it. This could happen if you
           have updated it recently. Click Detail to see more information. Do you want to allow it to access the
           network?


                              [  Yes  ]      [   No   ]      [ Detail << ]

Detailed information of Firewall Leak Testing Utility and the connection it is trying to establish:

The executable has changed since the last time you used: C:\Program
Files\Mahjongg Towers\Mahjongg Towers.exe
File Version :         1.2
File Description :     Firewall Leak Testing Utility
File Path :            C:\Program Files\Mahjongg Towers\Mahjongg Towers.exe
Process ID :           364 (Heximal) 868 (Decimal)

Connection origin :    local initiated
Protocol :             TCP
Local Address :        217.184.110.108
Local Port :           1058
Remote Name :
Remote Address :       204.1.226.226
Remote Port :          80 (HTTP - World Wide Web)

Ethernet packet details:
Ethernet II (Packet Length: 62)
        Destination:   02-00-20-00-02-00
        Source:        00-00-02-00-00-00
```

Abbildung 7.52: Oh, Schreck! Da ist was passiert!

4 Nach meinem *No* gibt's einen Hinweis extra (siehe Abbildung 7.53), einschließlich process id.

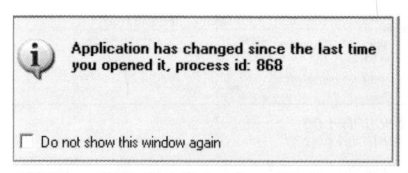

```
    (i)    Application has changed since the last time
           you opened it, process id: 868


    [ ] Do not show this window again
```

Abbildung 7.53: Eine Extrawarnung: Anwendung hat sich geändert!

5 Und wieder aufgeregtes Blinken aus der rechten unteren Ecke, das sich erst beruhigt, wenn man es aktiviert (siehe Abbildung 7.53).

Abbildung 7.54: Aufgeregtes Blinken

6　Auch LeakTest selber gibt zu, es mal wieder nicht geschafft zu haben. Aber auch neidlose Gratulation zu unserem Firewall (siehe Abbildung 7.55).

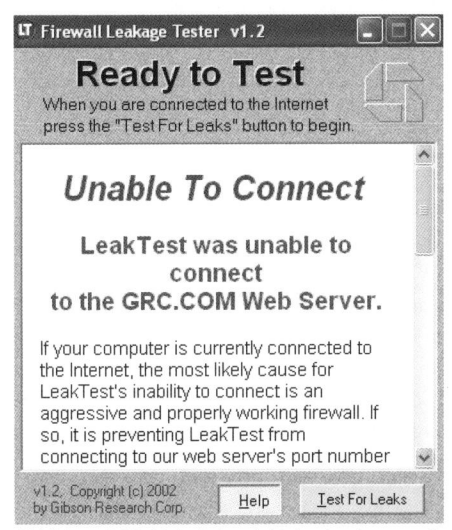

Abbildung 7.55: Mal wieder nicht durchgekommen!

7　Im *Security Log* ein *Major* für einen schwerwiegenden Zwischenfall! Ich denke, die Einschätzung ist richtig, wenn es ein Ernstfall gewesen wäre (siehe Abbildung 7.56).

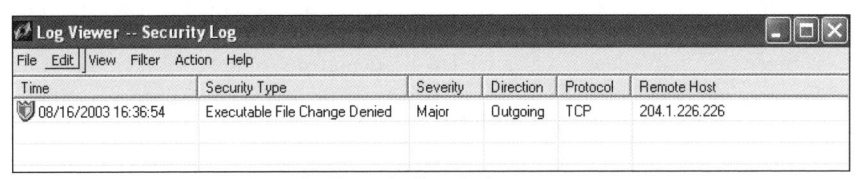

Time	Security Type	Severity	Direction	Protocol	Remote Host
08/16/2003 16:36:54	Executable File Change Denied	Major	Outgoing	TCP	204.1.226.226

Abbildung 7.56: Ein schwerwiegender Eintrag im Security Log

8　Allerdings wohl eher ungenau ist jedoch die Ansicht in den *Applications*: Der neue Programmname *Firewall Leak Testing* wurde übernommen – als erlaubt. Doch der alte Programmpfad blieb bestehen (siehe Abbildung 7.57). Ein erneuter Versuch, das falsche Programm zu starten, wurde dennoch wie zuvor abgeschmettert!

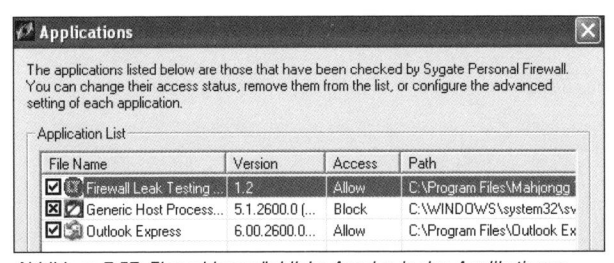

File Name	Version	Access	Path
☑ Firewall Leak Testing...	1.2	Allow	C:\Program Files\Mahjongg
☒ Generic Host Process...	5.1.2600.0 (...	Block	C:\WINDOWS\system32\sv
☑ Outlook Express	6.00.2600.0...	Allow	C:\Program Files\Outlook Ex

Abbildung 7.57: Eine widersprüchliche Anzeige in den Applikationen

Auf Sygate ist also ebenfalls Verlass beim Schutz vor heimlichem Ändern Ihrer genehmigten Programme. Hatten Sie etwas anderes erwartet?

Insgesamt können wir also mit unseren drei Firewalls rundum zufrieden sein. Dem Leakage Tester ist es nicht gelungen, an diesen Firewalls vorbeizukommen. Der Schutz gegen Bösewichte von innen hat sich also erheblich gesteigert. Ohne Firewall hätte der Leakage Tester zweifellos sein entferntes Ziel erreicht, denn weder das Ursprungsprogramm noch Windows gaben uns irgendeinen Hinweis!

7.10 Zusammenfassung

Ich muss zugeben, dass wir in diesem Workshop sicherlich nicht alle Angriffsformen und -möglichkeiten ausgeleuchtet haben. Ein solches Vorhaben würde ganze Bände füllen und wohl auch niemals abgeschlossen werden können. Täglich gibt es neue technische Feinheiten, die zu neuen Angriffsmöglichkeiten führen – obendrein öffnen sich fast schon mehr Sicherheitslöcher, als durch Firewalls geschlossen werden können.

Andererseits sahen Sie, wie sauber und überzeugend unsere drei Firewalls einen Täuschungsversuch erkannten und abwiesen. Und Sie sahen, wie diese Firewalls auch Scanversuchen einer wirklich kompetenten Sicherheitsfirma keine Chance ließen. Ich denke, damit dürfen wir in jedem Fall zufrieden sein.

Im Endergebnis unterschieden sich die Firewalls nicht, es gab lediglich die bekannten Abstufungen hinsichtlich des Komforts bei der Protokollierung. Wenn Sie sich nur für die Abwehr interessieren, kann Ihnen das aber fast egal sein. Doch wenn Sie richtige Auswertungen und Statistiken erstellen wollen, brauchen Sie Sygate. Und auch, wenn Sie hin und wieder per BackTrace schauen wollen, wer Sie denn da gerade wieder scannt.

Workshop 8

Anonymes Surfen plus Firewall

Wie Sie wissen, stellt insbesondere die IP-Adresse einen ziemlichen Unsicherheitsfaktor dar. Diese identifiziert Ihren Rechner und bedeutet schon fast die halbe Miete auf dem Weg zu Ihren Daten. Wenn Sie wollen und eine kleine Mühe nicht scheuen, können wir diese IP-Adresse verschwinden lassen!

Den Hintergrund der Geschichte bilden eine ganze Reihe so genannter anonymer Server rund um die Welt. Diese sind ihrerseits verschwiegen wie ein Grab und gleichzeitig frei zugänglich für normale Internauten aller Art. Einziges Probleme dabei ist, man muss sie kennen.

> Ich selbst habe keine Ahnung, wie diese anonymen Server heißen, doch ich kenne zum Glück ein Programm, das sich auf diese speziellen anonymen Server spezialisiert hat: *Anonymity 4 Proxy* (auf der Buch-CD unter *a4proxy.exe*). Eine volle Lizenz erhalten Sie übrigens im Internet unter *www.inetprivacy.com* für 35 Dollar (Stand: September 2003). Im Austausch zu Ihrem Ersparten wird die Komfortbremse gelöst und statt einer Hand voll Server gibt's ein paar Hundert.

AUF DER CD-ROM

Anonymity 4 Proxy wird so oder so dafür sorgen, dass Ihre Internetverbindungen auf Wunsch über die anonymen Server geleitet werden. Dort fallen viele „private" Daten unter den Tisch und werden also nicht mehr an die von Ihnen besuchten Webseiten weitergeleitet. Im Ergebnis bleiben Sie tatsächlich anonym im Netz wie nie zuvor, genau die richtige Ergänzung für unsere Firewalls. Letztere verbinden wir natürlich mit Anonymity 4 Proxy, was für Sie ein Höchstmaß an Anonymität und Sicherheit zugleich bedeutet.

Da kommt Freude auf, oder? Ich dachte mir, dass Ihnen so etwas gefällt – auch wenn Sie nichts zu verbergen haben. Lassen Sie uns also angreifen!

Workshop 8 – Anonymes Surfen plus Firewall

8.1 Die Installation von Anonymity 4 Proxy

Das Symbol der Abbildung 8.1 werden Sie sicherlich finden, so ganz anonym sind wir ja doch noch nicht.

1 Aktivieren Sie *a4proxy.exe*, um die Installation zu starten.

Abbildung 8.1: a4proxy wird sich selbst entpacken.

2 Das sich selbst installierende Setup-Programm nimmt seine Arbeit auf. Sie lesen die üblichen Hinweise darauf, welches Programm gleich installiert wird, und dass Sie noch geöffnete Dateien schließen sollten (siehe Abbildung 8.2).

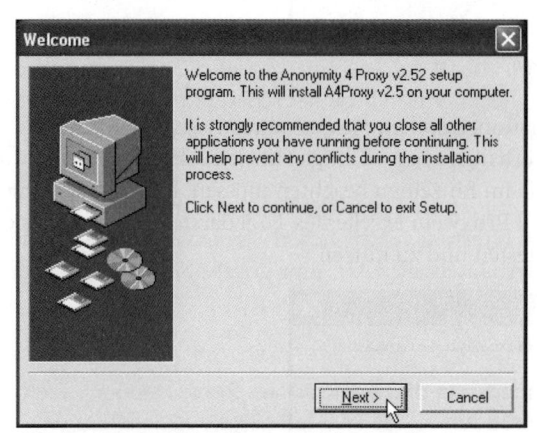

Abbildung 8.2: Herzlich Willkommen beim Setup!

Die Installation von Anonymity 4 Proxy

3. Diskutieren Sie die *EULA* (siehe Abbildung 8.3) mit Ihren internationalen Anwälten – in ein paar Jahren sollten Sie so weit sein, Ihr *Yes* geben zu können.

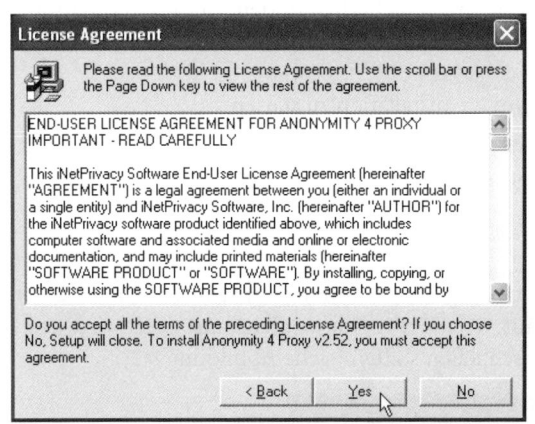

Abbildung 8.3: EULA zum Abklicken

4. Die nun folgenden Informationen sollten Sie ausnahmsweise wirklich lesen (siehe Abbildung 8.4). Sie erhalten erste wichtige Hinweise darauf, wie das Programm arbeitet und was Sie im Einzelnen beachten müssen. Insbesondere lesen Sie darin, dass Anonymity 4 Proxy ein exzellentes Tool darstellt, um anonyme Proxyserver zu finden, zu testen und zu nutzen.

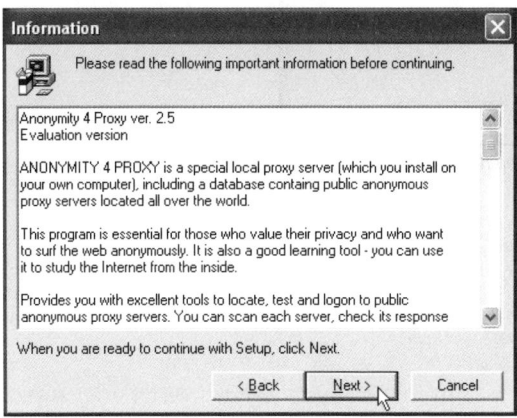

Abbildung 8.4: Wichtige Infos rund um die Anonymität

Workshop 8 – Anonymes Surfen plus Firewall

5 Danach wird es wieder einfacher: Suchen Sie sich ein hübsches *Installationsverzeichnis* aus (siehe Abbildung 8.5).

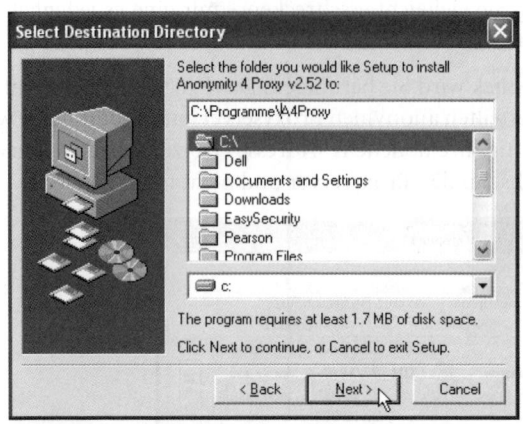

Abbildung 8.5: Das gewünschte Installationsverzeichnis

6 Und geben Sie auch noch an, wie das Kind in der *Startgruppe* heißen soll (siehe Abbildung 8.6).

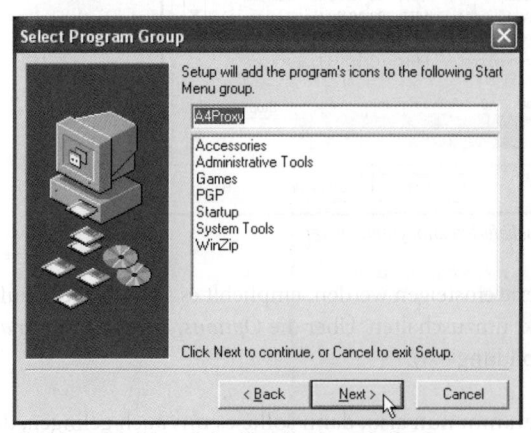

Abbildung 8.6: Wie soll das Kind überhaupt heißen?

Nach ein paar weiteren Mausklicks fährt Ihr Rechner neu hoch. A4P wartet auf seinen ersten Einsatz.

8.2 Die Konfiguration von Anonymity 4 Proxy

Die erste Bildschirmmaske mag Sie vielleicht erschrecken – mir ging es jedenfalls so. Ein Bildschirm voller Zahlen ist nicht jedermanns Geschmack (siehe Abbildung 8.7).

Doch schon ein erster genauer Blick wird Sie beruhigen: Das Programm listet einfach eine ganze Reihe der weltweit verteilten anonymen Proxyserver auf. Insbesondere wird die Proxy IP notiert, die zukünftig Ihre übliche IP-Adresse ersetzen wird. Hackerversuche richten sich also demnächst an den Proxyserver und nicht mehr an Sie!

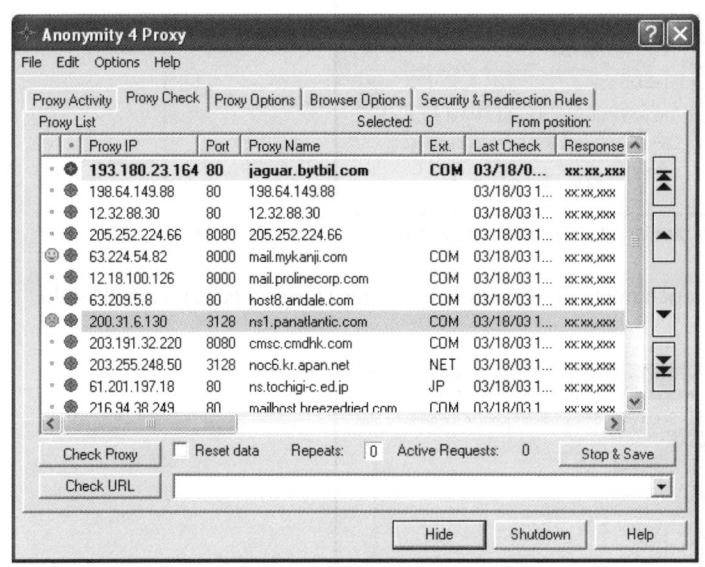

Abbildung 8.7: Die standardmäßig mitgelieferten anonymen Server

1 Bevor wir tiefer in die Materie einsteigen werden, empfiehlt es sich vielleicht, auf einen verständlichen Dialekt umzuschalten. Über die *Options*, *Language*, *German* kommen Sie hin (siehe Abbildung 8.8).

2 Lesen können wir das Programm nun also, dann sollte es uns auch gelingen, das Ding zum Laufen zu bringen. A4P kommt selber als Proxyserver mit der für heimische Proxyserver üblichen IP-Adresse 127.0.0.1 daher. Wir müssen Ihrem Browser also nur noch klar machen, dass er nicht mehr direkt ins Netz geht, sondern einen kleinen Umweg über Ihren nagelneuen Proxyserver nimmt. Dem Internet Explorer bringen Sie das wie folgt bei: *Extras*, *Internetoptionen*, *Verbindungen*, *Einstellungen* führt Sie zunächst zur Abbildung 8.9.

Workshop 8 – Anonymes Surfen plus Firewall

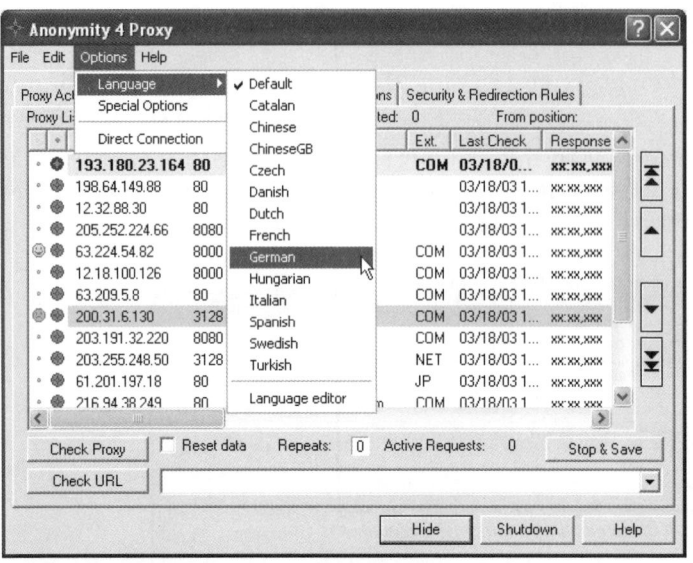

Abbildung 8.8: Vielleicht doch besser die Landessprache wählen

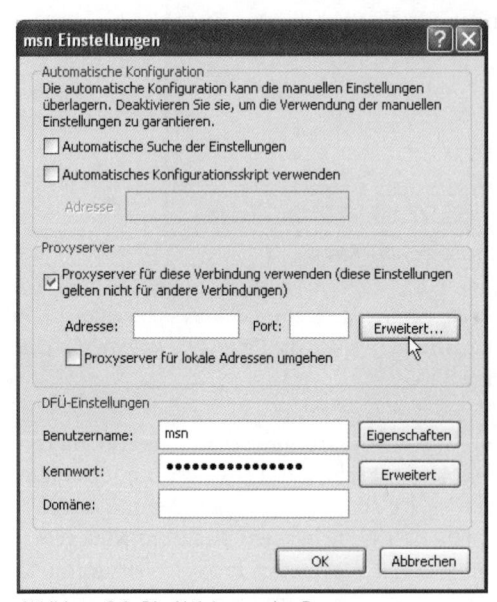

Abbildung 8.9: Die Aktivierung des Proxyservers

3. Aktivieren Sie die Checkbox *Proxyserver verwenden*, der anschließende Klick auf *Erweitert* führt Sie zur Abbildung 8.10, in der Sie die heimische Proxy IP für die gebotenen Protokolle eintragen müssen.

Die Konfiguration von Anonymity 4 Proxy

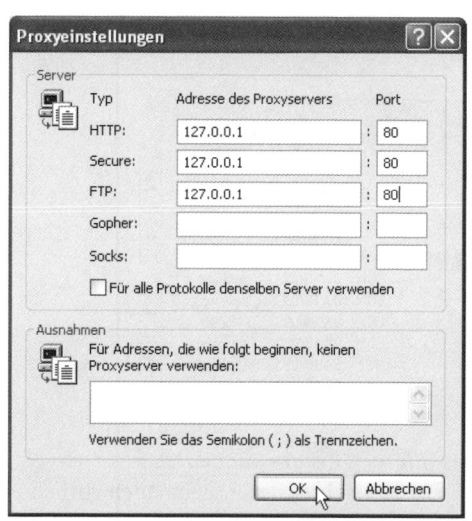

Abbildung 8.10: Die Einrichtung im Internet Explorer

Natürlich bietet Ihnen auch Netscape den Zugang über einen heimischen Proxyserver. Im *Bearbeiten*-Menü finden Sie die *Einstellungen* der Abbildung 8.11.

Abbildung 8.11: Im Navigator auf dem Weg zum Proxy

209

Workshop 8 – Anonymes Surfen plus Firewall

5 Aktivieren Sie darin *Proxies* und tragen Sie die *127* usw. als *HTTP*, *SSL* und *FTP* ein (siehe Abbildung 8.12).

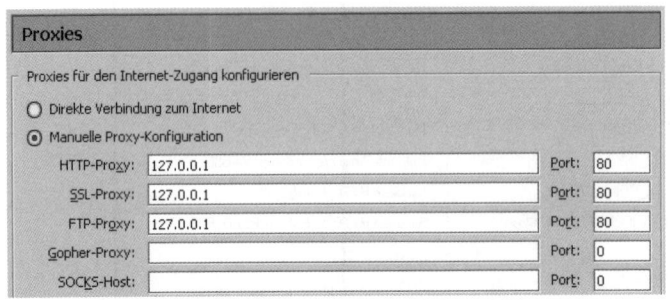

Proxies			
Proxies für den Internet-Zugang konfigurieren			
○ Direkte Verbindung zum Internet			
⦿ Manuelle Proxy-Konfiguration			
HTTP-Proxy:	127.0.0.1	Port:	80
SSL-Proxy:	127.0.0.1	Port:	80
FTP-Proxy:	127.0.0.1	Port:	80
Gopher-Proxy:		Port:	0
SOCKS-Host:		Port:	0

Abbildung 8.12: Die Umschaltung von Direkte Verbindung auf Proxy

6 Die Aktivierung/Deaktivierung des Internetzugangs über einen Proxyserver können Sie grundsätzlich in den Browsern selbst vornehmen. Doch ehrlich gesagt ist das eine ganz schöne Klickerei. Einfacher geht's direkt in A4P, wenn Sie die *Direktverbindung* z.B. per Rechtsklick auf das A4P-Symbol neben der Uhr aktivieren (siehe Abbildung 8.13).

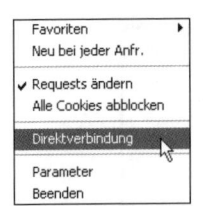

Favoriten ▶
Neu bei jeder Anfr.
✓ Requests ändern
Alle Cookies abblocken
Direktverbindung
Parameter
Beenden

Abbildung 8.13: Direktschaltung auf Direktverbindung

7 In den *Proxyoptionen* bestimmen Sie den Grad Ihrer zukünftigen Anonymität. Es geht etwas ans Eingemachte, da Sie Ihre anonymen Proxies nach verschiedenen Kriterien filtern können (siehe Abbildung 8.14). A4P wird die Ihrerseits aktivierten Eigenschaften bei allen Proxies der eingebauten Liste checken und diese Proxies dann entweder zulassen oder deaktivieren.

PROFITIPP

Ein besonderer Leckerbissen erwartet Sie noch unter den *Browseroptionen* der Abbildung 8.15. Hier können Sie die vielen Variablen, die ein Browser benutzt und in die Welt posaunt (unter anderem Ihre Nationalität), selber mit sinnvollen oder sinnlosen Eingaben korrigieren – und natürlich auch löschen. Beachten Sie auch, dass sich in dieser Bildschirmmaske die lieben Cookies ebenfalls blocken lassen.

Die Konfiguration von Anonymity 4 Proxy

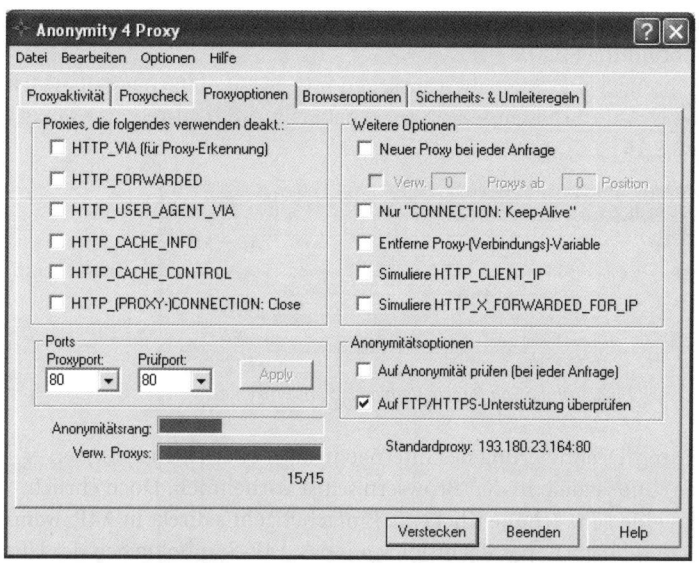

Abbildung 8.14: Nur einige von vielen Optionen

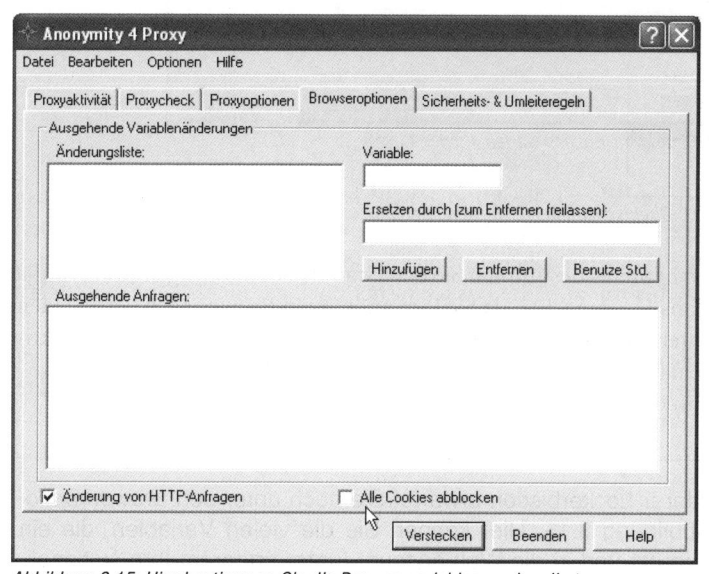

Abbildung 8.15: Hier bestimmen Sie die Browservariablen noch selbst.

Sollten Sie sich bei der einen oder anderen Variablen nicht auskennen, kann ich Sie beruhigen. Die Profis von Inetprivacy haben den A4P sinnvoll voreingestellt. Und an ein paar Variablen werden wir gleich auch selbst noch drehen!

8.3 Die Anwendung von Anonymity 4 Proxy

So schrecklich diese vielen Zahlen auch aussehen mögen, so einfach gestaltet sich die Benutzung unseres A4P. Schauen wir etwas genauer in die Registerkarte *Proxycheck* (siehe Abbildung 8.16).

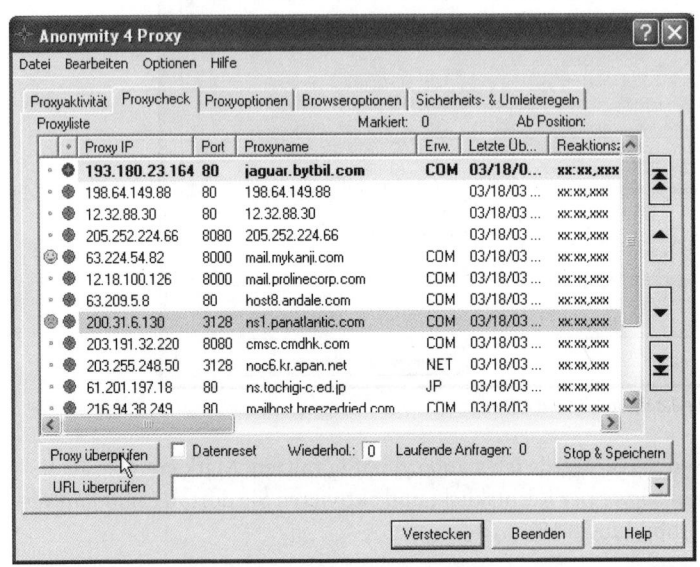

Abbildung 8.16: Die Standard-Proxies warten auf den Check.

Zunächst sind sicherlich die Reaktionszeiten des Proxys wichtig, denn wir wollen unsere zukünftigen Internetverbindungen nicht noch weiter verlangsamen. Sie erkennen das Datum der letzten Überprüfung und die zu diesem Zeitpunkt gemessene Reaktionszeit. Wobei mir auffällt, dass ich bisher noch gar nichts habe messen lassen.

1. Aktivieren Sie einen der Server und klicken Sie anschließend auf *Proxy überprüfen*. Wiederholen Sie diesen Vorgang für eine Ihnen genehme Auswahl. Ich checkte kurz meine Proxies (siehe Abbildung 8.17).

Die Anwendung von Anonymity 4 Proxy

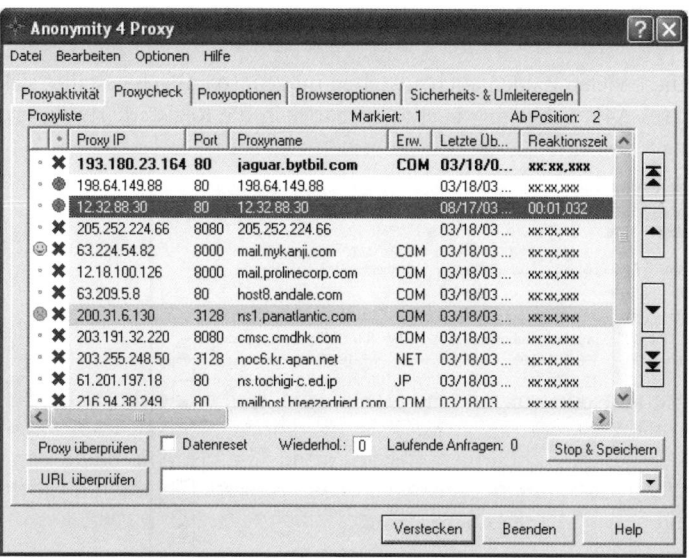

Abbildung 8.17: Die 12.32.88.30 sieht gut aus.

2   Ich denke, diesen Server werde ich standardmäßig nutzen. Markieren Sie auch Ihren schnellsten Server per Rechtsklick, und aktivieren Sie dort *Als Standard verwenden* (siehe Abbildung 8.18).

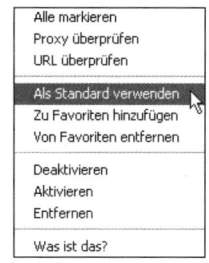

Abbildung 8.18: Der schnellste Server als Standard

3   Mein Standard wird auch symbolisch als Standard ausgezeichnet, anschließend sortiere ich ihn über die rechten Pfeiltasten an die oberste Position der Anzeige (siehe Abbildung 8.19).

Workshop 8 – Anonymes Surfen plus Firewall

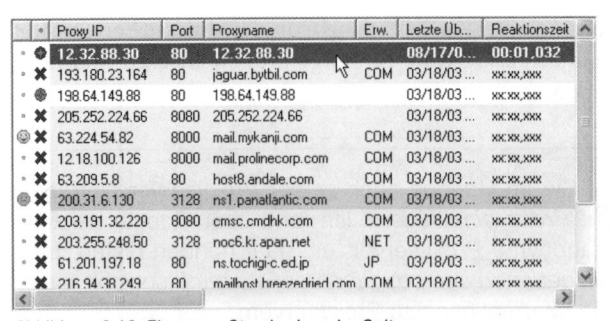

	Proxy IP	Port	Proxyname	Erw.	Letzte Üb...	Reaktionszeit
●	12.32.88.30	80	12.32.88.30		08/17/0...	00:01,032
✗	193.180.23.164	80	jaguar.bytbil.com	COM	03/18/03...	xx:xx,xxx
●	198.64.149.88	80	198.64.149.88		03/18/03...	xx:xx,xxx
✗	205.252.224.66	8080	205.252.224.66		03/18/03...	xx:xx,xxx
●✗	63.224.54.82	8000	mail.mykanji.com	COM	03/18/03...	xx:xx,xxx
✗	12.18.100.126	8000	mail.prolinecorp.com	COM	03/18/03...	xx:xx,xxx
✗	63.209.5.8	80	host8.andale.com	COM	03/18/03...	xx:xx,xxx
●✗	200.31.6.130	3128	ns1.panatlantic.com	COM	03/18/03...	xx:xx,xxx
✗	203.191.32.220	8080	cmsc.cmdhk.com	COM	03/18/03...	xx:xx,xxx
✗	203.255.248.50	3128	noc6.kr.apan.net	NET	03/18/03...	xx:xx,xxx
✗	61.201.197.18	80	ns.tochigi-c.ed.jp	JP	03/18/03...	xx:xx,xxx
✗	216.94.38.249	80	mailhost.breezedried.com	COM	03/18/03	xx:xx,xxx

Abbildung 8.19: Ein neuer Standard an der Spitze

PROFITIPP Die soeben gemessene allgemeine Geschwindigkeit eines Proxyservers kann von A4P auch spezifisch für eine bestimmte Adresse gemessen werden. Sie werden sich darüber freuen, wenn Sie z.B. eine bestimmte Adresse häufig oder lange benutzen. Diese sollten Sie dann explizit angeben und checken lassen sowie entsprechende Server auswählen.

4 Ich testete einfach mal die Adresse eines recht guten Verlages in Deutschland (siehe Abbildung 8.20). Aktivieren Sie wiederum die Proxyserver Ihrer Wahl und lassen Sie die *URL überprüfen*.

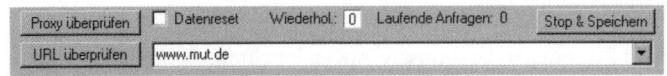

Proxy überprüfen	☐ Datenreset	Wiederhol.: 0	Laufende Anfragen: 0	Stop & Speichern
URL überprüfen	www.mut.de			

Abbildung 8.20: Ein recht guter Verlag wird gecheckt.

5 Sie wollen jetzt sicherlich gern die Ergebnisse sehen, oder? Dann scrollen Sie die Bildschirmanzeige ein wenig zur Seite, und vergleichen Sie die Messergebnisse der Abbildung 8.21.

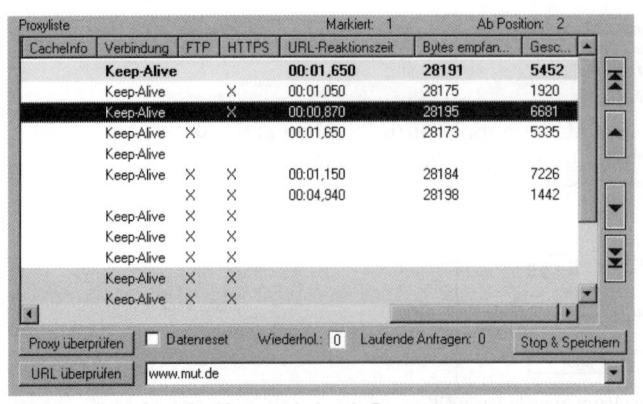

Proxyliste				Markiert: 1		Ab Position: 2	
CacheInfo	Verbindung	FTP	HTTPS	URL-Reaktionszeit	Bytes empfan...	Gesc...	
	Keep-Alive			**00:01,650**	**28191**	**5452**	
	Keep-Alive		X	00:01,050	28175	1920	
	Keep-Alive		X	00:00,870	28195	6681	
	Keep-Alive	X		00:01,650	28173	5335	
	Keep-Alive						
	Keep-Alive	X	X	00:01,150	28184	7226	
		X	X	00:04,940	28198	1442	
	Keep-Alive	X	X				
	Keep-Alive	X	X				
	Keep-Alive	X	X				
	Keep-Alive	X	X				
	Keep-Alive	X	X				

Proxy überprüfen	☐ Datenreset	Wiederhol.: 0	Laufende Anfragen: 0	Stop & Speichern
URL überprüfen	www.mut.de			

Abbildung 8.21: Die URL-Messergebnisse je Proxyserver

Die allgemeine erste Messung kann also durchaus von der differenzierten Messung abweichen. Sie müssen einfach selber Ihre Lieblingsadressen checken und die beste Auswahl zum Standard erklären.

> **PROFITIPP**
>
> Beachten Sie, dass Sie im Übrigen auch selber Proxyserver eintragen können (*Bearbeiten, Proxy hinzufügen*). Ich fand über Google bei Eingabe des Begriffs „anonyme Proxyserver" ein paar hundert Listen. Und unter *http://www.uiii.net/anonyme-proxy-server-liste.html* sowohl Liste, als auch ergänzende Informationen zu Proxyservern.

8.4 Was sagen unsere Firewalls zu Anonymity 4 Proxy?

Anonymity 4 Proxy stellt selber einen Proxyserver dar, der grundsätzlich als Server auf unserem Rechner oder im Netz agiert. A4P garantiert uns die Verschleierung unserer eigenen IP-Adresse, wenn wir im Internet surfen. Ideal wäre es nun natürlich, diesen A4P auch noch mit unseren Firewalls zu verknubbeln. Anonym surfen und zusätzlich gegen Trojaner und Co. geschützt zu sein, das hat was! Bin gespannt, ob wir das hinbekommen! Probieren wir es aus.

1. Der erste Test mit ZoneAlarm lässt unsere Augen leuchten: ZoneAlarm erkennt Anonymity 4 Proxy als neues Programm. Wir müssen nur noch angeben, dass der Ausgang ins Netz genehmigt ist (siehe Abbildung 8.22).

Abbildung 8.22: ZoneAlarm braucht unser OK.

2. Auch Outpost passt wie immer auf: Wir können für *Anonymity 4 Proxy* die benötigte Genehmigung erteilen (siehe Abbildung 8.23).

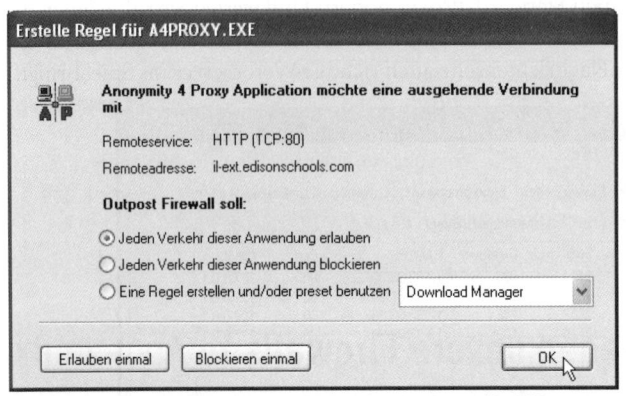

Abbildung 8.23: Auch Outpost braucht eine Genehmigung für A4P.

3. Und auch bei Sygate wiederholt sich dasselbe Spielchen. Ich gebe mein *Yes*, mehr ist auch bei Sygate nicht zu tun (siehe Abbildung 8.24).

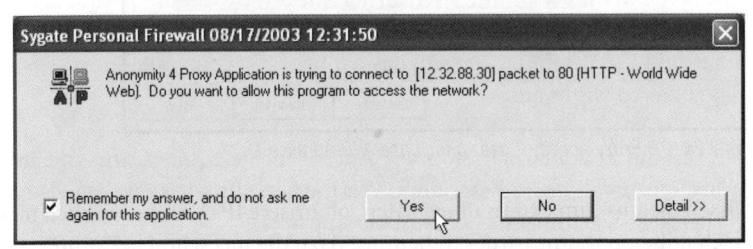

Abbildung 8.24: Auch an Sygate kommt a4proxy nicht ungefragt vorbei.

Es sind also keinerlei Konflikte beim Einsatz von A4P zu erwarten. So können wir nun die Arbeitsweise von Anonymity 4 Proxy überprüfen.

8.5 Die Kontrolle von Anonymity 4 Proxy

Anonymity 4 Proxy kann uns ja viel erzählen. Wir sehen ja nicht, welche Informationen über uns wirklich da draußen im dunklen Internet ankommen. Andererseits kenne ich ein paar gute Adressen, die uns eben das sagen, was Sie von uns wissen. Und die schauen wir uns jetzt mal an.

Die Kontrolle von Anonymity 4 Proxy

1. Einen ersten Hinweis über unsere zukünftige anonyme Identität entnehmen Sie der Registerkarte *Proxyaktivität* (siehe Abbildung 8.25). Als *Host IP* wird die *IP-Adresse* Ihres neuen anonymen Standard-Proxys notiert! Und werfen Sie ruhig einen Blick auf die kontaktierten Hosts: Zu Ihrem Erstaunen werden Sie feststellen, dass der Aufruf so mancher Nachrichtenseite auch richtige Werbeserver ins Spiel bringt.

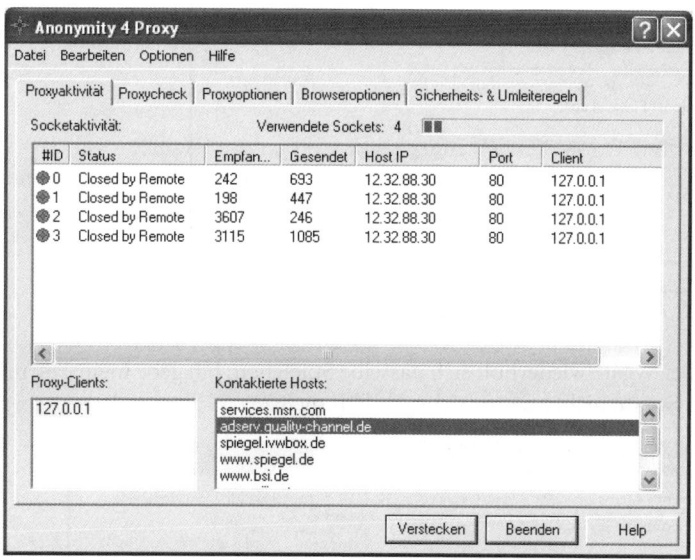

Abbildung 8.25: Die Proxy Activity – ganz ohne unsere IP-Adresse

2. Doch lassen Sie uns nun extern überprüfen, ob unsere IP-Adresse wirklich nicht mehr nach außen posaunt wird! Ich benutze dazu die uns schon bekannte Adresse *http://scan.sygate.com*. Der dortige *Quick Scan* fördert wie gewohnt *IP-Adresse*, *Betriebssystem* und *Browser* zutage (siehe Abbildung 8.26).

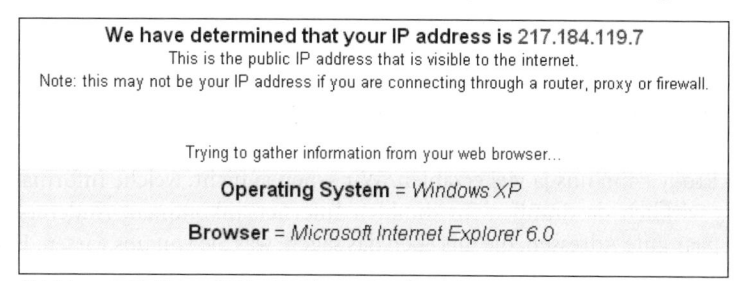

> **We have determined that your IP address is 217.184.119.7**
> This is the public IP address that is visible to the internet.
> Note: this may not be your IP address if you are connecting through a router, proxy or firewall.
>
> Trying to gather information from your web browser...
>
> **Operating System** = *Windows XP*
>
> **Browser** = *Microsoft Internet Explorer 6.0*

Abbildung 8.26: Meine übliche IP-Adresse ist offensichtlich weltbekannt.

3. Mit aktiviertem *Anonymity 4 Proxy* ist es Sygate jedoch erstmals nicht gelungen, unsere *IP-Adresse* zu ermitteln. Mehr noch, auch *Betriebssystem* und *Browser* blieben im Dunkeln! Entsprechende Anfragen brachten nur eine dicke, fette *Error-*

Workshop 8 – Anonymes Surfen plus Firewall

Meldung (siehe Abbildung 8.27). Mit diesen Meldungen müssen sich also nun die Marketingunternehmen herumschlagen, die Sie bisher anhand Ihrer IP-Adresse gescannt haben! Sorry, Sygate, war nicht bös gemeint!

Error

FW-1 at daas-firewall: Access denied.

Abbildung 8.27: Statt IP, Betriebssystem und Browser nur noch Error!

4 In einem letzten Test wollen wir nun checken, ob unsere IP auch wirklich verschleiert wird. Denn genau das wäre für unseren Bedarf das Wichtigste! Ohne die Aktivierung von Anonymity 4 Proxy surfe ich zu *http://browsercheck.qualys.com/* (siehe Abbildung 8.28).

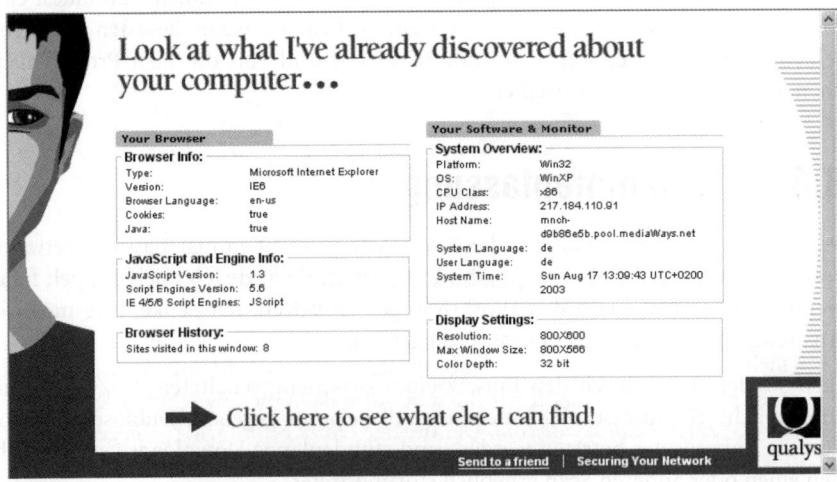

Abbildung 8.28: Die wissen eine Menge über uns!

5 Hier wird mir ganz deutlich, neben vielen anderen Infos über meinen Rechner, eben wieder meine echte IP angezeigt (siehe Abbildung 8.29)!

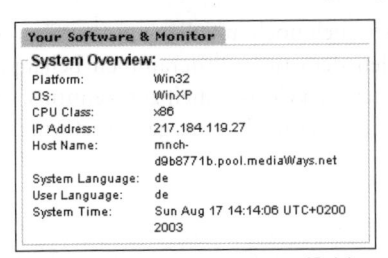

Abbildung 8.29: Die nicht anonyme IP-Adresse

> **6** Doch nach der Aktivierung von A4P lässt sich auch Qualys täuschen! Selbst diese Profis in Sachen IP-Adressen und mehr erkennen nur noch die IP-Adresse unseres zwischengeschalteten Proxys (siehe Abbildung 8.30).

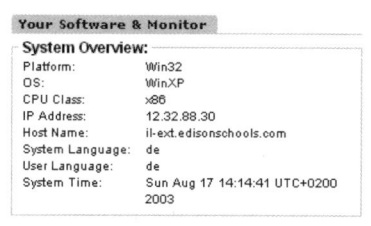

```
Your Software & Monitor
System Overview:
Platform:         Win32
OS:               WinXP
CPU Class:        x86
IP Address:       12.32.88.30
Host Name:        il-ext.edisonschools.com
System Language:  de
User Language:    de
System Time:      Sun Aug 17 14:14:41 UTC+0200
                  2003
```

Abbildung 8.30: Wir sind wieder anonym!

Genau das war unsere Absicht! Unsere IP-Adresse wird endlich nicht mehr in die ganze Welt posaunt. Die Nutzung von Anonymity 4 Proxy dürfte zumindest einige Marketingfirmen an den Rand der Verzweiflung bringen, wenn diese den zwischengeschalteten Proxyserver mit Spam bombardieren und von dortigen Profis entsprechende Antworten zurückerhalten.

8.6 Zusammenfassung

Vielleicht wussten Sie zu Beginn dieses Workshops nicht einmal, dass es so etwas wie anonyme Proxyserver überhaupt gibt. Entsprechend würde ich mich doppelt freuen, wenn Sie mir quer durch den Workshop gefolgt wären. Ich denke, Ihre möglichen Anstrengungen haben sich in jedem Fall gelohnt.

Insbesondere wird durch den Einsatz eines zwischengeschalteten Proxyservers nun Ihre übliche IP-Adresse nicht mehr überall bekannt gegeben. Dubiose Chatrooms können unbesorgter betreten werden, und stundenlange Downloads verlaufen ohne den einen oder anderen Scan erheblich störungsfreier.

Weiterhin sahen Sie, dass Sie auch Daten, die Ihr Browser mir nichts, dir nichts von sich gibt, kontrollieren und auf Wunsch sogar modifizieren können. Ich denke, es ist voll o. k., wenn Sie über Ihre Daten verfügen und nicht irgendeine Webseite.

Zu allem Überfluss arbeitet Anonymity 4 Proxy auch noch mit allen unseren Firewalls zusammen; was man wirklich nicht von allen derartigen Programmen behaupten kann. Doch wir nehmen es mit der üblichen heiteren Gelassenheit zur Kenntnis, dass die Sicherheit durch Firewalls nun durch Anonymität noch etwas gesteigert wurde.

Workshop 9

Professionelle Firewalls

In den vorhergehenden Workshops analysierten wir drei kostenlose Firewalls: Installation, Konfiguration, Filter und Logfiles standen auf dem Programm. Auch interne und externe Angriffe hielten unsere drei Firewalls aus! Sie machten nicht einmal Probleme, wenn es um die Integration eines Proxyservers ging, damit wir anonym im Netz unterwegs sind. Und ich glaube, mit allen drei Firewalls können wir gut leben. Zumindest sind wir mit jedem der drei ungleich sicherer im Netz unterwegs als ohne!

Zur Ergänzung möchte ich Ihnen nun in diesem Workshop zwei kostenpflichtige Firewalls vorstellen: McAfee Firewall und Norton Personal Firewall. Beide kosten um die 50 Dollar, beide gibt's günstiger in Kombination mit Antiviren-Software und weiteren Sicherheitsmodulen verschiedenster Art.

McAfee ist meines Erachtens der wirklich intuitivst anzuwendende Firewall, Norton bietet die mit Abstand meisten Funktionen. Ich empfehle Ihnen, zunächst McAfee anzuschauen, insbesondere, wenn Sie Einsteiger auf diesem Gebiet sind. Andererseits, wenn Sie die drei Freeware hinter sich gebracht haben, wird Sie auch Norton nicht mehr groß aus der Fassung bringen!

Wie auch immer, ich wünsche Ihnen viel Freude beim Studium dieses Workshops. Die Software finden Sie übrigens ebenfalls auf der Buch-CD – Hinweise gibt's bei den jeweiligen Firewalls.

9.1 McAfee Firewall – bequemer geht's kaum!

Es sollte mich wundern, wenn Sie den Namen McAfee noch nicht gehört hätten. Seit Jahren stehen diese Leute für Datensicherheit, bevorzugt auf dem Gebiet der Virenbekämpfung. Und was liegt näher, als die dabei gesammelten Systemerfahrungen auch in andere Produkte einfließen zu lassen? So entstand vor einigen Jahren der erste Firewall; inzwischen steht die Version 4.0 zur Verfügung und ist Thema dieses Workshops.

Sie können wirklich einfachstes Arbeiten bei gleichzeitig sehr hohem Schutz erwarten! Wenn Sie wollen, können Sie alles automatisch erledigen lassen. Nur wird Ihnen das längst nicht so viel Freude bereiten, wie einen möglichen Angreifer bis zu seinem Internetanschluss zurückzuverfolgen! Das und viel mehr ist möglich, und das schauen wir uns jetzt an.

> **AUF DER CD-ROM**
>
> Auf der Buch-CD finden Sie mit *mcafeefw.exe* eine Trial-Version, die Sie 30 Tage ausprobieren können. Danach müssen Sie sich entscheiden, ob Sie das Produkt für rund 45 Euro kaufen. Sie finden entsprechende Hinweise in der Trial-Version oder unter *www.nai.com*.

9.2 Die Installation – ohne jede Mühe

Neben Sicherheit wird in jedem Fall auch Benutzerfreundlichkeit groß geschrieben, wie Sie an den folgenden einfachen Schritten unmittelbar erkennen werden.

1 Ein herzliches *Willkommen* zur Begrüßung, da kann man sich etwas entspannter zurücklehnen (siehe Abbildung 9.1).

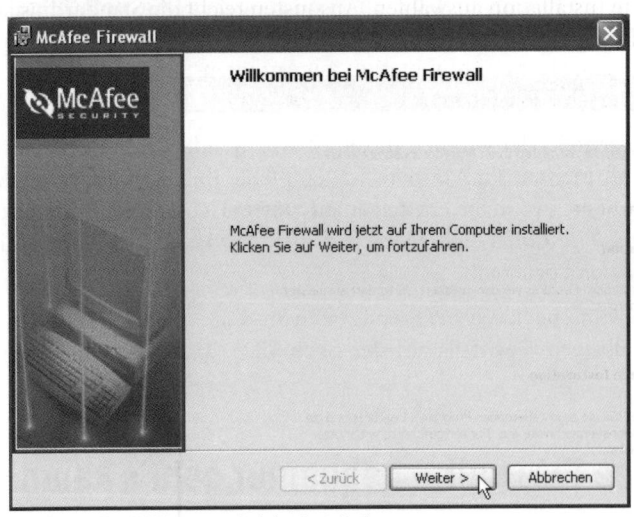

Abbildung 9.1: Willkommen bei der Installation

Die Installation – ohne jede Mühe

2 Die sich anschließenden *Lizenzvereinbarungen* können Sie sich in vielen verschiedenen Versionen durchlesen. Ich habe zur Abwechslung mal das japanische EULA abgehakt. Auch von der deutschen Fassung verstehe ich nicht unbedingt mehr (siehe Abbildung 9.2).

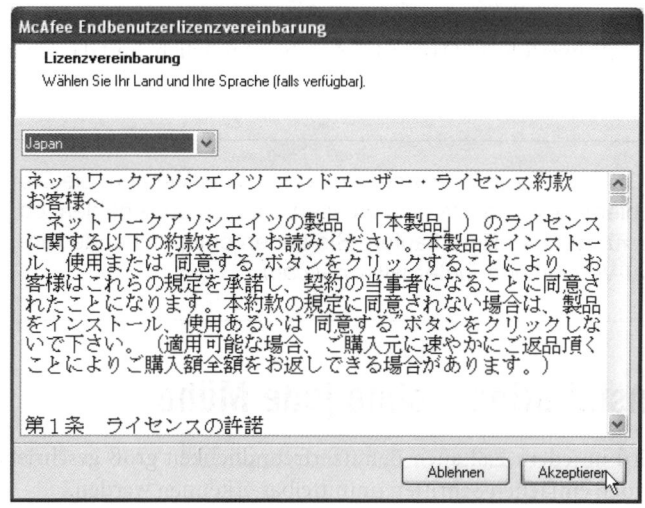

Abbildung 9.2: Endlich mal was anderes!

3 Falls Sie ein besonderes *Installationsverzeichnis* auswählen wollen, müssen Sie die benutzerdefinierte Installation auswählen. Ansonsten reicht die Standardinstallation (siehe Abbildung 9.3).

Abbildung 9.3: Benutzerdefiniert zur Änderung des Installationsverzeichnisses

Workshop 9 – Professionelle Firewalls

4 Falls Sie sich die Augen reiben, keine Bange! Die Installation ist bereits durchgelaufen! Doch wenn Sie wollen, lassen Sie gleich noch Ihre Software auf *Aktualisierungen* checken (siehe Abbildung 9.4).

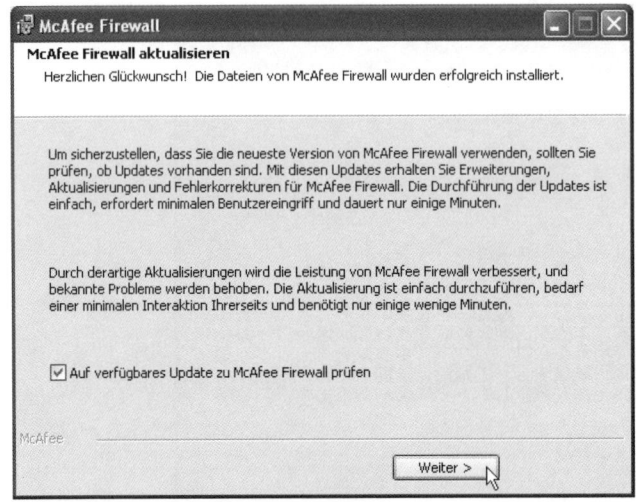

Abbildung 9.4: Automatisches Update gefällig?

5 Nach kurzer Zeit erhalten Sie eine Liste der zur Verfügung stehenden Updates. Falls Sie keine übergroßen Versionssprünge feststellen, können Sie es auch für dieses Mal zurückstellen (siehe Abbildung 9.5). Wünschenswert wäre im Übrigen die Anzeige des Download-Umfangs.

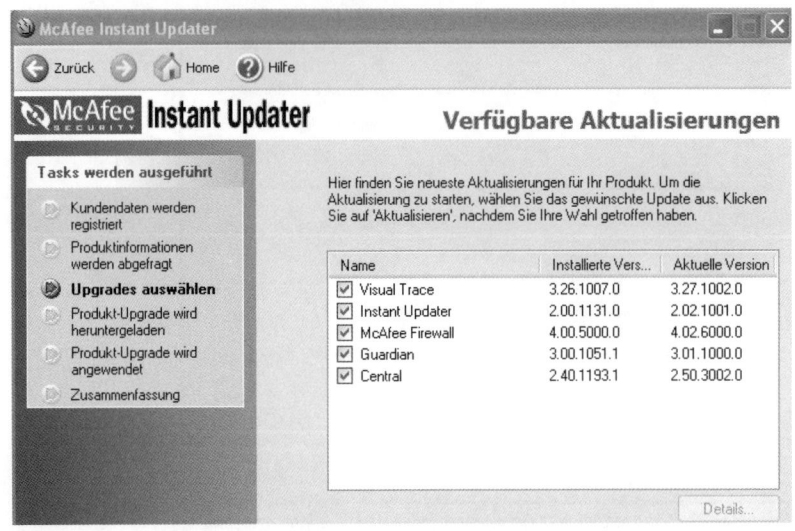

Abbildung 9.5: Wählen Sie die für Sie lohnenswerten Updates aus.

6 Aber damit sind Sie nun wirklich durch! Ihr Firewall wurde installiert und wartet nun auf die individuelle Anpassung an Ihre Bedürfnisse (siehe Abbildung 9.6).

Abbildung 9.6: Wir haben es geschafft!

Sie sind ganz außer Puste, oder? Dann ruhen Sie sich etwas aus, machen einen kleinen Spaziergang, und dann lassen wir uns von einem Assistenten bei der Konfiguration helfen.

9.3 Ein Assistent führt durch die Konfiguration

Nach der sehr einfachen Installation wird uns nun ein Assistent beim ersten Einrichten unseres neuen Firewalls helfen.

1 Und da ist er schon mit der ersten Frage hinsichtlich der Netzwerksteuerung: Sie können alles zulassen (dazu bräuchten Sie keinen Firewall), Sie können alles blockieren (dafür bräuchten Sie kein Internet), und Sie können *alles filtern*. Genau das wollen wir (siehe Abbildung 9.7)!

2 Können Sie noch? Gut, dann lassen Sie nun McAfee Firewall beim Systemstart gleich mitladen, und eventuell passt auch noch ein weiteres Symbol auf Ihr Desktop (siehe Abbildung 9.8).

Workshop 9 – Professionelle Firewalls

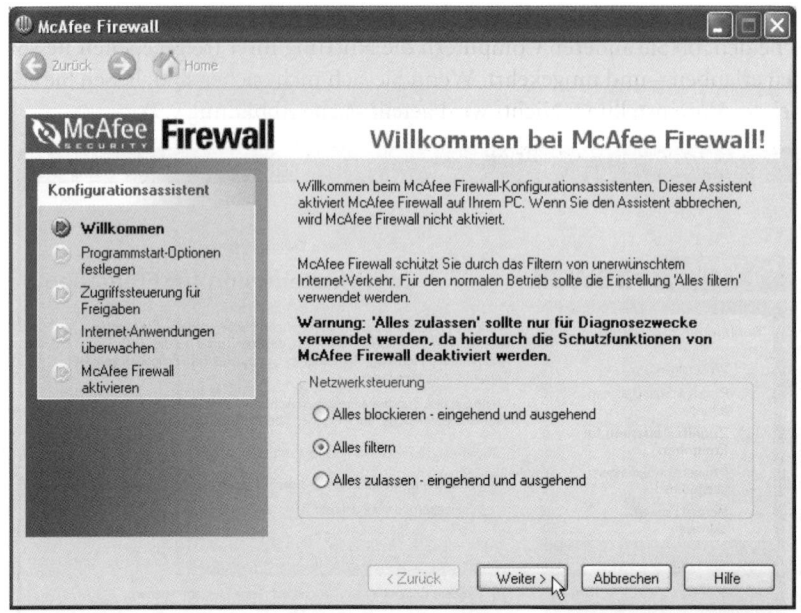

Abbildung 9.7: In wenigen Schritten durch die Konfiguration

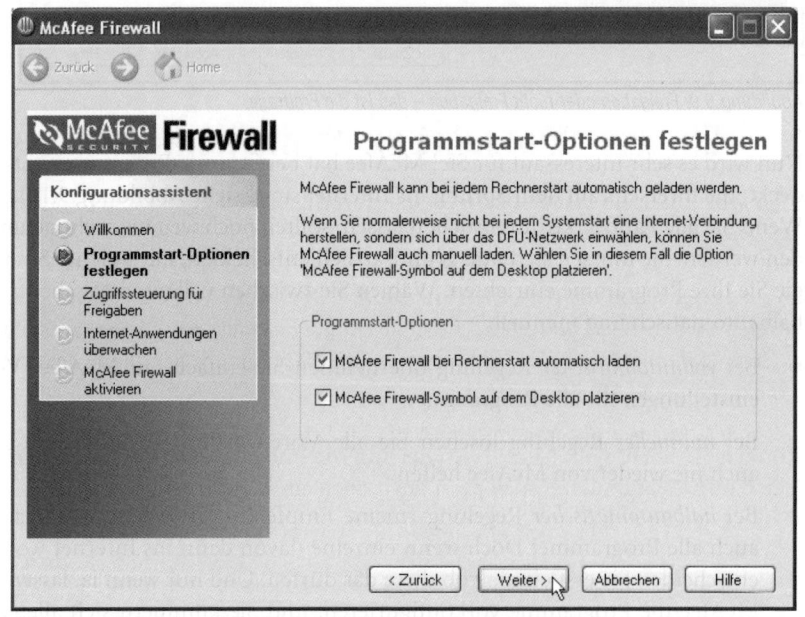

Abbildung 9.8: McAfee mit Rechner starten? Desktop-Symbol gewünscht?

Ein Assistent führt durch die Konfiguration

3 Insbesondere für die Einrichtung des Heimnetzwerkes müssen Sie sich nun entscheiden, ob Sie anderen Computern die Nutzung Ihrer freigegebenen Ressourcen erlauben – und umgekehrt. Wenn Sie sich nicht sicher sind, lassen Sie alles bei der Voreinstellung: Nichts wird geteilt (siehe Abbildung 9.9).

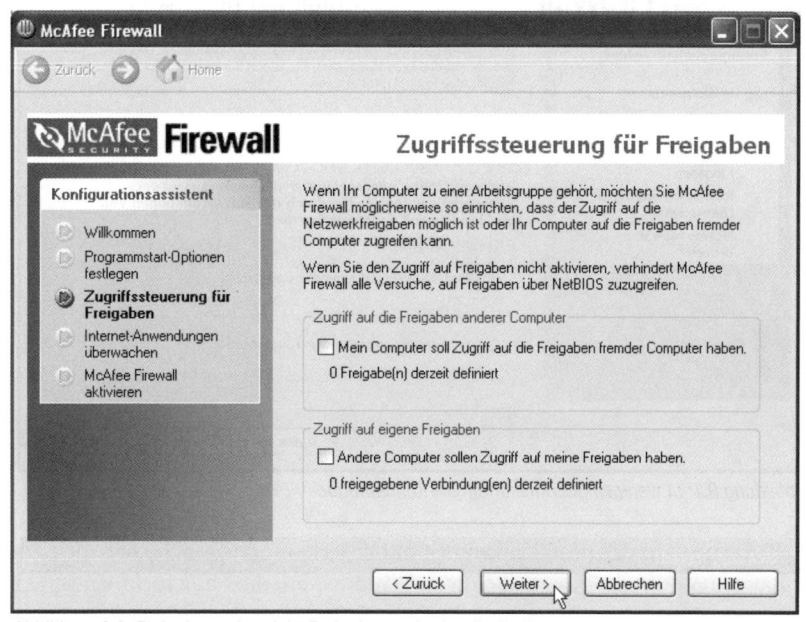

Abbildung 9.9: Freigaben oder nicht Freigaben – das ist die Freifrage.

4 Nun wird es sehr interessant für Sie! McAfee hat bereits erste Programme entdeckt, die ihrerseits auf dem Sprung ins Internet sind (siehe Abbildung 9.10). Wenn Sie alle Laufwerke durchsuchen lassen, sollten noch weitaus mehr gefunden werden. Sie müssen sich nun grundsätzlich entscheiden, mit welcher Strategie Sie Ihre Programme einrichten. Wählen Sie zwischen vollautomatisch, halbautomatisch und manuell.

- Bei *vollautomatischer* Regelung übernehmen Sie einfach nur McAfees Voreinstellungen für alle Programme.

- Bei *manueller* Regelung löschen Sie alle Voreinstellungen und lassen sich auch nie wieder von McAfee helfen.

- Bei *halbautomatischer* Regelung (meine Empfehlung) löschen Sie zunächst auch alle Programme! Doch wenn einzelne davon dann ins Internet wollen, entscheiden Sie erst einmal, ob diese das dürfen. Und nur wenn ja, lassen Sie McAfee die Programme vorkonfigurieren, und Sie kümmern sich allenfalls noch ums Feintuning! Das zeige ich Ihnen natürlich später noch.

WERKSTATT

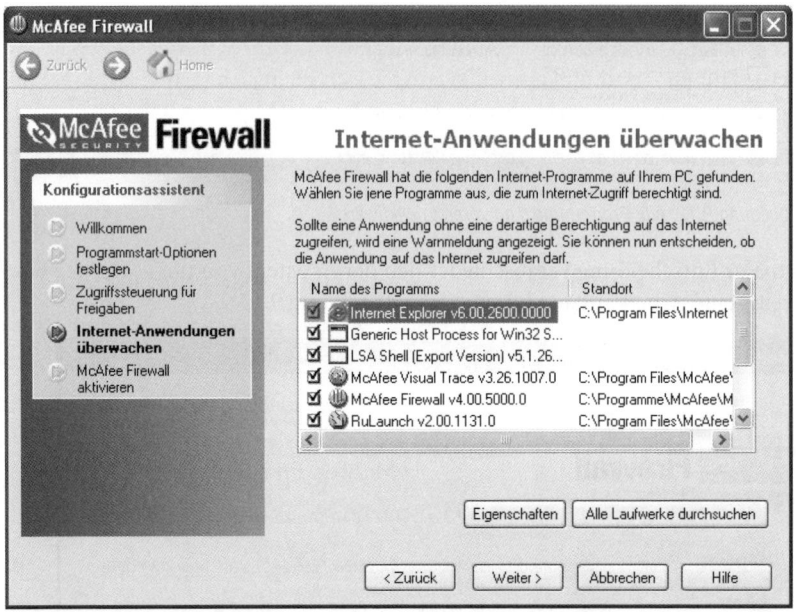

Abbildung 9.10: Eine erste Hand voll Programme, die ins Internet möchten

5 Falls Sie noch in der Entscheidungsfindung stecken: Schauen Sie sich die Latte an unbekannten Programmen allein von Windows an, die ohne mein Wissen ins Internet gehen (siehe Abbildung 9.11). Warum habe ich das Betriebssystem eigentlich installiert, wenn es überwiegend online arbeitet? Und wird sich Microsoft an meinen Surfkosten beteiligen?

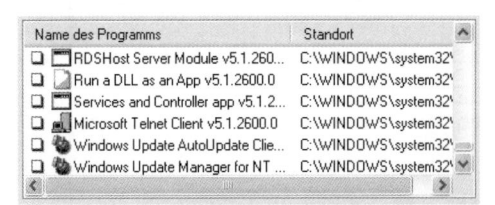

Abbildung 9.11: Arbeitet Windows überhaupt noch auf meinem Rechner?

Jedenfalls habe ich alles deaktiviert – wähle also die vorhin erwähnte halbautomatische Regelung (siehe Abbildung 9.12).

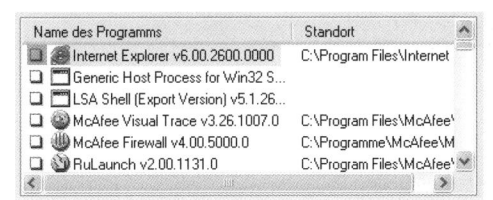

Abbildung 9.12: Alle Programme sind vorerst deaktiviert.

Nach dieser Entscheidung verabschiedet sich der Assistent von uns – McAfee Firewall ist bereit, seine Arbeit aufzunehmen (siehe Abbildung 9.13).

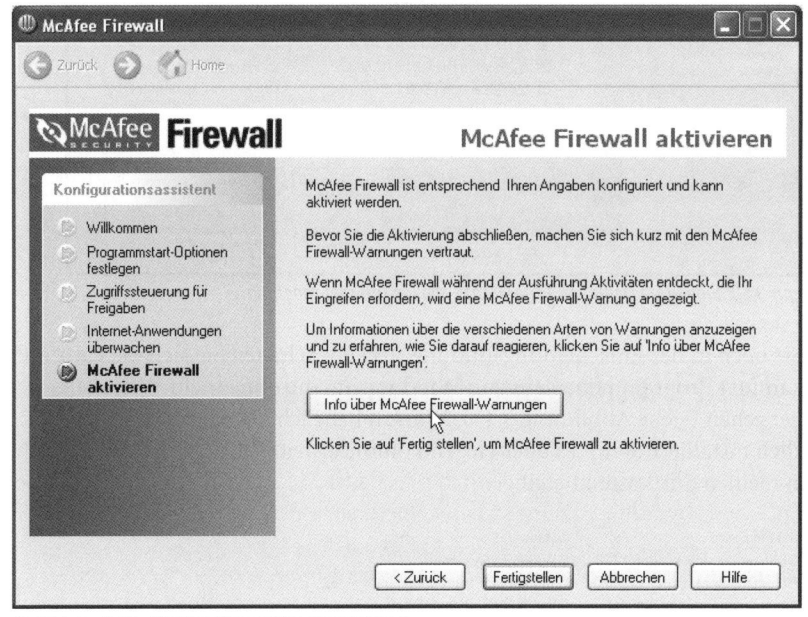

Abbildung 9.13: McAfee Firewall ist einsatzbereit.

9.4 McAfee Firewall – Home

Sie landen unmittelbar in einem wirklich übersichtlichen Menü: *McAfee Firewall Home* (siehe Abbildung 9.14). Hier erkennen Sie einige Statusinformationen, rechts unten dann Ihre aktuelle Einstellung den Programmen gegenüber (Filtern). Auf der linke Seite sehen Sie die *Tasks*, die wir uns nun anschauen werden.

Abbildung 9.14: McAfee Home – Ihre Schaltzentrale des Firewalls

9.5 Die Filterung der Programme

Einer der wesentlichen Bestandteile eines Firewalls ist die Einrichtung und Verwaltung der Befugnisse Ihrer Programme. Und ich denke, da ist McAfee ein sehr schönes Beispiel für einfaches, aber differenziertes Management gelungen. Schauen Sie es sich an!

1 Gleich zu Beginn der Tasks finden Sie das Teilmenü *Internet-Anwendungen überwachen* (siehe Abbildung 9.15). In diesem Menü verwalten Sie die dem Firewall bereits bekannten Programme. Und – ich hatte es befürchtet – der Service Manager ist auch schon wieder mit von der Partie.

Sobald Sie für ein bestehendes Programm *Anpassen* aktivieren, zeigt Ihnen McAfee die für dieses Programm vorgesehenen Filterregeln (siehe Abbildung 9.16). Im Beispiel sehen Sie einige sehr differenzierte Angaben zum Service Manager, die wir jederzeit modifizieren können, indem wir beispielsweise eine neue Regel *Hinzufügen*.

Die Filterung der Programme

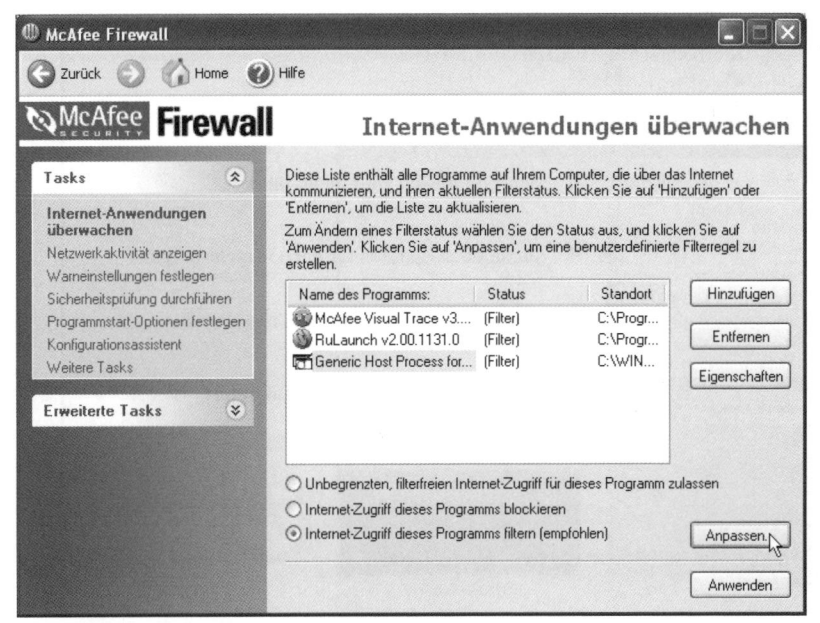

Abbildung 9.15: Der Service Manager ist immer dabei!

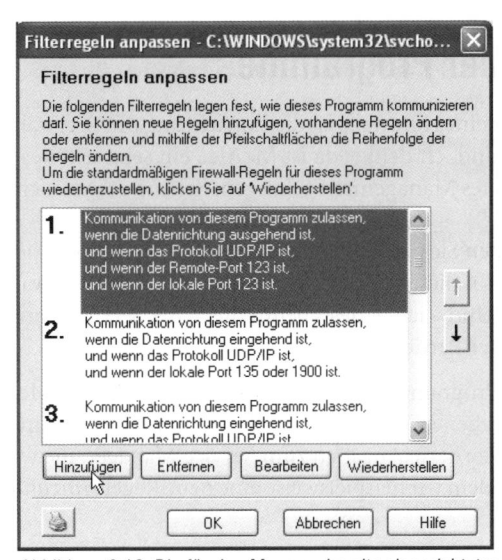

Abbildung 9.16: Die für den Manager bereits eingerichteten Regeln

Workshop 9 – Professionelle Firewalls

2   Wählen Sie aus der voreingestellten Liste die Ihrerseits geplante Aktion für das zu regelnde Programm aus. Ich möchte die *Verbindung nach Richtung blockieren* (siehe Abbildung 9.17).

Abbildung 9.17: Verbindung nach Richtung blockieren wird ausgewählt

3   Irgendwie logisch, dass ich nun auch sagen muss, aufgrund welcher Richtung blockiert werden soll (siehe Abbildung 9.18).

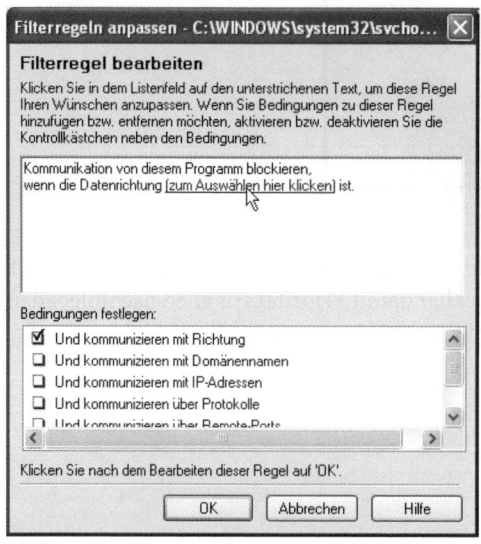

Abbildung 9.18: Blockieren bei welcher Richtung?

Die Filterung der Programme

4 Nicht mal die Richtung muss ich aufschreiben, sondern kann diese als *Eingehend und ausgehend* auswählen (siehe Abbildung 9.19).

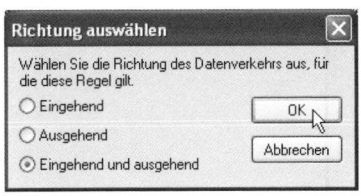

Abbildung 9.19: Eingehend und ausgehend!

5 Sie ahnen und lesen bereits, was diese Regelung bewirken wird: Kommunikation von diesem Programm blockieren, wenn die Datenrichtung entweder ausgehend oder eingehend ist (siehe Abbildung 9.20).

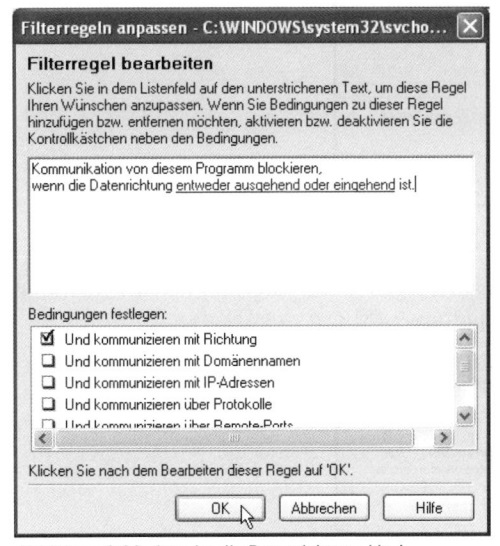

Abbildung 9.20: Jetzt ist die Datenrichtung klar!

6 Nach meinem *OK* wird die neue Regel an die erste Stelle meines Regelwerks für den Manager gesetzt. Diese Regel hat damit Priorität vor allen nachfolgenden Einträgen! Kurz gesagt, der Manager hat Hausarrest (siehe Abbildung 9.21).

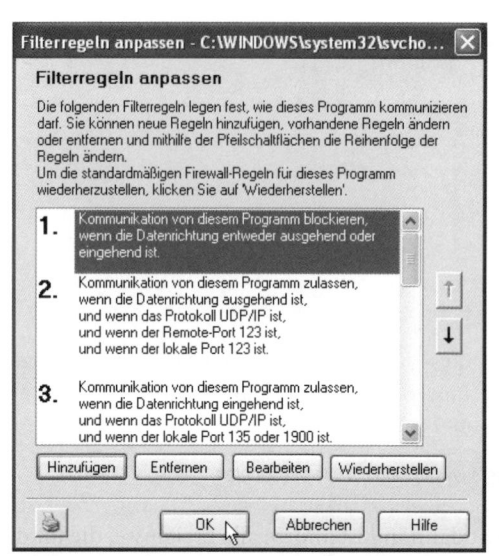

Abbildung 9.21: Die neue Regel hat höchste Priorität!

So können Sie also jederzeit recht einfach neue oder bereits erfasste Programme regeln. Wobei ich Ihnen nochmals empfehle, die Voreinstellung von McAfee vornehmen zu lassen, diese dann zu überprüfen und gegebenenfalls zu modifizieren!

9.6 Die Protokollierung der Aktivitäten

Ein weiterer wesentlicher Bestandteil eines Firewalls ist die Art und Weise, wie Informationen, insbesondere über Angriffe, zur Verfügung stehen und ausgewertet werden können. Hier bietet Ihnen McAfee nun nicht gerade das weltweit umfangreichste Sortiment an, dafür können Sie sich wiederum sehr einfach über allen Traffic schlau machen.

1. Wie Sie wahrscheinlich schon vermuten, müssen Sie dazu nur die *Netzwerkaktivität anzeigen* lassen (siehe Abbildung 9.22). In der bereits geöffneten ersten Liste können Sie, differenziert nach Programmen und einzelnen Netzwerkprotokollen, den aktuellen Traffic beobachten.

Die Protokollierung der Aktivitäten

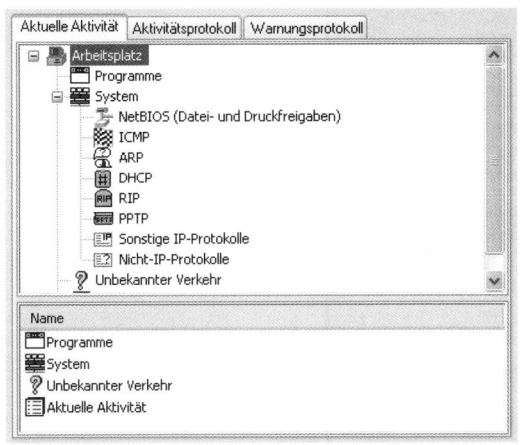

Abbildung 9.22: Programme und Dienste lassen sich einzeln beobachten.

2 Das Aktivitätsprotokoll erläutert dann in Listenform alle Ereignisse, die für das Netzwerk interessant genug zur Protokollierung waren. Sobald Sie einen Eintrag aktivieren, erhalten Sie ausführliche Informationen darüber im darunter liegenden Fenster (siehe Abbildung 9.23).

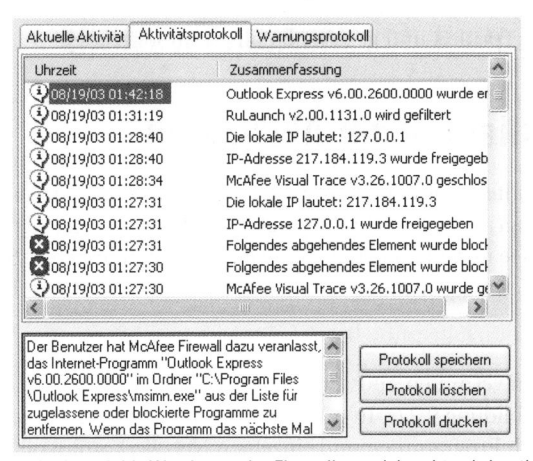

Abbildung 9.23: Was immer im Firewall vor sich geht, wird notiert.

3 Von besonderem Interesse sind natürlich die versuchten Angriffe von außen! Über diese führt McAfee im Warnungsprotokoll sauber Buch (siehe Abbildung 9.24). Sie finden hier aber auch Ihre blockierten Daten wieder, die Sie aufgrund einer zu strengen Regel nun nicht mehr ins Netz bringen.

235

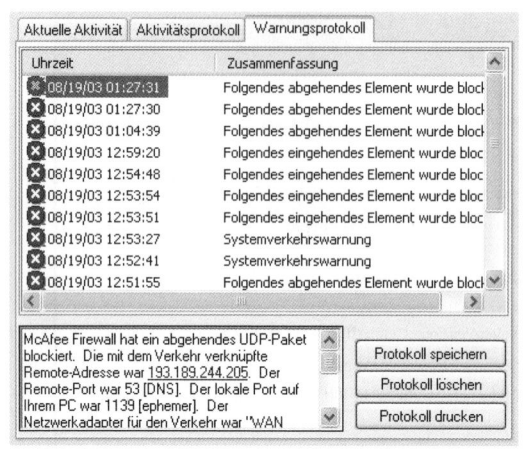

Abbildung 9.24: Alle Warnungen auf einen Blick!

Ein Schmankerl, wie auch die Japaner sagen, erwartet Sie noch zum Schluss dieses Kapitels. Wir werden dort einen vermeintlichen Angreifer direkt aufspüren. Freuen Sie sich!

9.7 Weitere Optionen des McAfee Firewalls

Ich denke, Sie würden bereits mit der nunmehr bekannten Funktionalität des Firewalls gut leben können (insbesondere sicherer). Und Sie könnten die restlichen Optionen ohne weiteres voreingestellt stehen lassen. Allerdings würden Ihnen dann ein paar Möglichkeiten entgehen, die Sie bei keinem anderen Firewall finden. Schauen Sie mal rein!

Stellen Sie sich vor, Sie bügeln gerade wieder das Nachthemd Ihrer Partnerin, während ein längerer Musiktausch übers Netz tröpfelt. Da Sie schon mehrere Löcher ins Nachthemd gebrannt haben, trauen Sie sich nicht mehr, auf den Monitor zu schauen! Von den vielen Alarmmeldungen des Firewalls bekommen Sie also nichts mit, oder? Doch!

McAfee bietet Ihnen die Möglichkeit, sich durch unterschiedliche *Alarmsirenen* von Ungereimtheiten auf der Leitung informieren zu lassen (siehe Abbildung 9.25). Eine tolle Sache, wenn Sie nur nicht wieder das Bügeleisen auf dem Nachthemd stehen lassen, wenn Sie zum Monitor rennen. Denn dann hören Sie bald eine weitere Sirene!

Ein weiteres Bonbon bietet Ihnen McAfee mit der integrierten *Sicherheitsprüfung*. Sobald Sie einen größeren Teil an Regeln erstellt haben, können Sie diese von McAfee Firewall auf Nonsens und mehr überprüfen lassen (siehe Abbildung 9.26). Natürlich können Sie auch die Regeln, die McAfee aufstellt, überprüfen lassen.

Weitere Optionen des McAfee Firewalls

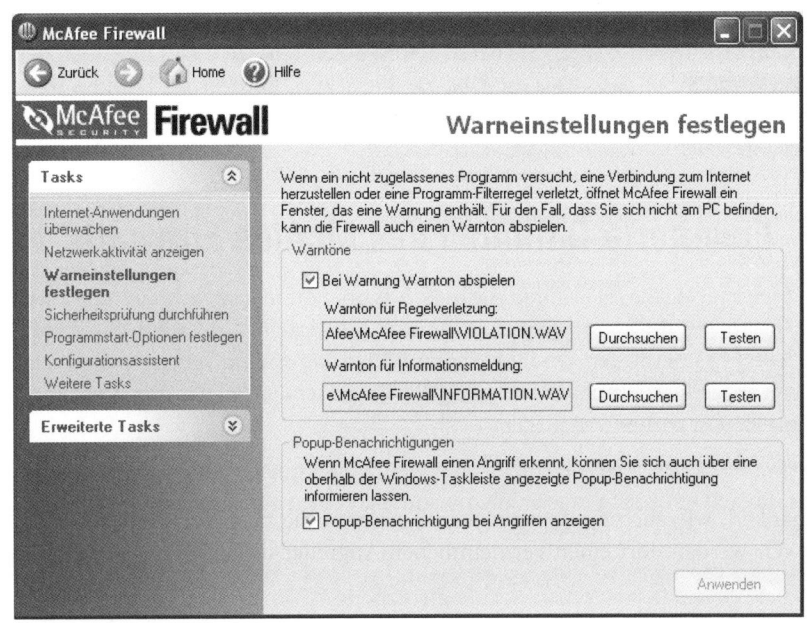

Abbildung 9.25: Lassen Sie sich beim Fernsehen wecken!

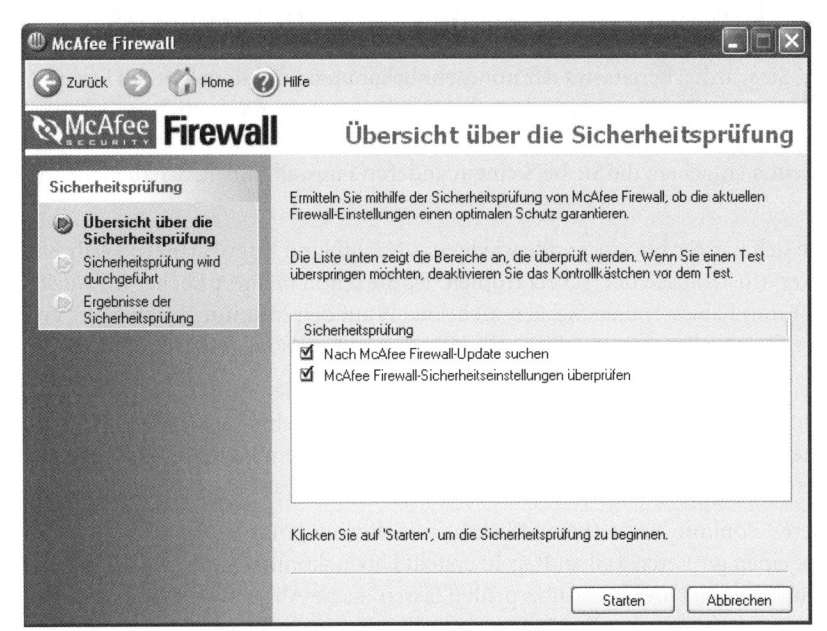

Abbildung 9.26: McAfee überprüft Ihre Einstellungen.

237

Zu den *Programmstart-Optionen* muss ich Ihnen nichts mehr sagen, und auch den *Konfigurations-Assistenten* kennen Sie bereits. Somit bleibt in den Tasks nur noch der Visual Trace übrig. Aber das soll ja die Überraschung zum Ende dieses Kapitels sein. Sie müssen also noch etwas warten! Vorher geht's noch in die erweiterten Optionen des McAfee Firewalls.

9.8 Erweiterte Optionen des McAfee Firewalls

In diesem Menü regeln Sie im Grunde alles das, was über die allgemeine Nutzung eines einzelnen Rechners im Kampf gegen das Internet hinausgeht. Und wenn Sie diesen Abschnitt lediglich überfliegen, macht es nichts. Versuchen Sie einfach, ein paar Stichpunkte ins Langzeitgedächtnis zu übertragen. Vergessen Sie nicht, entsprechende Übertragungsregeln vorher festzulegen!

Das *Heimnetzwerk* richtet McAfee mehr oder weniger automatisch für Sie ein. Beantworten Sie einfach ein paar Fragen (auch wenn Sie keinen Preis gewinnen können), anschließend sollte alles in Butter sein.

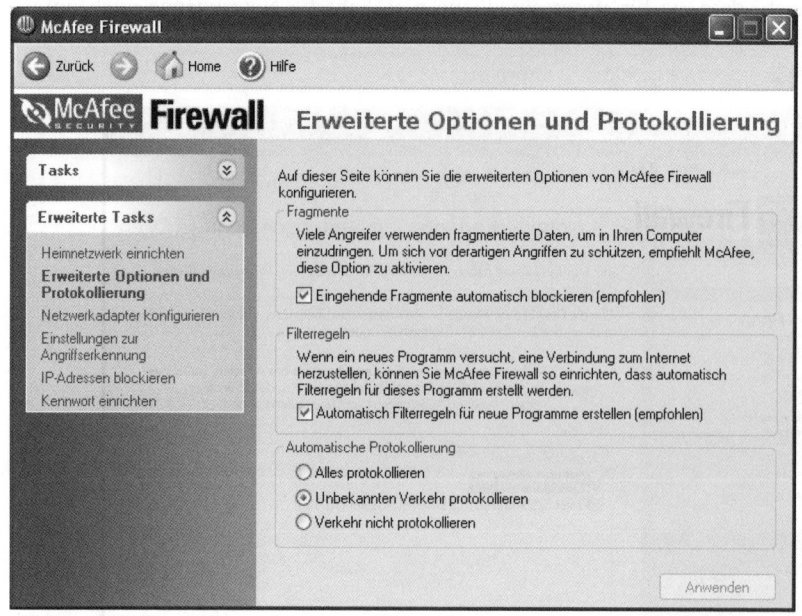

Abbildung 9.27: Einzelheiten zu Fragmenten, Filterregeln und Umfang der Protokollierung

Schwieriger wird es in den *erweiterten Optionen und Protokollierung*.

- Es beginnt mit den so genannten *Fragmenten* (siehe Abbildung 9.27), die Sie empfohlenerweise blockieren sollen. Das kann ich Ihnen eigentlich für einen privaten Rechner nicht raten. Die Angriffe gegen einen privaten Rechner mittels zu

Erweiterte Optionen des McAfee Firewalls

großer oder überlappender Fragmente sind doch eher selten. Und so kann es sein, dass Sie das Kind mit dem Bade ausschütten, weil korrekt fragmentierte Pakete geblockt werden. Vielleicht hilft ein Kompromiss: *Blockieren* Sie, aber sobald Sie unangenehme Veränderungen Ihres individuellen Surfverhaltens feststellen, nehmen Sie probeweise die fragmentierten Packerl wieder an.

- Bei den *Filterregeln* der Abbildung 9.27 können wir sehr wohl der Empfehlung folgen, diese automatisch voreinstellen zu lassen. Aber machen Sie sich hin und wieder die Mühe und schauen sich an, was McAfee da alles einstellt. Wir werden dazu gleich noch ein Beispiel sehen.

- Letztlich können Sie in der Abbildung 9.27 noch den *Umfang der Protokollierung* festlegen: Alles, nichts, unbekannt. Vielleicht schauen Sie sich zu Beginn einfach mal *Alles* an. Sobald Sie Ihren Firewall gut genug verstehen, wenden Sie sich wieder dem *Unbekannten* zu (fast wie im wirklichen Leben).

Ups, nun sind wir doch tatsächlich noch in einem eher technisch anmutenden Menü gelandet: *Netzwerkadapter-Einstellungen konfigurieren* (siehe Abbildung 9.28). Das klingt gar nicht gut, eher sehr gut! Wir gehen auf die Feinheiten nicht ein, doch Sie merken sich, dass Sie für unterschiedliche physikalische Netzzugänge auch unterschiedliche Regelungen des Zugangs konfigurieren können (z.B. Heimnetzwerk und Internet).

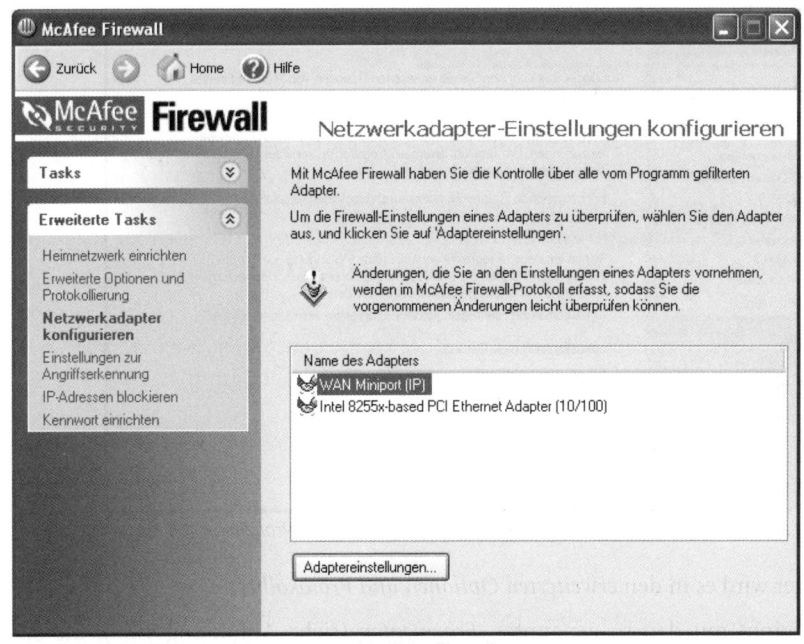

Abbildung 9.28: Für jeden Adapter unterschiedliche Einstellungen

Halt, eine Kleinigkeit muss ich Ihnen doch noch kurz erklären! Wenn Sie sich die Registerkarte *ICMP* in den *Adaptereinstellungen* anschauen, dann sehen Sie, dass McAfee rigoros alles geblockt hat (siehe Abbildung 9.29). Was natürlich das Sicherste ist, doch könnte es sein, dass nun einige Ihrer Programme (z.B. bestimmte Hackertools) nicht mehr richtig laufen. Sollten Sie derartige Erfahrungen machen, erweitern Sie die Programmregeln entsprechend – aber nicht zu üppig!

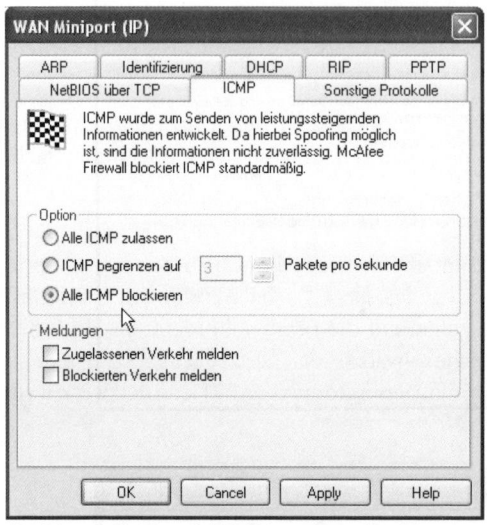

Abbildung 9.29: Hier wird ICMP komplett geblockt!

Einfacher wird es nun aber wieder in den *Einstellungen zur Angriffserkennung* der Abbildung 9.30. Beachten Sie lediglich, dass die Erkennung von Angriffen manchmal auch fälschlicherweise ausgelöst wird (wenn z.B. Ihr Provider auf Ihrem Rechner nach Servern sucht). Es kann dann sein, dass Ihr Rechner blockiert wird! Aber Sie wissen ja jetzt, dass Sie die Blockade per Mausklick lösen können! Unsere Psychologen brauchen Jahre dazu ...

Das nächste Menü ist wieder selbsterklärend! Sie können einzelne *IP-Adressen blockieren* oder *zulassen*. Klicken Sie einfach auf *hinzufügen* der Abbildung 9.31, und füllen Sie das sich anschließende Menü entsprechend aus.

Erweiterte Optionen des McAfee Firewalls

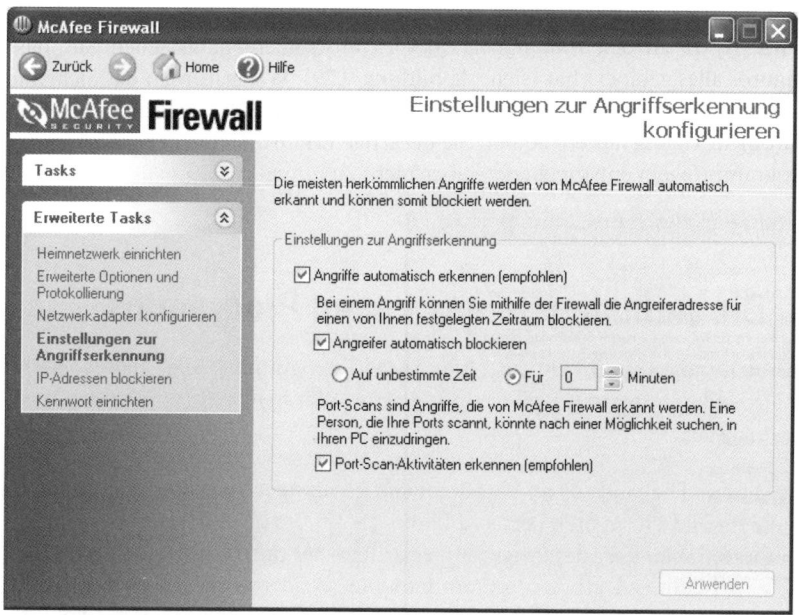

Abbildung 9.30: Was tun bei einem Angriff?

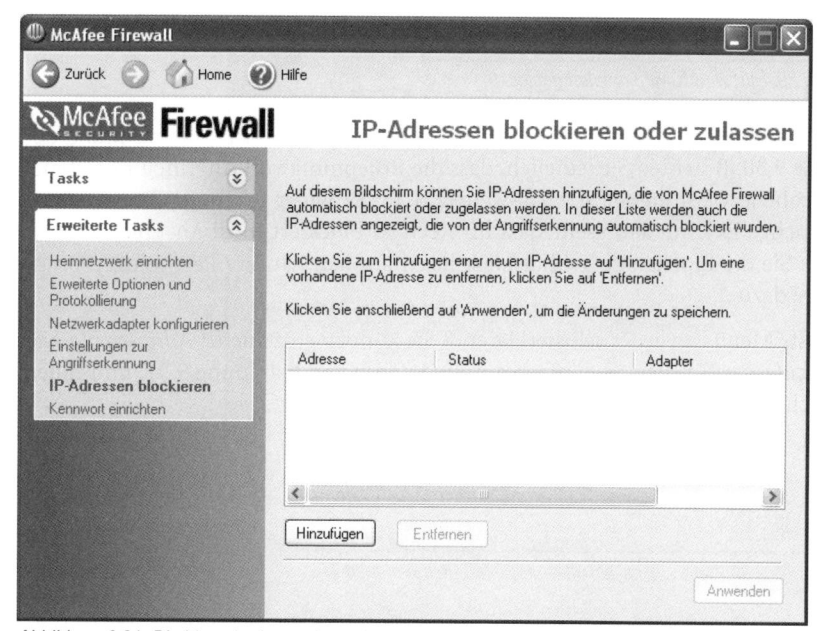

Abbildung 9.31: Die Liste der besonderen Adressen

Der letzte Punkt ist ebenfalls sehr wichtig, aber auch ebenso einfach. Vergeben Sie ein *Kennwort* für Ihre Firewall-Konfiguration, damit sich nicht irgendwelche Spitzbuben an dieser zu schaffen machen und die Einstellungen zu ihren Gunsten ändern. Die Protokollierung würde zwar alles dokumentieren, aber nur dann, wenn sie nicht gelöscht wurde!

Damit sollten Sie nun die wesentlichen Funktionen des McAfee Firewalls kennen. Es wird Zeit, dass wir diesen mal „in echt" erleben.

9.9 Die Aufnahme eines neuen Programms

Nach unserer Konfiguration kennt McAfee ja kein Programm mehr, insbesondere kennt der Firewall den Internet Explorer noch nicht. Was halten Sie davon, wenn wir diesen nun mal starten?

1 McAfee Firewall hat aufgepasst: Eine deutliche *Kommunikationswarnung* macht sich auf dem Bildschirm breit (siehe Abbildung 9.32). Im oberen Teil der Warnung sind Informationen über das Programm enthalten, der untere Teil wartet auf unsere Entscheidung: Darf das Programm ins Netz – oder nicht? Soll sich der Firewall Ihre Entscheidung bis auf weiteres merken? Ich erlaube dem Internet Explorer jedenfalls den Ausgang – bis auf weiteres jedenfalls!

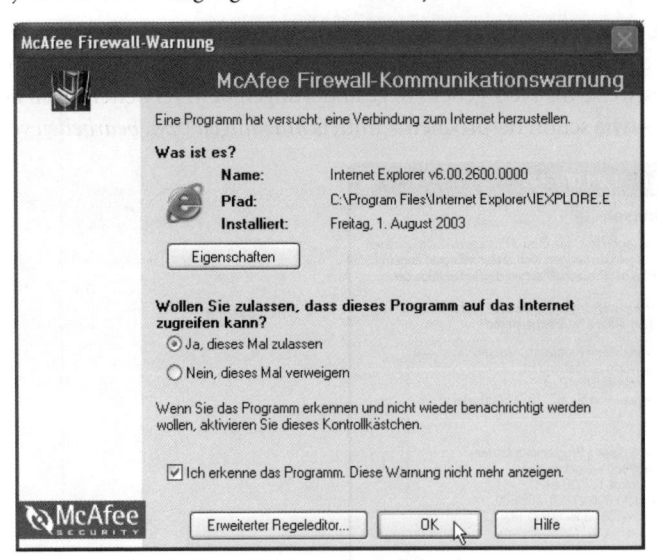

Abbildung 9.32: Der Explorer bekommt für alle Zeiten Ausgang.

2 Gleich anschließend kontrollieren wir den Eintrag in den *Internet-Anwendungen* der Abbildung 9.33. Aktivieren Sie hierzu das neue Programm, aktivieren Sie *filtern* und anschließend *anpassen*.

Die Aufnahme eines neuen Programms

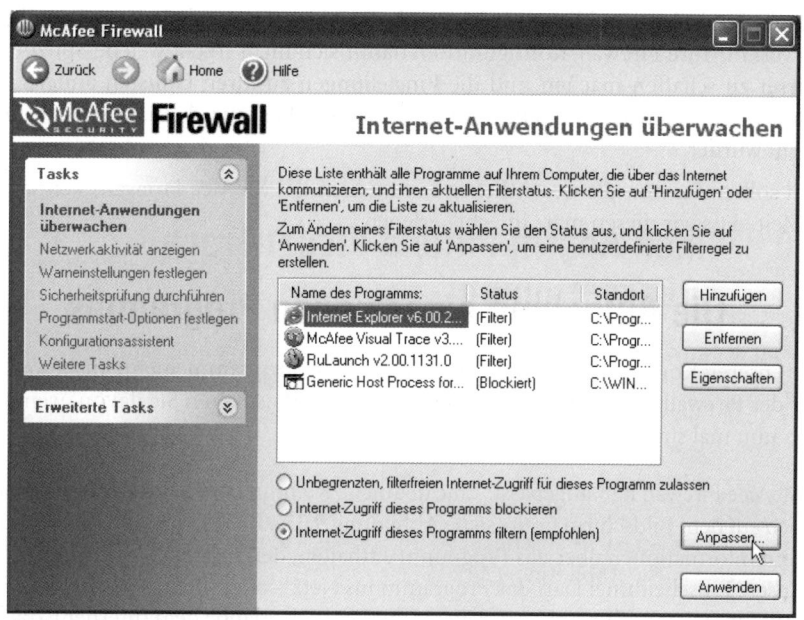

Abbildung 9.33: Ein neuer Eintrag in den Internet-Anwendungen

3 So habe ich mir das gedacht: McAfee hat bereits sechs ausgebuffte Regeln für den Internet Explorer konfiguriert (siehe Abbildung 9.34). Und ich denke, damit können wir auch testweise ins Netz gehen. Regeländerungen bzw. -erweiterungen nehmen Sie wieder – wie schon besprochen – mittels *hinzufügen* bzw. *bearbeiten* vor.

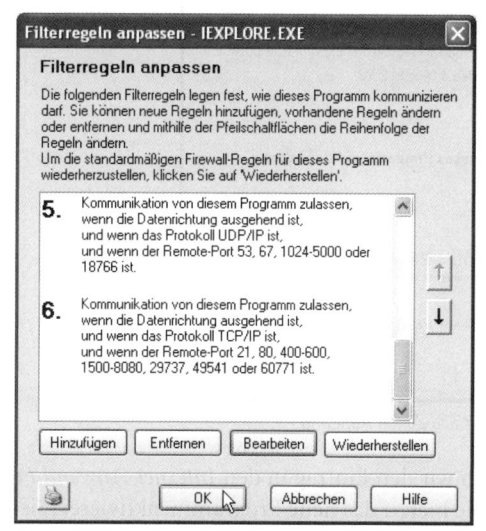

Abbildung 9.34: Sechs ausgetüftelte Regeln für den Internet Explorer

Sie sollten nun selber Ihre Programme auf Vordermann bringen. Surfen Sie, holen Sie Ihre Post ab, benutzen Sie die unterschiedlichsten Clients. Sie werden bemerken, dass die Aufnahme und Verwaltung neuer Programme dank des intuitiven Ablaufs fast schon Freude macht. Noch mehr Spaß wird Ihnen aber ganz bestimmt der nächste Abschnitt bringen!

9.10 Einen Angriff mittels Visual Trace zurückverfolgen

Während der kurzen Zeit, die ich im Netz war, hat sich im Warnungsprotokoll bereits eine ganze Reihe dubioser Einträge gesammelt. Und da erscheint es müßig, diese immer nur hilflos anzuschauen. McAfee hat sich da etwas Besonderes für Sie ausgedacht: *Visual Trace*.

1 Aktivieren Sie spaßeshalber einen Eintrag im *Warnungsprotokoll*, der Sie näher interessiert. Klicken Sie anschließend im Hinweisfeld unten auf die angezeigte IP-Adresse (siehe Abbildung 9.35).

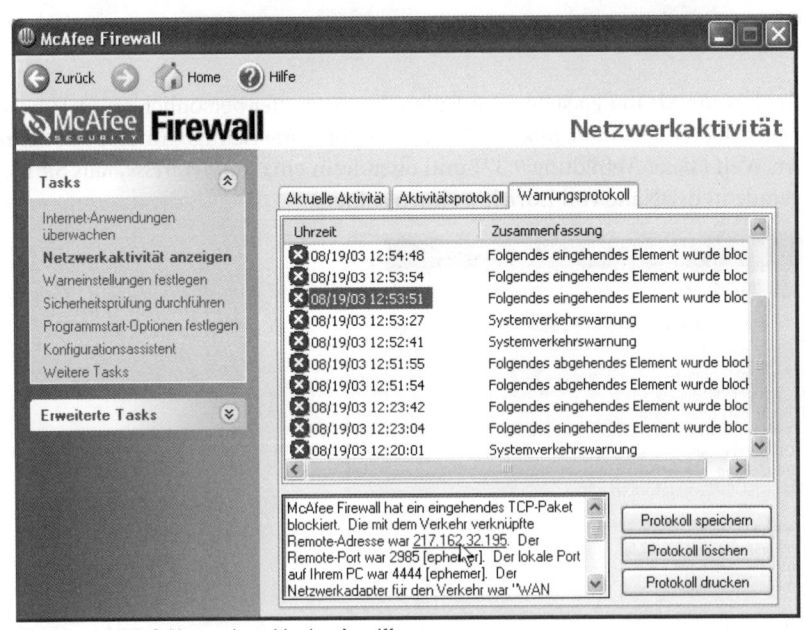

Abbildung 9.35: Stöbern wir mal in den Angriffen.

2 Visual Trace öffnet sich, stellt eine Verbindung ins Netz her (wenn Sie das erlaubt haben) und zeigt Ihnen nach kurzer Zeit *Namen* und *Anschrift* des Angreifers (siehe Abbildung 9.36).

Einen Angriff mittels Visual Trace zurückverfolgen

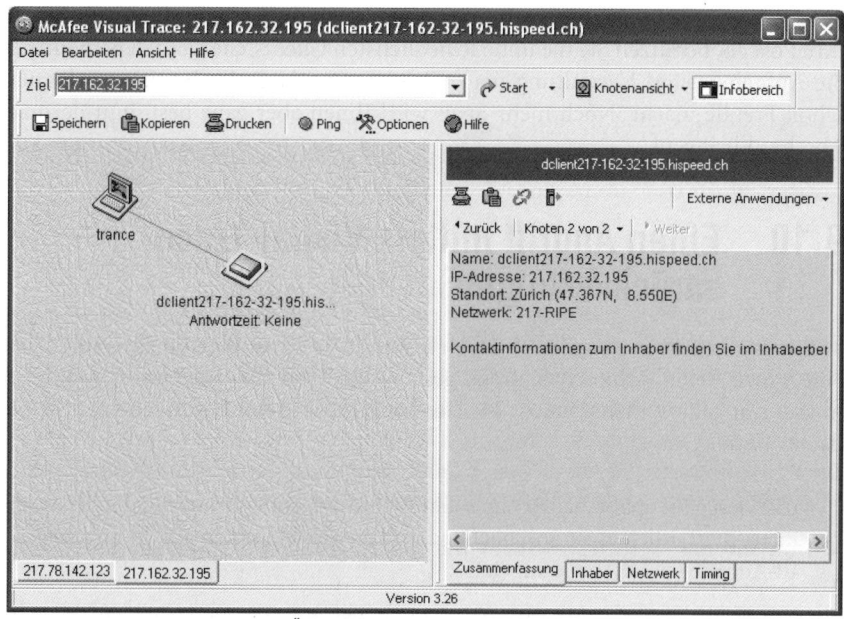

Abbildung 9.36: Da haben wir den Übeltäter schon!

3 Auch wenn Sie in den seltensten Fällen den Angreifer persönlich erwischen werden, erhalten Sie unter *Inhaber* doch immerhin eine richtige Adresse aus der realen Welt (siehe Abbildung 9.37) und obendrein eine *Mail-Adresse*, falls Sie nicht gerade in der Nähe von Zürich wohnen sollten.

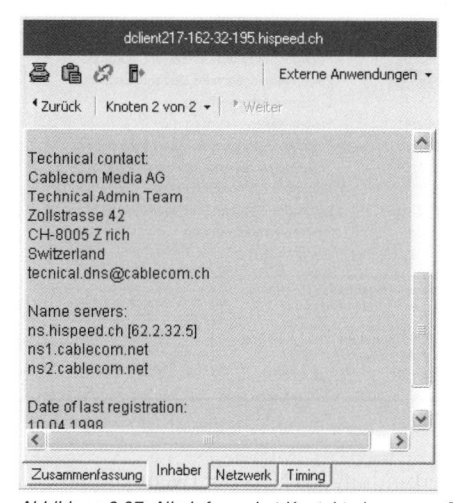

Abbildung 9.37: Alle Infos nebst Kontaktadresse zur Beschwerde!

245

Ich könnte mir vorstellen, dass es Ihnen jetzt unter den Nägeln brennt, Ihr Visual Trace selber auszuprobieren. Ich wünsche Ihnen recht viele Angreifer dazu! Doch erneut die Bitte, versuchen Sie, höflich zu bleiben – IP-Adressen können gefälscht werden.

Doch vergessen Sie bei all dem Spaß, den das Internet nun wieder macht, nicht, auch den kommenden Abschnitt anzuschauen. Ich zeige Ihnen darin Norton Internet Security, aktuell das wohl umfassendste Sicherheitspaket auf dem Markt.

9.11 Norton Internet Security

Als zweiten professionellen Firewall möchte ich Ihnen in diesem Workshop Norton Internet Security 2003 vorstellen, ebenfalls mehrfacher Testsieger in beliebigen Disziplinen. Die Firma Norton selbst blickt auf viele Jahre Erfahrung im Sicherheitsbereich zurück. Die Graumelierten unter Ihnen kennen den Namen vielleicht noch aus DOS-Zeiten: Wann immer es um Sicherheit ging, hatten die Nortons ihre Bits im Spiel. Und tatsächlich hat sich diese Tradition bis heute fortgesetzt.

Norton Internet Security ist nicht nur ein Firewall, nicht nur ein AntiVirus und AntiTrojan-Tool, nicht nur ein Werbeblocker oder eine Kindersicherung – Norton Internet Security ist das alles in einem und noch ein bisschen mehr. Norton bietet Ihnen in der Tat Schutzfunktionen für Ihre Daten an, die Sie bisher wahrscheinlich nicht einmal ahnen konnten. Umso mehr wird es Sie freuen, dass Sie fortan nicht mehr darauf verzichten müssen.

> *AUF DER CD-ROM*
>
> Der einzige Nachteil ist sicherlich der üppige Preis für das Gesamtpaket: Immerhin wechseln im September 2003 stolze 79,95 Euro den Besitzer! Was andererseits in jedem Fall günstiger ist, als sich Firewall und AntiVirus separat zu kaufen (jeweils 49,95 Euro). Sie fragen sich natürlich, ob Ihre Sicherheit so viel Geld wert ist (unabhängig vom Wert des Euro). Ich kann versuchen, Ihnen zu zeigen, welchen Gegenwert Sie erhalten – außerdem steht Ihnen eine Testversion auf der Buch-CD unter *nis2003.exe* zur Verfügung. Weitere Infos gibt es beim Hersteller unter *www.symantec.com*.

9.12 Die Installation

Mit der Internet Security erhalten Sie, wie eingangs bereits erwähnt, nicht nur den üblichen Firewall, sondern zusätzlich AntiVirus, Kindersicherung, Werbeblocker, Datenschutz und Spamfilter. Daher müssen Sie bei der folgenden Installation hin und wieder etwas aufpassen!

Die Installation

1. Doch vorerst reichen einfache Klicks: Laufende Programme beenden, Strafandrohung, da empfiehlt sich ein schnelles *Weiter* (siehe Abbildung 9.38):

Abbildung 9.38: Willkommen bei der Installation

2. Klicken Sie auch die *Lizenzvereinbarung* ab, wonach Sie sich in der Abbildung 9.39 für oder gegen Norton *AntiVirus* entscheiden müssen. Aber warum nicht ausprobieren?

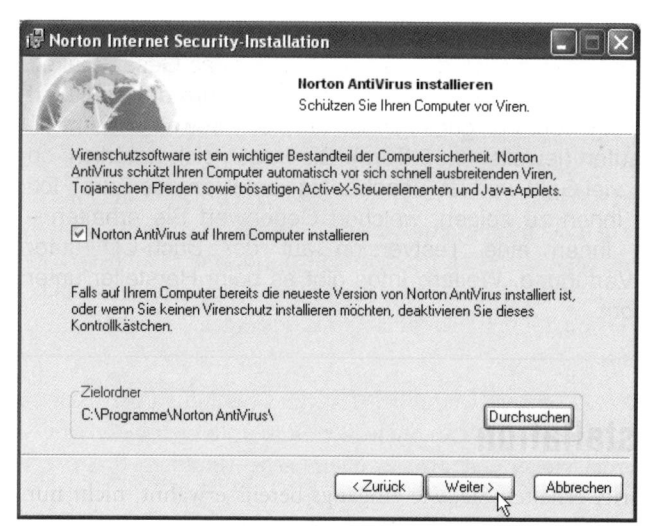

Abbildung 9.39: Norton AntiVirus gleich mit installieren?

WERKSTATT

247

Workshop 9 – Professionelle Firewalls

3 Es folgt die schwierige Frage, ob Sie *Konten und Kindersicherung* mit installieren wollen (siehe Abbildung 9.40).

> **PROFITIPP**
>
> Ich bin überzeugt davon, dass aktuell keine Inhaltsfilterung einen wirksamen Schutz ermöglicht. Ein Kind, das einen Computer bedienen kann, wird entweder Ihre Passwörter (mittels Keylogger) knacken oder die verhinderten Seiten bei einem Freund anschauen! Ich denke, Sie müssen da selbst mal wieder mit Ihren Kindern reden.

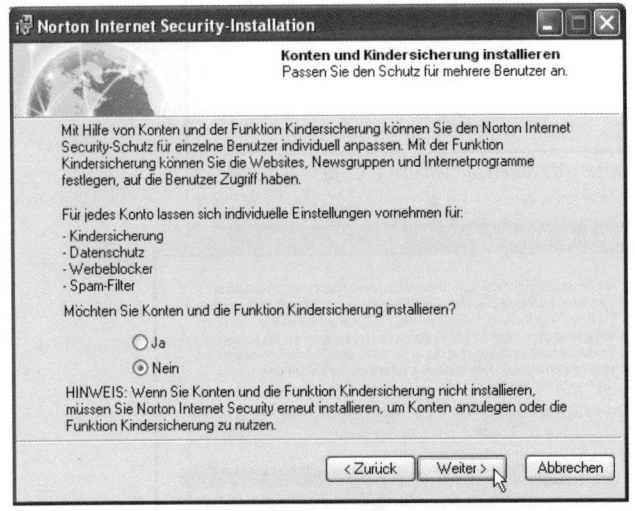

Abbildung 9.40: Konten und Kindersicherung?

4 Doch jetzt wieder etwas Einfaches: Die Programm-CDs enthalten in den seltensten Fällen auch die aktuellen Programmversionen. Neue Viren sind inzwischen erkannt und Patches entwickelt (wir leben im Jahrhundert der Patches). Das *LiveUpdate* (siehe Abbildung 9.41) ermöglicht es Ihnen, unmittelbar nach der Installation Ihre Version auf den neuesten Stand zu bringen. Sie sollten es entsprechend aktivieren.

Legen Sie nun noch *Zielordner* wie üblich fest, und bestaunen Sie nach einem letzten *Weiter* die Installation. Wenn Sie wollen, lassen Sie sich *registrieren* – Sie können aber auch mal wieder *überspringen* üben (siehe Abbildung 9.42).

Die Installation

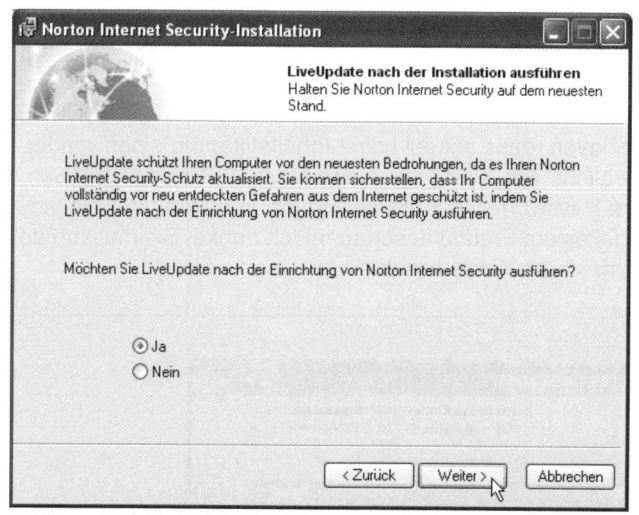

Abbildung 9.41: LiveUpdate aktualisiert unmittelbar nach der Installation.

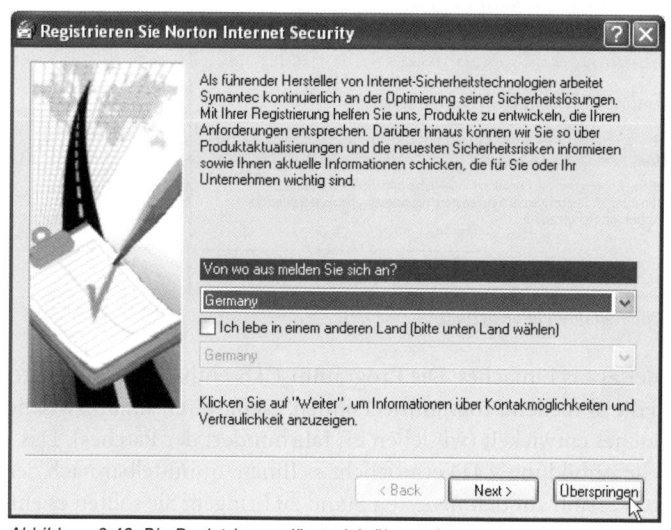

Abbildung 9.42: Die Registrierung lässt sich überspringen.

5. Im nun angezeigten *readme* finden Sie einige Hinweise zum Gebrauch der Internet Security (siehe Abbildung 9.43). Insbesondere kann ein Provider ein Auto-Block auslösen, wenn er Ihren Rechner nach vorhandenen Servern scannt. Und Sie sollten beachten, dass in lokalen Netzwerken standardmäßig alle Freigaben blockiert sind. Schauen Sie also ausnahmsweise mal rein in die Readme-Datei!

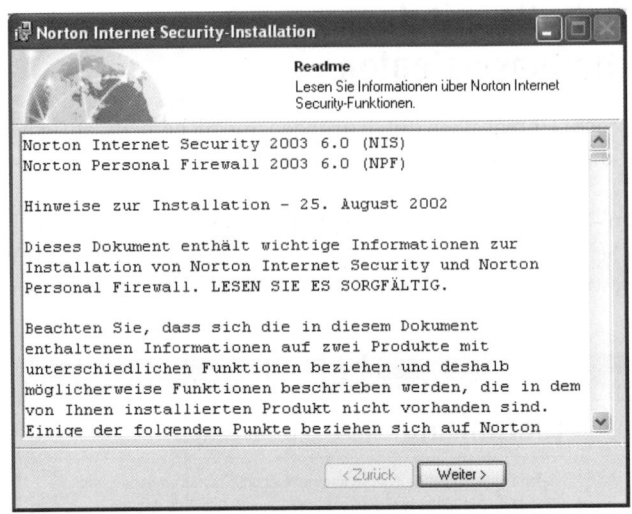

Abbildung 9.43: Wirklich wichtige Hinweise in der Readme-Datei

6. Und dann haben wir es endlich geschafft! Die Installation von der CD war erfolgreich (siehe Abbildung 9.44). Nehmen Sie nur noch die CD aus dem Laufwerk, und starten Sie Ihren Rechner neu.

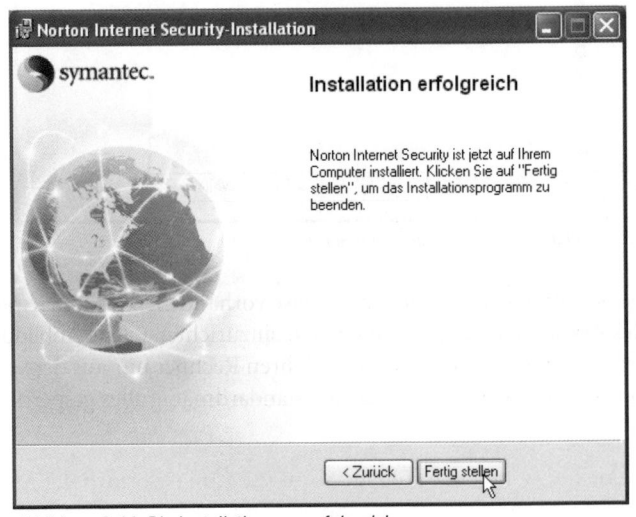

Abbildung 9.44: Die Installation war erfolgreich.

Damit ist Norton Internet Security, mit und ohne Virenschutz, auf Ihrem Rechner installiert. Man fürchtet sich vielleicht ein wenig vor der anschließenden Konfiguration – wo doch so viel möglich ist! Doch keine Bange, wir kriegen das schon hin!

9.13 Erste Schritte mit dem Sicherheitsassistenten

Und wir brauchen das nicht einmal allein durchzustehen. Ein Sicherheitsassistent wird die ersten Schritte mit uns zusammen gehen.

1. Und da ist er schon – mit dem Angebot, die Standardschutzeinstellungen zu übernehmen oder den Schutz individuell zu konfigurieren (siehe Abbildung 9.45). Wir klicken auf *Weiter*, weil wir unter anderem wissen wollen, was sich so auf unserem Rechner abspielt.

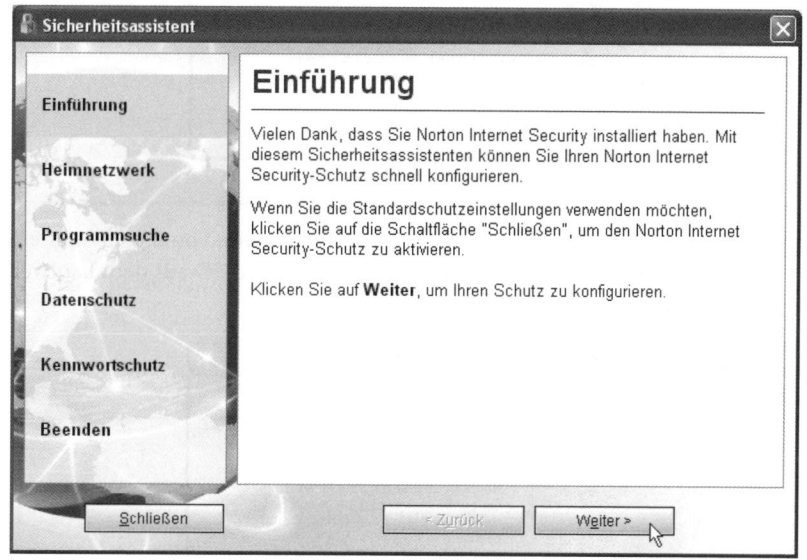

Abbildung 9.45: Der Sicherheitsassistent für die ersten Schritte

2. Der erste wichtige Schritt gilt einem möglicherweise vorhandenen *Heimnetzwerk*. Dieses ist dank des Assistenten beispielhaft einfach einzurichten (siehe Abbildung 9.46). Zu beachten ist lediglich, dass Zugriffe auf Ihren Rechner nur aus der vertrauenswürdigen Zone erfolgen dürfen und dass standardmäßig alles gesperrt ist!

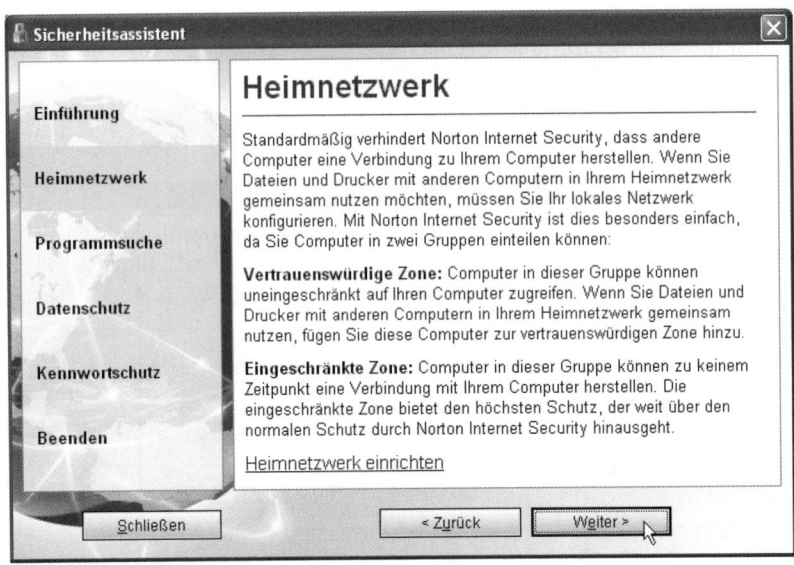

Abbildung 9.46: Heimnetzwerk und die vertrauenswürdige Zone

3. Als Nächstes lassen wir den Assistenten nach *Programmen* suchen, die ihrerseits auf den Internetausgang warten (siehe Abbildung 9.47). Das Ergebnis wird Sie sicherlich überraschen!

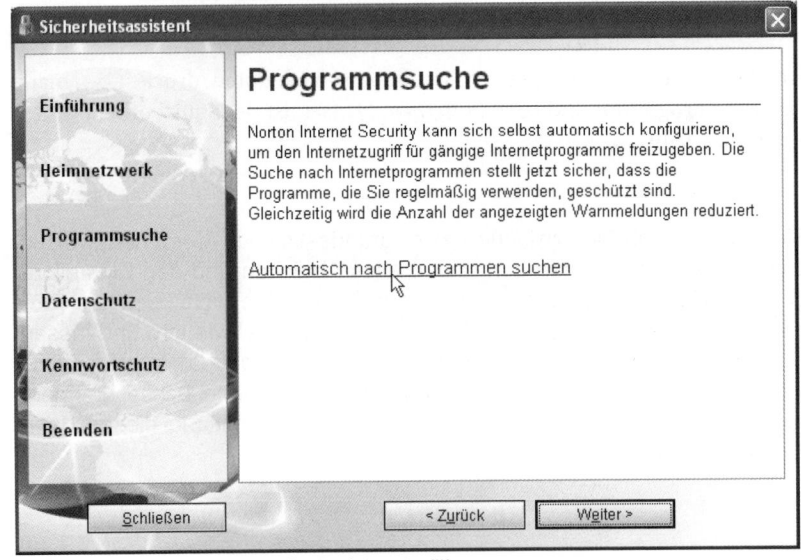

Abbildung 9.47: Mal sehen, wer alles ins Internet will!

Erste Schritte mit dem Sicherheitsassistenten

4 Mich haut's jedenfalls fast vom Hocker, als sich nicht weniger als 72 Programme für den Internetausgang angezogen haben (siehe Abbildung 9.48). Die meisten dieser Programme stammen von Microsoft, tragen kryptische Namen und sagen mir nichts. Aber da es mein Computer ist und ich auch die Rechnung fürs Surfen bezahle, werde ich dem Ganzen einen Riegel vorschieben!

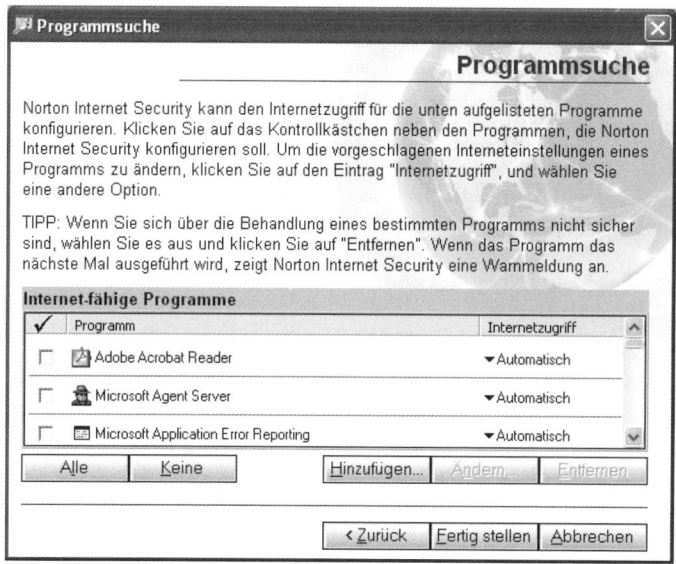

Abbildung 9.48: Wir alle wollen ins Internet!

5 Ich markiere das erste Programm, scrolle ganz nach unten, drücke ⇧, markiere das letzte Programm und lasse *Entfernen*. Danach ist der Spuk vorbei (siehe Abbildung 9.49).

> **PROFITIPP**
>
> Sie müssen sich hier zwischen zwei grundsätzlichen Vorgehensweisen entscheiden: Sie können zum einen alles Abnicken und den Einstellungen von Norton vertrauen – doch dann wissen Sie nicht, welches Programm wann ins Netz geht. Oder Sie löschen alles (wie ich) und lassen sich benachrichtigen, wenn ein bisher nicht geregeltes Programm ins Internet will. So lernen Sie nicht nur Ihre Programme besser kennen, sondern auch die Arbeitsweise des Firewalls. Womit Sie diesen dann natürlich auch besser nutzen können!

WERKSTATT

253

Workshop 9 – Professionelle Firewalls

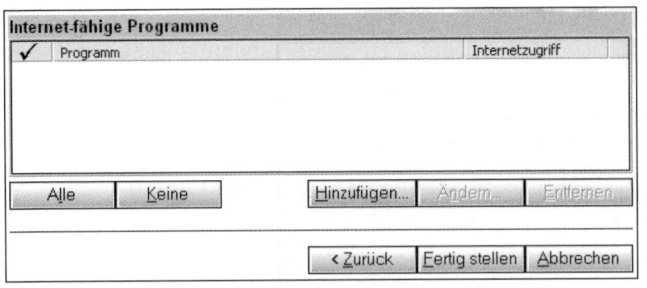

Abbildung 9.49: Leichter zu kontrollieren! Kein Freifahrtschein mehr

6 Doch nun eine wichtige außergewöhnliche Feinheit, die Ihnen die Norton Internet Security bietet: *Datenschutz* (siehe Abbildung 9.50). In diesem Menü können Sie Informationen im Klartext hinzufügen, die nicht (!) ins Internet übertragen werden dürfen. Das heißt, Norton scannt auch den Inhalt der Internetpakete, nicht nur die Verpackung!

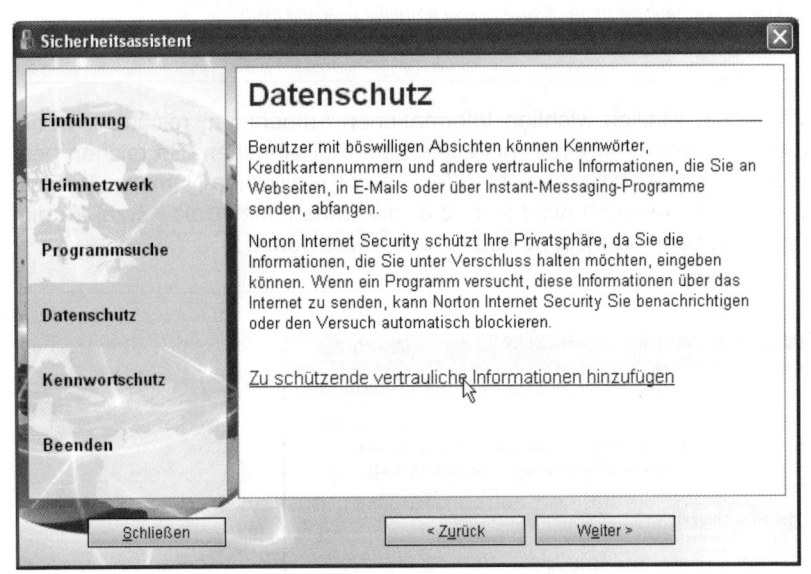

Abbildung 9.50: Datenschutz – wenn es um Geld geht oder Kennwörter

- Sie erreichen das ganz einfach, indem Sie die entsprechenden Informationen *Hinzufügen* (siehe Abbildung 9.51).

- Zur besseren Übersicht lassen sich die zu schützenden Informationen zusätzlich in verschiedenen *Kategorien* speichern (siehe Abbildung 9.52).

Erste Schritte mit dem Sicherheitsassistenten

Abbildung 9.51: Vertrauliche Informationen – kein normaler Ausgang mehr

> **PROFITIPP**
>
> Wenn Sie wirklich wichtige Informationen aufnehmen, reicht es, wenn Sie von diesen nur einen hinreichenden Teil eingeben. So reichen beispielsweise die mittleren acht Ziffern Ihrer Kreditkarten-Nummer. Nur, zu wenig sollte es auch nicht sein, z.B. die Hausnummer als Kürzel für die Adresse, denn dann käme kaum noch etwas durch!

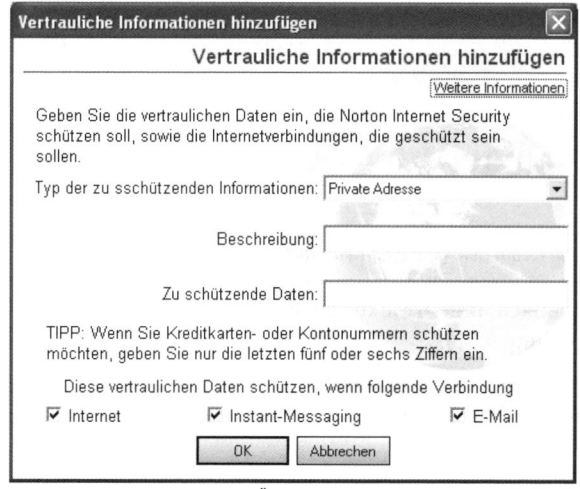

Abbildung 9.52: Zur besseren Übersicht gibt's unterschiedliche Gruppen

7 Zum Abschluss bietet der Assistent Ihnen noch die Möglichkeit, Ihre Konfiguration durch ein *Kennwort* zu schützen (siehe Abbildung 9.53). Falls Sie z.B. die Kindersicherung aktiviert haben, ist hier der richtige Platz, einfache Erweiterungen der Befugnisse zu verhindern. Doch denken Sie sich ein schwieriges Kennwort aus! Es wird Ihrer Achtjährigen imponieren, wenn ihr Passwort-Cracker dieses nicht innerhalb von einer Sekunde geknackt hat!

Abbildung 9.53: Änderungen am Firewall nur noch gegen Kennwort

Doch dann haben wir es geschafft. Der Assistent bedankt sich noch für Ihre Aufmerksamkeit, dann ist er verschwunden. Wir können uns nun dem mehr oder weniger dringenden Update der Software (und der Virendefinitionen) widmen.

9.14 Norton Internet Security – LiveUpdate

Auch wenn es etwas Mühe macht, das *LiveUpdate* sollten Sie durchführen lassen. Insbesondere wenn Sie sich auch das AntiViren-Programm anschauen, denn Ihre Software kann Sie in der Regel nur vor Viren schützen, die ihr auch bekannt sind. Daher laden Sie sich zumindest die neuesten Virendefinitionen herunter, die Ihnen innerhalb des LiveUpdates angeboten werden.

1 Der Start des *LiveUpdates* erfolgt automatisch (siehe Abbildung 9.54), falls Sie diesen Wunsch bei der Installation notiert haben. Ansonsten finden Sie das LiveUpdate auch neben der Uhr.

Abbildung 9.54: Die installierten und zu überprüfenden Komponenten

2 Mir fehlen insgesamt 8706 KB Stoff, davon immerhin 3877,7 KB Virendefinitionen (siehe Abbildung 9.55). Wer denkt sich nur ständig so etwas aus? Manchmal habe ich ja die Antiviren-Hersteller in Verdacht!

Abbildung 9.55: Immerhin 8706 KB müssen geladen werden!

Workshop 9 – Professionelle Firewalls

3 Doch irgendwann sind auch alle Downloads durchgeführt – und alle automatischen Programm-Aktualisierungen durch. Die LiveUpdate-Sitzung ist komplett (siehe Abbildung 9.56)!

Abbildung 9.56: Nach Download und automatischer Installation – Ende!

Sie müssen zugeben, so ein LiveUpdate hat was. Sie werden automatisch mit den neuesten Infos versorgt, die Programme werden upgedatet, und mögliche Virendefinitionen sind auf dem neuesten Stand! Was mich während des LiveUpdates jedoch wunderte, waren die Meldungen des so genannten AlertTrackers, wonach ständig neue Zugriffsregeln automatisch erstellt wurden!

Schauen Sie doch auch mal bei sich nach! Aktivieren Sie dazu den *AlertTracker*, und öffnen Sie dessen *History*, indem Sie einfach auf die zwei kleinen Nach-oben-Pfeilchen klicken (siehe Abbildung 9.57).

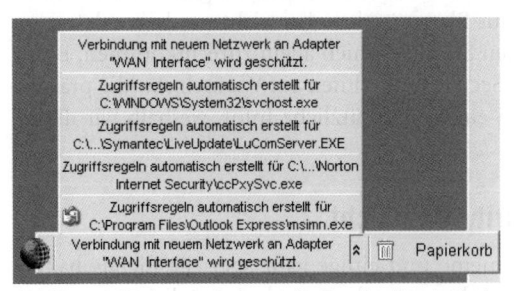

Abbildung 9.57: Automatisch erstellte Regeln, die wir nicht wollen!

Gut, die fürs LiveUpdate notwendigen Regeln lasse ich mir gefallen! Aber warum muss schon wieder Microsofts Service Manager automatisch genehmigt werden? Bevor wir diesbezüglich einmal mehr nach dem Rechten sehen, geht's zunächst in die Übersicht der Norton Internet Security.

9.15 Die Übersicht der Norton Internet Security

Norton Internet Security meldet sich zu Wort: *Dringender Systemstatus* (siehe Abbildung 9.58). Man bekommt ja fast einen Schreck! Dabei soll ich nur meinen ersten Virenscan durchführen, was ich nach dem zunächst fälligen Rundgang angreifen werde.

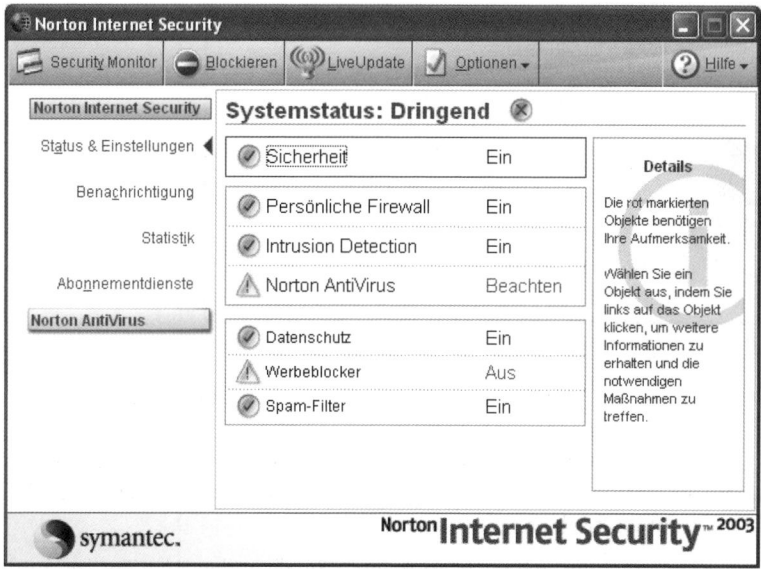

Abbildung 9.58: Zum Start nicht ganz im grünen Bereich

Sie erkennen sind die einzelnen Bereiche der Internet Security, ergänzt um die *Anti-Virus*-Komponente, die wir uns hier aus Platzgründen aber nicht anschauen können. Auch mit dem *Security Monitor* werden Sie auf Anhieb allein zurechtkommen. Es ist die verkleinerte Ausgabe der Internet Security, die Ihnen auf Wunsch ständig präsent bleibt. Nur die *Optionen* bergen noch ein paar zusätzliche Infos, weshalb wir dieses Menü jetzt einmal aufschlagen.

Die Optionen der Internet Security-Übersicht

In den Optionen werden einige allgemeine und einige ganz spezielle Eigenschaften geregelt. Ich halte diese Mischung für nicht ganz gelungen, da es möglicherweise verwirrend wirken könnte.

1 Doch zumindest geht es recht *allgemein* los (siehe Abbildung 9.59). Der *automatische Systemstart* sollte aktiviert sein und der *AlertTracker* wird Bewegung auf den Monitor bringen. Beachten Sie die Möglichkeit, dass sich die Security-Symbole neben der Uhr ausschalten lassen. Nicht jeder unbefugte Benutzer Ihres Computers muss vom Firewall wissen! Es reicht, wenn Sie sich nach der Mittagspause dessen Treiben in den Protokollen anschauen!

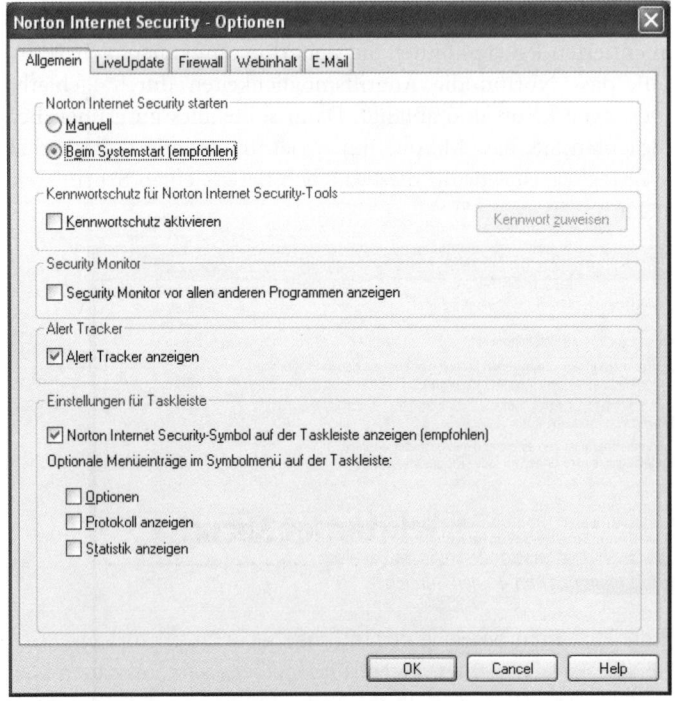

Abbildung 9.59: Grundsätzlich zum Systemstart aktivieren!

2 In der Registerkarte *Firewall* finden sich dann unvermittelt wirklich sehr spezielle Einstellungsmöglichkeiten, die für alle Ihre Programme gleichzeitig gelten (siehe Abbildung 9.60).

- Wenn Sie davon ausgehen, dass keine Trojaner an Bord sind und die Trojaner-Ports ohnehin geblockt sind, können Sie leichten Herzens auf die aufwändige *Modul-* und *Start*überwachung verzichten.

- Benötigen Sie für HTTP einen außergewöhnlichen Port, können Sie diesen in die *HTTP-Anschlussliste* aufnehmen.

- *IGMP* dient der Organisation des Multicastings. Microsoft sagt dazu Folgendes: „*IP-Knoten verwenden das IGMP-Prokoll (Internet Group Management Protocol), um IP-Multicastverkehr von IP-Routern empfangen zu können.*

IP-Knoten, die das IGMP-Protokoll verwenden, senden ein IGMP-Mitgliedschaftsberichtpaket an die lokalen Router, um diesen die Bereitschaft zum Empfang des Datenverkehrs einer bestimmten IP-Multicastadresse mitzuteilen." Sind Sie ein IP-Knoten? Nein? Dann werden Sie das IGMP kaum brauchen!

- Die *unbenutzten Anschlüsse* lassen Sie natürlich verbergen, damit ein möglicher Angreifer nicht einmal weiß, dass sein Portscan einen funktionierenden Rechner gefunden hat!

- Ihre fragmentierten Pakete können Sie weiterhin annehmen. Wir vertrauen mal darauf, dass Norton die Angriffsmöglichkeiten durch „fehlerhafte" Fragmentierungen kennt und abfängt. Dann sollte alles im grünen Bereich bleiben. Beachten Sie, dass McAfee Ihnen riet, fragmentierte Packerl abzulehnen. Womöglich ist Norton diesbezüglich bereits einen Schritt weiter – oder zurück!?

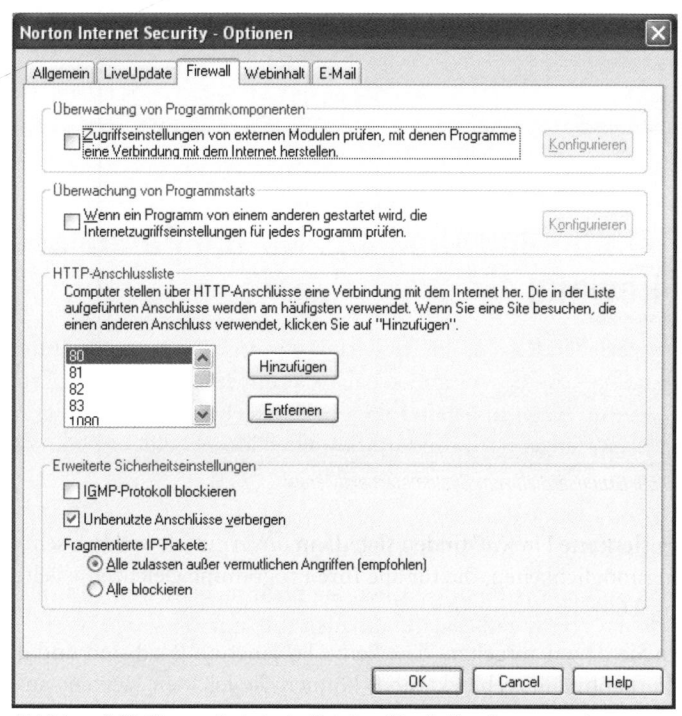

Abbildung 9.60: Ein paar technische Details – für alle Ihre Programme!

Damit haben wir die grundlegenden Regeln festgelegt, die für alle Ihre Programme gleichzeitig gelten. Für die Regeln, die Sie für einzelne Programme anwenden, bietet Ihnen Norton ein wirklich üppiges Menüsystem an, das wir uns jetzt anschauen werden. Wir finden den Einstieg über *Persönliche Firewall konfigurieren* (siehe Abbildung 9.61).

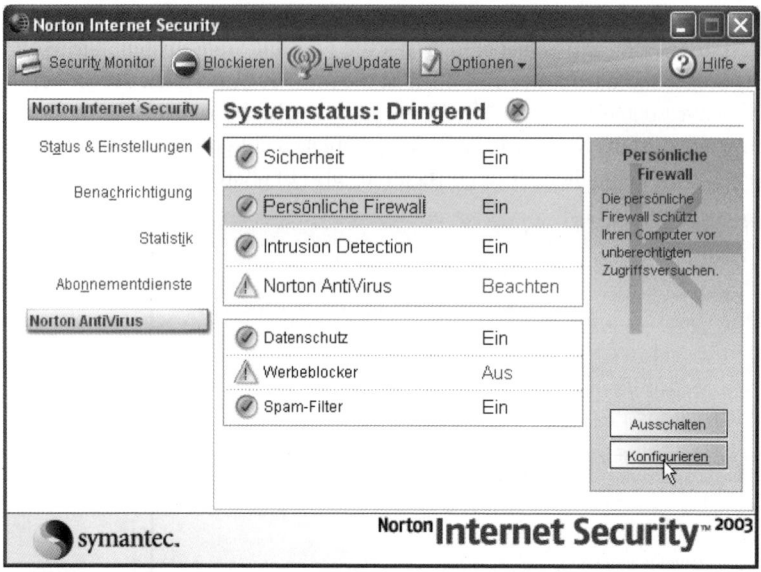

Abbildung 9.61: Hier geht's zur Konfiguration des Firewalls

9.16 Die Konfiguration des Norton Personal Firewalls

Nach den sehr speziellen Regeln, die wir soeben für unsere allgemeine Internetkommunikation festgelegt bzw. übernommen haben, kommen wir nun endlich zu unseren Programmen. Norton bietet uns dafür ein sehr übersichtliches Menüsystem, das Sie sicherlich auch als Anfänger nach rund fünf Minuten locker bedienen können. Stellen Sie Ihre Uhr!

Persönliche Firewall – Sicherheitsstufen

Im ersten Menü *Persönliche Firewall* haben Sie noch nicht zu viel zu tun! Sie legen lediglich fest, ob der Firewall überhaupt arbeiten soll, und über welche Ereignisse Sie informiert werden wollen! Das Verbergen ungenutzter Anschlüsse lässt sich nicht regeln, dient also lediglich Ihrer Information. Im Einzelnen stehen Ihnen die folgenden Möglichkeiten zur Verfügung:

Die Konfiguration des Norton Personal Firewalls

1. Die Checkbox zur *Aktivierung des Firewalls* sollten Sie grundsätzlich aktiviert lassen. Spielen können Sie am Schieberegler, der die *Firewall-Stufe* einstellt (siehe Abbildung 9.62). Standard und empfohlen ist die mittlere Stufe, nach der Sie bei jedem Ausgehversuch eines Programms vom AlertTracker benachrichtigt werden. Hingegen werden ActiveX-Controls und Java-Applets nicht gemeldet. Alle unbenutzten Ports bleiben in allen Stufen unsichtbar (also BLOCKED)!

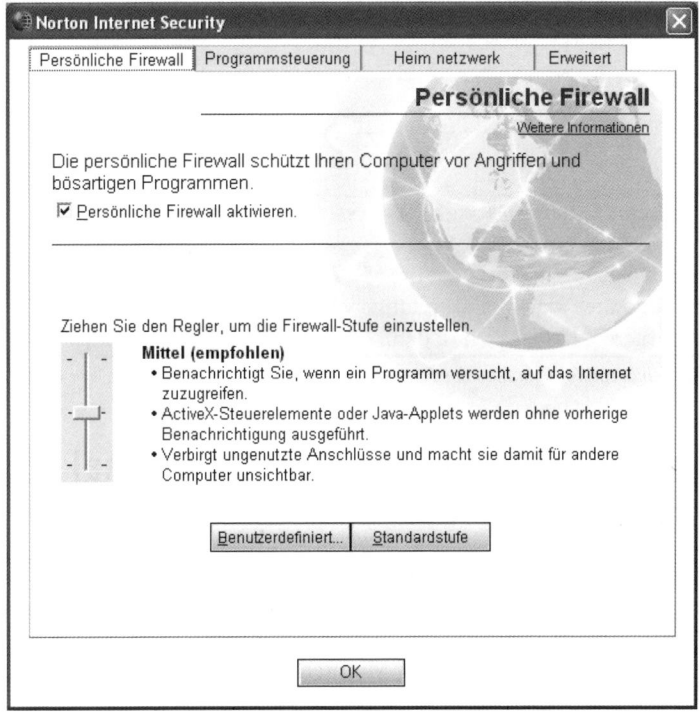

Abbildung 9.62: Mit den Reglern kennen wir uns schon aus!

2. Sollten Sie *High* sein, bleibt alles wie zuvor, nur werden Sie jetzt auch über ActiveX und Java-Applets informiert (siehe Abbildung 9.63).

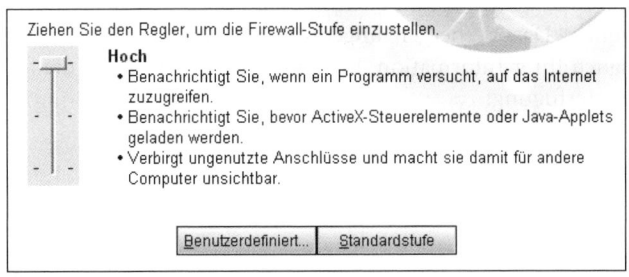

Abbildung 9.63: Nachrichten bei jeder Gelegenheit

263

Workshop 9 – Professionelle Firewalls

3 Sie werden es ahnen, in der *niedrigen* Stufe erhalten Sie nur noch dann Bescheid, wenn ein bisher unbekanntes Programm ins Netz will (siehe Abbildung 9.64). Diese Stufe könnten Sie einstellen, wenn sich alles eingespielt hat.

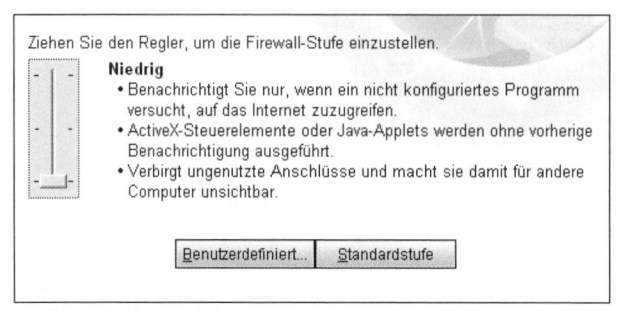

Abbildung 9.64: Benachrichtigt nur bei neuem Programm!

4 Doch damit nicht genug! Sie können Ihre Macht und den damit verbunden Haufen Arbeit auch individuell regeln. In Abbildung 9.65 lasse ich mich quasi von jedem Vorgang informieren. Hoffentlich ist dann noch ein flüssiges Surfen möglich!

Abbildung 9.65: Individuelle Einstellung des Sicherheitsniveaus!

5 Wie Sie Abbildung 9.66 entnehmen können, schaltet sich der Regler aus, wenn eine *benutzerdefinierte* Regelung vorliegt. Die Aktivierung der *Standardstufe* bringt ihn aber wieder zum Vorschein!

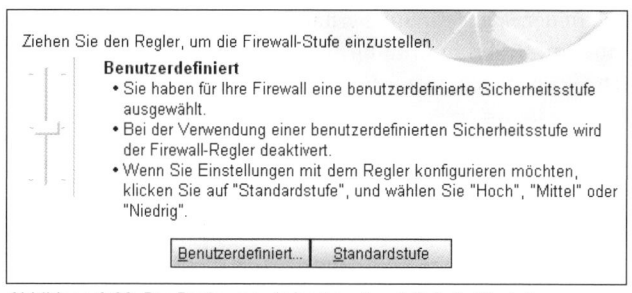

Die Konfiguration des Norton Personal Firewalls

```
Ziehen Sie den Regler, um die Firewall-Stufe einzustellen.
   Benutzerdefiniert
   • Sie haben für Ihre Firewall eine benutzerdefinierte Sicherheitsstufe
     ausgewählt.
   • Bei der Verwendung einer benutzerdefinierten Sicherheitsstufe wird
     der Firewall-Regler deaktivert.
   • Wenn Sie Einstellungen mit dem Regler konfigurieren möchten,
     klicken Sie auf "Standardstufe", und wählen Sie "Hoch", "Mittel" oder
     "Niedrig".

        [ Benutzerdefiniert... ]  [ Standardstufe ]
```
Abbildung 9.66: Der Regler mag keine benutzerdefinierte Einstellung.

Ich denke, Sie sollten sich etwas gönnen und *High* einstellen. So erhalten Sie einen Überblick, ob und welche der vielen Controls und Applets Ihre Kommunikation benötigt. Sollten Sie eines Tages den AlertTracker nicht mehr sehen wollen oder können, schalten Sie zurück!

Die Programmsteuerung in Nortons Firewall

Im nächsten Menü *Programmsteuerung* können Sie für jedes System- und Anwendungsprogramm, das ins Internet möchte, individuelle Regeln einrichten und verwalten. Die Betonung liegt auf *können*, denn Sie müssen nicht! Norton bietet Ihnen ja von Haus aus an, alle bekannten Programme automatisch zu regeln. Das bedeutet, dass die Regeln, die Nortons Spezialisten für ein bestimmtes Programm aufgestellt haben, übernommen werden. Wenn Sie es sich einfach machen wollen, wählen Sie diesen Weg.

> Ich empfehle Ihnen eine etwas modifizierte Vorgehensweise: Löschen Sie alle Programme der Liste, und deaktivieren Sie die automatische Programmsteuerung. Nun wird Ihnen jedes neue Programm gemeldet, und Sie werden um Ihre Entscheidung gebeten. Lassen Sie nun das Programm automatisch aufnehmen – doch kontrollieren und modifizieren Sie die entsprechenden Befugnisse gelegentlich. Mit dieser Vorgehensweise behalten Sie (!) die Kontrolle über Ihre Programme, lassen gleichzeitig Norton die Regelungen erstellen, die Sie überprüfen und bei Bedarf tunen können. Letzteres ist durch die übersichtlichen Menüs sehr einfach. Wir schauen es uns kurz an!

PROFITIPP

Workshop 9 – Professionelle Firewalls

1. In der *Programmsteuerung* wählen Sie zunächst zwischen *automatischer* und *manueller* Steuerung (siehe Abbildung 9.67). Norton kann die von Symantec als sicher eingestuften Programme automatisch einrichten. Es bleibt die Frage, ob wir diese Programme überhaupt ins Internet lassen wollen, und bei Deaktivierung von zu viel Automatik werden Sie ja wenigstens noch gefragt!

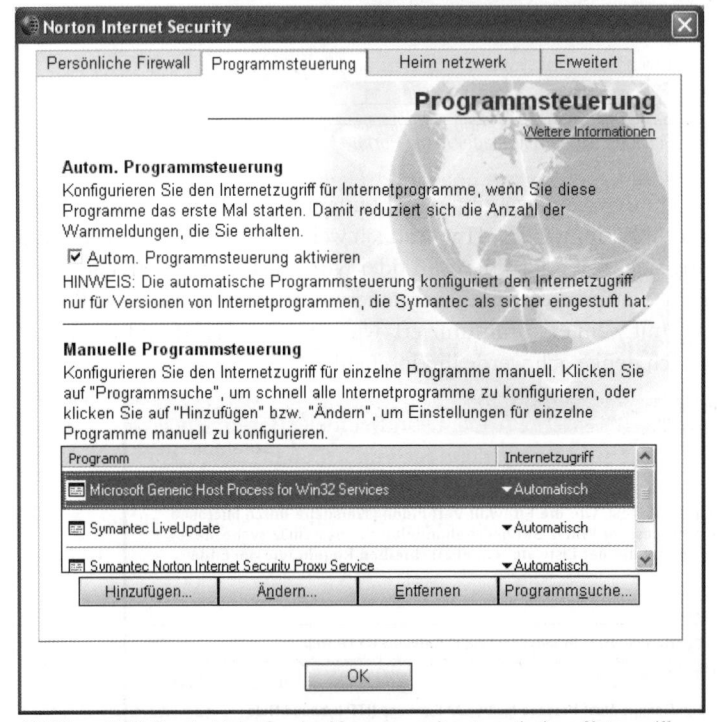

Abbildung 9.67: Da steckt der Service Manager – mit automatischem Netzzugriff.

2. Ich für meinen Teil lösche entsprechend den kleinen Haken, *deaktiviere* somit die automatische Programmsteuerung (siehe Abbildung 9.68).

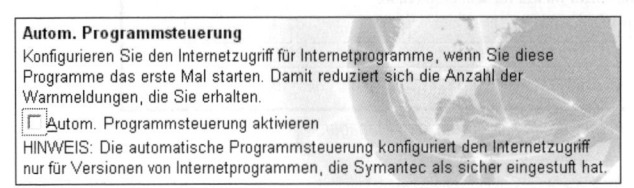

Abbildung 9.68: Erst mal die automatische Programmsteuerung deaktivieren!

3. Und da ist ja auch unser Service Manager wieder, zuständig für alle möglichen Internetverbindungen, die Microsoft braucht – aber ich nicht! Bevor ich diesen lösche, werfen wir noch einen Blick in dessen Befugnisse (siehe Abbildung 9.69).

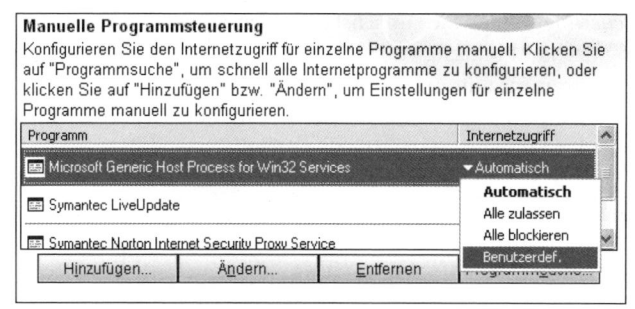

Die Konfiguration des Norton Personal Firewalls

Abbildung 9.69: Schauen wir dem Manager in die Ports!

4 Oh Schreck! Für den Manager gibt es nicht nur eine, sondern eine ganze Reihe an Regeln (siehe Abbildung 9.70). Hm, und ich weiß nicht, ob der Manager hundertprozentig sicher ist oder Microsoft oder Norton? Und ich weiß eigentlich auch gar nicht, warum dieser Manager dauernd ins Internet muss, weiß nicht, was er da tut, mit wem er kommuniziert, wie lange das dauert und was mich der Spaß kostet! Ich denke, ich werde ihn löschen!

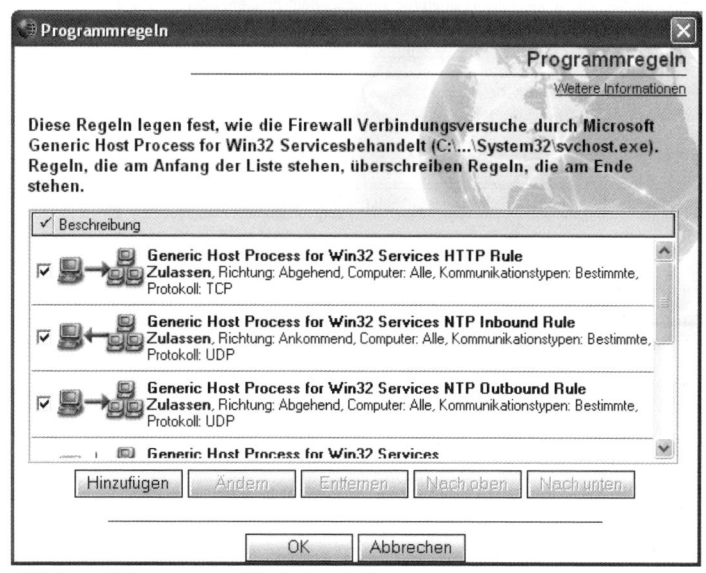

Abbildung 9.70: Viele ausgetüftelte Regeln für den Manager

5 Doch vorher öffnen wir das umfangreiche Regelsystem vom Norton Firewall, das so, wie Sie es hier sehen, für jede Regel existiert (siehe Abbildung 9.71). Auf der ersten Registerkarte *Aktion* wählen Sie zwischen zulassen oder blockieren, zusätzlich kann das Eintreffen der Regel protokolliert werden.

Workshop 9 – Professionelle Firewalls

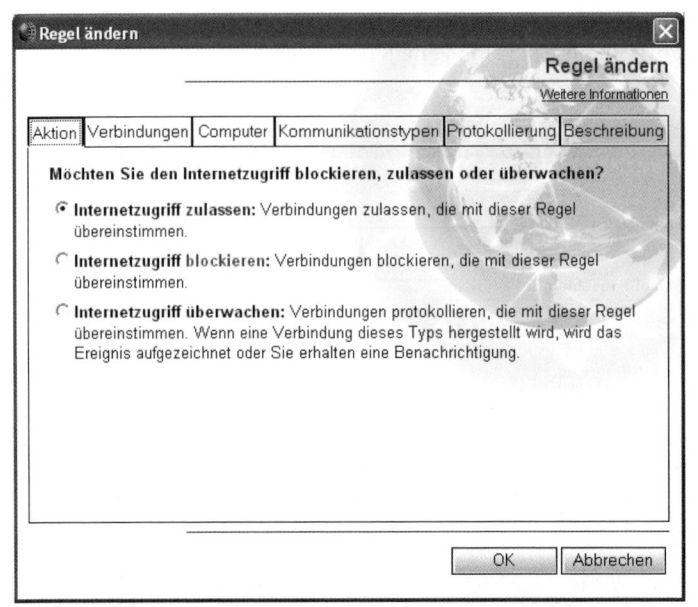

Abbildung 9.71: Jede einzelne Regel lässt sich nahezu beliebig verfeinern!

6 Auch für die *Verbindungen* steht viel Platz zur Verfügung: Lediglich Ausgehend und/oder Eingehend sind zu aktivieren (siehe Abbildung 9.72).

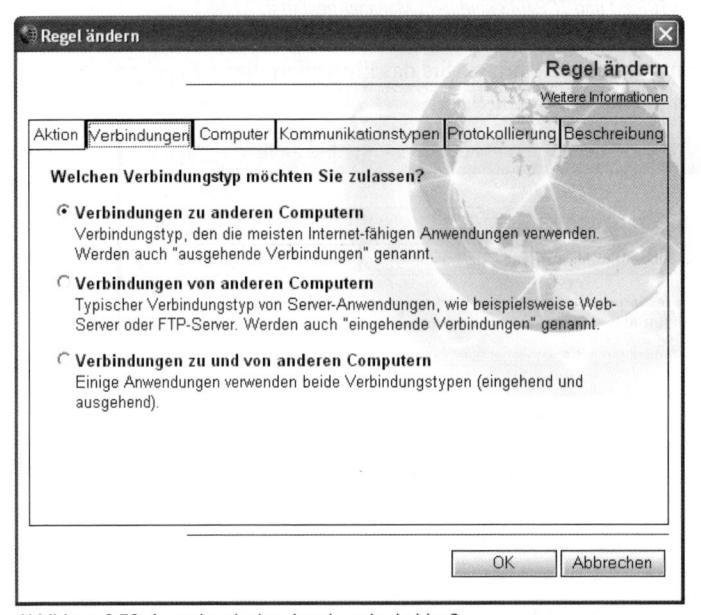

Abbildung 9.72: Ausgehend, eingehend – oder beides?

Die Konfiguration des Norton Personal Firewalls

7 Doch dann kommen wir dem Manager auf die Spur: Die *Kommunikationstypen* TCP an die Ports 80 und 443 sind gemäß der ersten Regel erlaubt (siehe Abbildung 9.73).

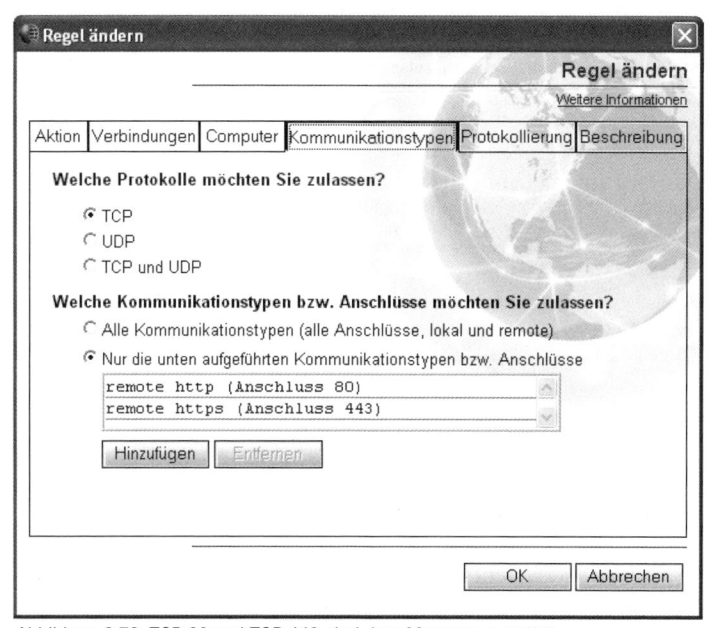

Abbildung 9.73: TCP:80 und TCP:443 sind dem Manager gestattet.

8 Wählen Sie nun noch, ob und wie Sie das Eintreffen dieser Regel *protokolliert* wissen möchten (siehe Abbildung 9.74).

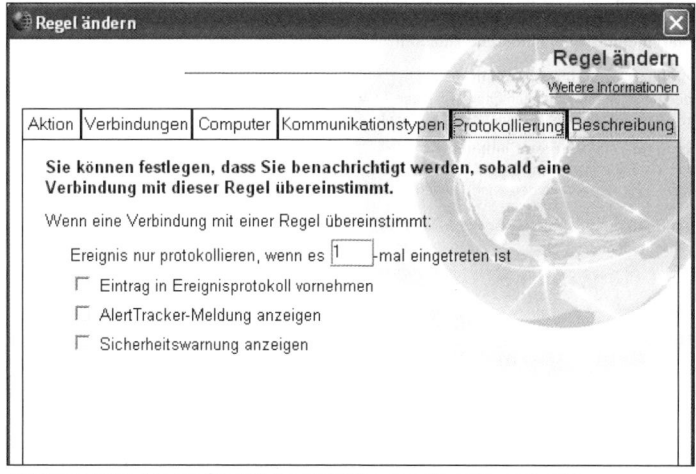

Abbildung 9.74: Lassen Sie sich bei Eintreffen einer Regel benachrichtigen.

Damit ist eine von vielen Regeln für den Manager aufgestellt bzw. überprüft. Ich kann mir nicht helfen, richtig übersichtlich erscheint mir das nicht. Wenn ich nun in die zweite Regel schaue, habe ich den Inhalt der ersten wieder vergessen. Womöglich erlaube ich gar in der fünften Regel etwas, was ich in der zweiten verboten habe. Eine Übersichtskarte für den Manager und eigentlich jedes Programm wäre wohl wünschenswert.

Jedenfalls mache ich es mir einfach und lasse für den Manager *alles blockieren* (siehe Abbildung 9.75). Sollte ich irgendwann einmal bemerken, dass etwas mit meinem System nicht mehr stimmt, dann bleibt Zeit, dem Manager genau den modifizierten Ausgang zu geben, den er braucht!

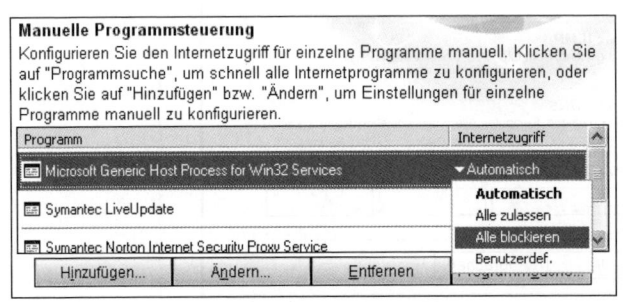

Abbildung 9.75: Wieder Hausarrest für den Manager!

Ich möchte Sie hier beileibe nicht gegen den Manager oder gar Microsoft aufwiegeln. Aber mir gefällt es einfach nicht, wie Microsoft meinen Rechner und meine Internetverbindungen nutzt, um das eigene Geschäft zu machen! Noch ein Aspekt ist sicherlich nicht uninteressant: Sollte die Entwicklung so weitergehen, werden wir bald ohne Microsofts Einwilligung nicht mehr ins Internet kommen oder nur nach vorheriger Registrierung, oder so. Ich denke, noch gehört unser Rechner uns – und so sollte es auch bleiben!

Und wie Sie vielleicht bemerken werden, scheint auch Norton bereits einigen Gebrauch dieser Unsitte zu machen. In meiner Installation wollen etliche Norton-Programme ins Internet. Bei Vollautomatik würden Sie von alledem nur indirekt etwas mitbekommen – Ihre Surfrechnung steigt und steigt, dabei werden Ihre Verbindungen langsamer und langsamer. Schluss damit! Doch weiter im Text.

Die erweiterten Regeln in Nortons Firewall

Zur Netzwerkkonfiguration und den vertrauenswürdigen Zonen bleibt mir nichts mehr zu sagen. Nur auf den *Erweiterten Firewall* müssen wir noch einen, nein, zwei Blicke werfen!

In den *allgemeinen Regeln* werden die Steuerbefehle für die Kommunikation zwischen Ihrem Rechner und dem Rest der Welt festgelegt (siehe Abbildung 9.76). Auch unsere kostenlosen Firewalls kamen mit ein paar grundsätzlichen Systemregeln daher, die wir nicht geändert haben. Vertrauen wir also in diesem Fall den Spezialisten von Norton.

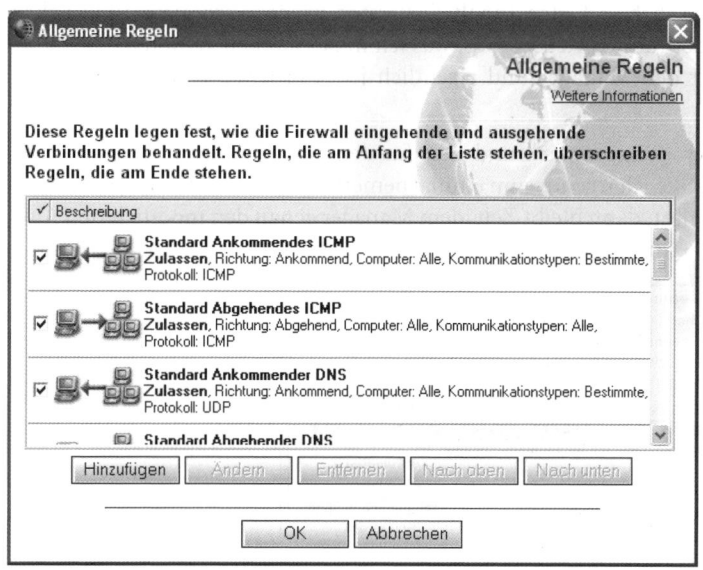

Abbildung 9.76: Die Systemsteuerung mittels diverser ICMP und mehr

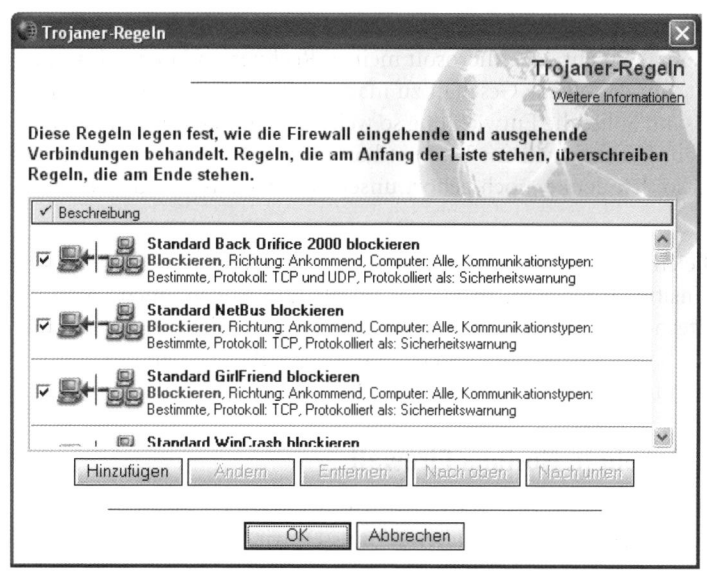

Abbildung 9.77: Eine nette Liste der Trojaner und deren Ports

In den *Trojaner-Regeln* finden Sie eine lange Liste der munteren Pferdchen, nebst Lieblings-Ports und mehr (siehe Abbildung 9.77). Wenn Sie wollen, löschen Sie die ganze

Liste und lassen sich überraschen, welche Trojaner sich auf Ihrem System befinden. Einfacher und ungefährlicher ist es allerdings, Sie lassen die Liste wie sie ist und entfernen die Trojaner mit Ihrem Norton AntiVirus, McAfee oder – wie in Workshop 10 besprochen – mit AVK 12.

> **PROFITIPP**
>
> Nun haben Sie an allen Rädchen in alle Richtungen gedreht, ein paar Programme laufen so schnell wie noch nie, ein paar andere gar nicht mehr! Da wird es Zeit für einen Sicherheits-Check beim Hersteller des Firewalls! Die Leute werden Ihrem Rechner nun auf den Port fühlen; unter der Adresse *http://security.symantec.com/default.asp?productid= NIS2003&langid=de&venid=sym* kommen Sie hin. Ich wünsche Ihnen dort viel Vergnügen!

9.17 Zur Verfügung stehende Informationen

Ein wesentlicher Bestandteil eines Firewalls und jedes Sicherheitssystems sind die Informationen, die Ihnen als Benutzer zur Verfügung stehen. Schließlich wollen Sie ja unter anderem darüber informiert werden, wer sich so alles an Ihrem Rechner zu schaffen macht. Norton Internet Security bietet Ihnen in diesem Bereich ein umfangreiches Informationssystem, das kein Auge trocken lässt. Schauen Sie es sich kurz mit an!

1. Zunächst wählen Sie unter *Benachrichtigung* das Niveau der Sicherheitsereignisse, über die Sie informiert werden wollen. Empfohlen ist *niedrig*, aber versuchen Sie ruhig einmal *hoch* (siehe Abbildung 9.78). Sie werden überrascht sein, wie viele unangeforderte Päckchen bei Ihrem Rechner ankommen!

2. In der *Statistik* bietet Ihnen Norton quasi zur Begrüßung eine Übersicht der erfolgten Angriffe und Inhaltsblockaden (siehe Abbildung 9.79).

Zur Verfügung stehende Informationen

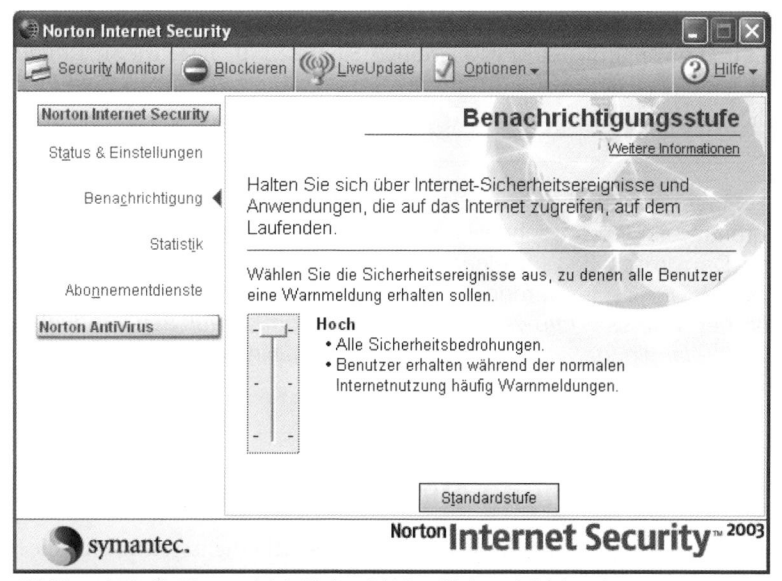

Abbildung 9.78: Sie können sich bei jedem falschen Bit benachrichtigen lassen.

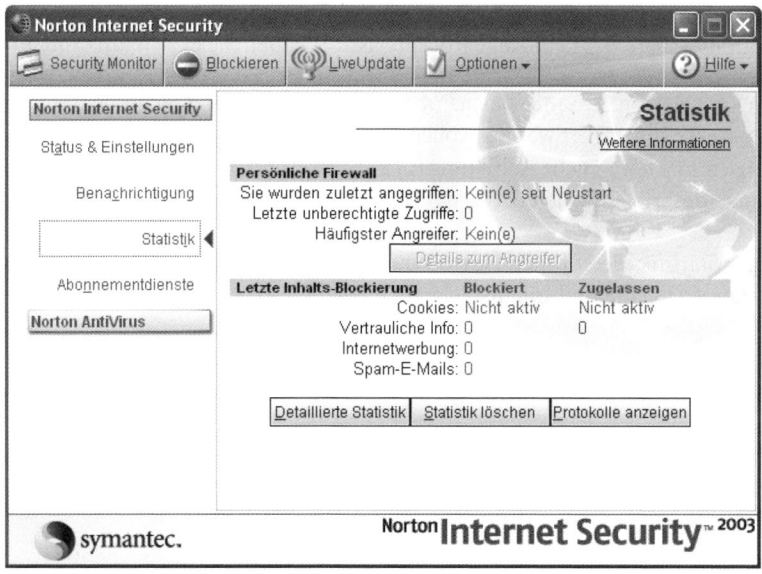

Abbildung 9.79: Die Statistik für alle Zahlenliebhaber

Workshop 9 – Professionelle Firewalls

3 In der *detaillierten Statistik* finden Sie Zahlen über alles (siehe Abbildung 9.80); es fehlt allenfalls die Temperatur der Internetleitung, wenn Sie wieder mal zu viel Musik auf einmal, äh, teilen.

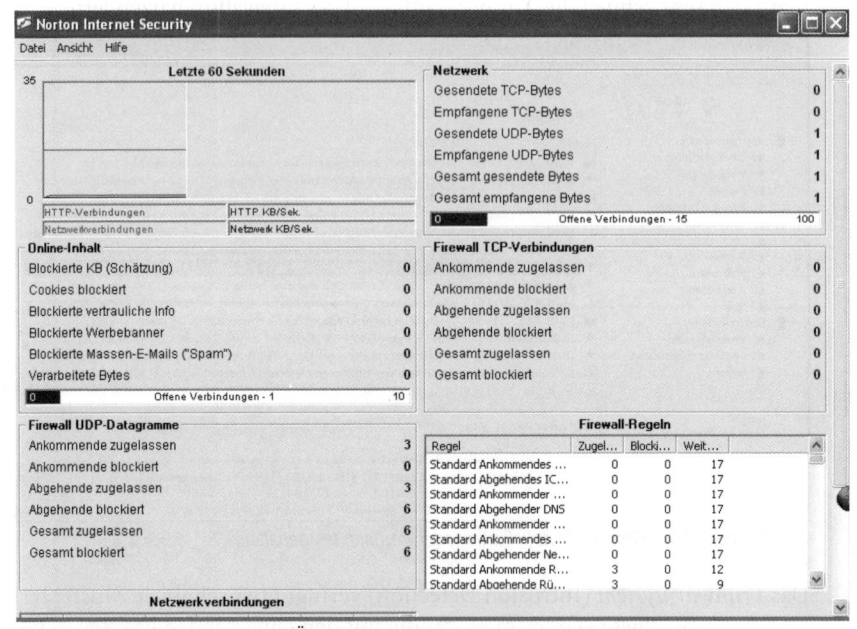

Abbildung 9.80: Sekundengenaue Übersichten aller transportierten Informationen

4 Falls Sie bisher vergeblich nach den Logfiles suchten, finden Sie diese nun über *Statistik, Protokolle anzeigen* in Abbildung 9.81 wieder.

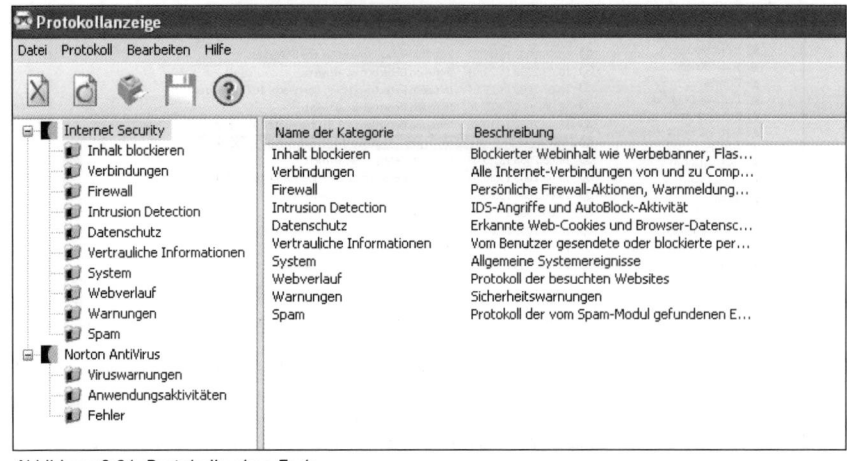

Abbildung 9.81: Protokolle ohne Ende

Zur Verfügung stehende Informationen

5 Im *Firewall*-Protokoll dann der gesamte Traffic aus Regelsicht: Alle Aktivitäten des Firewalls werden sauber mitgeschrieben (siehe Abbildung 9.82). Schauen Sie sich dieses Protokoll regelmäßig an. Sie werden mit den darin enthaltenen Informationen sehr schnell die Aufmerksamkeit Ihres Firewalls schätzen lernen.

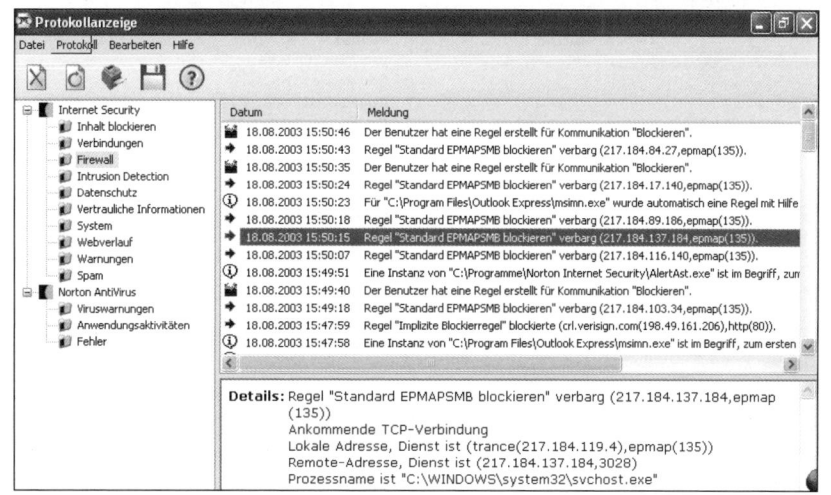

Abbildung 9.82: Im Firewall-Protokoll wird jeder Vorgang festgehalten.

6 Das *Frühwarnsystem* (Intrusion Detection) verfügt über sehr viele Muster bisheriger Angriffe. Diese vergleicht es ständig mit den eingehenden Paketen. Und es wirkt: In wenigen Minuten fanden zwei Zugriffsversuche auf meinen Rechner statt, die abgeblockt wurden (siehe Abbildung 9.83)! Beachten Sie, dass Sie genauere Informationen über einen Angriff direkt von *Symantec Security Response* erhalten können!

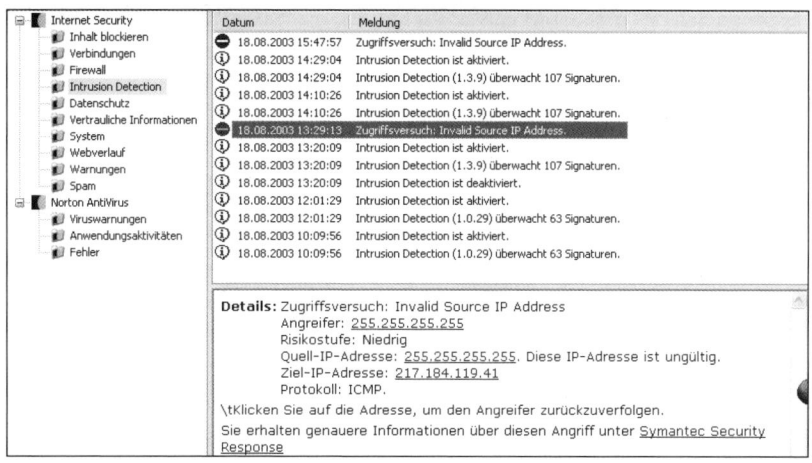

Abbildung 9.83: Ein paar harmlose Angriffe wurden vom Frühwarnsystem erkannt.

Workshop 9 – Professionelle Firewalls

7 Die schon im Firewall-Protokoll enthaltenen Warnungen werden freundlicherweise unter *Warnungen* nochmals gesondert angezeigt (siehe Abbildung 9.84).

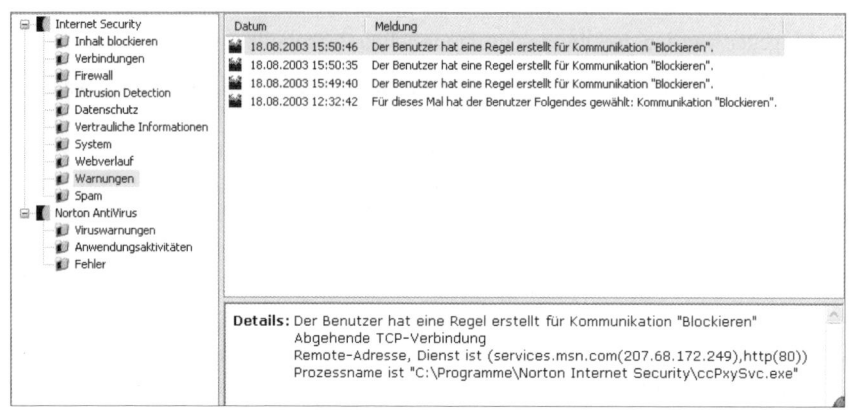

Abbildung 9.84: In den Warnungen auch die Meldungen über blockierte Anwendungen

Informationen ohne Ende also! Falls Sie Zahlen, Tabellen, Statistiken mögen, dann sollten Sie sich nun ein paar Tage Zeit nehmen. Surfen Sie, lassen Sie sich oder besser Ihren Rechner angreifen, und nehmen Sie dann die einzelnen Protokolle unter die Lupe. Die beschreibende Form der Einträge wird Ihnen den Einstieg erleichtern; und bald werden Sie sich vielleicht auf den nächsten Angriff freuen, um vielleicht mit Nortons Hilfe den Angreifer direkt aufzuspüren. Viel Freude dabei!

9.18 Zusammenfassung

Die Vorstellung der beiden professionellen Firewalls McAfee und Norton liegt damit hinter Ihnen. Ich hoffe, Sie sind von deren Funktionsumfang nicht nur erschlagen. Ich will hier nochmals kurz die Highlights beider Firewalls zusammenfassen, vielleicht können Sie sich dann leichter für den einen oder anderen erwärmen.

McAfee kommt mit einer beispielhaft intuitiven Bedieneroberfläche daher. Der Benutzer wird meinen, schon mit diesem Firewall geboren worden zu sein. Die gröbsten Einstellungen erledigt ein Assistent unmittelbar nach der Installation und diese sind bereits vorbei, bevor Sie sich als Anwender davor fürchten können.

Klar gegliederte Menüs, jedes ohne große Klickerei erreichbar und nutzbar, ermöglichen ein Feintuning, das andererseits selten notwendig sein dürfte. Ein normaler Anwender (aber wer ist schon normal?) kann sehr gut mit den Standards leben – ungleich sicherer als zuvor. Wenige, aber sehr aussagefähige Protokolle zeigen deutlich, dass Angriffe auf einen am Internet beteiligten Rechner fast schon minütlich passieren. Ein solcher kann mit dem netten Visual Trace komfortabel zurückverfolgt werden.

Zusammenfassung

Norton Personal Firewall erscheint nicht nur auf den ersten Blick etwas schwieriger anzuwenden zu sein. Es sind einfach fast zu viele Regeln, die einem neuen Firewall-Benutzer möglich sind. Und vielleicht wäre hier etwas weniger mehr. Professionelle Nutzer hingegen werden die überaus umfangreichen Protokolle und Statistiken schätzen.

Norton kommt dem beginnenden User insofern entgegen, dass dieser quasi alle Einstellungen von Norton vornehmen lassen kann. Die von den Profis bei Norton erstellten Standardregeln haben es in sich! Sie sind auch höchstwahrscheinlich weniger fehlerbehaftet als die in Heimarbeit beim Fernsehen erstellten. Überdies wohl auch restriktiver! Letzteres zeigt sich deutlich in der überaus diffizilen Systemkonfiguration, die bei McAfee vergleichsweise grob behandelt wird.

Testen Sie bitte beide Firewalls ausgiebig; Sie haben 30 Tage Zeit, das sollte genügen, um mit einem Browser und vielleicht noch einem Programm ins Netz zu kommen. Ich selbst würde mich freuen, wenn Sie mir Ihre Erfahrungen mit beiden Firewalls mitteilen würden! Wenn Sie mit McAfees Visual Tracing und Nortons Feintuning der Systemzugriffe fertig sind.

Workshop 10

Rundumschutz für Ihren Rechner – damit Ihre Daten wieder Ihnen gehören!

Ich begrüße Sie herzlich im letzten Workshop dieses Buches! Hoffentlich sind Sie nach wie vor guter Dinge, obwohl Sie vielleicht noch immer den Kopf darüber schütteln, wie viel Unfug im Netz und auf Ihrem Rechner (ohne Firewall) getrieben wird. Wie Sie mehrfach sahen, bewachen die vorgestellten Firewalls Ihren PC sehr aufmerksam. Und Sie können hinsichtlich der Kommunikation mit dem Internet sicherlich beruhigt aufatmen.

Dennoch sind Ihre Daten nicht überall und unter allen Umständen sicher! Wer schützt beispielsweise Ihre Mails, wenn sich diese unterwegs von Router zu Router kämpfen, von Geheimdienst zu Geheimdienst, um dann irgendwann zigfach kopiert und erschöpft beim Empfänger anzukommen?

> Sollten Sie noch irgendwelche Zweifel daran haben, dass unsere Mails kopiert, analysiert und ausgewertet werden, werfen Sie einen Blick in den entsprechenden Bericht zu Echelon, der vom europäischen Parlament vor wenigen Monaten verfasst wurde (*echelon.pdf* auf der Buch-CD). Darin wird nicht nur das Abhören als solches dokumentiert, sondern Wirtschaft und Privatnutzer werden aufgefordert, ihre Mails zu verschlüsseln. Nun, Sie sind ja auf dem besten Wege dazu!

AUF DER CD-ROM

Oder denken Sie an das leidige Kapitel Viren und Würmer, die sich per Mail verbreiten, oder per guter alter Diskette, die rasend schnell von Memory Keys abgelöst wird. Da kann der Firewall zwischen Internet und Ihrem Rechner kaum etwas machen!

Spam, Dialer, Schnüffelprogramme, ungeschützte Passwörter und vieles mehr sind wirklich ebenfalls ernst zu nehmende Bedrohungen für Ihre Daten und Ihren Geldbeutel. Das alles können wir nicht wortlos hinnehmen! Und wir werden es auch nicht! Wenn Ihr Mausfinger noch keinen Krampf hat, lade ich Sie ein, in diesem Workshop all die zuvor erwähnten Risiken mit passender Software einzuschränken, wenn nicht gar auszuschalten.

Im Einzelnen werden wir in diesem Workshop die folgenden Programme gegen Risiken aller Art installieren (denken Sie sich jetzt eine Fanfare!):

- PGP 8.01 in Deutsch! Weltstandard Verschlüsselungs-Software
- G DATA AntiVirenkit 12 mit preisgekrönter DoubleScan-Technologie
- Steganos Security Suite 5 als Multi-Sicherheits-Software
- Die Anti-Group: Anti-Dialer, Anti-Spy, Anti-Spam mit Sternen ohne Ende

Ich wünsche Ihnen viel Freude bei den Installationen!

10.1 PGP – Weltstandard in Mail-Verschlüsselung

Wenn Sie heutzutage das Thema Verschlüsselung von Mails diskutieren, wird sicherlich auch der Name PGP fallen. Die Geschichte dieser Software allein würde viele Seiten füllen, doch wir müssen uns hier kurz fassen.

Wichtig ist, dass PGP internationaler Standard ist. Sie befinden sich also auf der sicheren Seite, wenn Sie PGP auch für die Verschlüsselung von Mails benutzen, die ins Ausland gehen. Wichtig ist auch, dass die Entwicklung dieses Programms seit vielen Jahren von allen Verschlüsselungsexperten weltweit überprüft und von diesen selbst eingesetzt wird. Sicherlich auch wichtig zu wissen: PGP bietet den gesamten Source-Code kostenlos zum Download an. So können Sie sich – oder zumindest Ihre Partnerin – selber überzeugen, dass keine Hintertüren für niemanden integriert sind.

Zum eigentlichen Programm: PGP verschlüsselt alles, was es in die Finger bekommt. Gut zu wissen, dass es auch entschlüsseln kann. Obendrein signieren Sie mit PGP – umgekehrt verifizieren Sie Signaturen. PGP bietet Ihnen verschiedene kostenlose Dienste an, Ihren öffentlichen Schlüssel zu verteilen, einschließlich einer öffentlichen Datenbank zum Speichern der öffentlichen Schlüssel.

Abgerundet wird die PGP-Software durch Löschfunktionen, die Ihre Daten wirklich löschen, und durch Plug-Ins für die gängigsten Mail- und Chatclients. Letztere Funktion steht allerdings nur gegen Bares zur Verfügung.

Die Software selber erhalten Sie ausnahmsweise nicht von der Buch-CD! Aus lizenzrechtlichen Gründen kann man nicht mehr gestatten, PGP auf CD verteilen zu lassen. Laden Sie sich deshalb die neueste Version von PGP von der einzig möglichen Adresse (nicht mal Mirror sind erlaubt) *http://www.pgp.com/products/de/freeware.html* herunter. Gewissermaßen als Trostpflaster erhalten Sie dort auch erstmalig in der PGP-Geschichte eine deutsche Version! Nachfolgend werden wir nun die PGP 8.01 besprechen.

Die Installation von PGP

Vorab: Sie brauchen bald eine so genannte Passphrase (als verlängertes Passwort), und Sie benötigen eine Diskette oder ein zweites Medium neben Ihrer Festplatte zur Sicherung Ihres bald erzeugten neuen Schlüsselpaares. Doch jetzt endlich los:

1 Irgendwo auf Ihrem Rechner befindet sich das Symbol der Abbildung 10.1, das Sie nun aktivieren sollten.

Abbildung 10.1: PGP801 in deutscher Version verpackt

2 Ihr Pack- und Entpack-Programm wird sich mit der Anzeige des Inhalts des Archivs bei Ihnen melden (siehe Abbildung 10.2): Aktivieren Sie einfach *PGP8.exe*.

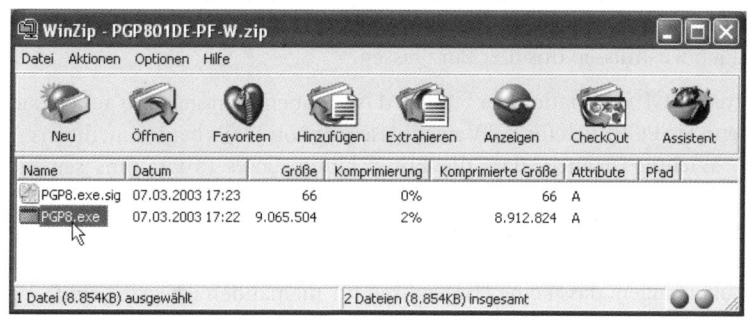

Abbildung 10.2: Aktivieren Sie PGP8.exe.

3 PGP heißt Sie *Willkommen* und bedankt sich schon im Voraus für Ihren Wunsch, nun endlich auch bald verschlüsseln zu wollen (siehe Abbildung 10.3).

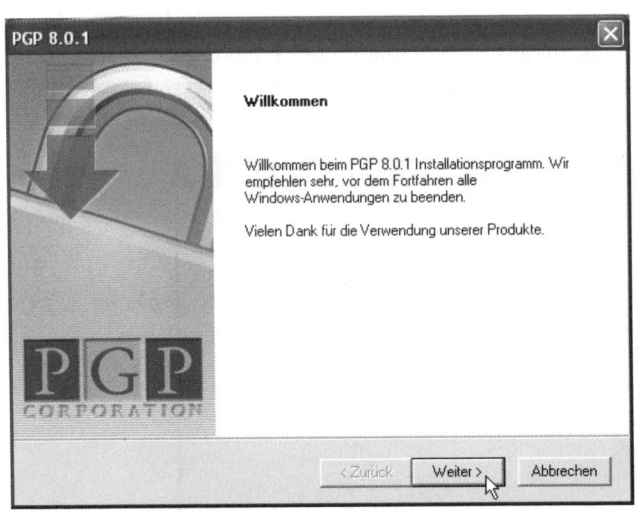

Abbildung 10.3: Willkommen, auch wenn es die Freeware ist!

4 Nicken Sie die *Lizenzvereinbarung* ab und beachten die *Readme*-Datei etwas sorgfältiger. Anschließend gibt's wieder Arbeit für Sie: Geben Sie einen eventuell bereits bestehenden Schlüsselbund an, oder lassen Sie einen *neuen* erzeugen (siehe Abbildung 10.4).

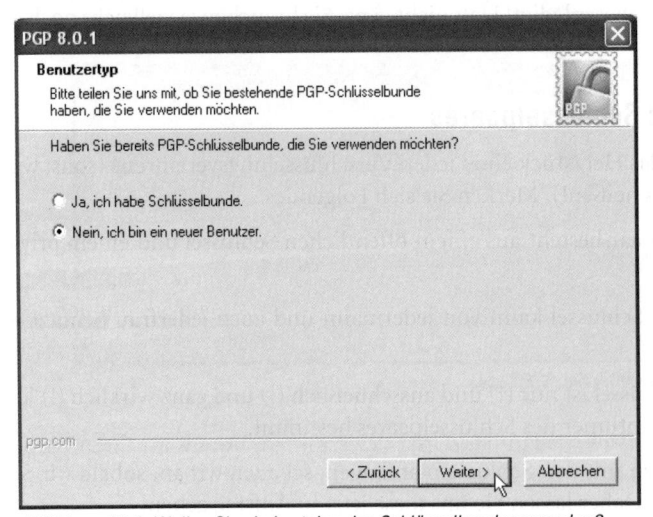

Abbildung 10.4: Wollen Sie ein bestehendes Schlüsselbund verwenden?

5 Nach der Auswahl des *Installationsverzeichnisses* können Sie die in Abbildung 10.5 angezeigten Plug-Ins auswählen. Allerdings ist dies nur dann sinnvoll, wenn Sie ein wenig Ihres Ersparten hingegeben haben. In der Freeware werden die Plug-Ins zwar installiert, aber Sie arbeiten nicht.

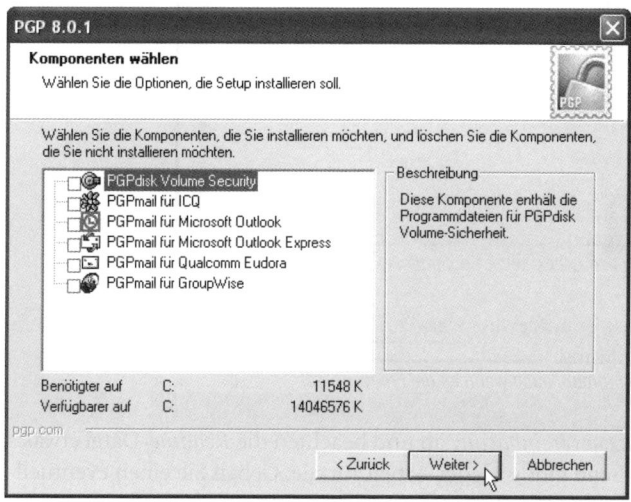

Abbildung 10.5: Plug-Ins bei der Freeware nun leider ohne Wirkung

Und damit ist schon alles erledigt! Halt nicht ganz, Sie brauchen ja vielleicht noch neue Schlüssel!

Erstellung eines Schlüsselpaares

Die Schlüssel sind das Herzstück eines jeden Verschlüsselungsverfahrens (sonst würde es wohl auch anders heißen!). Merken Sie sich Folgendes:

- Jedes Schlüsselpaar besteht aus einem öffentlichen Schlüssel und einem privaten Schlüssel.
- Der öffentliche Schlüssel kann von jedermann und auch jederfrau benutzt werden.
- Der private Schlüssel ist nur (!) und ausschließlich (!) und ganz wirklich (!) lediglich für den Eigentümer des Schlüsselpaares bestimmt.

Was Sie im Einzelnen mit den Schlüsseln anfangen, schauen wir an, sobald wir Sie in den Händen halten. Daher lassen Sie uns diese jetzt in Auftrag geben!

Falls sich der Schlüsseldienst nicht automatisch bei Ihnen meldet (Handwerker!), finden Sie ihn über *PGPtray* (neben der Uhr), *PGPkeys*, *Schlüssel*, *Neuer Schlüssel* (siehe Abbildung 10.6):

Workshop 10 – Rundumschutz für Ihren Rechner

Abbildung 10.6: Ohne Schlüssel gibt's keine Verschlüsselung

1 Der Schlüsseldienst ist aufgewacht und erklärt Ihnen kurz Inhalt und Sinn seiner Arbeit (siehe Abbildung 10.7):

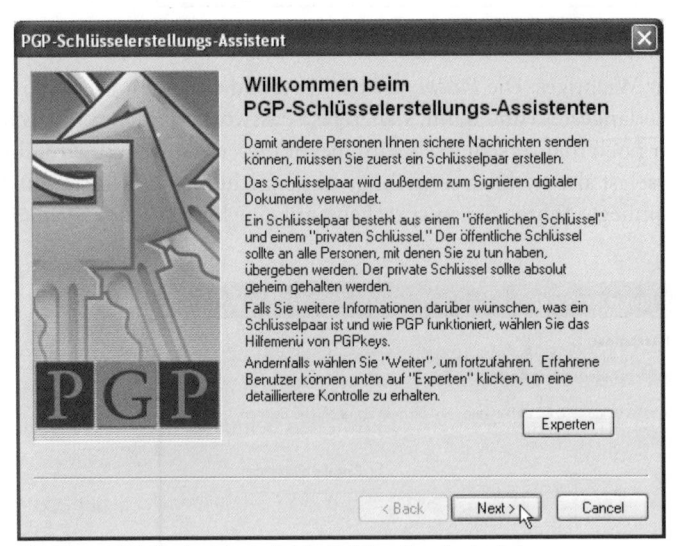

Abbildung 10.7: Ein Assistent wird Ihr Schlüsselbund schmieden.

2 Geben Sie Ihren *Namen* und Ihre *Mail-Adresse* an (siehe Abbildung 10.8). Beide Daten sind insofern wichtig, als diese an den Empfänger einer verschlüsselten Mail gelangen. Dieser sollte an Ihrem Namen und Ihrer Mail-Adresse Ihre Identität erkennen können.

PGP – Weltstandard in Mail-Verschlüsselung

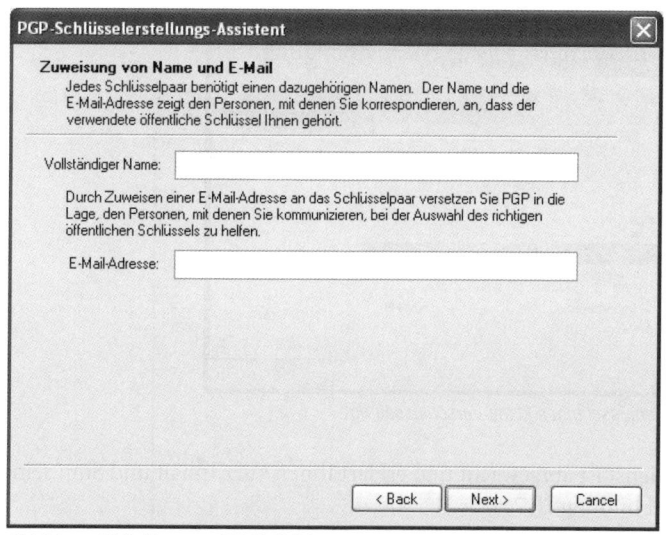

Abbildung 10.8: Name und E-Mail-Adresse

3 Nun etwas ganz Wichtiges: Die *Passphrase* (siehe Abbildung 10.9). Das ist so etwas wie ein verlängertes (und damit sichereres) Passwort, mit dem Ihr privater Schlüssel selber noch mal verschlüsselt wird, bevor dieser gespeichert wird. Ihr privater Schlüssel ist also wirklich so wichtig, dass er nicht unverschlüsselt auf der Festplatte herumliegt. Achten Sie entsprechend auf eine hinreichende *Qualität der Passphrase*!

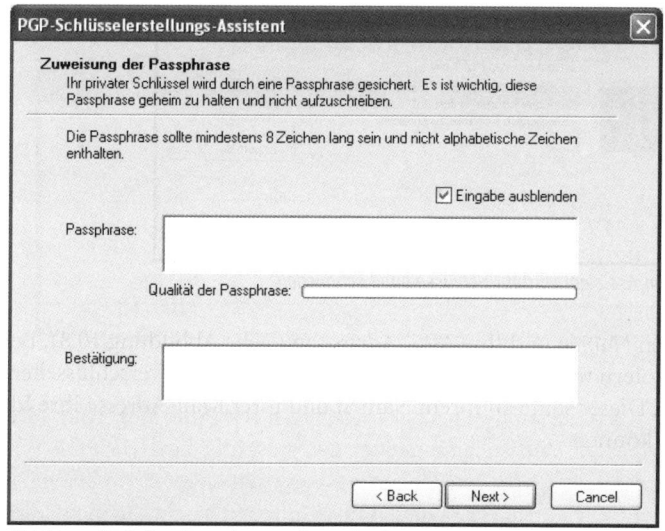

Abbildung 10.9: Ihre Passphrase sollte voller Qualität stecken.

WERKSTATT

285

Workshop 10 – Rundumschutz für Ihren Rechner

4 Und dann können Sie es hämmern, schrauben und löten (ganz leise) hören – doch bald sind Ihre Schlüssel fertig (siehe Abbildung 10.10).

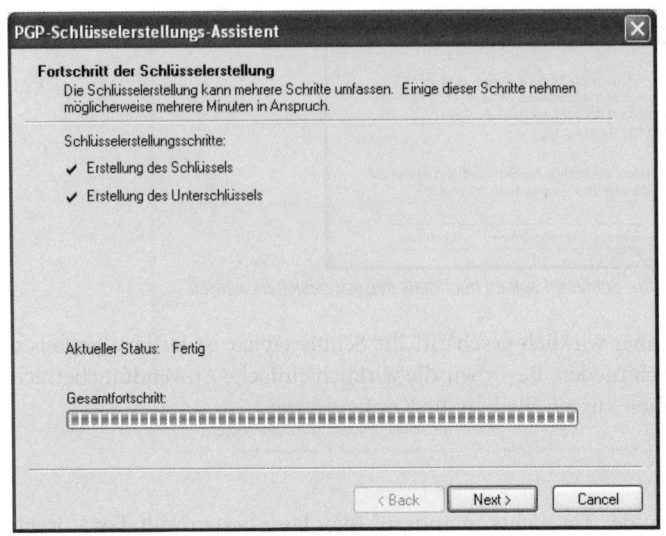

Abbildung 10.10: Sie hören es klopfen und quietschen.

5 Ein erster Eintrag in den *PGPkeys*: Das ist Ihr neues Schlüsselbund (siehe Abbildung 10.11).

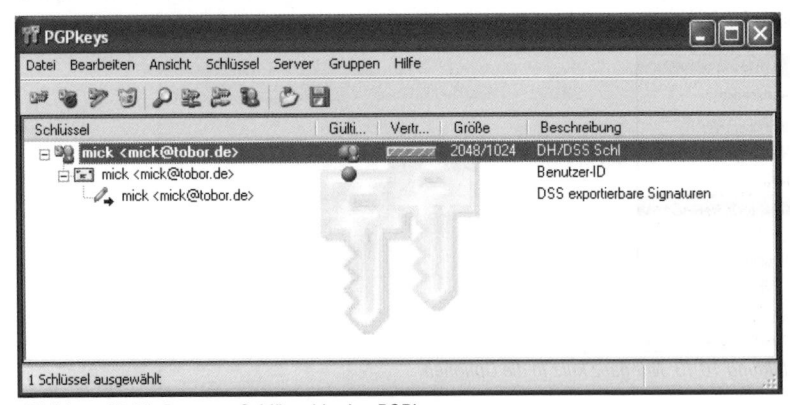

Abbildung 10.11: Der neue Schlüssel in den PGPkeys

6 Nun bleibt nur noch die anfangs bei der Installation erwähnte Sicherung Ihres neuen Schlüsselpaares. Wie im tatsächlichen Leben werden auch die PGP-Schlüssel hin und wieder „verlegt". Ohne Sicherungskopie haben Sie dann keine (!) Möglichkeit mehr, die an Sie verschlüsselt übermittelten Nachrichten zu lesen.

Sie müssen ein neues Schlüsselpaar erzeugen und verteilen. Da scheint eine *Sicherheitskopie* doch etwas einfacher zu sein (siehe Abbildung 10.12).

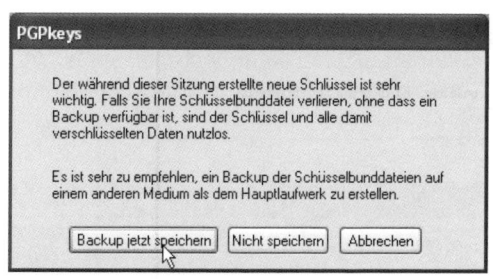

Abbildung 10.12: Ihre Schlüssel sollten nochmals separat gesichert werden.

Nun haben Sie es aber wirklich geschafft! Ihr Schlüsselpaar ist fertig, allenfalls noch etwas warm vom Schmieden. Bevor wir die wirklich einfache Anwendung betrachten, werfen Sie noch einen kurzen Blick in die Konfiguration.

Konfiguration

Sie brauchen hier in der Tat nichts zu ändern! Alles läuft bestens mit den Voreinstellungen. Allenfalls zwei Dinge sind für Sie nun zu Beginn interessant, die möchte ich Ihnen kurz aufzeigen.

1. Sie erreichen die *Optionen* – wie vermutet – über *PGPtray*, *Optionen* (siehe Abbildung 10.13).

Abbildung 10.13: Nur ganz kurz in die Optionen

Beachten Sie, dass Sie in der Registerkarte *Allgemein* Ihre Passphrase cachen lassen können (siehe Abbildung 10.14). Das ist vielleicht wichtig zu Beginn Ihrer Krypto-Karriere, denn es erspart Ihnen, Ihre Passphrase immer wieder neu eingeben zu müssen.

> **PROFITIPP**
>
> Denken Sie aber daran, dass eine gecachte Passphrase sowohl für Spionage-Software lesbar ist, als auch ganz normal von jedem Benutzer Ihres Rechners missbraucht werden kann. Letzterer kann während Ihrer Mittagspause mit Ihrem privaten Schlüssel Ihre Kündigung unterschreiben.

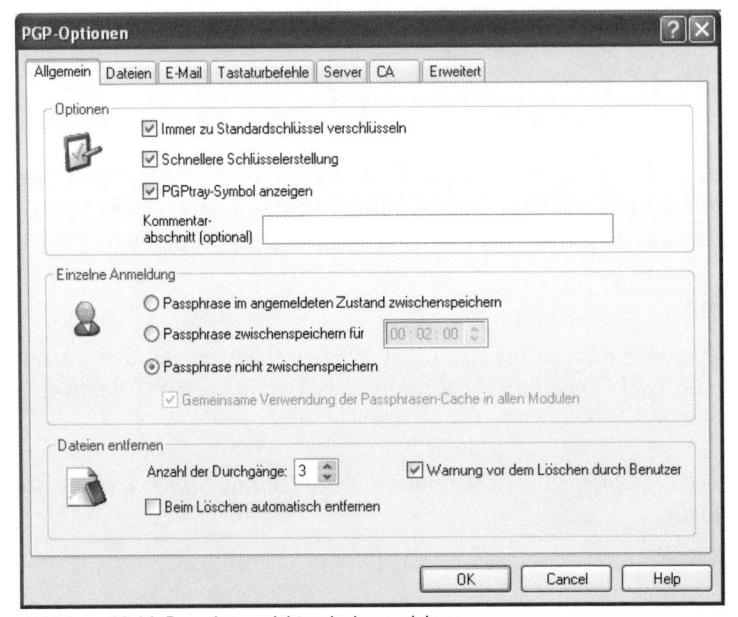

Abbildung 10.14: Passphrase nicht zwischenspeichern

2. In der Registerkarte *Server* werden Sie darüber informiert, wann und zu welchen Servern PGP halbautomatisch Verbindung aufnimmt. Sie erkennen als zentralen Server *ldap://keyserver.pgp.com* (siehe Abbildung 10.15). Dieser wird kostenlos auch Ihren öffentlichen Schlüssel speichern.

Die weiteren Möglichkeiten der *Optionen* würden hier zu weit führen. Allenfalls sollten Sie sich noch *Tastaturkürzel* für die einzelnen PGP-Menüs anschauen und an die linke Seite des Monitors bappen, wenn dort noch Platz ist. Bezüglich der weiteren PGP-Voreinstellungen vertrauen wir nun einfach mal auf deren Spezialisten.

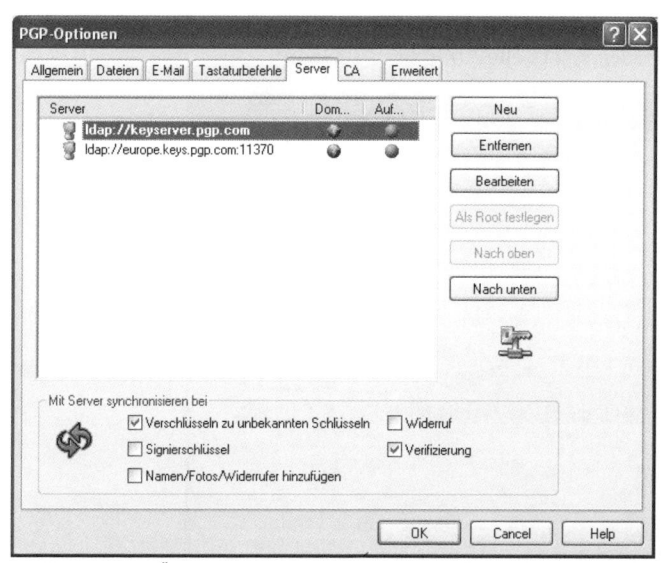

Abbildung 10.15: Öffentliche Keyserver – auch für Ihren öffentlichen Schlüssel

Verschlüsseln und Entschlüsseln

Doch nun endlich zur tatsächlichen Anwendung unseres neuen Schlüsselpaares. In der PGP 8er Freeware stehen Ihnen zwei Varianten zur Verschlüsselung zur Verfügung: Die Verschlüsselung des aktiven Fensterinhaltes oder die Verschlüsselung der Windows Zwischenablage (Clipboard). Beide Varianten funktionieren ähnlich; ich zeige Ihnen hier ein Beispiel!

1. In einem beliebigen Mail-Programm schrieb ich eine längst fällige Mail an meine liebe Freundin (siehe Abbildung 10.16).

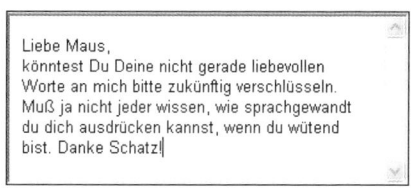

> Liebe Maus,
> könntest Du Deine nicht gerade liebevollen Worte an mich bitte zukünftig verschlüsseln.
> Muß ja nicht jeder wissen, wie sprachgewandt du dich ausdrücken kannst, wenn du wütend bist. Danke Schatz!

Abbildung 10.16: Das nennt man Klartext!

Windows wäre ja nicht Windows, wenn dieser Text nicht in einem Window stünde. Also klicke ich mich über *PGPtray*, *Aktuelles Fenster* zum *verschlüsseln* (siehe Abbildung 10.17):

Abbildung 10.17: Verschlüsseln des aktiven Fensterinhaltes

Workshop 10 – Rundumschutz für Ihren Rechner

2 PGP fragt mich nun folgerichtig, mit welchem öffentlichen Schlüssel denn nun verschlüsselt werden soll (siehe Abbildung 10.18):

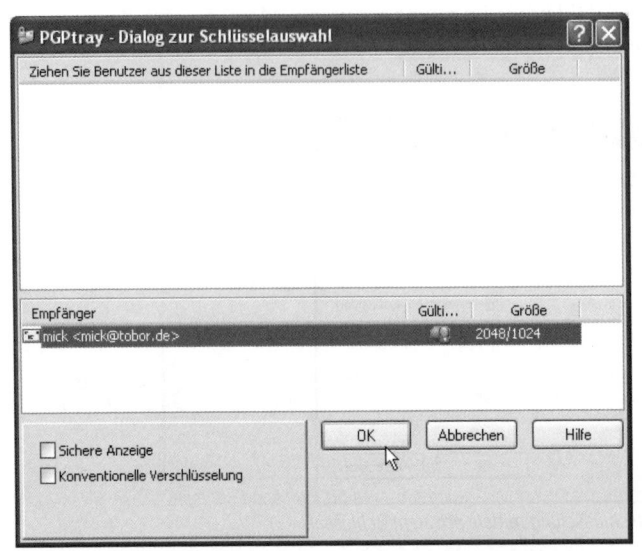

Abbildung 10.18: Welcher öffentliche Schlüssel soll benutzt werden?

3 Nach der Auswahl des öffentlichen Schlüssels beginnt PGP seine Arbeit, nach der man beim besten Willen den Ursprungstext nicht mehr erahnen kann (siehe Abbildung 10.19). Wenn Sie wollen, zeigen Sie einen solchen Text doch mal Ihrem Partner: Du Schatz, Du weißt doch immer alles ...

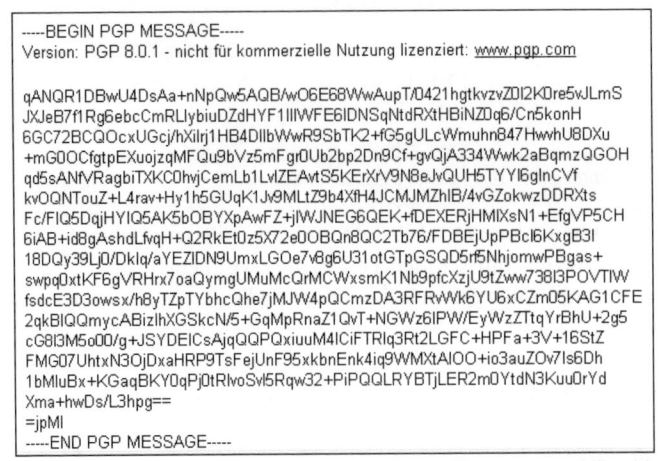

```
-----BEGIN PGP MESSAGE-----
Version: PGP 8.0.1 - nicht für kommerzielle Nutzung lizenziert: www.pgp.com

qANQR1DBwU4DsAa+nNpQw5AQB/wO6E68WwAupT/0421hgtkvzvZDl2KDre5vJLmS
JXJeB7f1Rg6ebcCmRLlybiuDZdHYF1lIIWFE6IDNSqNtdRXtHBiNZ0q6/Cn5konH
6GC72BCQOcxUGcj/hXilrj1HB4DIIbWwR9SbTK2+fG5gULcWmuhn847HwvhU8DXu
+mG0OCfgtpEXuojzqMFQu9bVz5mFgr0Ub2bp2Dn9Cf+gvQjA334Wwk2aBqmzQGOH
qd5sANfVRagbiTXKC0hvjCemLb1LvlZEAvtS5KErXrV9N8eJvQUH5TYYI6gInCVf
kvOQNTouZ+L4rav+Hy1h5GUqk1Jv9MLtZ9b4XfH4JCMJMZhIB/4vGZokwzDDRXts
Fc/FIQ5DqjHYIQ5AK5bOBYXpAwFZ+jIWJNEG6QEK+fDEXERjHMIXsN1+EfgVP5CH
6iAB+id8gAshdLfvqH+Q2RkEt0z5X72e0OBQn8QC2Tb76/FDBEjUpPBcl6KxgB3l
18DQy39LjO/Dklq/aYEZIDN9UmxLGOe7v8g6U31otGTpGSQD5rf5NhjomwPBgas+
swpq0xtKF6gVRHrx7oaQymgUMuMcQrMCWxsmK1Nb9pfcXzjU9tZww738I3POVTIW
fsdcE3D3owsx/h8yTZpTYbhcQhe7jMJW4pQCmzDA3RFRvWk6YU6xCZm05KAG1CFE
2qkBIQQmycABizlhXGSkcN/5+GqMpRnaZ1QvT+NGWz6IPW/EyWzZTtqYrBhU+2g5
cG8I3M5o00/g+JSYDEICsAjqQQPQxiuuM4ICiFTRIq3Rt2LGFC+HPFa+3V+16StZ
FMG07UhtxN3OjDxaHRP9TsFejUnF95xkbnEnk4iq9WMXtAIOO+io3auZOv7ls6Dh
1bMluBx+KGaqBKY0qPj0tRlvoSvl5Rqw32+PiPQQLRYBTjLER2m0YtdN3KuuOrYd
Xma+hwDs/L3hpg==
=jpMI
-----END PGP MESSAGE-----
```

Abbildung 10.19: Ja, das ist der soeben geschriebene Klartext – verschlüsselt!

4 Nun müssten wir nur noch eine Möglichkeit finden, diesen verschlüsselten Text irgendwie in den Ursprungstext zurückzuverwandeln. Aber das stellt für PGP kein Problem dar! Wählen Sie im zuvor genutzten Menü einfach das *aktuelle Fenster Dechiffrieren...* Geben Sie anschließend Ihre *Passphrase* ein (siehe Abbildung 10.20).

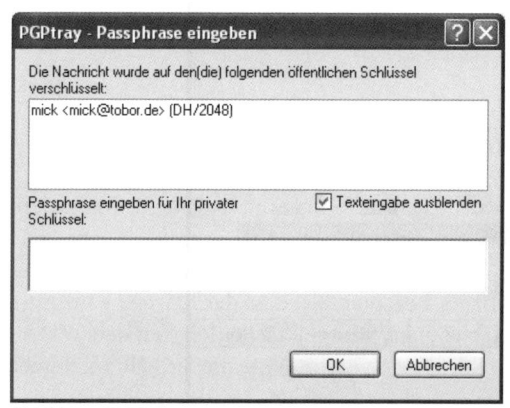

Abbildung 10.20: Entschlüsselung mittels privatem Schlüssel

5 Und tatsächlich konnte PGP den verschlüsselten Text wieder in eine lesbare Version umwandeln (siehe Abbildung 10.21).

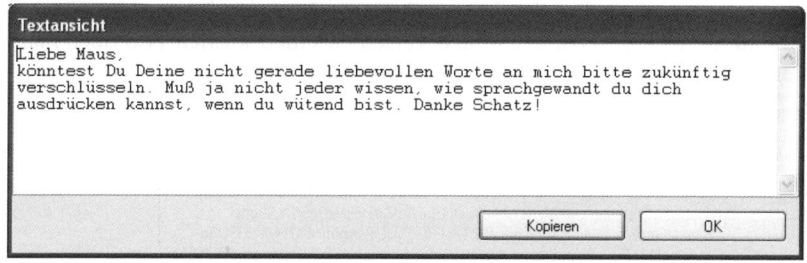

Abbildung 10.21: Der ursprüngliche Text taucht tatsächlich wieder auf!

Sollten Sie über die Zwischenablage verschlüsseln und entschlüsseln, gehen Sie analog vor. Bringen Sie also den zu verschlüsselnden Text in die Zwischenablage [Strg]+[C], lassen Sie verschlüsseln, und holen Sie sich das Zeug wieder [Strg]+[V]. Entschlüsseln müssen Sie nun aber selber!

Signieren und Verifizieren

Es folgt ein kleines angewandtes Wunder der Mathematik: Ihr Schlüsselpaar kann auch andersherum benutzt werden. Das heißt, zunächst wird der private Schlüssel angewandt, anschließend der öffentliche. Und damit sind wir kurz und schmerzlos bei Ihrer zukünftigen digitalen Unterschrift gelandet.

Workshop 10 – Rundumschutz für Ihren Rechner

1 Sie schreiben wieder irgendeinen Text, beispielsweise einen wie in Abbildung 10.22:

```
Wertes Finanzamt,
hiermit kündige ich fristlos meine ständigen Beiträge an Ihre
Organsiation.
Falls Sie einen Grund wissen wollen, es ist mir einfach zu viel
geworden!
Bitte versuchen Sie, meine doch eher bescheidenen Pflichten an
anderer
Stelle einzusparen. Das sollte Ihnen mühelos gelingen,
danke für Ihr Verständnis,
Mick
```

Abbildung 10.22: Wichtige Mails auch mindestens signieren

2 Anschließend lassen Sie das aktuelle Fenster nun nicht verschlüsseln, sondern einfach *signieren*. Sie werden erwartungsgemäß um Ihre *Passphrase* gebeten (falls Sie diese nicht gecacht haben), anschließend erhalten Sie eine *PGP SIGNED MESSAGE* gemäß Abbildung 10.23. Beachten Sie, dass der Klartext ganz normal erhalten blieb; es wurde lediglich eine kryptische Zeichenfolge an den Text angehängt. Dieses Anhängsel ist Ihre *digitale Signatur*, ohne die Sie bald nicht mehr auskommen werden.

```
-----BEGIN PGP SIGNED MESSAGE-----
Hash: SHA1

Wertes Finanzamt,
hiermit kündige ich fristlos meine ständigen Beiträge an Ihre
Organsiation.
Falls Sie einen Grund wissen wollen, es ist mir einfach zu viel
geworden!
Bitte versuchen Sie, meine doch eher bescheidenen Pflichten an
anderer
Stelle einzusparen. Das sollte Ihnen mühelos gelingen,
danke für Ihr Verständnis,
Mick

-----BEGIN PGP SIGNATURE-----
Version: PGP 8.0.1 - nicht für kommerzielle Nutzung lizenziert: www.pgp.com

iQA/AwUBP0NLtI7+IIgcYayWEQLlkACfSt7c8vTe0qlSeCTj0bqFNkAiDo8AnA6i
j62RwYOwQjcPlwl4VcgehyxY
=6sC7
-----END PGP SIGNATURE-----
```

Abbildung 10.23: Signatur, der Klartext kann erhalten bleiben

3 Aber was können Sie damit anfangen? Hm, eigentlich nichts – aber der Empfänger wird sich freuen! Denn er kann nun mit Ihrem öffentlichen Schlüssel überprüfen, ob diese Nachricht wirklich von Ihnen stammt (genauer von Ihrem privaten Schlüssel) und ob an der Nachricht etwas verändert wurde! Er muss dazu nur wieder über *PGPtray, Aktuelles Fenster, Dechiffrieren&Verifizieren*. Danach sollte er von PGP als *Status* das folgende Ergebnis erhalten: *Gute Signatur* (siehe Abbildung 10.24).

PGP – Weltstandard in Mail-Verschlüsselung

```
Textansicht
*** VERIFIZIERUNG DER PGP-SIGNATUR ***
*** Status:     Gute Signatur
*** Signierer:   mick <mick@tobor.de> (0x1C61AC96)
*** Signiert:    20.08.2003 12:21:42
*** Verifiziert: 20.08.2003 12:22:30
*** BEGINN DER VERIFIZIERTEN PGP-NACHRICHT ***

Wertes Finanzamt,
hiermit kündige ich fristlos meine ständigen Beiträge an Ihre
Organsiation.
Falls Sie einen Grund wissen wollen, es ist mir einfach zu viel
geworden!
Bitte versuchen Sie, meine doch eher bescheidenen Pflichten an
anderer
Stelle einzusparen. Das sollte Ihnen mühelos gelingen,
danke für Ihr Verständnis,
Mick


*** ENDE DER VERIFIZIERTEN PGP-NACHRICHT ***
```

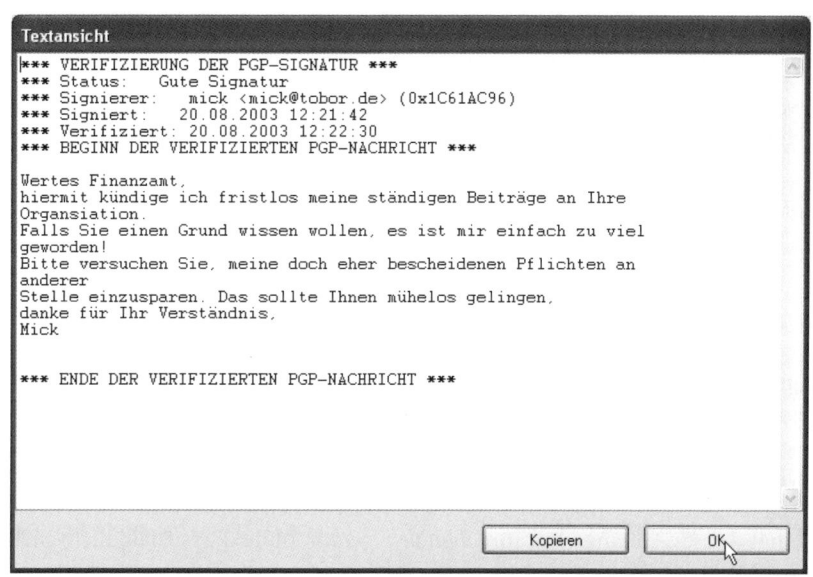

Abbildung 10.24: Gute Signatur, also alles im grünen Bereich!

4   Ich habe mal aus Spaß nur einen klitzekleinen Buchstaben verändert, und schon wird *Falsche Signatur* gemeldet (siehe Abbildung 10.25).

```
*** VERIFIZIERUNG DER PGP-SIGNATUR ***
*** Status:     Falsche Signatur
*** Warnung:    Signatur wurde nicht verifiziert. Nachricht wurde geändert.
*** Signierer:  mick <mick@tobor.de> (0x1C61AC96)
```

Abbildung 10.25: Nur ein Buchstabe geändert: Falsche Signatur!

Wirklich bemerkenswert – kein Wunder, dass eine digitale Signatur ungleich schwieriger zu fälschen ist als eine richtige Unterschrift. Von echten Unterschriften auf Faxen ganz zu schweigen! Ich drücke uns allen die Daumen, dass sich die digitale Signatur so schnell wie möglich durchsetzt.

Sie sollten jetzt ruhig ein paar Mails an sich schreiben, diese entsprechend verschlüsseln und signieren sowie entschlüsseln und verifizieren. Nach nur wenigen Mails werden Sie denken, noch nie unverschlüsselte Mails verschickt zu haben.

Wenn Sie sich trauen und noch konzentrieren können, lassen Sie doch auch mal beide Richtungen gleichzeitig arbeiten, also Verschlüsseln und Signieren einer Mail, der Empfänger muss dann entschlüsseln und verifizieren in einem Aufwasch. Dieser Vorgang bringt keine neue Anwendung, sondern führt nur zwei Dinge nebeneinander aus.

Die Verteilung Ihres öffentlichen Schlüssels

Sobald Sie ein paar Mails an sich verschlüsselt und entschlüsselt haben, wird eine gewisse Langeweile aufkommen. Immer nur an sich selbst adressieren, da sollte es noch andere Möglichkeiten geben! Und wahrscheinlich werden Sie es ahnen, diese gibt es!

Wenn Sie Mails an andere Personen verschlüsseln wollen, brauchen Sie lediglich deren öffentlichen Schlüssel. Beachten Sie, wenn andere Personen an Sie verschlüsselt schreiben wollen, dann brauchen Sie Ihren öffentlichen Schlüssel.

PGP unterstützt den Schlüsselaustausch in allen denkbaren Varianten! So können Sie Ihren öffentlichen Schlüssel tatsächlich per Telefon austauschen, indem Sie diesen vorlesen. Etwas einfacher und schneller geht es allerdings, wenn Sie Ihren öffentlichen Schlüssel exportieren (*PGPtray, PGPkeys, Schlüssel, exportieren*) und die somit erhaltene Datei als Anhang verschicken. Der Empfänger importiert natürlich diese Datei – fortan kann der soeben importierte öffentliche Schlüssel zur Verschlüsselung und Verifizierung benutzt werden.

Sollten Sie ein berühmter Fernsehstar oder so was sein, werden Sie keine Zeit haben, an alle Ihre Fans Ihren öffentlichen Schlüssel zu schicken. In diesem Falle speichern Sie Ihren öffentlichen Schlüssel einfach auf einem der Keyserver. Jeder Fan lädt sich ihren Schlüssel bei Bedarf herunter und schreibt seine Liebesschwüre dann nur noch verschlüsselt.

> **AUF DER CD-ROM**
> Wie auch immer, es ist nur eine Frage der Zeit, bis wir alle verschlüsseln. Fangen Sie also so bald wie möglich damit an. Meinen öffentlichen Schlüssel finden Sie im Übrigen auf der Buch-CD unter *mick.asc*.

Was PGP nebenher bietet

Wenn Sie sich durch die PGP-Menüs klicken, werden Ihnen noch weitere Funktionen auffallen. So können Sie mit PGP natürlich auch ganz normale Dateien verschlüsseln und/oder signieren und danach verschicken.

Falls Sie Bedenken haben, weil der Empfänger kein PGP installiert hat, auch kein Problem: Erstellen Sie mittels PGP ein so genanntes SDA (self decrypting archiv) und verschicken es an den Empfänger. Dieser muss nun lediglich das mit Ihnen vereinbarte Passwort eingeben, und schon entschlüsselt sich alles vollautomatisch.

Eine weitere Sicherheitsfunktion für Ihre zu löschenden diskreten Daten bietet Ihnen PGP mit seiner Wipe-Funktion. Tatsächlich lassen sich auch bereits mehrfach überschriebene Daten rekonstruieren. PGP bietet Ihnen ein bis zu 32faches ausgebufftes Überschreiben sensibler Daten, danach sollte nichts mehr von den ursprünglichen Bits erkennbar sein. Eng verwandt mit der Wipe-Funktion ist der Freespace-Wipe für Altlasten. Wenn Sie vor Einsatz von PGP irgendwelche Dateien gelöscht haben, können Sie auf diese nun nicht mehr zugreifen (andere Leute könnten das sehr wohl). Der Freespace-Wipe füllt diese Sicherheitslücke zumindest für den noch nicht wieder überschriebenen Bereich, der ja von Windows als leer angesehen wird – aber längst nicht leer ist.

Hauptmerkmal von PGP ist und bleibt jedoch das Verschlüsseln von Mails! Ich würde mich freuen, wenn ich Ihnen dieses Thema heute ein wenig näher gebracht hätte. Und noch mehr, wenn ich gelegentlich eine verschlüsselte Mail von Ihnen erhielte. Ich verspreche Ihnen eine verschlüsselte Antwort, wenn Sie mir Ihren öffentlichen Schlüssel mitschicken!

10.2 G DATA – AntiVirenkit 12

An dem in diesem Abschnitt behandelten Thema „Viren, Würmer, Trojaner" kommen Sie wohl kaum vorbei, wenn Sie sich um die Sicherheit Ihrer Daten Gedanken machen. Und so will ich Ihnen einen entsprechenden Superschutz auch in diesem Buch nicht vorenthalten.

Die Auswahl an Antiviren-Tools ist schier unüberschaubar; doch regelmäßige Testsieger gibt's schon nicht mehr so viele. Eines der ganz wenigen Programme, das seit Jahren an der Spitze weilt, kommt aus dem Hause G DATA: AntiVirenkit, inzwischen in der Version 12. Ich wurde auf dieses Programm nochmals besonders aufmerksam, als ich einen aktuellen Test las, nach dem AVK 12 in einer Testserie 100 % (mehr geht wohl kaum) aller versteckten Trojaner fand. Ein weiteres Programm erzielte dasselbe Ergebnis, alle anderen arbeiteten nicht so exakt.

> Vielleicht ist das auch für Sie Grund genug, sich das Programm mal anzuschauen. Sie finden das *Setup* für eine voll funktionsfähige 30-Tage-Trial auf der Buch-CD im Ordner *AVK12trial*. Diese Version und auch der Preis (39,95 Euro) galten im September 2003; unter *www.gdata.de* erhalten Sie die aktuellsten Daten.

Die Installation des AVK 12

Die Installation (von der CD) begann gleich mit einer tollen Idee: G DATA empfahl, zunächst Windows außen vor zu lassen! Dafür eine LINUX-Version von deren CD zu starten, die unter anderem alle Bootsektoren scannen würde! Es gibt ja tatsächlich Viren, die gemütlich im Bootsektor sitzen, und die Bootroutine unter Windows lässig umleiten. Mit dieser Methode war dann sichergestellt, dass eine saubere Installation durchgeführt werden konnte. Letztere ging dann selber ziemlich flott vonstatten:

1 Sie werden in der einen oder anderen Weise begrüßt (siehe Abbildung 10.26).

Abbildung 10.26: Nach Autostart der CD – Installieren

2 Nach der abzunickenden *Lizenzvereinbarung* und der Auswahl des *Installationsverzeichnisses* wachen Sie kurz auf, um den *Installationstyp* zu bestimmen (siehe Abbildung 10.27). Grundsätzlich können Sie es beim *Standard* lassen, bei wenig Festplattenplatz lässt sich aber etwas vom Rest sparen:

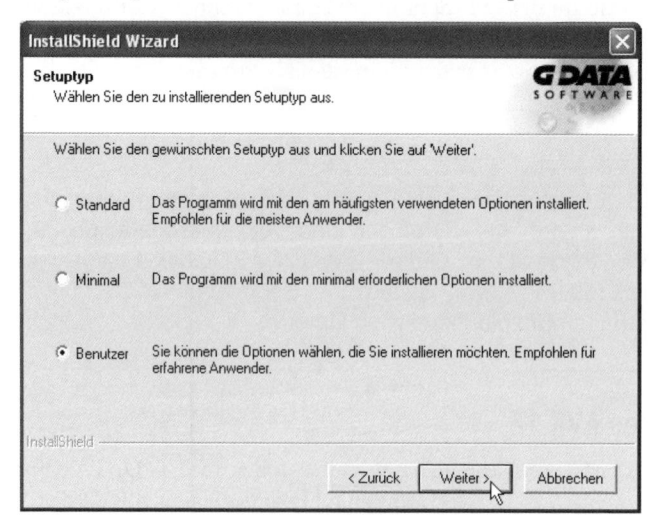

Abbildung 10.27: Standard oder Benutzerdefiniert?

3 Eventuell können oder wollen Sie auf das Outlook-Plug-In verzichten, alles andere werden Sie brauchen (siehe Abbildung 10.28).

G DATA – AntiVirenkit 12

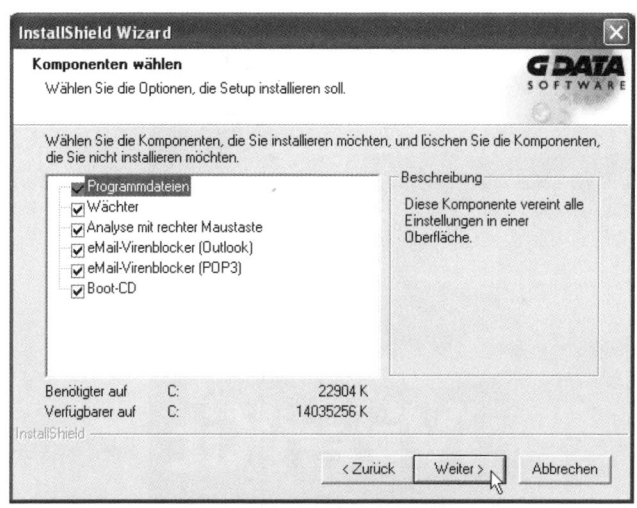

Abbildung 10.28: Wählen Sie die Module, die Sie brauchen.

4. Nach dem *Eintrag ins Startmenü* können Sie zukünftige Aktionen *automatisch* vornehmen lassen (siehe Abbildung 10.29). Ein wöchentliches Viren-Update und die wöchentliche Gesamtüberprüfung des Rechners kann voreingestellt werden. Ich muss gerade daran denken, dass der TÜV zum Glück noch nicht auf solche Intervalle verfallen ist.

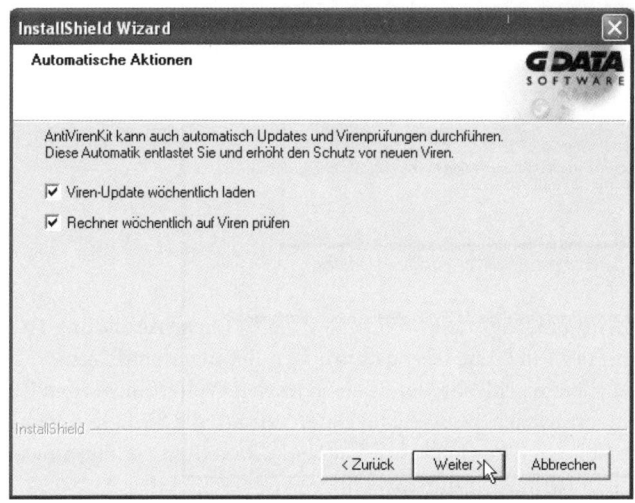

Abbildung 10.29: Was automatisiert ist, wird seltener vergessen

Workshop 10 – Rundumschutz für Ihren Rechner

5 Und dann empfiehlt sich zum Abschluss der Installation noch eine *Aktualisierung* der Programm-Module, insbesondere aber der Viren-Signaturen (siehe Abbildung 10.30). Denken Sie daran, dass im Grunde jedes AntiViren-Programm nur bekannte Viren finden kann.

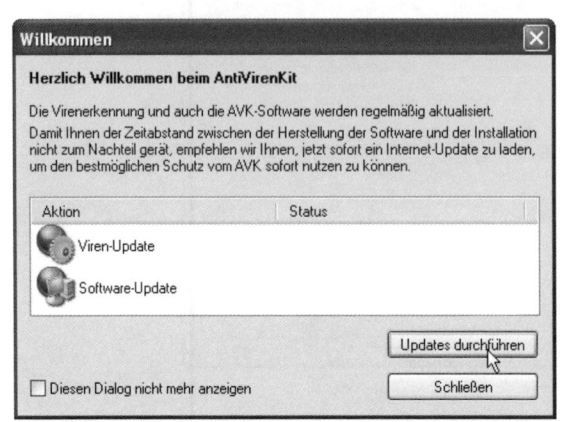

Abbildung 10.30: Nach Installation ein Update zur Aktualisierung

6 Ups, ist ja keine Freeware, die ich da gerade teste. Da wundert es nicht, wenn ich mittels *Benutzername* und *Passwort* meine Berechtigung nachweisen muss. Erst-Updater müssen sich *am Server anmelden* (siehe Abbildung 10.31).

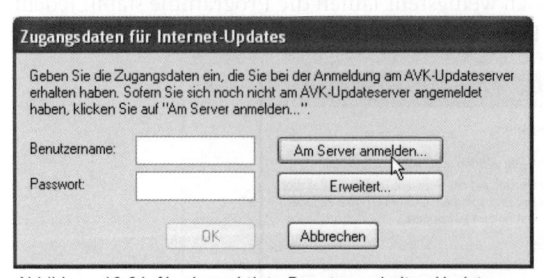

Abbildung 10.31: Nur berechtigte Benutzer erhalten Updates.

7 Als erste Eingabe wird die *Registriernummer* gewünscht (siehe Abbildung 10.32). Diese finden Sie auf der Rückseite des ausführlichen Benutzerhandbuchs (manchmal ist es gar nicht schlecht, ein Buch zu lesen). Weiterhin werden für meinen Geschmack etwas viele persönliche Daten erfragt, die Sie zum Glück mit einem Buchstaben abkürzen können. Ihre *Mail-Adresse* sollten Sie allerdings korrekt angeben, denn dorthin wird Ihnen wichtige Post geschickt!

G DATA – AntiVirenkit 12

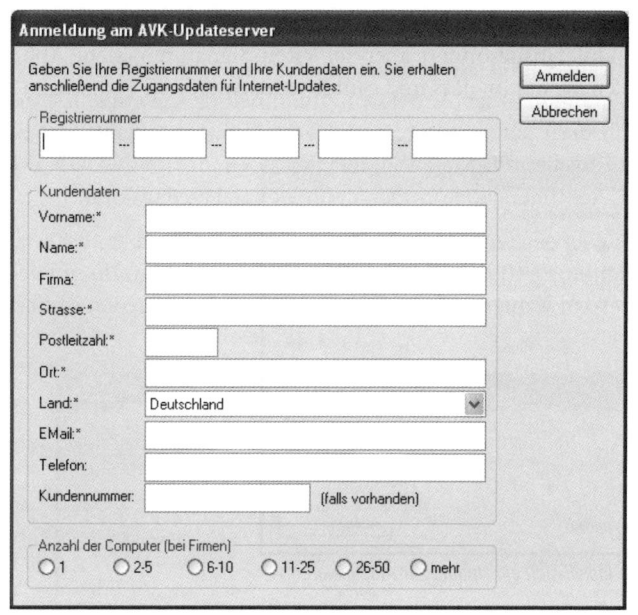

Abbildung 10.32: Unangenehm viele Fragen

8 Doch anschließend läuft das *Update* vollautomatisch durch! Klar gab's wieder jede Menge neue Viren, doch wenigstens laufen die Programme stabil! Jedenfalls muss ich nicht mal einen Patch runterladen (siehe Abbildung 10.33).

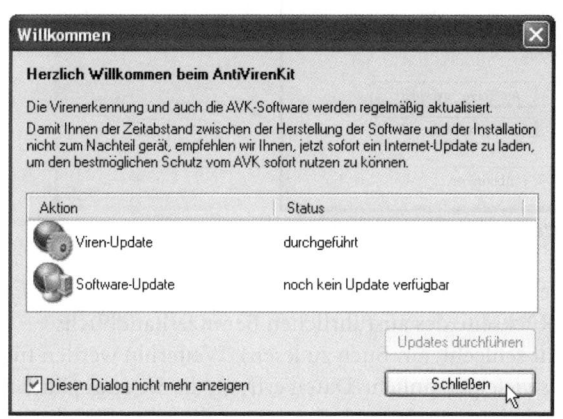

Abbildung 10.33: Alle neuen Viren-Signaturen sind da.

Insgesamt wird Sie diese Installation also kaum überfordern; da wird noch etwas Kraft übrig sein, mit mir einen kleinen Rundgang durch das Programm vorzunehmen.

Workshop 10 – Rundumschutz für Ihren Rechner

AVK 12 – ein kleiner Rundgang

Das AVK 12 kommt wirklich aufgeräumt daher; die *Status*maske zur Begrüßung löst weder Schreck noch ein Hände-über-dem-Kopf-zusammenschlagen aus. Ich denke, die grünen Punkte erfordern kaum unsere gesteigerte Aufmerksamkeit. Sie sollten allerdings noch wissen, dass beim E-Mail-Virenblocker noch im Jahr 2003 die IMAP-Unterstützung ansteht. Anschließend kommen dann die HTTP-Mails dran.

Und stören Sie sich nicht an der noch durchzuführenden letzten (und ersten) Analyse des Rechners (siehe Abbildung 10.34). AVK wartet ja förmlich darauf, Ihren Rechner zu desinfizieren. Das wird in wenigen Minuten so weit sein, wir schauen uns nur noch kurz im Programm um.

Abbildung 10.34: AVK meldet sich mit dem Statusfenster.

Sehr übersichtlich werden Ihnen die häufig durchzuführenden Arbeiten unter den *Aktionen* angeboten (siehe Abbildung 10.35). Ich will Ihnen die einzelnen Punkte jetzt aber nicht erklären!

Und auch der Zeitplan für automatische Updates und Virenprüfungen erfordert keinen Ingenieur oder Systemspezialisten zur Entzifferung. Allerdings sollte man sich seitens G DATA doch für eine Sprache entscheiden (siehe Abbildung 10.36), also jeden Saturday anstelle every Samstag!

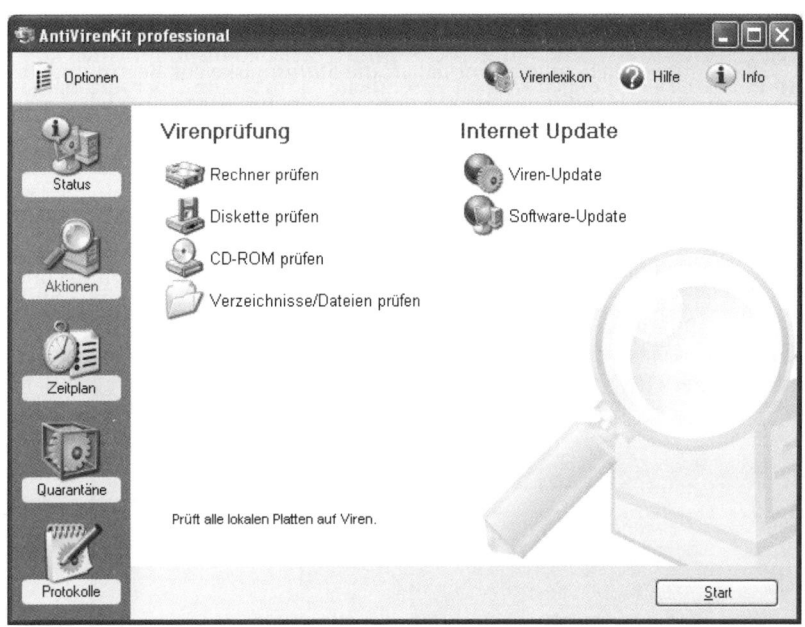

Abbildung 10.35: Einfacher geht's nicht mehr – wichtige Aktionen zur Auswahl

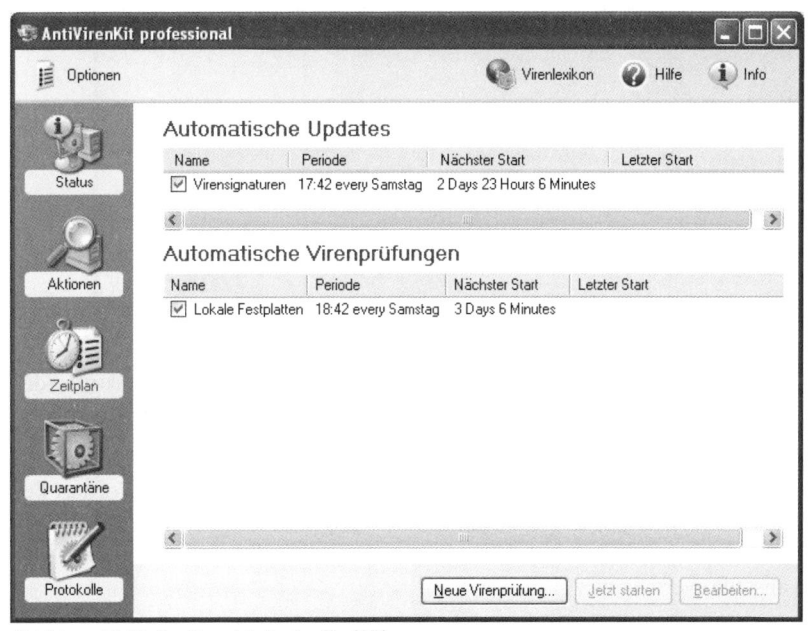

Abbildung 10.36: Der Terminkalender für AVK

Meine *Quarantäne*-Station ist leer. Dort finden Sie die isolierten Bösewichter, wo sie verschlüsselt gespeichert werden, und sie somit keinen Schaden mehr anrichten können. In den *Protokollen* schließlich werden wesentliche Aktionen im Überblick dargestellt (Scans, Updates usw.). Sie können also Ihr Hirn nutzen, um die rund 65 000 Ports auswendig zu lernen.

Während der Installation werden Sie sicherlich auf den *Wächter* gestoßen sein. Das ist das Programm, das ständig im Hintergrund darüber wacht (daher der Name), dass auf Ihrem Rechner kein Unfug getrieben wird. Unter den *Optionen* können Sie diesen Wächter tunen (siehe Abbildung 10.37). Allerdings ist die Voreinstellung derart sinnvoll, dass eine Veränderung kaum zusätzlichen Sinn machen würde. Lassen Sie es auch bei den „beiden Engines", auch wenn die Überprüfung dann etwas länger dauert. Diese bisher nur bei G DATA vorzufindende Doppelprüfung kennen Sie vielleicht schon von manuellen Rasierern: Zwei Rasier-Engines finden auch mehr als eine!

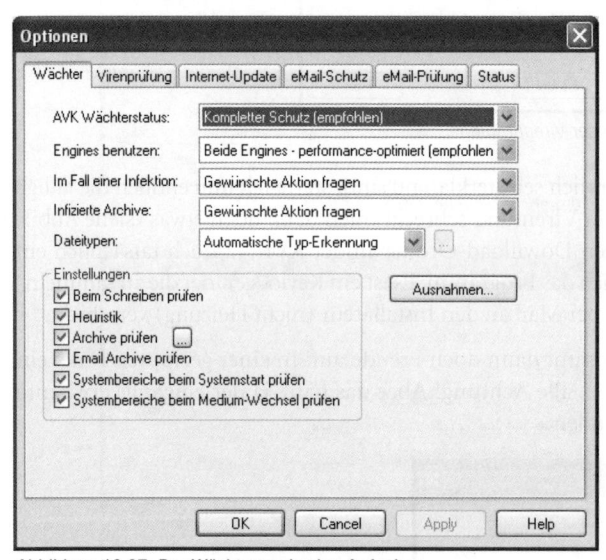

Abbildung 10.37: Der Wächter und seine Aufgaben

Die Einstellungen des Wächters können analog auch für die Systemprüfung vorgenommen werden (siehe Abbildung 10.38). Ups, das erinnert mich an was ...

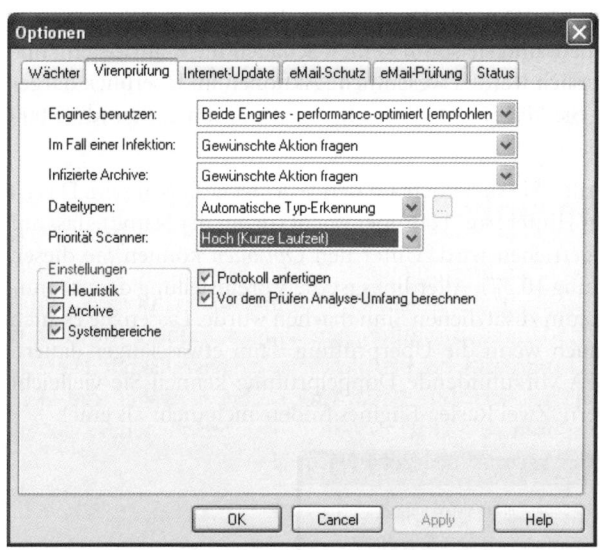

Abbildung 10.38: Die Konfiguration der Virenprüfung

Da die übrigen Optionen wirklich selbsterklärend sind, starte ich nun endlich die fällige komplette *Systemprüfung*. Ein Virenfund schreckt mich dann doch etwas (siehe Abbildung 10.39). In meinem alten Download-Ordner findet AVK 12 doch tatsächlich ein SpyTool! Zum Glück kenne ich das Programm: Es ist ein Keylogger, der die zu sammelnden Passwörter automatisch per Mail an den Installateur (nicht Heizung) verschickt.

Nach dem ersten Schreck kommt dann doch Freude auf! In einer gezippten Datei ein solch altes SpyTool zu finden, alle Achtung! Aber das hatte ja der eingangs erwähnte Test auch schon herausgefunden.

Abbildung 10.39: AVK hat einen Keylogger (aus meinem Buch) gefunden.

Ich denke, wir können unseren kleinen Rundgang damit beenden. Sie sollten einen Überblick der Arbeitsweise und Bedienerfreundlichkeit gewonnen haben. Die auf der Buch-CD enthaltene Version wird Ihnen Gelegenheit geben, das Tool ausführlich zu testen. Ich drücke Ihnen die Daumen, dass Ihr System einigermaßen sauber ist!

10.3 Steganos Security Suite

Sie kennen nun PGP zur Mail-Verschlüsselung und AVK zur Virensuche. Beide Programme sind absolute Spezialisten auf ihrem Gebiet. Was uns noch fehlt ist ein Programm, das sich um die vielen kleinen aber hilfreichen Dinge kümmert, die Sie hin und wieder brauchen. Also ein Programm, das beispielsweise ein paar diskrete Dateien verschlüsselt und komfortabel speichert, Ihre Passwörter sauber verwaltet und vielleicht noch verräterische Surfspuren vernichtet. So ein Programm suchen Sie schon lange? Dann sind Sie in diesem Abschnitt haargenau richtig!

> Und Sie haben noch mehr Glück: Die Steganos Security Suite, die ich Ihnen hier vorstelle, gehört ebenfalls zu den überall und ständig preisgekrönten Software-Paketen. Ein Grund mehr, sich das Programm anzuschauen. Sie erhalten es über *www.steganos.com/de* für 49,95 Euro (Stand: September 2003), beim Download sparen Sie 5 Euro. Eine Trial vom September 2003 gibt's auf der Buch-CD unter *sss5de.exe*.

Die Installation der Steganos Security Suite

Einmal mehr können Sie sich freuen, wie einfach Software-Installationen heutzutage geworden sind. CD einlegen und/oder hin und wieder etwas klicken, das war es dann schon. Und so funktioniert es auch bei der Suite! Ihre schwierigste Aufgabe dürfte es sein, das *Install* der Abbildung 10.40 zu finden.

Es folgt der Standardablauf: *Willkommen, Lizenz, Installations-Verzeichnis, Bereit* und *Fertig*. Ich zeige Ihnen diese Meldungen hier nicht mehr, das würde Sie nur aufhalten. Schauen wir uns lieber gleich die Zentrale an (siehe Abbildung 10.41).

Die Steganos Security-Zentrale

Die Steganos Sicherheitszentrale zeigt sich übersichtlich und leicht verständlich (siehe Abbildung 10.41). Wenn Sie mit dem Mauszeiger über die einzelnen Menüs fahren, erhalten Sie zusätzlich erklärende Hinweise. Überhaupt werden Sie ein hohes Maß an Benutzerfreundlichkeit auf allen Ebenen feststellen.

Abbildung 10.40: Die Einladung zur Installation

Abbildung 10.41: Die Steganos-Zentrale als Ihre Sicherheitskonsole

Ich zeige Ihnen diese Bedienerfreundlichkeit exemplarisch am *Steganos Safe*, den wir jetzt in Auftrag geben werden.

Steganos Safe

Sie wollten sicherlich schon immer mal einen Safe haben, oder? Gleich werden Sie stolzer Besitzer eines solchen sein!

1 Aktivieren Sie den *Steganos Safe*, und lassen Sie ein neues Laufwerk *erstellen* (siehe Abbildung 10.42).

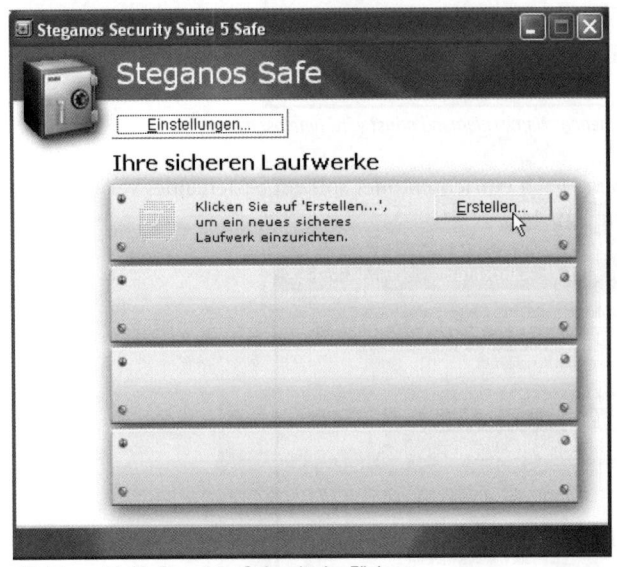

Abbildung 10.42: Ein echter Safe mit vier Fächern

2 Ihr Safe wird maximal vier Fächer haben, Sie können den benutzten Fächern einen sprechenden *Namen* geben (siehe Abbildung 10.43). Außer Ihnen wird niemand in diesen Safe schauen können!

Abbildung 10.43: Sprechender Name, niemand sonst wird hineinschauen

3 Möchten Sie ein *neues* Fach einrichten oder soll ein bestehendes verwendet werden (siehe Abbildung 10.44)?

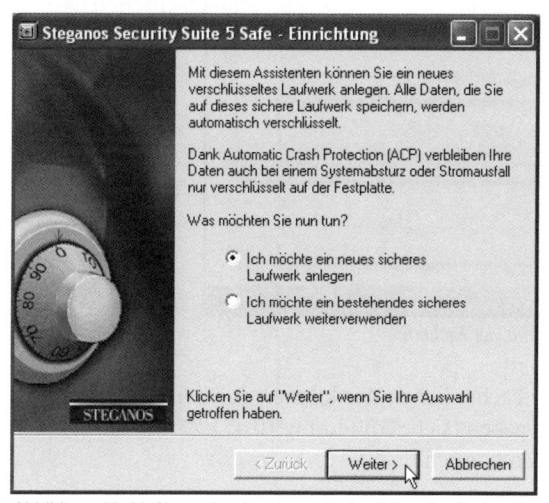

Abbildung 10.44: Neues Laufwerk – oder bestehendes ändern?

4 Wählen Sie den physikalischen *Speicherort* auf Ihrer Festplatte (siehe Abbildung 10.45).

Workshop 10 – Rundumschutz für Ihren Rechner

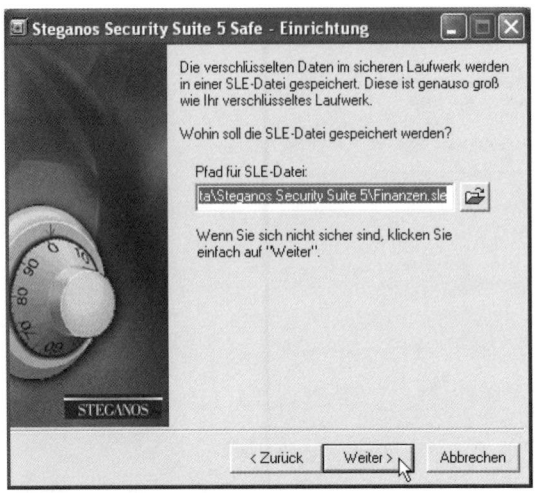

Abbildung 10.45: Wo soll der Safe stehen?

5 Bestimmen Sie nun noch die *Größe*, die 1200 MB nicht überschreiten darf (siehe Abbildung 10.46).

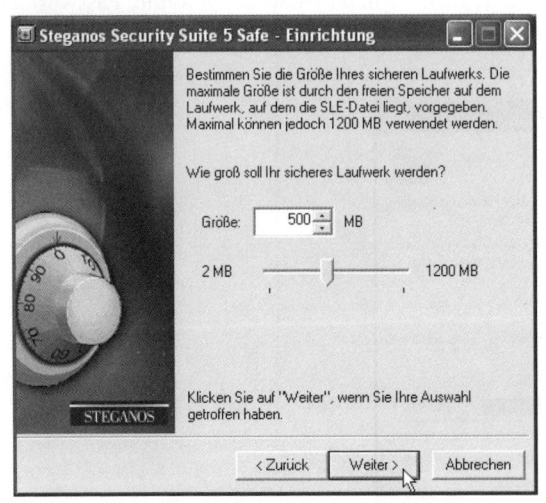

Abbildung 10.46: Wie viele Daten müssen reinpassen?

6 Überprüfen Sie nochmals Ihre Angaben, anschließend können Sie den Safe *fertigstellen* lassen (siehe Abbildung 10.47).

Steganos Security Suite

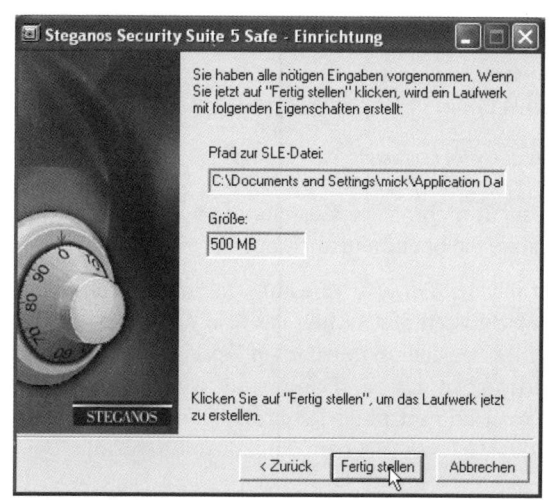

Abbildung 10.47: Der Safe wird in Auftrag gegeben.

7 Sie werden schon darauf gewartet haben: Natürlich braucht der Safe einen Schlüssel in Form eines möglichst sicheren *Passwortes* (siehe Abbildung 10.48). Denken Sie daran, dass der Safe nicht sicherer ist als das gewählte Passwort. Falls Ihnen einfach kein gutes Passwort einfällt, fragen Sie in der Zentrale nach dem Passwort-Manager!

Abbildung 10.48: Noch die Schlüssel für den Safe

Ihr Safe wird handgeschmiedet und geöffnet angeliefert. In der *Festplatten-Übersicht* finden Sie ein neues logisches Laufwerk (siehe Abbildung 10.49). Dieses verschwindet, sobald der Safe geschlossen wird. Ansonsten können Sie dieses Laufwerk nun wie jedes andere Laufwerk benutzen. Nur wird zu Ihrer Freude und Sicherheit jede darin enthaltene Datei schon beim Hineinlegen automatisch verschlüsselt!

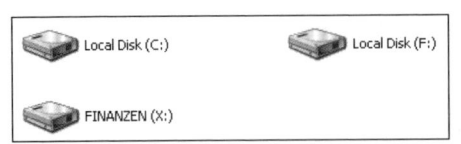

Abbildung 10.49: Ein geöffneter Safe als normales Laufwerk

Einfacher geht's wohl wirklich nicht mehr: Verschlüsseln von wichtigen Dateien per Drag&Drop! Und einen Safe haben Sie obendrein auch noch!

Als Nächstes fällt Ihnen sicherlich der *Portable Safe* auf. Dahinter verbirgt sich im Wesentlichen ein sich selbst entschlüsselndes Archiv, das also die Entschlüsselungsroutine enthält (wie SDA bei PGP). Angenehm nutzbar auf Reisen, wenn Sie üblicherweise Ihr Notebook irgendwo stehen lassen. Dann sind wichtige Firmendaten verschlüsselt gespeichert, und man kommt ohne Kenntnis des Passwortes nicht an diese heran. Schreiben Sie nur das Passwort nicht auf den Startbildschirm!

Die *E-Mail-Verschlüsselung* basiert auf symmetrischer Verschlüsselung; Sie müssen also in jedem Fall das Problem des Schlüsselaustausches lösen. Will sagen, Ihre Mail ist zwar geschützt, aber Sie müssen ein Passwort mit dem Empfänger der Mail abstimmen! PGP geht da den moderneren Weg der asymmetrischen Verschlüsselung, was meiner Meinung nach vorzuziehen ist.

Der Steganos Datei-Manager

Dennoch möchte ich Ihnen das namensgebende Menü nicht vorenthalten. Steganos und Steganografie klingen ja nicht zufällig verwandt. Wenn Sie des Altjapanischen mächtig sind, ahnen Sie bereits, was kommt. In jedem Fall sage ich es Ihnen jetzt: Der Datei-Manager kann verschlüsseln und verstecken!

1 Starten Sie einfach den *Datei-Manager*, legen Sie ein *Neues* Archiv an, und lassen Sie die zu versteckende *Datei hinzufügen* (siehe Abbildung 10.50). *Sichern und schließen* bringt Sie zur Auswahl des Verstecks.

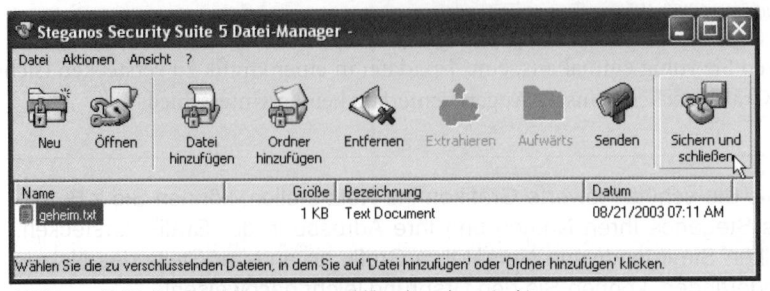

Abbildung 10.50: Der Datei-Manager verschlüsselt und versteckt.

Steganos Security Suite

2 Wählen Sie zunächst aus, ob Sie nur *verschlüsseln* oder auch *verstecken* wollen (siehe Abbildung 10.51).

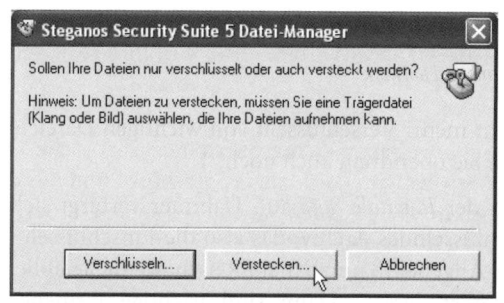

Abbildung 10.51: Nur Verschlüsseln oder auch Verstecken?

3 Anschließend wählen Sie das Versteck aus (siehe Abbildung 10.52). Die *Trägerdatei* (das ist das Versteck) wird an unwichtigen Stellen mittels mathematischer Zauberei die zu versteckenden Daten aufnehmen.

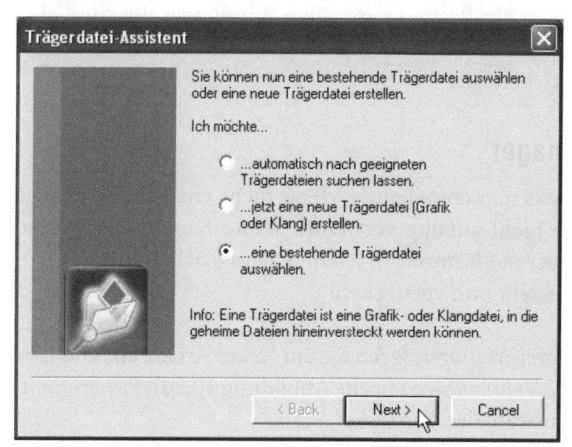

Abbildung 10.52: Wählen Sie eine Trägerdatei aus.

Probieren Sie ruhig einmal aus, eine Textdatei in einer Grafik zu verstecken (sichern Sie die Grafik vorher). Unsere Augen bemerken keinen Unterschied.

> **PROFITIPP**
> Falls Sie schützenswerte Grafiken ins Netz stellen, können Sie z.B. mittels Steganos Ihren Namen und Ihre Adresse in der Grafik verstecken. Sollten Sie irgendwann einmal Ihre Grafik an anderer Stelle des Netzes wiederfinden, können Sie den Ursprung leicht nachweisen!

Steganos Passwort-Manager

Sicherlich haben Sie schon die eine oder andere Woche über einfache, aber schwer zu knackende Passwörter nachgedacht. Und Ihnen ist wie mir nichts dabei eingefallen. Freuen Sie sich, der Steganos Passwort-Manager wird Sie bald von Ihren Sorgen um Passwörter erlösen.

1 Sobald Sie den *Passwort-Manager* aufrufen, brauchen Sie ein *Passwort* (siehe Abbildung 10.53). Mit diesem Passwort wird der Manager geschützt, und nur dieses müssen Sie sich zukünftig noch merken! Achten Sie im Übrigen auf die wechselnde Qualität des Passwortes bei der Eingabe!

> **PROFITIPP**
>
> Sie wissen ja, dass Sie kein Passwort verwenden sollten, das in irgendeinem Buch dieser Welt enthalten ist. Und auch eine 1 oder 2 davor- und dahinter stellen, hilft nicht viel (wenn Sie sich den Passwort-Cracker aus dem Anhang anschauen). Konstruieren Sie sich ein Passwort wie folgt, wenn Ihnen nichts Besseres einfällt: Fügen Sie von allen Worten eines Satzes, der schon lange in Ihrem Hirn herumgeistert, die ersten (und letzten) Buchstaben hintereinander. „Morgen werde ich meinem Boss die Meinung sagen!" wird dann zu „MwimBdMs!". Das Wort gibt's nicht, und falls Sie es mal vergessen, können Sie es rekonstruieren.

Abbildung 10.53: Der Passwortschutz des Passwort-Managers

Steganos Security Suite

2 Und dann sind Sie im einfachen Erstellungs- und Verwaltungsmenü des Passwort-Managers (siehe Abbildung 10.54). Momentan ist noch nicht viel los, Sie sollten also zumindest ein Passwort *Hinzufügen*!

Abbildung 10.54: Übersichtliche Erstellung und Verwaltung

3 Und das Allerwichtigste sehen Sie unmittelbar in der Sie können ein *Passwort erzeugen* lassen!

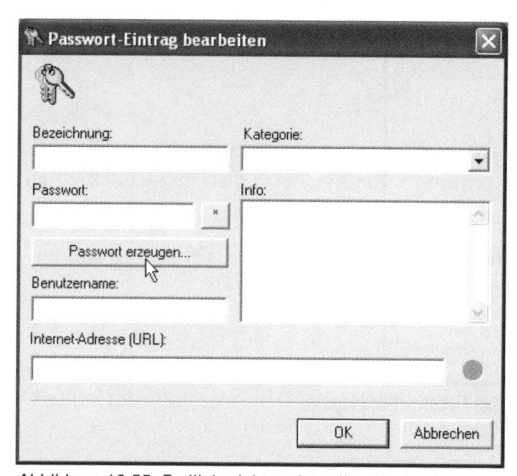

Abbildung 10.55: Endlich nicht mehr selber denken!

313

4 Lassen Sie dem Passwort-Manager freien Lauf bei seiner Auswahl. Sie können bis zu 100 Zeichen in allen Variationen konstruieren lassen (siehe Abbildung 10.56). Achten Sie lediglich darauf, dass die erzeugten Passwörter den Regeln der geplanten Benutzung entsprechen. Manche Mail-Provider erlauben ja noch immer keine Sonderzeichen!

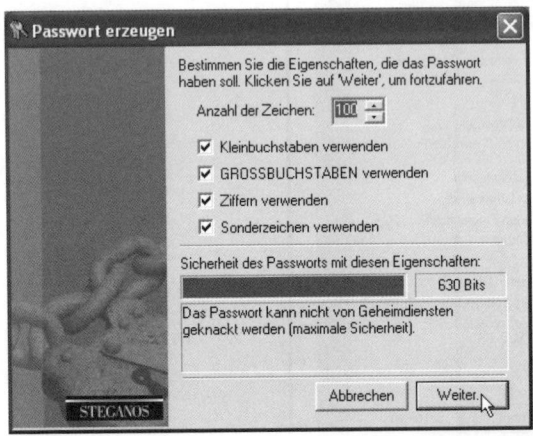

Abbildung 10.56: Alle Möglichkeiten bis zur Schlüsseltiefe von 630 Bits

> **PROFITIPP**
>
> Insbesondere bei langen Passwörtern sollten Sie darauf achten, dass Sie die Passwörter über die Windows Zwischenablage ins Empfängerfeld transportieren können. Das sollte bei Hochsicherheitsanwendungen nicht möglich sein; Sie müssen das von Fall zu Fall ausprobieren.

Der Steganos InternetSpuren-Vernichter

Auch im nächsten Menü, dem *InternetSpuren-Vernichter* finden Sie ein kleines, aber feines Tool, um die diversen Informationen, die z.B. beim Surfen zurückbleiben, per Mausklick zu löschen.

Aktivieren Sie einfach die entsprechenden Checkboxen (siehe Abbildung 10.57) – und dann vergessen Sie es!

Achten Sie auch auf den kleinen Button *XP-Datenschutz*. Wie Sie aus Workshop 1 bereits wissen, telefoniert XP ja ständig nach Hause (oder auch in der Nachbarschaft herum). Checken Sie auch hier einfach die Services, auf die Sie zukünftig keinen Wert mehr legen (siehe Abbildung 10.58).

Steganos Security Suite

Abbildung 10.57: Weg mit dem ganzen Geraffel!

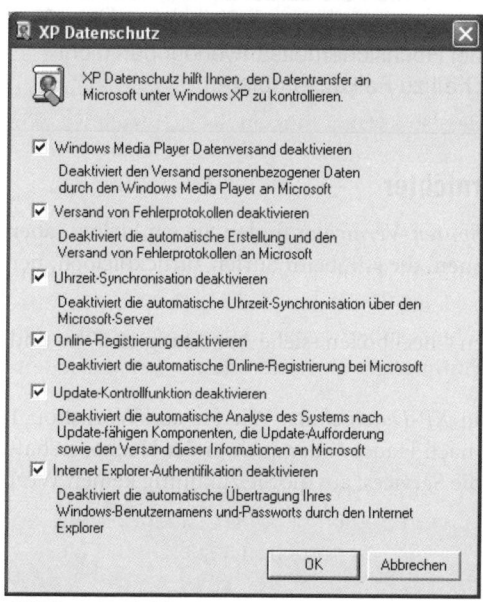

Abbildung 10.58: XP telefoniert nicht mehr nach Hause!

Im letzten Menü wird Ihnen noch ein *Shredder* angeboten, den Sie bereits im ersten Abschnitt PGP kennen lernten (dort hieß er Wipe). Ich denke, Sie sollten PGP benutzen (bis zu 32faches Überschreiben nach absolut ausgebufften Mixturen), wenn Sie Informationen wirklich ins Nirwana befördern wollen. Doch keine Frage, auch der Steganos Shredder löscht Ihre Daten besser als Windows!

Damit wären wir am Ende unseres kleinen Rundgangs durch die Steganos Security Suite. Ich hoffe, Sie konnten einen Überblick gewinnen – und vielleicht hat Ihnen der Rundgang sogar Freude gemacht!

Wir müssen nun aber weiter zur Anti-Demo, wo ich Ihnen noch ein paar kleine Helfer für den täglichen Kampf im Internet-Alltag vorstellen möchte.

10.4   Die Antis gegen Dialer, Spam und Spione

In diesem letzten Abschnitt unseres Rundum-Sicherheits-Workshops geht es um mehr oder weniger illegale Methoden, Ihnen das Geld aus der Tasche zu ziehen oder Sie zumindest zu belästigen. Die Rede ist natürlich von Dialern, Massen-Mails und diversen kleinen Spionen auf unserem Rechner. Letztere sammeln illegal persönliche Daten über den Benutzer und übertragen diese z.B. an Marketingfirmen.

Der Kampf gegen diese üblen Machenschaften fällt unseren Politikern merkwürdig schwer! So schwer, dass man sich als Benutzer allmählich fragt, ob die Werbelobby mehr Gewicht hat als das restliche Volk. Und man fragt sich, ob die Prozente der Telekom an den Dialer-Gebühren (neben der Mehrwertsteuer) so viel ausmachen, dass man die überwiegend illegalen Dialer so wenig gesetzlich behindert.

Wie auch immer, ich stelle Ihnen zwei bis drei Anti-Programme vor, die Ihnen helfen werden, den größten Schaden abzuwenden. Ein wenig müssen Sie sich nach wie vor aber auch selber schützen!

Dialerschutz mit Dialer-Control

Damit sich zukünftig kein Dialer mehr unbemerkt über eine sauteure Service-Nummer einwählen kann, habe ich Ihnen das kleine, kostenlose Tool Dialer-Control ausgesucht. Dieses Programm wird Ihre Anschlüsse überwachen und Sie über gewünschte Netzaktivitäten informieren, bevor die Nummer gewählt wird und ein Euro nach dem anderen über die Telekom verschwindet!

> Sie erhalten das kleine Programm unter *www.dialer-control.de* (hätten Sie es gewusst?). Die Version 1.2.6 vom September 2003 finden Sie auf der Buch-CD unter *dcsetup.exe*. Wenn Sie es brauchen sollten, gibt's als *dchilfe.pdf* noch ein Handbuch dazu.

Die Antis gegen Dialer, Spam und Spione

Die Installation ist vorbei, kaum dass sie begonnen hat. Sie dürfen unter verschiedenen *Sprachen* wählen, müssen dann nur noch *Lizenzbedingungen* und *Installations-Verzeichnis* abnicken. Nach ein paar weiteren *OK*s landen Sie bereits in den Einstellungen (siehe Abbildung 10.59).

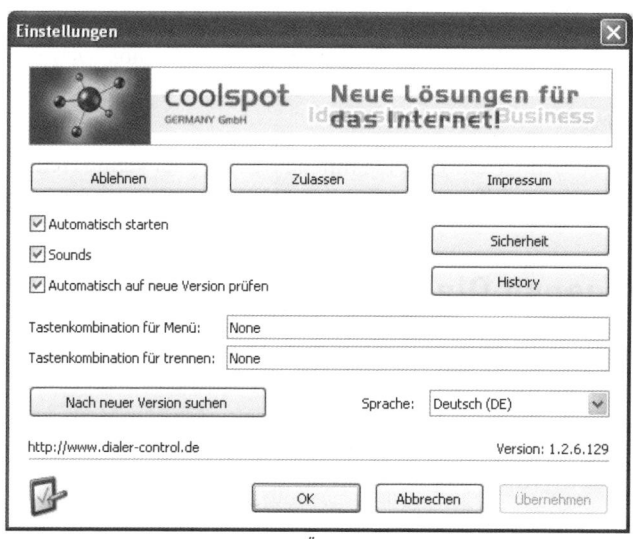

Abbildung 10.59: Die Dialer-Control-Übersicht

Sie können Dialer-Control automatisch starten lassen, nach neuen Versionen suchen und ein paar kleine Dinge mehr. Wichtig ist die Ablehnen- und Zulassen-Liste, in denen sich die abgelehnten bzw. zugelassenen Rufnummern befinden.

Nun fragen Sie sich allenfalls noch, wie Sie denn einen Eintrag in eine der Listen vornehmen können. Kein Problem, das wird Dialer-Control für Sie erledigen. Starten Sie einfach ein beliebiges Programm, das eine Netzverbindung benötigt. Dialer-Control bemerkt den Versuch, bevor er Geld kostet und fragt Sie, ob der Zugang o. k. ist (siehe Abbildung 10.60). Die Rufnummer wird angezeigt (also keine heimliche 0190er oder ähnlich) und das Programm, das den Netzausgang benutzen möchte.

Sie können die Verbindung ablehnen oder erlauben, einmalig oder auf Dauer! Ihre entsprechenden langfristigen Entscheidungen werden notiert, der gesamte Verlauf findet sich in der *History* wieder. Und Sie können die Dialer-Software sofort schließen, so lange es die Telekom nicht tut!

Viele weitere Informationen zum Thema Dialer finden Sie im Netz beispielsweise unter *www.dialerschutz.de*.

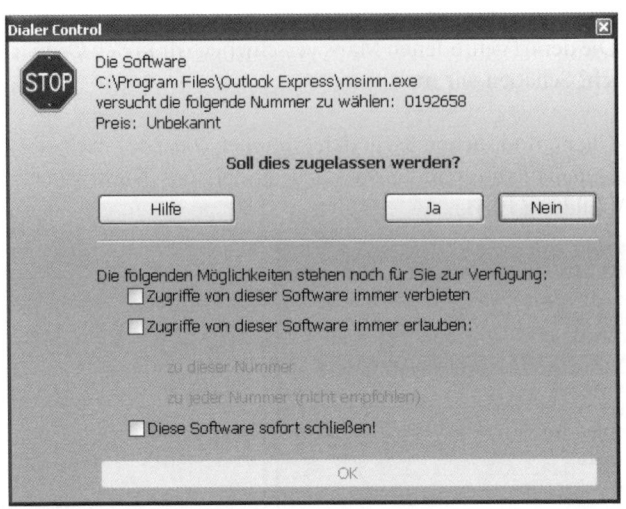

Abbildung 10.60: Dialer-Control bemerkt den Netzzugang, bevor er Geld kostet.

Anti-Spam mit unserem eigenen Hirn

Ein Gutes haben die vielen Massen-Mails: Sie schaffen Arbeitsplätze in Form von Anti-Spam-Software-Herstellern. So ähnlich wie die Viren, Würmer und Trojaner. Und ähnlich wie bei Letzteren gleicht der Kampf gegen Spam dem Kampf gegen Windmühlenflügel. Den Spammern stehen zu viele Möglichkeiten offen!

Die Spam-Wörterbücher, die der Filterung als Grundlage dienen, füllen inzwischen ganze Bände! Nur stehen den Spammern ganze ungefilterte Bibliotheken zur Verfügung, an den hinterherhinkenden Filtern vorbeizukommen. Ein einfaches Beispiel: Nehmen Sie einen Filter, der in einer Mail nach dem Wort „Steuern" sucht, um diese gleich anschließend wegen Herzinfarktgefahr zu löschen. Dann würde der selbe Filter „S t e u e r n" schon nicht mehr ohne weiteres finden. Schon gar nicht, wenn das Wort vertikal geschrieben würde oder diagonal ...

Wir müssen uns also etwas ganz Besonderes einfallen lassen! Das wird schwierig, oder? Was halten Sie denn davon, wenn wir mal unser eigenes Hirn einsetzen? Lange nicht versucht? Sie wissen nicht, ob es überhaupt noch arbeitet? Das werden wir gleich sehen!

Mir fiel jedenfalls eine grundsätzlich andere Filterweise ein: Anstatt die unendlich vielen Bösen herauszufiltern, suchen wir einfach nach den wenigen Guten! Und das sind genau die Leute aus Ihrem Adressbuch! Und das können wir ohne Zusatzsoftware! Eigentlich nicht zu glauben, oder ☺?

Die Antis gegen Dialer, Spam und Spione

Wir werden also nun in Ihrer Eingangspost nach Mails suchen, deren Absender in Ihrem Adressbuch stehen. Die derart gefundenen Mails verschieben wir in den Ordner „no Spam". Klingt zu einfach? Schauen wir mal!

1 Starten Sie Ihren Mail-Client, und suchen Sie in den Optionen (oder so) nach Filterregeln für Mails. In *Outlook Express* finden Sie solche über *Extras*, *Nachrichtenregeln*, *E-Mail* (siehe Abbildung 10.61).

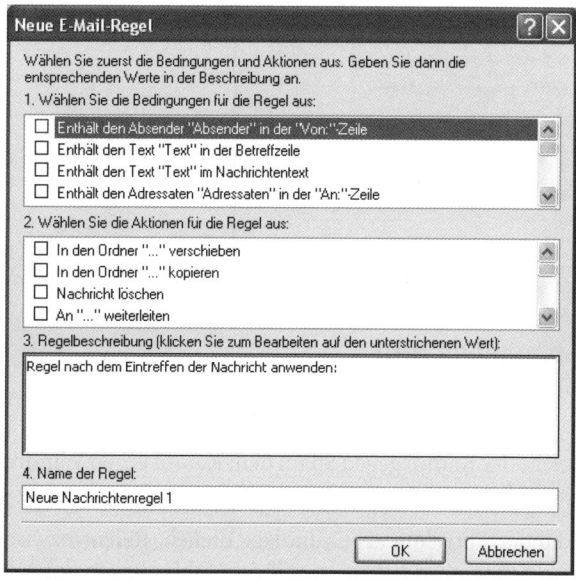

Abbildung 10.61: Das auszufüllende Regelformular!

2 Wir orientieren uns an den Absendern; diese werden für uns ein positives Filterergebnis erzeugen (siehe Abbildung 10.62).

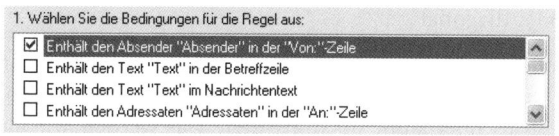

Abbildung 10.62: Wir orientieren uns an den Absendern.

3 Natürlich müssen wir angeben, welche Leute als *Absender* gelten sollen (siehe Abbildung 10.63).

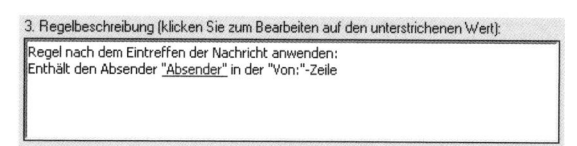

Abbildung 10.63: Welche Leute sollen die Guten sein?

Workshop 10 – Rundumschutz für Ihren Rechner

4 Und diese können Sie *manuell* erfassen (siehe Abbildung 10.64), oder Sie übernehmen Ihr gesamtes *Adressbuch* (ersten und letzten markieren usw.)

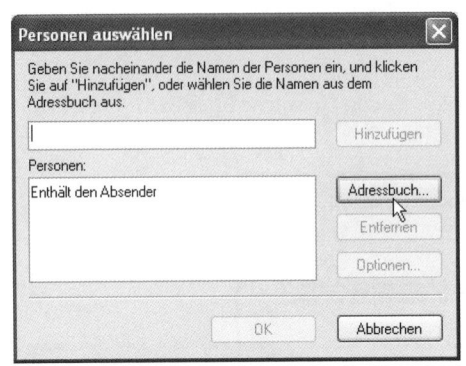

Abbildung 10.64: Einzeln erfassen oder das Adressbuch nutzen

5 So, die Leute haben wir! Nun sollen deren Mails in einen Extra-Ordner verschoben werden (siehe Abbildung 10.65).

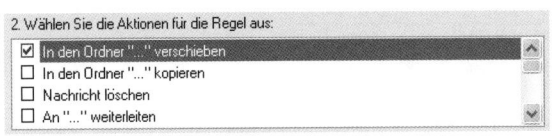

Abbildung 10.65: Die Guten sollen in einen Extra-Ordner.

6 Ich lege hierzu einfach einen *Neuen Ordner* an (siehe Abbildung 10.66).

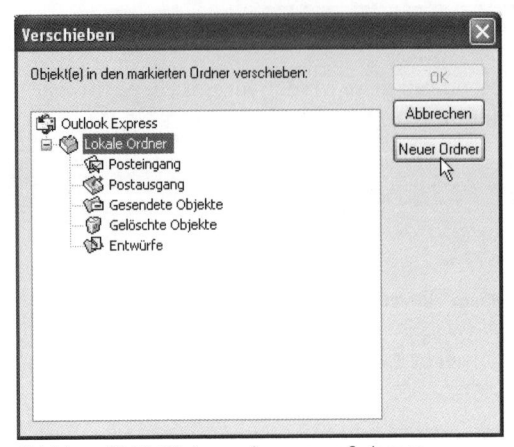

Abbildung 10.66: Wir legen einen neuen Ordner an.

7 Ja, und warum nicht: *no Spam* soll das Kind heißen (siehe Abbildung 10.67).

Abbildung 10.67: Als sprechender Name bietet sich no Spam an!

8 Und damit Sie in Ihrem Regelwerk die Übersicht behalten, vergeben Sie noch einen sprechenden Namen für die soeben erstellte Regel, vielleicht No more Spam (siehe Abbildung 10.68)?

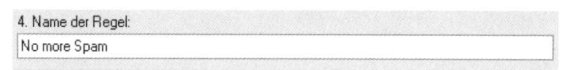

Abbildung 10.68: Und das Kind bekommt noch einen Namen: No more Spam

Damit haben wir einen wunderbaren NichtSpam-Filter installiert. Alle Post wird nun wie üblich vom Server geholt, doch Sie müssen nicht mehr in den hunderten von Mails nach privater Post suchen. Diese befindet sich längst in Ihrem soeben erstellten neuen Ordner „no Spam"!

Was im Eingangskorb verbleibt, ist fast ausschließlich Spam. Dieses Geraffel können Sie überfliegen und auf einen Rutsch löschen. Allenfalls müssen Sie noch neue Bekannte in den Filter übernehmen oder wirkliche Mails von Ihnen bisher Unbekannten beachten. So wie ich, falls ich Mails von Ihnen erhalte. Und natürlich lassen sich die Filter noch verfeinern, wenn Sie schon dabei sind. Doch das ist abhängig von Ihrem Mail-Client und Ihrem Mail-Server, ich kann das hier nicht mehr vertiefen.

Sicherlich ist auch diese Methode keine hundertprozentige. Doch sie ist einfach, effektiv, belastet den Rechner nicht, und insbesondere müssen Sie nicht alle drei Tage nach neuen Filter-Updates schauen!

Spybot Search&Destroy löscht Spione und mehr

Nachdem wir uns im vorhergehenden Abschnitt fast verausgabt haben, durch den ungebremsten Einsatz unseres eigenen Hirns, wollen wir uns jetzt die Arbeit doch wieder erträglicher gestalten. Ich denke, es wäre auch wirklich zu viel verlangt, wenn wir uns selbst auf die Suche nach wirklich bösen Cookies, Spionen aller Art und weiteren kleinen und großen Gefahren für unseren Rechner machen würden. Einfacher erscheint da schon der gewohnte Einsatz von Software, die unsere Arbeit übernimmt.

Workshop 10 – Rundumschutz für Ihren Rechner

> **AUF DER CD-ROM**
>
> Sie werden sich freuen, dass die hier vorgestellte Software Spybot Search&Destroy wiederum kostenlos ist! Und falls Sie wollen, können Sie die Version vom September 2003 gleich von der Buch-CD (*spybotsd12.exe*) aus installieren. Eine möglicherweise neuere Version erhalten Sie unter
>
> http://www.safer-networking.org/index.php?lang=de&page=news

So einfach das Konzept ist, das hinter Spybot steckt, so wirkungsvoll ist es auch. Die Leute sammeln (Un)Sicherheits-Meldungen aus der ganzen Welt (das ist eine Menge Holz) und erarbeiten entsprechende Problemlösungen. Spybot scannt den zu überprüfenden Rechner auf die Einträge in seiner Datenbank, zeigt die gefundenen Probleme auf und repariert diese auf Wunsch. Alles mit wenigen Mausklicks, wie Sie nach der Installation sehen werden.

Diese geht wie erwartet einfach vonstatten: *Willkommen*, *Lizenzbedingungen* (endlich mal was anderes), *Installations-Verzeichnis* usw. Doch dann kann der Spaß losgehen! Sie sehen Spybot – Search&Destroy 1.2.

1 Falls Ihre Buch-CD schon älter ist, lassen Sie vor einem *Überprüfen* nach Updates suchen, denn dann müssen Sie nicht zweimal scannen (obwohl es Spaß macht). Ansonsten aktivieren Sie einfach den *Überprüfen*-Button (siehe Abbildung 10.69).

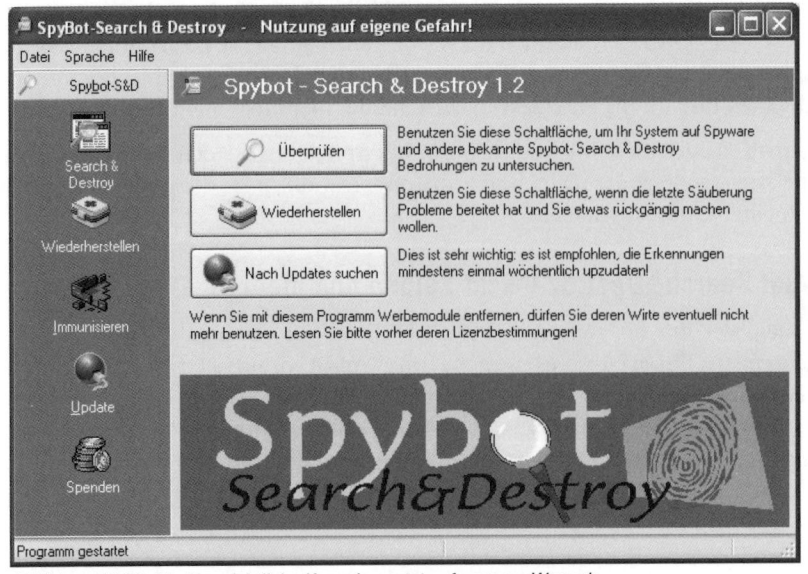

Abbildung 10.69: Die übersichtliche Konsole wartet auf unseren Wunsch.

Die Antis gegen Dialer, Spam und Spione

2 Da bekomme ich doch einen Schreck: 16 Probleme gefunden – und alles rot (siehe Abbildung 10.70).

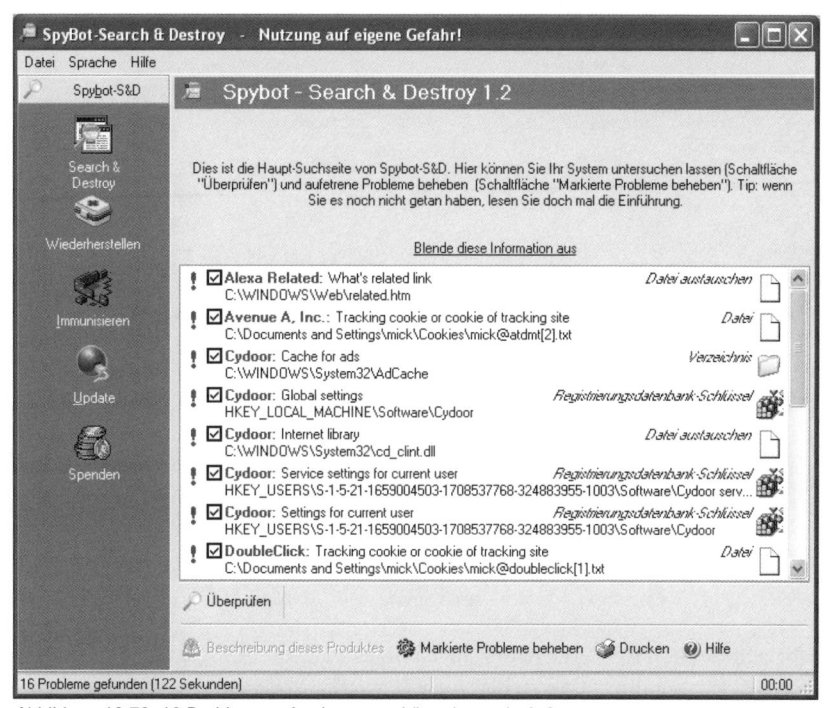

Abbildung 10.70: 16 Probleme gefunden – wer hätte das gedacht?

3 Nachdem der Blutdruck sich wieder bei den üblichen 500 zu 490 eingepegelt hat, schaue ich mir die einzelnen Probleme an (siehe Abbildung 10.71).

Abbildung 10.71: Je Problem gibt's ausführliche Erklärungen

4 Anschließend lasse ich mutig alle markierten Probleme beheben. Das Ergebnis sieht schon wieder freundlicher aus. Jedenfalls gefallen mir die grünen Haken ungleich besser (siehe Abbildung 10.72) als die roten Warnungen.

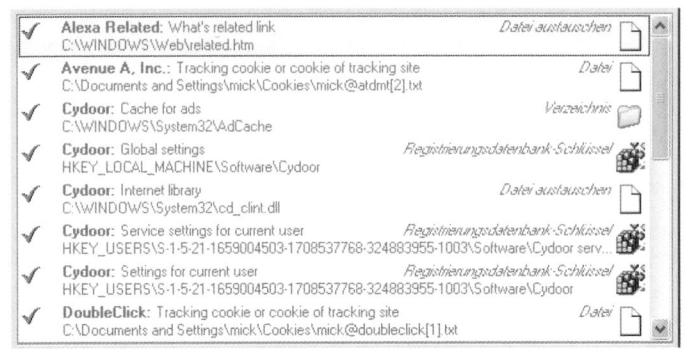

```
✓  Alexa Related: What's related link                                    Datei austauschen
   C:\WINDOWS\Web\related.htm
✓  Avenue A, Inc.: Tracking cookie or cookie of tracking site            Datei
   C:\Documents and Settings\mick\Cookies\mick@atdmt[2].txt
✓  Cydoor: Cache for ads                                                 Verzeichnis
   C:\WINDOWS\System32\AdCache
✓  Cydoor: Global settings                                Registrierungsdatenbank-Schlüssel
   HKEY_LOCAL_MACHINE\Software\Cydoor
✓  Cydoor: Internet library                                              Datei austauschen
   C:\WINDOWS\System32\cd_clint.dll
✓  Cydoor: Service settings for current user             Registrierungsdatenbank-Schlüssel
   HKEY_USERS\S-1-5-21-1659004503-1708537768-324883955-1003\Software\Cydoor serv..
✓  Cydoor: Settings for current user                     Registrierungsdatenbank-Schlüssel
   HKEY_USERS\S-1-5-21-1659004503-1708537768-324883955-1003\Software\Cydoor
✓  DoubleClick: Tracking cookie or cookie of tracking site               Datei
   C:\Documents and Settings\mick\Cookies\mick@doubleclick[1].txt
```

Abbildung 10.72: Und dann ist alles wieder im grünen Bereich!

5 Zur Überprüfung lasse ich den Test nochmals durchlaufen: Spybot findet keine Spione irgendeiner Gattung mehr (siehe Abbildung 10.73). Gratulation!

```
✓  Gratulation!
   Es wurden keine Spione gefunden.
```

Abbildung 10.73: Ein nochmaliger Test: keine Spione mehr. Gratulation!

Im Übrigen ist auch für den Fall der Fälle vorgesorgt: Alle Änderungen an Ihrem System werden protokolliert und stehen über *Wiederherstellen* zu eben solchem zur Verfügung (siehe Abbildung 10.74). Und damit bietet sich die folgende Arbeitsweise an: Lassen Sie die erkannten Probleme beheben, arbeiten Sie locker weiter. Und wenn sich keinerlei neue Probleme mit Ihrem Rechner ergeben, freuen Sie sich noch einen Klacks mehr.

Die weitere Option *Immunisieren* bietet Ihnen unter anderem an, den Internet Explorer vorsorglich noch weiter abzudichten. Leider erhalten Sie von Spybot dazu keine näheren Informationen, außer der, dass Sie ein anderes Programm hierzu benutzen können. Ich muss leider auf beides an dieser Stelle verzichten, doch ich denke, dass Sie schon mit der ersten Stufe der Reinigung besser leben können als noch kurz zuvor.

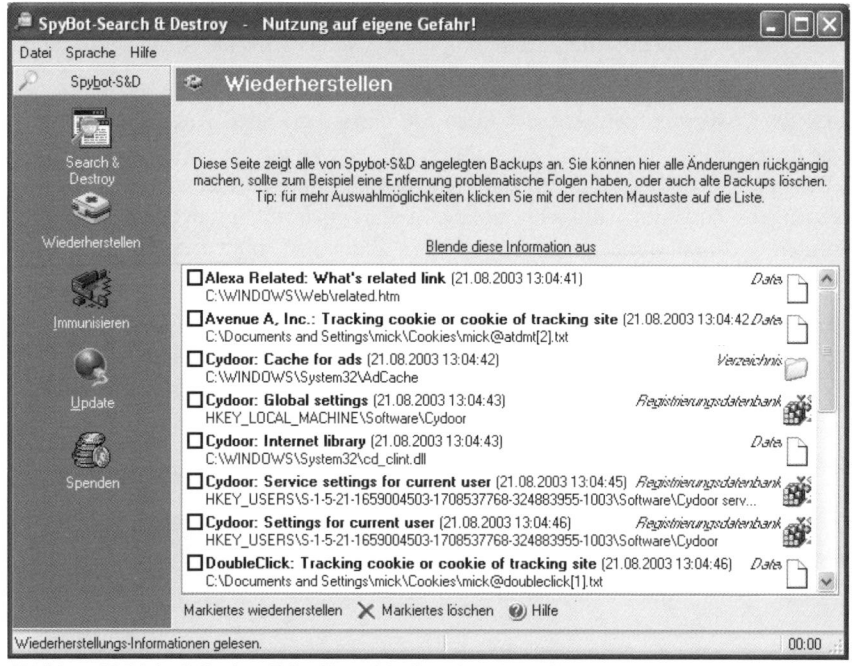

Abbildung 10.74: Im Falle eines Falles lässt sich alles wiederherstellen.

10.5 Zusammenfassung

Und damit liegt nun auch der zehnte Workshop hinter Ihnen, der zugegebenermaßen wegen der Fülle des Stoffes etwas knapp gehalten war. Sie wissen, dass über jedes behandelte Thema mehrere Bücher zu schreiben wären. Ich hoffe dennoch, dass es mir gelungen ist, Ihnen einen Einblick in die jeweilige Thematik zu vermitteln.

Zur Erinnerung: Der erste Abschnitt brachte mit PGP einen Klassiker unter der Verschlüsselungs-Software. Kein anderes Programm kann auf vergleichbare Erfahrung und Überprüfung durch weltweit arbeitende Experten verweisen. Und wenn so viele Experten keine Löcher gefunden haben, sollte es auch für unsere Mails ausreichen.

Viren, Würmer und Trojaner waren der nächste Stichpunkt. Kein Rechner ist vor diesen Teilen sicher, kein Benutzer, der nicht schon davon gehört hat. Beim Schreiben dieses Manuskripts geht gerade msblaster um, doch der wird schon wieder von einem neu aufgelegten Sobig-Wurm abgelöst. Ich denke, Sie kommen auf Dauer nicht um eine AntiViren-Software herum. Wie einfach der Einsatz ist, sahen Sie am vielfach ausgezeichneten AVK 12.

Viele kleinere und größere Problemchen des Internet- und Computer-Alltags werden auf einen Schlag von der Steganos Security Suite verringert, wenn nicht gar behoben.

Es gab einen komfortabel zu bedienenden Safe, in dem alle Daten automatisch verschlüsselt werden. Und auch das Grübeln über Passwörter wird nun wohl kein Thema mehr sein.

In der letzten Gruppe, den Antis, fanden Sie einen einfachen Anti-Dialer. Dieser bewacht Ihre Verbindungen und zeigt Ihnen auf, wer zu welcher Nummer ins Netz geht. Das Spam-Problem haben wir dann zur Abwechslung mal selber gelöst, zumindest verringert. Und zum Schluss räumte der Spybot noch mit Spionen aller Art, Werbemodulen und Explorer-Löchern auf. Alles in allem also eine runde Sache, die Ihr System sicherlich verbessert hat!

Und auch das reguläre Buch ist nun zu Ende. Mir hat es wirklich Freude gemacht, es zu schreiben. Ich hoffe, Sie konnten die eine oder andere Anregung gut gebrauchen. Scheuen Sie sich nicht, weitere Fragen direkt an mich zu richten. Meine Mail-Adresse kennen Sie ja: *mick@tobor.de*. Und vielleicht üben Sie sich ja gleich in Verschlüsselung.

Danke für Ihr Vertrauen in mein Buch,

Ihr Mick

PS: Versäumen Sie auf keinen Fall den Anhang!

Anhang A

Hackertools

Wenn Sie den Begriff Hackertools in eine Suchmaschine eingeben, finden Sie ein paar tausend Seiten, die Ihnen das Gelbe vom Ei versprechen, und die Ihnen doch nur wieder einen Dialer unterjubeln wollen. Der Verlag und ich wollten Sie diesbezüglich nicht ins Messer laufen lassen, und wir haben uns deshalb entschieden, Ihnen hier selber ein paar der besten Tools vorzustellen.

Mit diesen können Sie jede Menge Unfug treiben: legalen und illegalen – aber Sie sollten das nicht, sonst nehmen wir Ihnen die CD wieder weg. Sie verstehen, was ich meine!

> Gewissermaßen zur Einstimmung möchte ich Sie nun zurück ins letzte Jahrtausend versetzen. Irgendwann in dieser längst vergessenen Zeit machten sich zwei Computer-Freaks Gedanken, wie sie die Sicherheit Ihrer Rechner verbessern könnten. Und Sie kamen darauf, dass man doch mal versuchen könnte, in diese einzubrechen. Die beiden Hacker schrieben einen Bericht darüber, der Ihnen auf der Buch-CD unter *Improving the Security of Your Site by Breaking into it.htm* zur Verfügung steht. Danke an Zen und Wietse für die Erlaubnis zum Abdruck.

AUF DER CD-ROM

Heutzutage – es ist ja ein anderes Jahrtausend – gibt's noch wesentlich verbesserte Angriffsmöglichkeiten, die auf unglaublich schnell arbeitenden Rechnern immer neue Tricks ermöglichen. Und im Grunde kann jedermann, aber auch jederfrau, diese Tools aus dem Netz laden und unmittelbar gegen Sie (!) einsetzen, wie Sie in diesem Abschnitt sehen werden.

Der besprochene Keylogger schreibt alles im Kontext mit, was an einem Rechner geschieht. Sie können diesen einsetzen, um illegal Dinge über Ihren Arbeitskollegen zu erfahren; Sie können ihn aber auch einsetzen, um möglichen Missbrauch Ihres Rechner im Urlaub nachzuweisen. Sie können ihn aber auch nur testen und staunen!

Im nächsten Kapitel geht's etwas ausführlicher um Scanner, die an jedem Platz der Welt mit Internetanschluss gegen Sie verwendet werden können und werden! Ich zeige Ihnen für den Einstieg einen ganz einfachen Scanner, der schon arbeitet, wenn Sie nur einen IP-Bereich angeben können. Falls Sie auch noch das Betriebssystem und mehr erspähen wollten, müssten Sie zu einem mittelklassigen Scanner greifen. Die Oberklasse bietet Ihnen all das und mehr, und das Ganze auch noch komfortabel.

Sniffer stehen nur kurz auf dem Programm! Im Gegensatz zu Scannern, die ja von außen versuchen, Informationen über Ihren Rechner zu gewinnen, schnüffeln Sniffer innerhalb eines Netzwerkes. Wie Sie sehen werden, entgeht diesen Augen nichts, was über bestimmte Leitungen geht.

Abschließen werden wir diesen Abschnitt mit einem Test eines der führenden Passwort-Cracker. Sie sagen nur noch, von welchem Rechner weltweit Sie die Kennwörter gern hätten, kurz darauf kommt die Lieferung. Bis Sie es selber sehen, werden Sie es wohl nicht glauben!

Nochmals, weil es wirklich wichtig ist: Verwenden Sie diese Tools nicht gegen jemand anders – es ist schlimm genug, dass diese Tools bereits gegen Sie angewandt werden!

A.1 Keylogger

Als erstes kleines Tool möchte ich Ihnen ein Programm vorstellen, das Ihre gesamte PC-Aktivität mitschreibt. Dazu gehören in erster Linie Tastatureingaben, wie Benutzerkennungen und Passwörter – aber auch so simple Dinge wie angesurfte Webadressen, Kreditkartennummern und alles andere, was an Eingaben Ihrerseits erfolgt.

Damit nicht genug! Alle Buttons, auf die Sie klicken, werden notiert. Alle Menüs, aus denen Sie etwas auswählen, werden notiert. Und jeder Mausklick (auch, ob rechts oder links)! Und alle ermittelten Daten werden Ihnen auf Wunsch bereits ausgewertet zur Verfügung gestellt!

> Sie befinden sich nun also mitten in einem Fernseh-Krimi, und so richtig glauben werden Sie das alles erst, wenn Sie selber mitgespielt haben! Holen Sie sich Ihre Rolle von der Buch-CD (*pca.zip*). Unsere Version ist vom September 2003; unter *www.keyloggers.com* erhalten Sie die jeweils allerneueste.

Zur Installation ist festzuhalten, dass Sie sich ein Passwort zur Benutzung ausdenken und merken müssen. Doch mehr ist nicht zu tun, das *Steuerungszentrum* erwartet Ihre Konfiguration (siehe Abbildung A.1). Üblicherweise wird das *Monitoring beim Systemstart* gleich mitaktiviert.

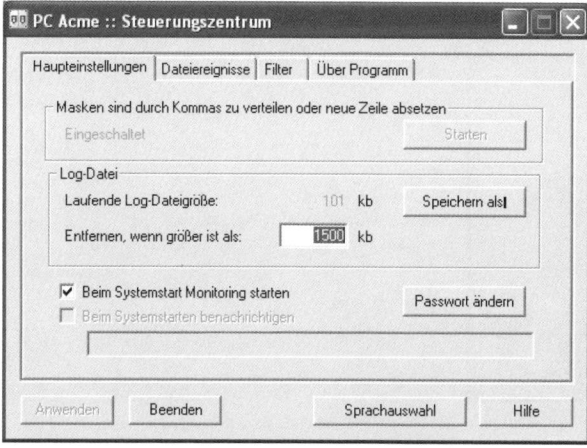

Abbildung A.1: Das Steuerungszentrum des Keyloggers

Sie können das Monitoring auf bestimmte Dateiereignisse und/oder auf bestimmte Benutzer einschränken (siehe Abbildung A.2). Ihre Auswertungen sind dann etwas einfacher.

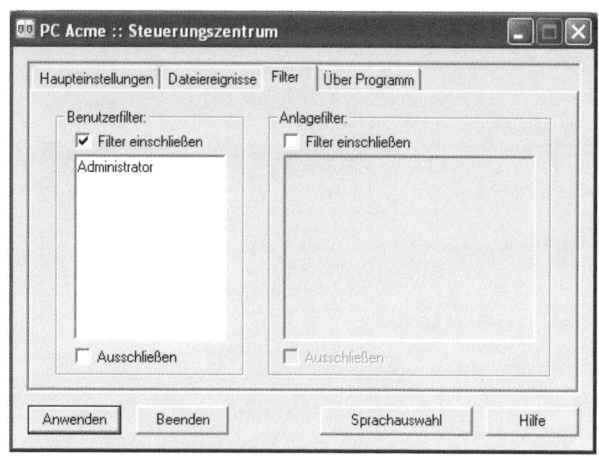

Abbildung A.2: Alle Benutzer überwachen – oder nur Herrn Admin?

Doch lassen Sie für einen ersten Test einfach alles wie es ist. Surfen Sie vielleicht mal kurz irgendwohin, starten Sie irgendein Programm, oder schauen Sie mal wieder nach Spam. Anschließend nehmen Sie *Einblick in die Log-Datei* (über *Start, Programme, PC*

Anhang A – Hackertools

ACME). Abbildung A.3 bietet Ihnen an, die verschlüsselt protokollierten Daten zu *Dekodieren*:

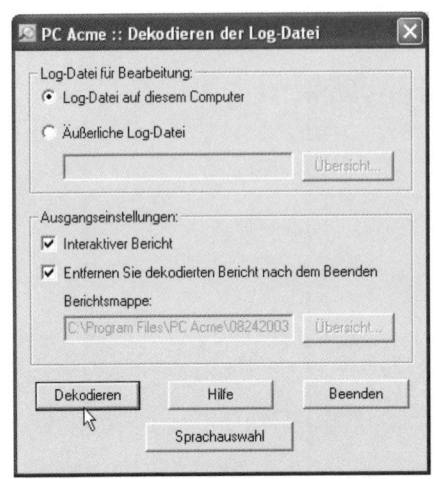

Abbildung A.3: Mal sehen, was alles mitgeschrieben wurde

Und dann wird's sozusagen kriminell: Unter Zuhilfenahme des Browsers (wenn der das wüsste) werden Ihnen Ihre Sessions angezeigt, je Session die gestarteten Programme – und je Programm alle Ereignisse, sauber und sekundengenau mit Ihren Eingaben versehen (siehe Abbildung A.4). Besonders interessante Objekte werden schon in der Ereignis-Maske farblich herausgestellt!

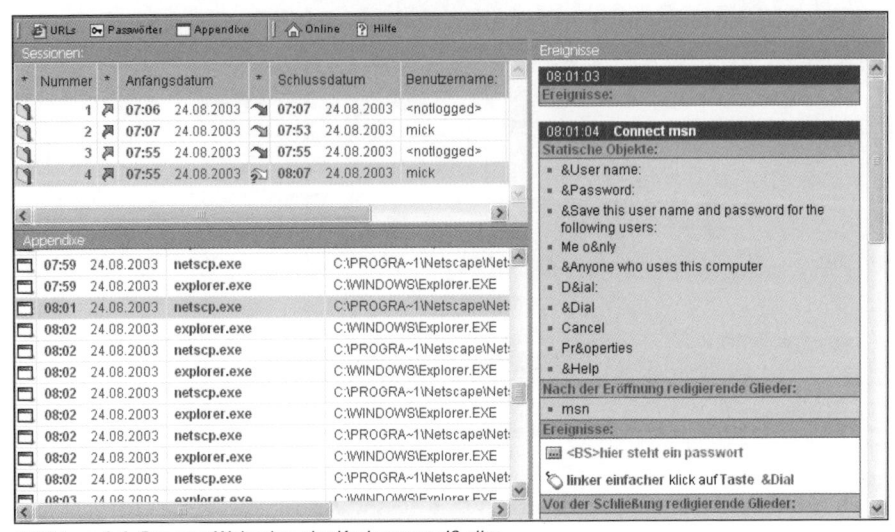

Abbildung A.4: Der pure Wahnsinn, der Keylogger weiß alles.

Doch PC Acme macht es Ihnen noch einfacher: Für *URLs* und *Passwörter* stehen Ihnen bereits *Berichte* im HTML-Format zur Verfügung (siehe Abbildung A.5).

Abbildung A.5: Passwörter – von besonderem Interesse

Ein starkes Stück, oder? Wenn Ihnen Ihr Partner ein neues Duschbad im Internet bestellt und mit Kreditkarte bezahlt, haben Sie beides. Und wenn Ihr Sprössling nach Mitternacht an Quake-Meisterschaften teilnimmt, wissen Sie auch, warum er morgens so gut drauf ist. Aber auch wenn Sie jemanden verdächtigen, sich an Ihrem PC zu schaffen zu machen (und sei es Ihr Boss), dann werden Sie nach Ihrem Urlaub ein intensives Gespräch führen können.

Eine Bitte an dieser Stelle an Sie: Nutzen Sie das Programm nicht für illegale Zwecke, und bespitzeln Sie niemanden mit dieser Software – nicht mal zum Spaß. Sie sollten lediglich wissen, wie einfach es heutzutage ist, sich entsprechende Tools zu besorgen. Und insbesondere an Ihrem Arbeitsplatz müssen Sie damit rechnen, dass *alle* Aktivitäten Ihrerseits protokolliert werden.

Falls Sie einen entsprechenden Verdacht hegen, unter XP lässt sich die geheime Verwendung des PC Acme relativ leicht kontrollieren: Nach *Start*, *Ausführen*, *msconfig.exe* öffnet sich das *System Konfigurations Menü*. Unter *Services* finden Sie den *Logical Disk Manager Administrative Service service* (siehe Abbildung A.6). Wenn Sie diesen stoppen, ist auch die Log-Funktion gestoppt!

Anhang A – Hackertools

> **PROFITIPP**
> Verwechseln Sie den Keylogger-Service nicht mit dem fast gleich lautenden System Service *Logical Disk Manager Administrative Service*. Der PC Acme-Service setzt also einfach noch ein „service" dahinter. Wenn Sie *Hide All Microsoft Services* aktivieren, bleibt der Keylogger übrig.

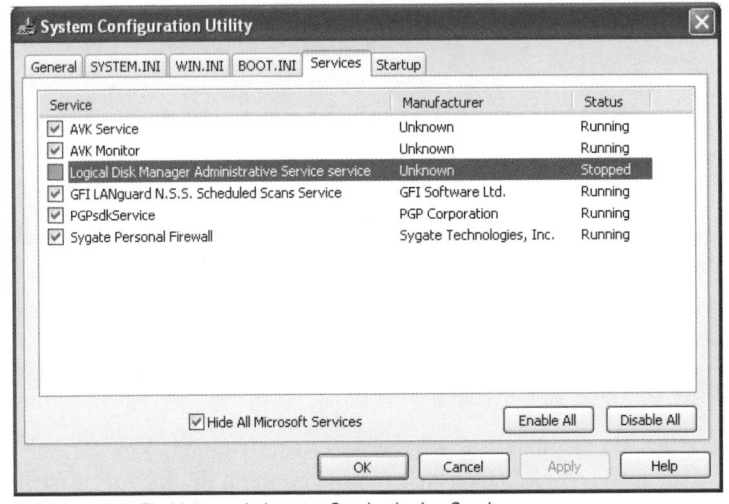

Abbildung A.6: Ein bisher unbekannter Service in den Services

Ich denke im Übrigen noch immer, dass ich in irgendeinem Krimi sitze. Ich muss mal schauen, ob bei mir nicht nur Keylogger, sondern noch irgendeine Kamera versteckt ist.

A.2 Portscanner

Jetzt aber hinaus in die große, weite Welt. Da draußen auf irgendwelchen karibischen Inseln, in Niederbayern oder in irgendeiner Hängematte liegend am indischen Ozean sitzen Leute vor ihrem Computer und sammeln IP-Adressen wie man früher Briefmarken gesammelt hat. Die einen haben sich auf bestimmte Provider spezialisiert (T-Online, AOL), andere sammeln nur so zum Spaß und weltweit.

Sie fragen sich wahrscheinlich, was man mit IP-Adressen machen kann? Im Grunde noch gar nichts, doch in Verbindung mit Ports wird schon fast ein Angriff auf den entsprechenden Rechner daraus. Wie Sie wissen, ist ein ans Internet angeschlossener Rechner durch seine IP-Adresse eindeutig identifizierbar. Offene Ports an diesem Rechner kennzeichnen einen Service, der zur Kommunikation mit dem Internet bereit ist. Mit DSL kommt ein weiteres Problem hinzu: Ihre IP-Adresse wechselt nicht mehr ständig (wie bei dynamischer Zuweisung), und meist sind Sie ohnehin längere Zeit verbunden! Die Flatrate ist ja so günstig – zumindest für Angreifer!

Wenn nun noch ein kleines Sicherheitsloch dazukäme, könnte der Angriff beginnen. Nun, bei Windows brauchen Sie nicht lange zu warten: Wenn Sie sich die Latte an Patches für System und Browser anschauen, wissen Sie, wie sicher dieses System ist. Sie müssen also tatsächlich selber ran. Mit den in diesem Buch vorgestellten Firewalls sind Sie gut beraten – doch schauen Sie sich an, mit welchen Gegnern es Ihr Rechner im Internet zu tun bekommt, wenn er nicht geschützt ist!

YAPS

Ich zeige Ihnen zunächst den recht einfachen Portscanner YAPS, den Sie in wenigen Minuten von *www.widomaker.com/~ted* herunterladen können.

> Die Version 1.2 vom September 2003 finden Sie auf unserer Buch-CD unter *yaps.zip*.
>
> *AUF DER CD-ROM*

Die Installation ist vorbei, fast bevor sie begann. Ted weist Sie ausdrücklich darauf hin, dass *YAPS* kein Hackertool ist (siehe Abbildung A.7). Sie dürfen damit lediglich ein eigenes Netzwerk scannen usw.

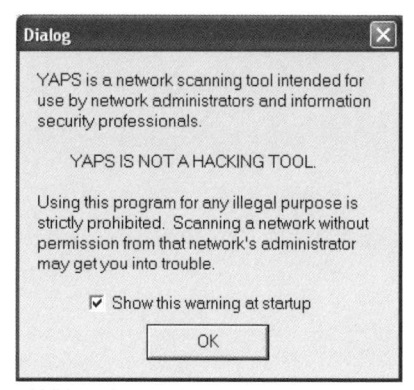

Abbildung A.7: Hacken dürfen Sie nicht damit!

Im eigentlichen Programm müssen Sie nun nur noch den zu scannenden *IP-Bereich* eingeben und eine *htm-Datei*, in die alles protokolliert werden soll (siehe Abbildung A.8).

Anhang A – Hackertools

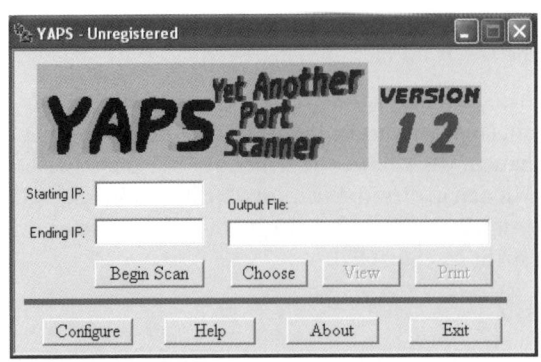

Abbildung A.8: YAPS: Start-IP, Ending-IP, Output File – SCAN

In der *Configuration* wählen Sie möglicherweise noch die Dienste aus, an denen Sie ein besonderes Interesse haben (siehe Abbildung A.9). Wenn Sie Zeit sparen wollen, verzichten Sie auf die Auflösung in den *Hostnamen*. Und den *Ping*-Test sollten Sie auch im Fehlerfall fortführen lassen: Firewalls beantworten ja nicht jede Anfrage wie Windows ☺.

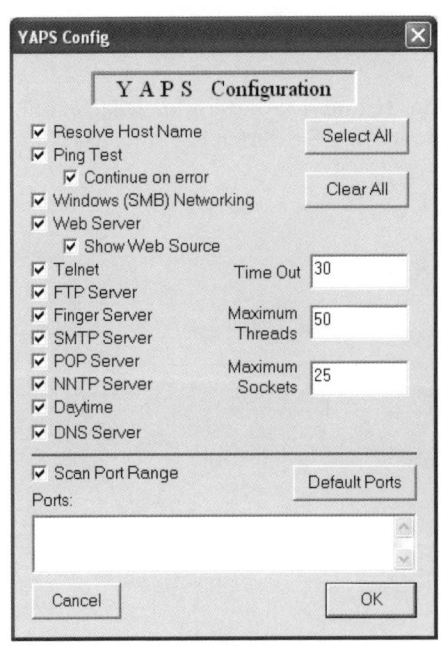

Abbildung A.9: Welche Daten hätten Sie gern?

Sie sehen, in wenigen Minuten ist heute jedermann in der Lage, offene Türen in einem frei wählbaren IP-Bereich zu suchen. Die Offline-Einbrecher aus früheren Zeiten hatten es da ungleich schwerer.

Portscanner

MingSweeper 1

Vielleicht konnten Sie über YAPS noch lächeln, ob seiner geringen Konfigurationsmöglichkeiten und seiner doch eher rudimentären Funktionalität. Vor YAPS-Crackern würden Sie sich nicht fürchten ...

> Dann werfen Sie nun einen Blick auf MingSweeper (Version September 2003 auf unserer Buch-CD unter *Minger1a5.zip*). Die aktuelle Ausgabe erhalten Sie im Netz unter *www.hoobie.net*.
>
> *AUF DER CD-ROM*

MingSweeper installiert sich nicht einmal! Es nimmt sofort seine Arbeit auf, nachdem Sie alle Dateien in ein beliebiges Verzeichnis entpackt haben und das Programm dort starten (siehe Abbildung A.10). Da scheint schon mehr unter der Haube zu sein, oder?

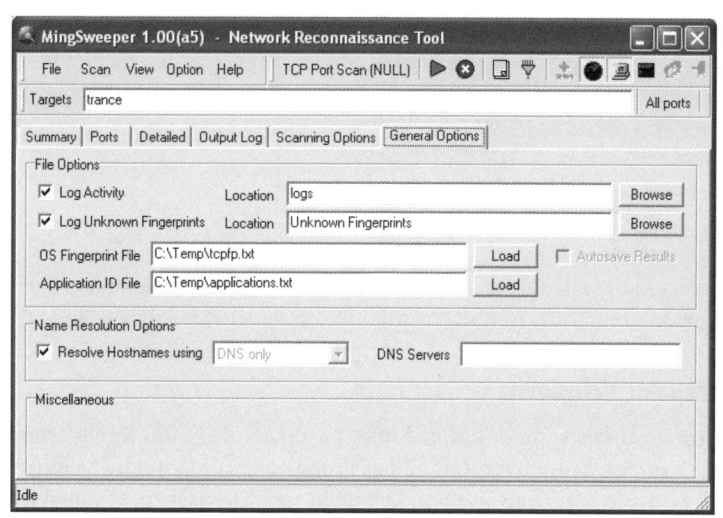

Abbildung A.10: MingSweeper – allgemeine Optionen

Konfigurieren Sie Ihre Scans bequem per Maus, indem Sie beispielsweise per Mausklick nach Services suchen lassen (siehe Abbildung A.11).

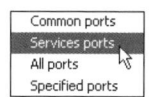

Abbildung A.11: Welche Ports checken?

Und wählen Sie anschließend die Art des Portscans aus: Es gibt ja schließlich nicht nur einen möglichen Versuch, Rechnern die verfügbaren Ports aus der Leitung zu ziehen (siehe Abbildung A.12).

WERKSTATT

335

Anhang A – Hackertools

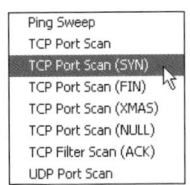

Abbildung A.12: Welchen Scan wünschen Sie?

Ja, und welche Informationen hätten Sie gern vom Fremdsystem? Zusammenfassung wäre doch nett, und auch das darauf installierte *Betriebssystem*, nebst *Anwendungs-Software* und offenen *Ports*, damit man sich gleich anschließend nach entsprechenden Exploits im Netz umschauen kann (siehe Abbildung A.13).

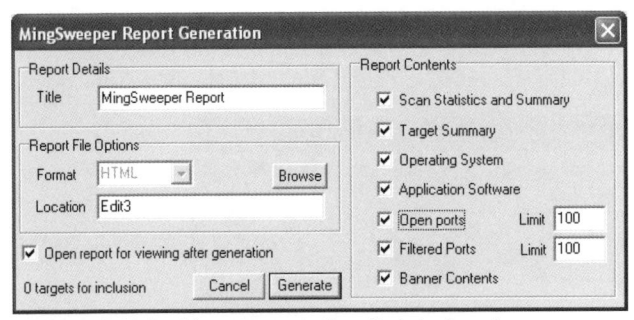

Abbildung A.13: Betriebssystem und offene Ports im Report

Bedenken Sie, dass diese Software kostenlos ist! Jeder kann sich MingSweeper aus dem Netz laden und ausprobieren. Ihre Firewall-Protokolle können ein Lied davon singen!

NMapWin – nmap für Windows

Wenn man von Portscannern spricht, kommt man an *nmap* als schon legendärem UNIX-Scanner nicht vorbei. Seit kurzer Zeit gibt es nmap auch für Windows – unter dem Namen NMapWin! Sie brauchen also wirklich nicht mehr fernsehen, NMapWin bringt Ihnen die viel interessanteren Daten von Rechnern aus der ganzen Welt direkt auf Ihren Monitor!

Das war natürlich Spaß, und Sie sollten NMapWin auch nicht für illegale Zwecke einsetzen. Also, wie schon zuvor, nur das Heimnetzwerk scannen – und bei der IP-Adresse nicht verschreiben, o. k.?! Mit diesen guten Vorsätzen kann der Spaß losgehen.

Eine Schwierigkeit müssen wir jedoch vorher noch lösen: NMapWin kommt mit den normalen Möglichkeiten, die Windows bietet, nicht zu Potte. Will sagen, NMapWin benötigt verfeinerte Methoden, die Daten im Netzwerk zu manipulieren und auszuwerten. Wir müssen uns also zunächst um die Systemprogrammierung kümmern. Aber halt, da fällt mir was ein:

Portscanner

> Wir haben zufällig auf unserer Buch-CD ein fix und fertiges Programm, das diese Programmierung für uns erledigt! Schauen Sie doch mal unter *WinPcap_3_0.exe* nach. Eine aktuellere Version als unsere vom September 2003 finden Sie unter *http://winpcap.polito.it/default.htm*.

> Doch nachdem Sie diese Windows Packet Capture-Bibliothek installiert haben, ist Ihr Rechner bereit für NMapWin, das Sie ebenfalls in der Version vom September 2003 auf der Buch-CD finden (*nmapwin_1.3.1.exe*).

UNIX-Freaks werden es kaum glauben, aber die Installation läuft nun durch wie jede andere Windows-Installation. Und Sie landen entsprechend in einer ganz normalen Windows-Maske (siehe Abbildung A.14). Und schon ein erster Blick wird Sie überzeugen: Das ist kein einfacher Portscan mehr!

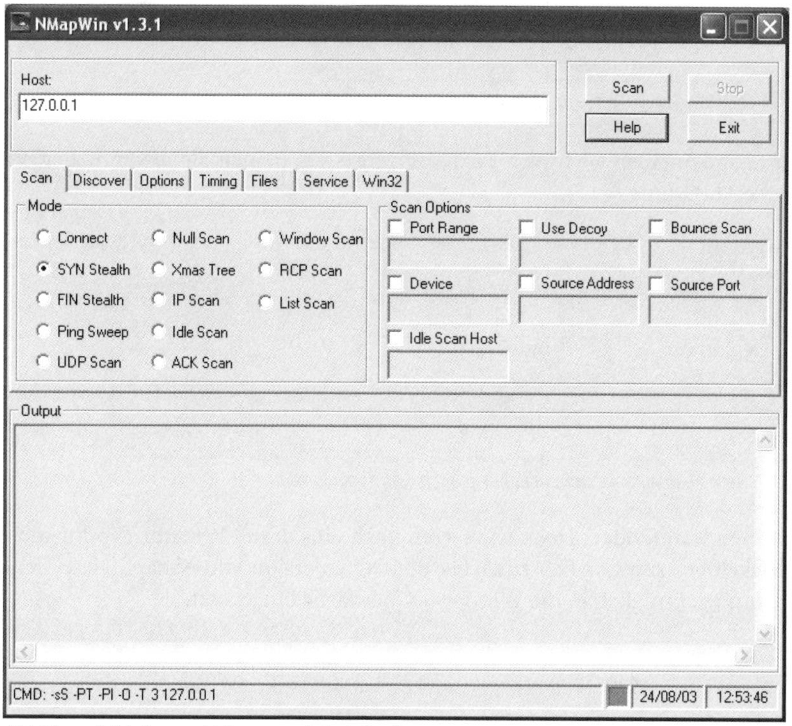

Abbildung A.14: So macht Scannen einfach Spaß.

Per Mausklick besorgt Ihnen NMapWin das *Betriebssystem* Ihres Opfers, neben vielen anderen Optionen, die Sie einfach anklicken können (siehe Abbildung A.15).

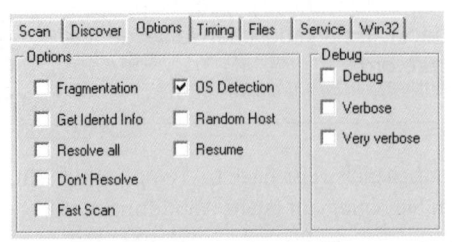

Abbildung A.15: Fragmentierung, Betriebssystem des Opfers?

NMapWin bietet Ihnen darüber hinaus sogar die Möglichkeiten, differenzierte *Timings* in Ihre Angriffe mit einzubeziehen (siehe Abbildung A.16).

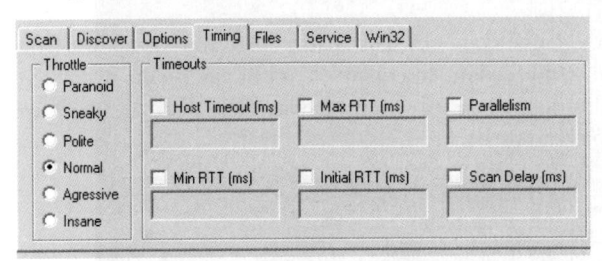

Abbildung A.16: Das Timing des Angriffs im Tuning

Und bevor Sie noch einen wichtigen Portscan vergessen, planen Sie diesen lieber im Voraus (siehe Abbildung A.17).

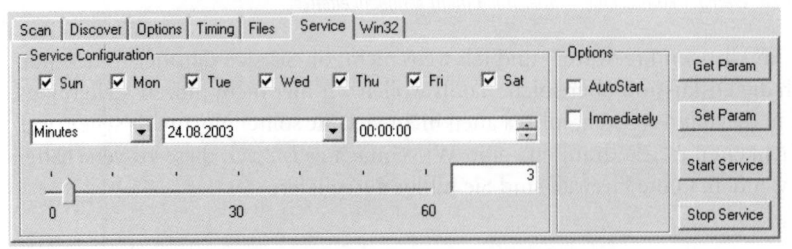

Abbildung A.17: Gern auch automatisch, man hat ja auch was anderes zu tun!

Da kommt Freude auf, oder? Doch wir setzen noch eins drauf. Wie mir Fyodor mitteilte, entwickelt er grundsätzlich zunächst die DOS-Version von Nmap. Diese Version wird dann nachträglich in die Windows-Oberfläche eingepasst.

> Ich habe Ihnen die DOS-Version *nmap-3.30-win32.zip* vom September 2003 ebenfalls auf die Buch-CD gepackt. Eine möglicherweise neuere Version erhalten Sie unter *www.insecure.org*.

Das Entpacken des Archivs erfolgt wie üblich (beispielsweise nach *C:\Temp*). Wechseln Sie anschließend ins DOS-Fenster, und rufen Sie *Nmap* auf (siehe Abbildung A.18).

Abbildung A.18: Weniger komfortabel – aber noch mehr Möglichkeiten

Nmap ist im Übrigen Freeware – und ich weiß nicht, ob Sie sich darüber freuen werden. Doch die Diskussion über solche Tools wollen wir hier nicht führen – allerdings, den Kopf in den Sand stecken, hilft ja auch nicht viel. Sie sollten nochmals sehen, welche Möglichkeiten es „da draußen" gibt. Wie einfach es ist, sich diese zu verschaffen und anzuwenden. Ohne Firewall sind Sie hilflos ausgeliefert.

A.3 Netzwerk-Sniffer

Auch wenn es für Sie weniger interessant ist, ich möchte Ihnen dennoch schnell zeigen, wie einfach und komfortabel heutzutage auch das Beschnüffeln des Datenstroms in einem beliebigen Netzwerk geworden ist. Das gilt für alle Netzwerke, die daheim und die auf Ihrer Arbeitsstelle.

Anhang A – Hackertools

Wie Sie sich denken können, habe ich Ihnen ein kleines Tool herausgesucht, das nicht nur einfach, sondern total einfach zu bedienen ist. Vor Zahlen dürfen Sie aber dennoch keine Angst haben.

> **AUF DER CD-ROM**
>
> Sie finden den *UltraNetSniffer.exe* vom September 2003 auf der Buch-CD; eine mögliche neuere Version unter *www.gjpsoft.com*.

Zur Installation ist gar nichts zu sagen, und beim Programmstart wählen Sie lediglich die Netzadapter aus, die Sie überwachen lassen möchten (siehe Abbildung A.19).

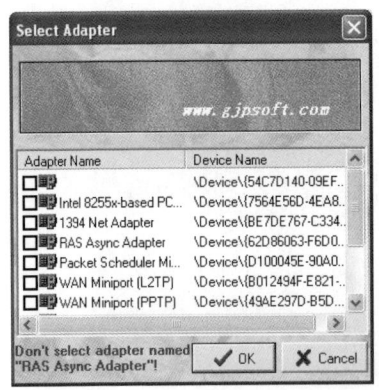

Abbildung A.19: Die zu überwachenden Adapter anhakeln

Wenn Sie etwas nach unten scrollen, kommt Ihre Modem/ISDN-Verbindung ins Blickfeld. Diese habe ich per Mausklick überwachen lassen (siehe Abbildung A.20).

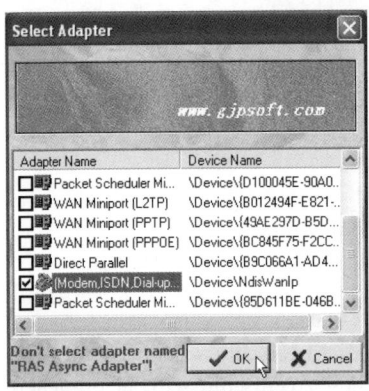

Abbildung A.20: Meine Wählverbindung wird nun überwacht.

Im Hauptmenü müssen Sie jetzt nur noch den *Startknopf* finden (ähnelt den Startknöpfen Ihres CD-Players), und anschließend können Sie in Echtzeit beobachten, welche Daten durch den Adapter rauschen (siehe Abbildung A.21). Wirklich alles, was in beide Richtungen über die Leitung geht, können Sie nun mit der Lupe betrachten.

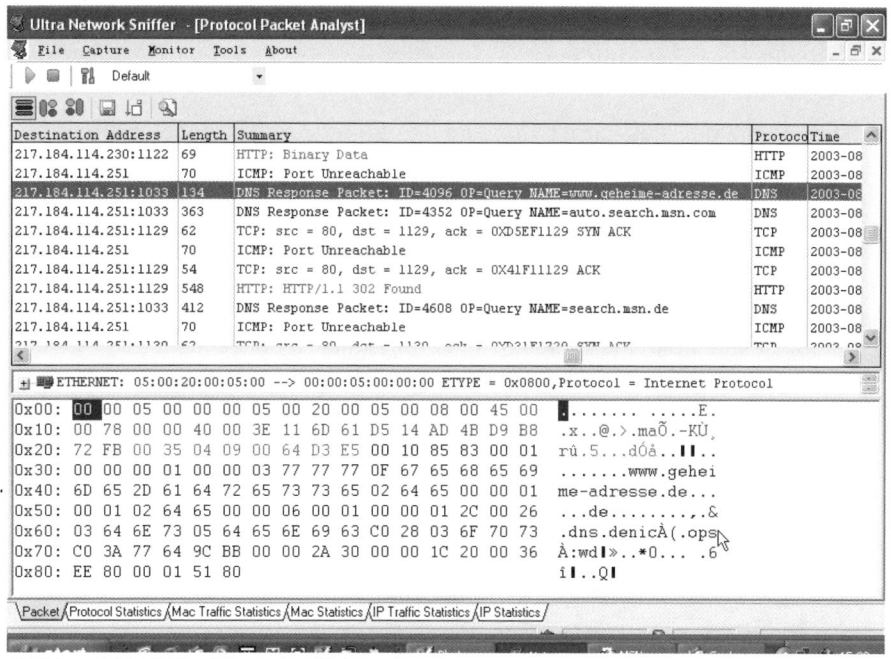

Abbildung A.21: Sieht auf den ersten Blick verwirrend aus

Die von Ihnen angesurften Webadressen sind dabei noch direkt mitzulesen. Abbildung A.22 zeigt deutlich, dass ich in einem unbeobachteten Moment zu *www.geheime-adresse.de* surfen wollte.

```
█........ .....E.
.x..@.>.maÕ.-KÙ¸
rû.5...dóå..██..
.......www.gehei
me-adresse.de...
...de........,.&
.dns.denicÀ(.ops
À:wd█»..*0... .6
î█..Q█
```

Abbildung A.22: Ihre geheime Surfadresse – gar nicht so geheim

Klar, dass auch Ihre *Passwörter*, *User-IDs* und was immer Sie wollen, von fremden Augen direkt mitgelesen werden können, wenn sie nicht verschlüsselt sind. Und auch wenn sie verschlüsselt sind, gibt es Möglichkeiten, diese zu entschlüsseln. Sie brauchen dazu nur noch die richtige Software – im nächsten Abschnitt finden Sie sie.

Anhang A – Hackertools

A.4 Passwort-Cracker

Damit sind wir im letzten Abschnitt unseres kleinen Hacker-Ausflugs gelandet. In diesem möchte ich Ihnen aufdecken, wie heute Passwörter geknackt werden können, wenn man sich dafür interessiert. Und bitte verzweifeln Sie nicht, wenn Ihnen nach diesem Kapitel kein gutes Passwort mehr einfällt.

> Das Programm, das ich für Sie zum Testen ausgesucht habe, gewinnt reihenweise seit Jahren alle entsprechenden Wettbewerbe. Es wurde ursprünglich von der so genannten Hacker-Denkfabrik L0phtCrack entwickelt. Seit kurzer Zeit gibt's eine richtige Firma dazu, die uns freundlicherweise erlaubt haben, ihr nunmehriges @stake LC4 auf unsere Buch-CD zu pressen. Die Version vom September 2003 finden Sie unter *lc4setup.exe*. Unter www.atstake.com gibt's eventuell neuere Versionen, aber in jedem Fall viele weitere lesenswerte Infos zum Cracken!

Unmittelbar nach der Installation begrüßt Sie ein *Wizard*, der Sie zu Ihrem ersten Passwort-Crack überreden wird (siehe Abbildung A.23).

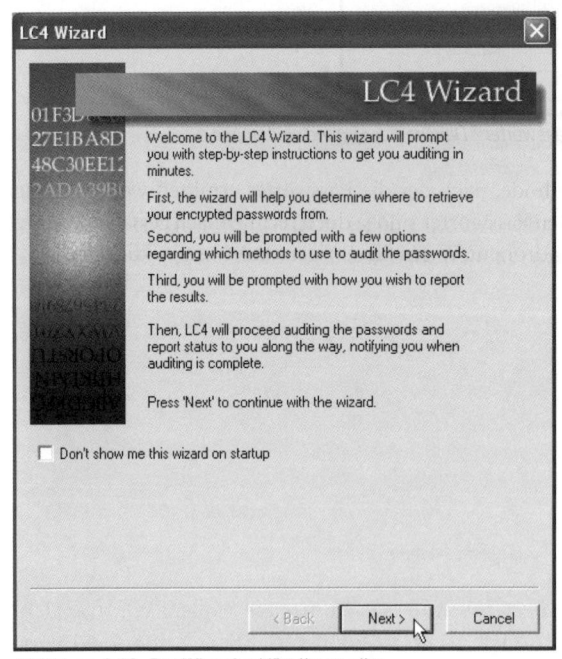

Abbildung A.23: Der Wizard erklärt Ihnen alles.

Schon die erste Frage zeigt eine gewisse Brisanz auf! Von welchem Computer soll Ihnen @stake LC 4 die Passwörter holen (siehe Abbildung A.24)? Man kann es irgendwie nicht glauben ...

Abbildung A.24: Wo befinden sich die Passwörter? Daheim oder irgendwo draußen?

Wählen Sie anschließend die Methode, nach der die Passwörter ermittelt werden sollen (siehe Abbildung A.25). Die meisten Passwörter sind ja doch recht einfach gestaltet, warum dem Programm unnötig Arbeit androhen? Wenn Sie übrigens auf *Custom* klicken ...

Anhang A – Hackertools

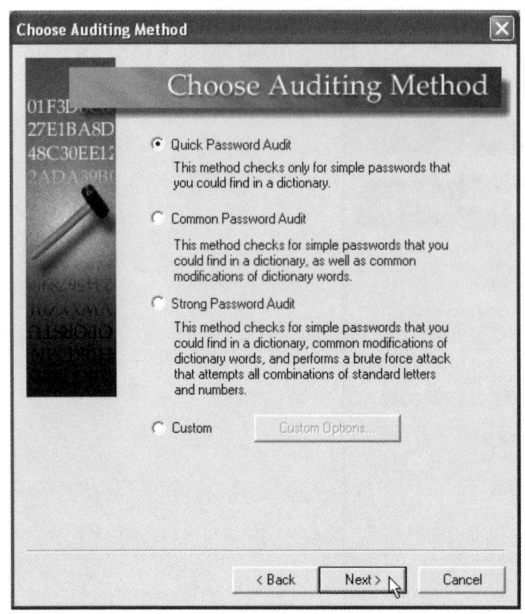

Abbildung A.25: Wie viel Zeit geben Sie dem LC4?

... können Sie schon hier unterschiedliche *Wörterbücher* angeben, mit denen LC4 erste Crack-Versuche unternehmen wird (siehe Abbildung A.26).

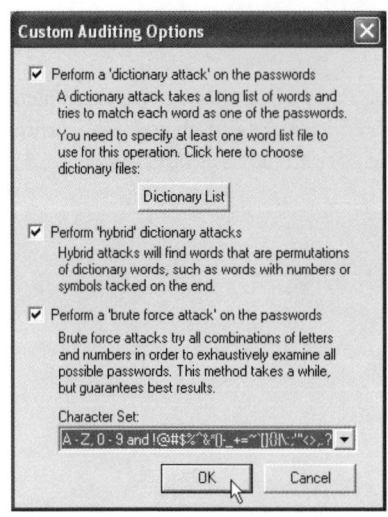

Abbildung A.26: Hier können Sie spezifische Wörterbücher einbauen.

Wählen Sie außerdem, wie Ihnen die Passwörter präsentiert werden sollen (siehe Abbildung A.27).

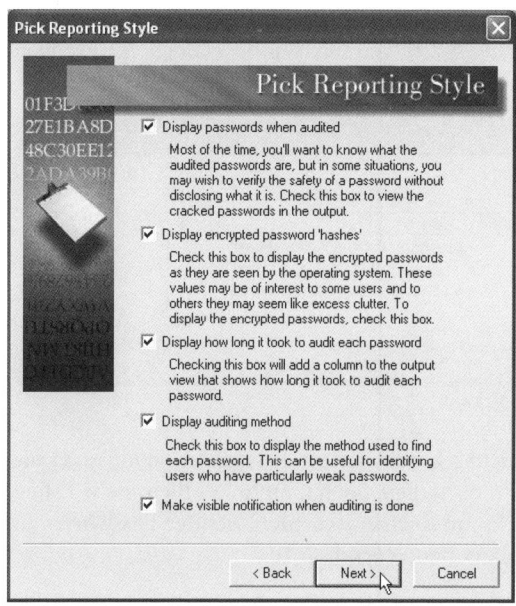

Abbildung A.27: Wie sollen die Ergebnisse aufbereitet werden?

Vor dem Auditing dann nochmals die *Zusammenfassung* zum Abnicken (siehe Abbildung A.28).

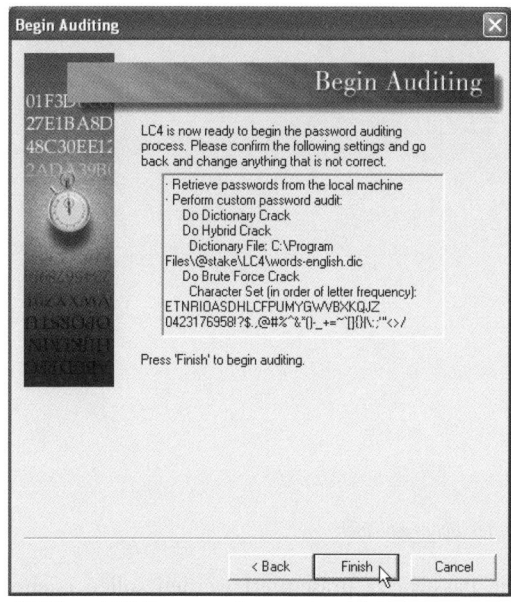

Abbildung A.28: Zusammenfassung – und dann los!

Anhang A – Hackertools

Ja, und dann kommen nach Zehntelsekunden die von mir eigens dazu eingerichteten Passwörter im Klartext (siehe Abbildung A.29). Wo mir Windows doch versprochen hat, diese geheim zu halten!

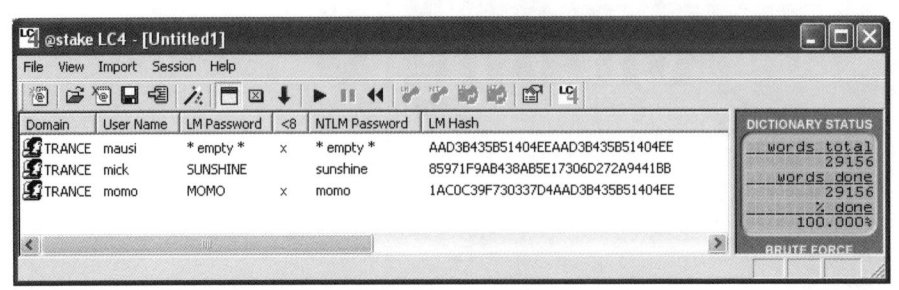

Abbildung A.29: Ich muss wir was anderes ausdenken!

Sie erkennen, dass meine zugegeben nicht sehr schwierigen Passwörter *momo* und *sunshine* für LC4 überhaupt kein Problem darstellen. Sie hatten hoffentlich mehr Erfolg mit Ihren Passwörtern. Sollten Sie sich nun doch entscheiden, richtige Passwörter zu verwenden, werfen Sie kurz einen Blick in den Workshop 10.

Weitere Infos zu Hackern aller Art, aber auch zu ganz normalen Security-Themen stelle ich Ihnen noch auf den folgenden Seiten zusammen. Ich denke, darin finden Sie weiteren Lesestoff für mehrere Winter. Passen Sie auf sich auf – und auf Ihren Rechner!

Anhang B

Adressen zur Sicherheit im Internet

Auch wenn das Buch nun noch dicker wird, ein paar lohnenswerte Adressen zur Sicherheit im Internet möchte ich Ihnen in jedem Fall noch mit auf den Weg geben. Es geht quer durch den Garten, die Sammlung ist bestimmt nicht vollständig usw. Doch die Adressen, die ich Ihnen gleich vorstelle, sind allemal einen Ausflug wert.

www.diabolo666.com/tools/Tutorial.htm

Insbesondere dann, wenn Ihnen der Anhang A gefallen hat, werden Sie sich vielleicht für eine Ausbildung auf diesem Gebiet erwärmen! Bevor Sie in Kanada das Erstellen von Viren an einer Uni studieren, decken Sie sich unter *www.diabolo666.com/tools/Tutorial.htm* (siehe Abbildung B.1) mit Stoff aller Art ein.

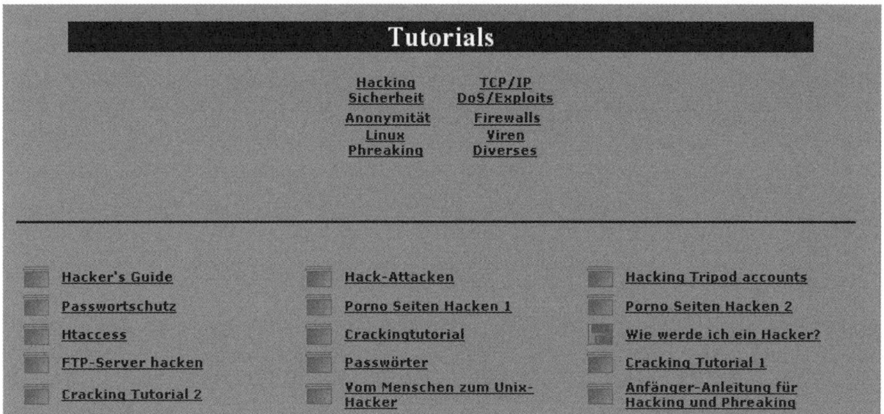

Tutorials

Hacking   TCP/IP
Sicherheit   DoS/Exploits
Anonymität   Firewalls
Linux   Viren
Phreaking   Diverses

Hacker's Guide	Hack-Attacken	Hacking Tripod accounts
Passwortschutz	Porno Seiten Hacken 1	Porno Seiten Hacken 2
Htaccess	Crackingtutorial	Wie werde ich ein Hacker?
FTP-Server hacken	Passwörter	Cracking Tutorial 1
Cracking Tutorial 2	Vom Menschen zum Unix-Hacker	Anfänger-Anleitung für Hacking und Phreaking

Abbildung B.1: Was immer Sie „Böses" lernen wollen ...

Anhang B – Adressen zur Sicherheit im Internet

www.trojaner-info.de

Eine sehr informative, recht untechnische Informationsseite zum Thema Trojaner, Dialer und mehr finden Sie unter *www.trojaner-info.de* (siehe Abbildung B.2). Die Seite setzt keinerlei technisches Studium voraus, bietet Links zu vielen verwandten Themen – und einen *Eingang*.

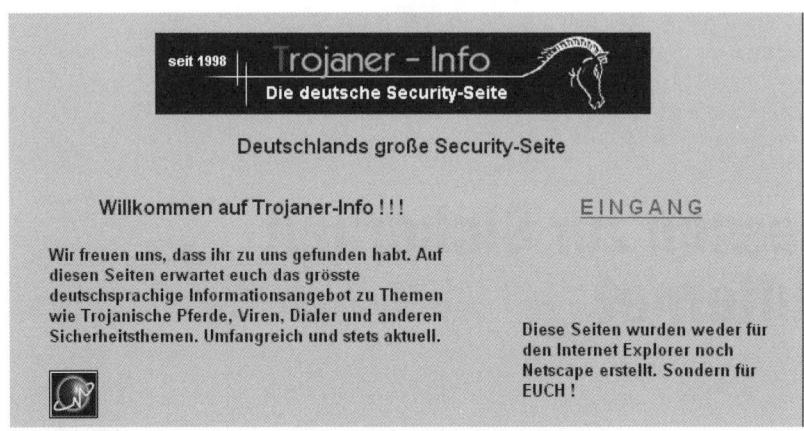

Abbildung B.2: Trojaner-Info – auch über Viren, Dialer und andere Risiken

Zum Thema Firewalls finden Sie sauber aufgelistet die beliebtesten Trojaner-Ports (siehe Abbildung B.3). Sollten Sie Traffic auf einem dieser Ports protokolliert sehen, wird es höchste Zeit für einen AntiViren-Scan mit frischer Virenliste!

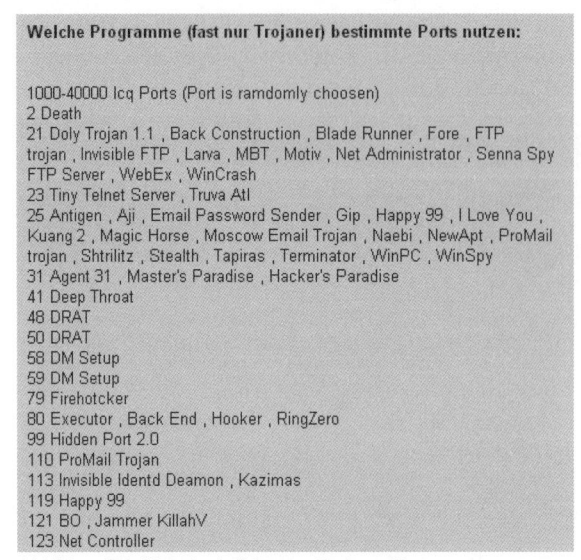

```
Welche Programme (fast nur Trojaner) bestimmte Ports nutzen:

1000-40000 Icq Ports (Port is ramdomly choosen)
2 Death
21 Doly Trojan 1.1 , Back Construction , Blade Runner , Fore , FTP
trojan , Invisible FTP , Larva , MBT , Motiv , Net Administrator , Senna Spy
FTP Server , WebEx , WinCrash
23 Tiny Telnet Server , Truva Atl
25 Antigen , Aji , Email Password Sender , Gip , Happy 99 , I Love You ,
Kuang 2 , Magic Horse , Moscow Email Trojan , Naebi , NewApt , ProMail
trojan , Shtrilitz , Stealth , Tapiras , Terminator , WinPC , WinSpy
31 Agent 31 , Master's Paradise , Hacker's Paradise
41 Deep Throat
48 DRAT
50 DRAT
58 DM Setup
59 DM Setup
79 Firehotcker
80 Executor , Back End , Hooker , RingZero
99 Hidden Port 2.0
110 ProMail Trojan
113 Invisible Identd Deamon , Kazimas
119 Happy 99
121 BO , Jammer KillahV
123 Net Controller
```

Abbildung B.3: Liste der beliebtesten Trojaner-Ports

www.cert.org

Sobald Sie sich ernsthaft mit dem Thema Internetsicherheit auseinander setzen, werden Sie hin und wieder auf den Begriff CERT stoßen (so auch jetzt). Dahinter verbirgt sich das **C**omputer **E**mergency **R**esponse **T**eam – und deren großartiges Web zum Thema Sicherheit sollten Sie so schnell wie möglich unter *www.cert.org* besuchen (siehe Abbildung B.4).

Abbildung B.4: CERT – Startseite – absolute Profis am Werk

Neueste Nachrichten über Schwachstellen, neue und alte Viren und wie das alles möglichst sauber gepatcht werden kann und vieles mehr finden Sie in den einzelnen Abteilungen (siehe Abbildung B.5)!

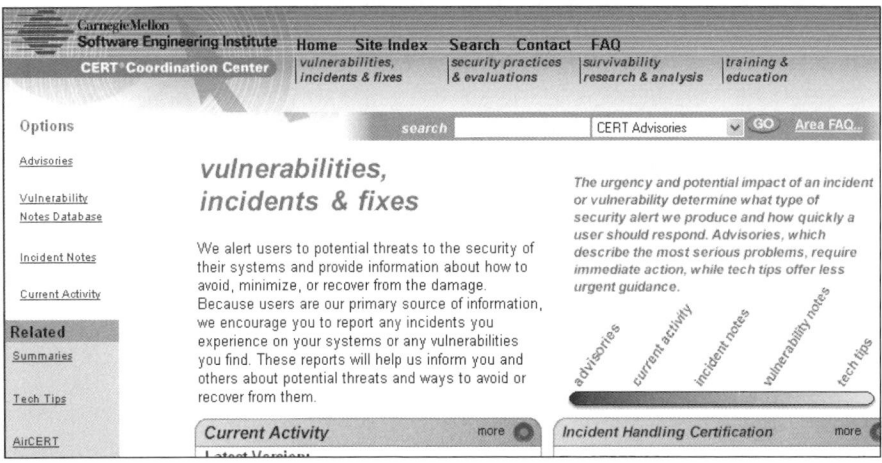

Abbildung B.5: CERT – Abteilung Notfall

Anhang B – Adressen zur Sicherheit im Internet

Die Abkürzung *CERT* finden Sie inzwischen auch in vielen deutschen Computer-Notfall-Teams. Sie wissen jetzt jedenfalls, was hinter dem Ganzen stecken sollte.

www.counterpane.com/crypto-gram.html

Insbesondere auf dem Gebiet der Verschlüsselung ist Bruce Schneier einer der Päpste, wenn nicht gar der Papst persönlich. Die Honorare seiner Sicherheitsfirma Counterpane (*www.counterpane.com*) sprengen zwar leicht unsere Portokasse, doch der monatlich erscheinende Newsletter cryptogram ist kostenlos – und zumindest für werdende Kryptografen zu empfehlen. Unter *www.counterpane.com/crypto-gram.html* können Sie ihn abonnieren (siehe Abbildung B.6); Sie müssen auch keine Waschmaschine kaufen.

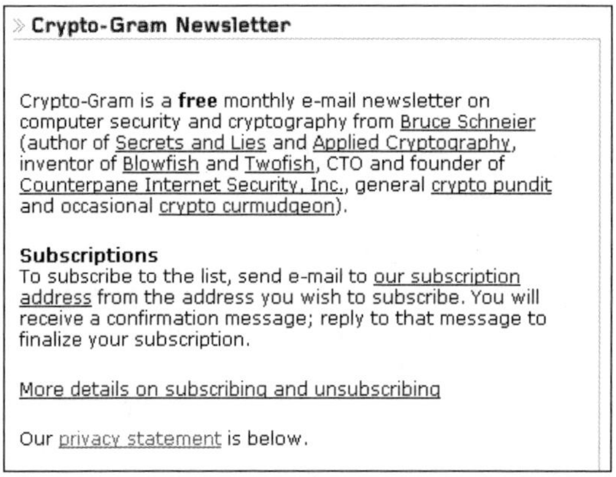

```
» Crypto-Gram Newsletter

Crypto-Gram is a free monthly e-mail newsletter on
computer security and cryptography from Bruce Schneier
(author of Secrets and Lies and Applied Cryptography,
inventor of Blowfish and Twofish, CTO and founder of
Counterpane Internet Security, Inc., general crypto pundit
and occasional crypto curmudgeon).

Subscriptions
To subscribe to the list, send e-mail to our subscription
address from the address you wish to subscribe. You will
receive a confirmation message; reply to that message to
finalize your subscription.

More details on subscribing and unsubscribing

Our privacy statement is below.
```

Abbildung B.6: Kostenloser Newsletter von Krypto-Spezialisten

www.kryptocrew.de

Zum Glück spricht sich das Thema Verschlüsselung nun auch in Deutschland herum. Deutsche Firmen beginnen endlich damit, Ihre Internetkommunikation zu verschlüsseln (die Amerikaner und Briten werden es nicht gerne mitlesen). Und es gründen sich Webseiten zur Verschlüsselung, wie Sie sich unter *www.kryptocrew.de* überzeugen können. Klar, dass daneben auch allerneueste News zum Thema Sicherheit behandelt werden (siehe Abbildung B.7).

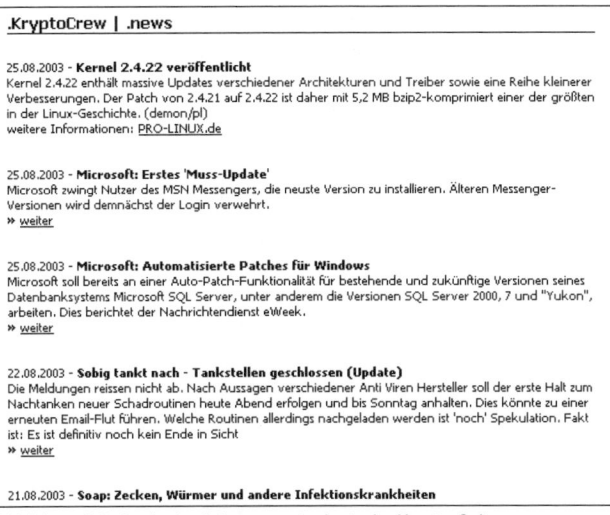

Abbildung B.7: Auch eine lohnenswerte deutsche Krypto-Seite

www.easysecurity.de

Wenn Ihnen trockene Bücher zu wenig sind, überlaufene VHS-Seminare auch nicht unbedingt zusagen, Sie sich aber doch auf dem Gebiet Internetsicherheit weiterbilden (lassen) wollen, dann kann ich Ihnen eine wirklich gute Adresse nennen: *www.easysecurity.de* bietet Seminare zum Thema Sicherheit und mehr an ausgewählten Plätzen der Welt an; aber wenn Sie wollen, auch in Deutschland (siehe Abbildung B.8). Insbesondere wenn Sie den Stil des Autors dieses Buches mögen, dürften Ihnen auch die Seminare zusagen ☺.

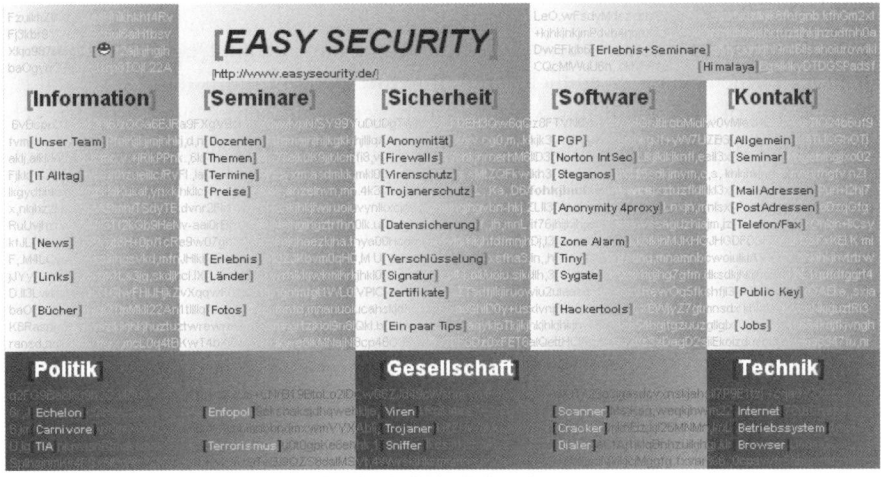

Abbildung B.8: Sicherheitsseminare weltweit – individuell abgestimmt

Anhang B – Adressen zur Sicherheit im Internet

www.hackers.com

Doch nun wieder auf die andere Seite des Internets, zu *www.hackers.com*. Lassen Sie sich einfach mal überraschen, was mit und ohne Firewall auf Ihrem Computer gefunden werden kann (siehe Abbildung B.9). Unabhängig davon werden Sie auf dieser Seite auch viele interessante Dinge entdecken.

Abbildung B.9: Das probieren Sie mal besser selber aus!

www.heise.de/security

Sie werden vielleicht schon den sehr empfehlenswerten Newsletter von *www.heise.de* beziehen, der Sie täglich über die wichtigsten Meldungen zum Thema IT informiert. Seit wenigen Wochen gibt es nun eine Extra-Abteilung Sicherheit, die Sie fast realtime mit relevanten Nachrichten versorgt (siehe Abbildung B.10). Schauen Sie mal rein, und bestellen Sie den kostenlosen Newsletter, wenn Sie es noch nicht getan haben.

Abbildung B.10: Heise – Abteilung Sicherheit

www.isoc.org

Und natürlich darf die Einstiegsseite der Internet Society in Ihren wöchentlichen Besuchslisten nicht fehlen. Was immer Sie über das Internet wissen wollen, unter *www.isoc.org* sollten Sie es finden (siehe Abbildung B.11).

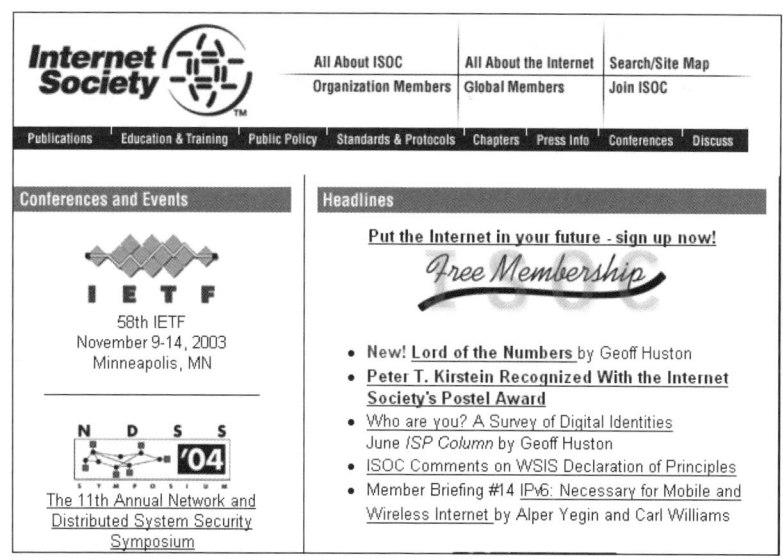

Abbildung B.11: Internet Society – Einstiegspunkt für alles im Internet

Unter anderem gibt's in der Abteilung Internet Reports alle der immer wieder erwähnten RFCs zum kostenlosen Download (siehe Abbildung B.12).

Anhang B – Adressen zur Sicherheit im Internet

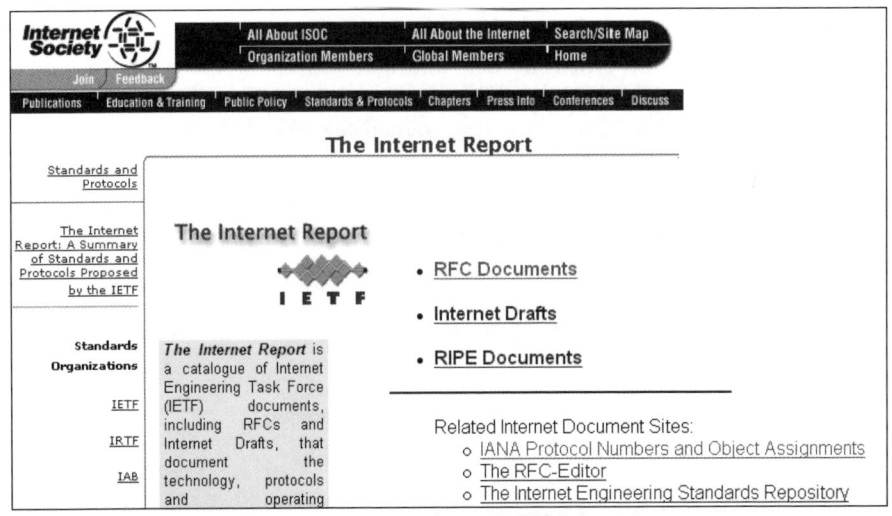

Abbildung B.12: Im Internet Report gibt es unter anderem alle RFC Dokumente.

www.securityfocus.com

Fast schon wieder ein Muss: *www.securityfocus.com*. Neuigkeiten, allgemeine Infos, Mailinglisten für Anfänger bis zum Cracker – nehmen Sie sich hinreichend Zeit, wenn Sie diese Seite besuchen (siehe Abbildung B.13).

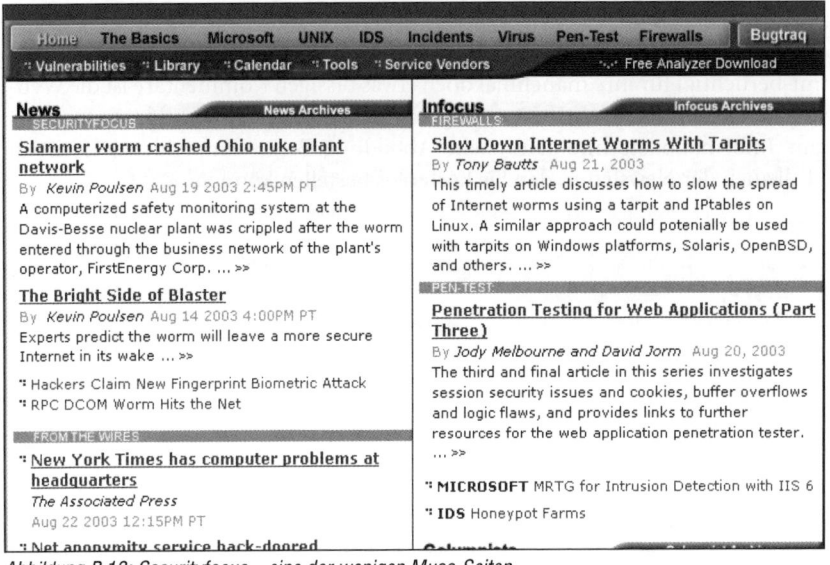

Abbildung B.13: Securityfocus – eine der wenigen Muss-Seiten

www.bsi.de

Das Bundesamt für Sicherheit in der Informationstechnik bietet Ihnen unter *www.bsi.de* ebenfalls viele interessante Informationen zum Thema. Doch insbesondere gesetzliche Hinweise und Ratschläge werden Sie hier als Erstes suchen (siehe Abbildung B.14).

Abbildung B.14: Das BSI – etwas trocken, aber doch informativ

www.theregister.com

Berühmt-berüchtigt für ihre manchmal doch etwas bissigen Kommentare ist die Website *www.theregister.com*. Nichtsdestoweniger finden Sie hier alle wichtigen Informationen zur Informationstechnologie (siehe Abbildung B.15). Empfehlenswert ist in jedem Fall auch der Newsletter, den Sie kostenlos bestellen können.

Anhang B – Adressen zur Sicherheit im Internet

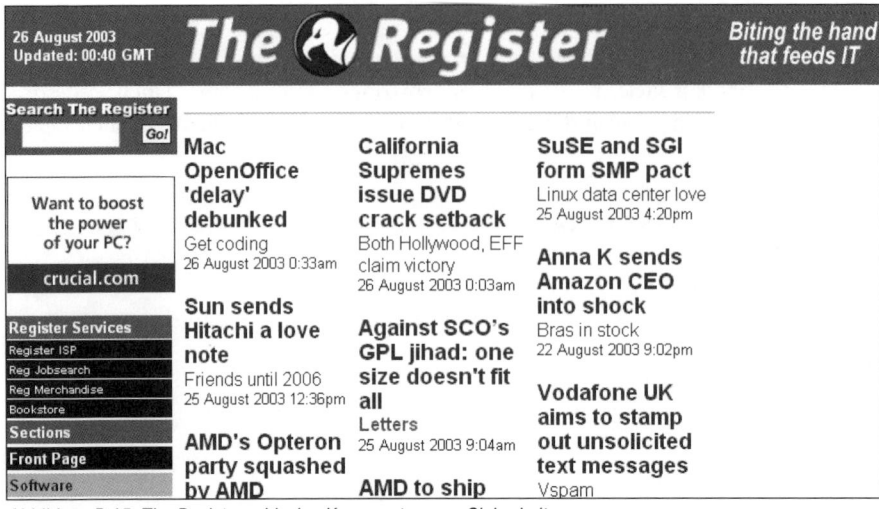

Abbildung B.15: The Register – bissige Kommentare zur Sicherheit

www.insecure.org

Zum Abschluss dieser kleinen Adressensammlung noch meine ganz persönliche Empfehlung an Sie: *www.insecure.org*. Der Name trifft den Nagel auf den Kopf: Es gibt keine Sicherheit, im Internet schon gar nicht. Insecure.org ist das Kind des Hackers Fyodor, Sie erhalten hier unter anderem die neusten Nmap-Versionen (der wohl beste Portscanner). Darüber hinaus ist die Seite eine Fundgrube für alles zum Thema Hacker, Cracker, Bauernfänger (siehe Abbildung B.16). Nehmen Sie sich ein paar Tage frei, ziehen Sie die Vorhänge zu, und dann lesen Sie, was Sie schon immer lesen wollten.

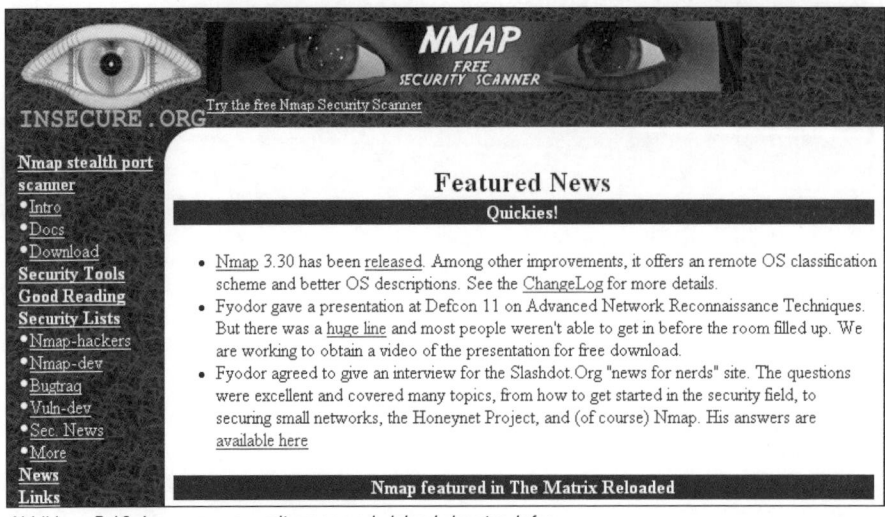

Abbildung B.16: Insecure.org – mit nmap und vielen brisanten Infos

Anhang C

Glossar

Abgehende Kommunikation
Datenfluss von Ihrem Computer in Richtung Remote-Computer

ActiveX-Steuerelemente
Programme, die von Microsoft für das Internet entwickelt wurden. Im Gegensatz zu Java-Applets arbeiten ActiveX-Module systemweit, könnten daher auch systemweiten Schaden anrichten.

Ankommende Kommunikation
Datenfluss von einem Remote-Computer in Richtung Ihres Computers

Anonymes Surfen
Wesentlicher Bestandteil eines externen Angriffs auf jeden Rechner ist die IP-Adresse. Anonymes Surfen über entsprechende anonyme Server verschleiert diese private IP-Adresse – Angriffe an die übermittelte IP-Adresse würden nur noch den anonymen Server erreichen, der damit sicher umzugehen weiß.

Blocked Port
Für Angreifer unsichtbarer Port; ein Firewall antwortet nicht einmal auf eine entsprechende Anfrage aus dem Netz.

Closed Port
Geschlossener Port, also ein Port, der zwar antwortet, hinter dem aber keine Anwendung auf Daten wartet.

Cookie

Datei, die auf Ihrem Rechner gespeichert wird, unbekannte Daten über Sie enthält und zur unbekannten Auswertung durch unbekannte Firmen benutzt wird. Die Technik ist längst überholt, verstößt reihenweise gegen Datenschutzgesetze und sollte schleunigst disabled werden.

Datei- und Druckerfreigabe in Microsoft-Netzwerken

Software, die eine gemeinsame Nutzung bestehender Ressourcen in Microsoft-Netzwerken ermöglicht. Die Kommunikation wird mittels UDP abgewickelt, es werden die Ports 137–139 benutzt.

DDoS

Distributed Denial of Service. Angriff auf einen Rechner, simultan von verschiedenen Stellen aus, um den angegriffenen Rechner letztlich zu überlasten, bis er seinen Dienst aufgibt.

DNS

Abkürzung für Domain Name System. Unser Hirn kann sich *www.mut.de* besser merken, als vier dreistellige Ziffernkombinationen.

DNS-Server

Server, der menschlich lesbare Domains in IP-Adressen verwandelt und umgekehrt. Im Hintergrund arbeitet eine Datenbank, in der alle entsprechenden Informationen verwaltet werden.

Domains

Allgemeine Bezeichnung für die Webadresse eines Unternehmens oder einer Privatperson; hin und wieder auch in Verbindung mit dem Protokoll (z.B. http) definiert.

DoS

Denial of Service. Angriff auf einen Rechner, der so viele Datenpakete sendet, bis der Rechner unter der Last der Anfragen das Handtuch wirft.

Echo Reply

ICMP Typ 0. Antwort auf ein vorheriges Echo Request zur Anbahnung einer Kommunikation.

Echo Request

ICMP Typ 8 (Ping). Initialer Kontaktversuch z.B. eines Clients bei einem Server.

Entschlüsseln
Bezeichnet das Wiederherstellen von Daten, die zuvor verschlüsselt wurden.

Filter
Eine oder mehrere Regeln, die ein Firewall überprüft, bevor er Datentransfers ins Internet oder aus dem Internet zulässt. Je differenzierter sich Filter erstellen lassen, desto genauer kann die Kommunikation mit dem Internet geregelt werden.

Finger
Service einiger Betriebssysteme, der Informationen zu einem bestimmten Benutzer ermöglicht.

Firewall
Der Türsteher zwischen Ihrem Computer und dem damit verbundenen Internet oder lokalen Netzwerk. Mithilfe von differenzierten Regeln erhalten Anwendungen die Erlaubnis, Daten ins Netz zu transportieren oder von dort zu empfangen. Programme ohne entsprechende Befugnisse werden beim Versuch geblockt.

FTP
Abkürzung für File Transfer Protocol. Eines der Standardprotokolle aus der TCP/IP-Familie. Benutzt werden die Ports 20 und 21 – hauptsächliche Anwendungen sind der Download von Dateien und der Upload von Homepages.

Hacker
Früher galt ein Hacker als absoluter Computer-Freak; die Bedeutung wandelt sich mehr und mehr zu einen etwas negativ belasteten Bösewicht, der Interesse an unseren Daten hat – obwohl doch eigentlich die Cracker die Bösen sind.

Hashwert
Komplexe Prüfsumme eines Programms oder eines Datenbereichs. Dient zum Nachweis einer missbräuchlichen Veränderung von Programmen, Dateien, Mails und more. Bekannteste Hash-Algorithmen sind aktuell MD5 und SHA1.

High Encryption Pack
Ältere Browserversionen verschlüsseln lediglich in Spielzeugstärke. Seit der Aufhebung amerikanischer Exportbeschränkungen von starker Verschlüsselung, lassen sich ältere Browser auf eine starke Verschlüsselung umrüsten. Microsoft entwickelte dazu das HEP.

HTTP
Abkürzung für HyperText Transfer Protocol. Eines der Standardprotokolle des TCP/IP. Benutzt wird in aller Regel der Port 80 – hauptsächliche Anwendung ist das Surfen im Web.

HTTPS
Abkürzung für HyperText Transfer Protocol Secure. Eine Spezialvariante des normalen HTTP. Daten werden verschlüsselt übertragen und benutzen den Port 443.

ICMP
Abkürzung für Internet Control Message Protocol. Dieses Protokoll kümmert sich weniger um die zu transportierenden Daten, sondern mehr um die Kontrolle einer Verbindung. Befehle wie „ping" und „tracert" werden mittels ICMP abgewickelt.

IDS
Intrusion Detection System. In der Regel Software, die Angriffe aufgrund bekannter Muster früh erkennt und reagiert, bevor Probleme beim angegriffenen Rechner auftreten.

IP
Abkürzung für Internet Protocol. Basisprotokoll zum Datentransport im Internet.

IP-Adresse
Analog unserer normalen Adresse wird mit der IP-Adresse ein Computer innerhalb des Internets eindeutig identifiziert. Die IP-Adresse besteht aus einer vierstelligen numerischen Adresse $n_1 n_2 n_3 n_4$, wobei alle n_i Werte von 0 bis 255 annehmen können.

Java-Applet
Programm, das in einer begrenzten Umgebung des Browsers abläuft und Bewegung und Aktion in eine Webseite bringen soll (falls der Inhalt allein nicht interessant genug sein sollte).

Keylogger
Programm, das in der Lage ist, Tastatureingaben und/oder Menüfolgen und mehr zu protokollieren. Keylogger können benutzt werden, um möglichen Rechnermissbrauch zu überprüfen – aber auch, um Kennwörter anderer Benutzer widerrechtlich auszuspähen.

Log
Allgemeine Fähigkeit von Programmen, bestimmte Ereignisse zu erkennen und zu protokollieren. Die unterschiedlichen Logfiles können anschließend analysiert und ausgewertet werden.

MD5
Bezeichnet einen modernen Algorithmus zur Erstellung einer komplexen Prüfsumme eines Programms oder eines Datenbereichs. Dient zum Nachweis einer missbräuchlichen Veränderung von Programmen, Dateien, Mails and more.

Open Port
Ein geöffneter Port; eine Anwendung des Computers ist kommunikations-bereit.

Paket
Der Datentransport im Internet wird mittels so genannter Pakete durchgeführt. Dabei enthält jedes einzelne Paket Verwaltungsdaten (wie z.B. IP-Adresse des Absenders und Empfängers) und protokollspezifische Daten (Mails, Webseiten und mehr). Zu große Pakete werden in handlichere kleinere zerlegt und beim Empfänger wieder automatisch zusammengefügt.

Passphrase
Erweitertes Passwort, das z.B. bei PGP zur Verschlüsselung des Private Keys benutzt wird. Dieser wird natürlich nicht unverschlüsselt auf der Festplatte gespeichert.

Ping
Abkürzung für packet internet groper. Kleines Programm, das benutzt wird, um einen entfernten Computer auf Kommunikationsbereitschaft zu testen. Sobald ein Ping beantwortet wird, weiß ein möglicher Hacker bereits, dass sich hinter der angepingten Adresse ein leibhaftiger Computer befindet (der zudem nicht von einem Firewall geschützt wird).

POP3
Abkürzung für Post Office Protocol, Version 4, nein 3. Dieses zum Mailempfang gebräuchliche Protokoll benutzt üblicherweise den Port 110.

Port
Logische Differenzierung der IP-Adresse bezüglich unterschiedlichster Anwendungen. Man kennt standardisierte Anschlüsse, die von der IANA verwaltet werden (well-known ports), wie z.B. 80 für http. Weiterhin bekannt sind Trojaner-Ports und frei nutzbare Ports.

Portscan

Der Versuch, an einer bestehenden IP-Adresse offene Ports zu finden, um über diese Zugriff auf den Rechner zu erhalten.

Protokoll

Eine Summe von Regeln, die den Datentransport zwischen verschiedenen Computern organisieren. Es gibt eine ganze Latte von verschiedenen Protokollen, um die zu transportierenden Daten möglichst effektiv und sicher zu übertragen.

Proxyserver

Ein Server, der zwischen Benutzer und Internet unterschiedlichste Aufgaben übernimmt. Allgemein besitzt ein Proxyserver die Fähigkeit, Daten zwischenzuspeichern. Damit lassen sich z.B. Daten kontrollieren, bevor diese in das eigentliche Unternehmensnetz gelangen.

Proxyserver werden nicht selten auch von Providerseite benutzt. Vielfache deutsche Anfragen nach amerikanischer Software erzwingen nur noch den einmaligen Download aus Amiland, spätere Anfragen werden direkt aus dem Proxy befriedigt.

Regeln

Je nach Firewall unterschiedlich differenziertes System, anfragenden Anwendungen Befugnisse zu erteilen oder zu versagen. Die Regeln basieren überwiegend auf Anwendungsebene und ermöglichen eine Festlegung hinsichtlich verschiedener Protokolle (TCP, UDP, ICMP) und Ports bzw. Typen.

Registry

Datenbank von Windows, in der vielfältige Programm-Informationen enthalten sind. Unter Umständen finden sich in der Registry Startaufrufe von Trojanern.

Script Kiddie

Hacker in der Ausbildung

SHA1

Bezeichnet einen modernen Algorithmus zur Erstellung einer komplexen Prüfsumme eines Programms oder eines Datenbereichs. Dient zum Nachweis einer missbräuchlichen Veränderung von Programmen, Dateien, Mails und more.

Shredden

Bezeichnet das mehrfache Überschreiben logisch gelöschter Daten. Das amerikanische DoD (Department of Defense) empfiehlt standardmäßig das siebenmalige Überschreiben von Daten, damit diese nicht mittels feinster Maschinchen rekonstruiert werden können.

Signieren
Bezeichnet das Versiegeln von Daten mittels eines Schlüssels und spezieller Algorithmen. Die verwendeten Algorithmen berechnen eine sehr komplexe Prüfsumme der zu signierenden Daten.

SMTP
Abkürzung für Simple Mail Transfer Protocol. Eine Standardanwendung des Internets, die den Port 25 zum Versand von Mails benutzt.

Socket
Bezeichnung der IP-Adresse in Verbindung mit einem Port, voneinander getrennt durch einen Doppelpunkt.

Stealth-Mode
Bezeichnet den Zustand eines nach außen unsichtbaren Rechners. Einer der Vorteile bei der Verwendung eines Firewalls liegt ja darin, dass entsprechend geschützte Rechner nicht einmal antworten, wenn sie unerwartet gepingt werden.

System.ini
Systemdatei von Windows, die beim Hochfahren geladen und ausgeführt wird. Trojaner könnten auf diese Weise beim Systemstart aktiviert werden.

TCP
Abkürzung für Transmission Control Protocol. Dieses Protokoll ermöglicht eine kontrollierte Datenübertragung zwischen zwei Rechnern, d.h., das Protokoll selbst kontrolliert den Datentransport. Mögliche Fehler und Verluste werden durch TCP selbst entdeckt und behoben. Die meisten Dienste des Internets verwenden TCP.

Trojaner
Ein Programm, das sich als ein bekanntes nützliches Programm ausgibt und bei der Anwendung nahezu beliebigen Schaden anrichten kann. Nicht selten werden Trojaner unbemerkt von außen gesteuert, sobald eine ungeschützte Internetverbindung aufgebaut wird. Die Übertragung von Passwörtern und mehr ist dabei die leichteste Übung.

UDP
Abkürzung für User Datagram Protocol. Im Gegensatz zu TCP kümmert sich UDP nicht um die Kontrolle der Datenübertragung (das bleibt Aufgabe der Anwendungen). Entsprechend arbeitet UDP schneller, aber auch unsicherer als TCP.

Verbindungsbasiertes Protokoll
Protokoll, das vor einer Datenübertragung eine kontrollierte Verbindung herstellt, z.B. TCP. Die Anforderung einer Webseite macht nur Sinn, wenn auch ein Zielrechner diese Seite liefern kann.

Verbindungsloses Protokoll
Protokoll, das vor einer Datenübertragung keine Verbindung herstellt, z.B. UDP.

Verschlüsseln
Bezeichnet das Unkenntlichmachen von Daten mithilfe eines Schlüssels und spezieller Algorithmen. Heutzutage werden so genannte asymmetrische Schlüssel verwendet. Im Gegensatz zu symmetrischer Verschlüsselung werden zwei verschiedene, aber aufeinander abgestimmte Schlüssel verwendet. Damit entfällt der bei symmetrischer Verschlüsselung notwenige Austausch des einzigen Schlüssels.

Virus
Ein Programm, das in der Lage ist, sich selbst zu replizieren und vorzugsweise Schaden anzurichten. Anders als Würmer benötigen Viren einen Wirt zur Replikation. Das kann ein anderes Programm sein, an das sich der Virus anhängt.

Win.ini
Systemdatei von Windows, die beim Hochfahren geladen und ausgeführt wird. Trojaner könnten auf diese Weise beim Systemstart aktiviert werden.

Wipen
Bezeichnet das mehrfache Überschreiben logisch gelöschter Daten. Das amerikanische DoD (Department of Defense) empfiehlt standardmäßig das siebenmalige Überschreiben von Daten, damit diese nicht mittels feinster Maschinchen rekonstruiert werden können.

Wurm
Ein Programm, das in der Lage ist, Kopien von sich selbst zu erstellen und diese Kopien z.B. per Mail zu versenden. Auch Würmer richten in der Regel mehr Schaden als Nutzen an.

Zombie
Ein Programm, das untätig auf der Festplatte eines Rechners verharrt, bis es geweckt wird. Zombies richten im Allgemeinen keinen Schaden bei ihren Gastgebern an. Doch ganz so harmlos sind Zombies auch wieder nicht: Meist werden diese kollektiv geweckt und zu einem simultanen Angriff auf einen einzelnen Rechner benutzt. Dabei ist dann jeder Schaden denkbar.

Stichwortverzeichnis

@Stake LC4 342

A

Anonymes Surfen 203
Anonymity 4 Proxy
   Adresse 203
   Anwendung 212
   BrowserVvariablen 210
   Firewalls 215
   Installation 204
   Integration 207
   Konfiguration 207
   Optionen 210
   Outpost 216
   Sygate 216
   ZoneAlarm 215
AntiVirenkit
   Adresse 295
   Hauptmenü 300
   Installation 295
   Systemprüfung 303
   Wächter 302
Anwendungen siehe Software 97
Autostart 50

B

Backtrace 167, 244
Browsercheck 41

C

Cache 39
Cookies 35

D

Datei- und Druckerfreigabe 51
Datensicherung 53
Dialer-Control
   Adresse 316
   Anwendung 317
   Installation 317

E

Echelon 279
Eigene IP-Adresse 17
Entschlüsseln mit PGP 289
Explorercheck 41

F

Filter
   McAfee Firewall 230
   Norton Internet Security 265
   Outpost 130
   Spam 318
   Sygate 141
   ZoneAlarm 124
FTP 16

G

G DATA siehe AntiVirenkit 295

H

Hackertools
   @Stake LC4 342
   Keylogger 328
   MingSweeper 335
   NMapWin 336
   Portscanner 332
   UltraNetSniffer 339
   Yaps 333
High Encryption Pack 41
History 39
HTTP 16

I

IANA 18
ICMP 19
Inhaltsfilter 248
Internet Explorer
   Cache 39
   Cookies 35

Stichwortverzeichnis

History 39
Zonen 30
IP-Adresse 17
ipcfg 17

K

Keylogger 328
Kindersicherung 248

L

LANguard NSS 43
LeakTtest 192
Logs
    McAfee Firewall 234
    Norton Internet Security 272
    Outpost 159
    Sygate 163
    ZoneAlarm 154

M

McAfee Firewall
    Adresse 222
    Anwendung 242
    Filter 230
    Home 229
    Installation 222
    Konfiguration 225
    Logs 234
    Optionen 236
    Visual Trace 244
Media Player 22
Messenger 29
MingSweeper 335
msconfig 51

N

Netscape
    Cache 39
    Cookies 37
    History 39
    Sicherheits-Einstellungen 34
NMapWin 336

Norton Internet Security
    Adresse 246
    Filter 265
    Installation 246
    Konfiguration 251
    Logs 272
    Programmsteuerung 265
    Sicherheitsstufen 262
    Übersicht 259
NTfilemon 47
NTregmon 48

O

Öffentlicher Schlüssel 283
Online-Tools 52
Outpost
    Abwehr von Angriffen 90
    Adresse 78
    Anonymity 4 Proxy 216
    Arbeitsweise 91
    DNS Cache 88
    Filter 130
    Filtern von Dateianlagen 90
    Hauptfenster 82
    Installation 78
    LeakTtest 195
    Logs 159
    Optionen 84
    Plug-iIns 88
    Portscan 185
    Werbefilter 88
Outpost Pro 94

P

Packet Log 169
Paket 16
Passwort-Cracker @Stake LC4 342
PGP
    Adresse 281
    Anwendung 289
    Entschlüsseln 289
    Installation 281
    Konfiguration 287

Schlüssel verteilen 294
Schlüsselpaar erstellen 283
SDA 294
Signieren 291
Verifizieren 291
Verschlüsseln 289
Wipen 294
POP 16
Port 135 51
Portscan
   ohne Firewall 177
   Outpost 185
   Sygate 188
   ZoneAlarm 182
Portscanner
   MingSweeper 335
   NMapWin 336
   Yaps 333
private key siehe Privater Schlüssel 283
Privater Schlüssel 283
Programme siehe Software 97
Protokoll Definition 16
public key siehe Öffentlicher
        Schlüssel 283

R

Registry 48, 50
Risiken
   Cache 39
   Cookies 35
   Datei- und Druckerfreigabe 51
   History 39
   Online-Tools 52
   Port 135 51
   Registry 50
   Schwache Verschlüsselung 41
   System.ini 51
   Win.ini 51

S

Signieren mit PGP 291
Software
   @Stake LC4 342
   Anonymity 4 Proxy 203

AntiVirenkit 295
Dialer-Control 316
Hackertools 327
Keylogger 328
LANguard NSS 43
LeakTtest 192
McAfee Firewall 222
MingSweeper 335
NMapWin 336
Norton Internet Security 246
NTfilemon 47
NTregmon 48
Outpost 77
PGP 280
Portscanner 332
Spybot 321
Steganos Security Suite 304
Sygate 97
UltraNetSniffer 339
XP- Antispy 24
Yaps 333
ZoneAlarm 55
Spam 318
Spybot
   Adresse 322
   Anwendung 322
Steganos Security Suite
   Adresse 304
   Datei-Manager 310
   Der Safe 306
   Installation 304
   InternetSspuren-Vernichter 314
   Passwort-Manager 312
   Zentrale 304
Sygate
   Adresse 98
   Anonymity 4 Proxy 216
   Anwendung 106
   Backtrace 167
   Connection Details 105
   Filter 141
   Freie Filter 147
   Hauptkonsole 103
   Installation 98

Stichwortverzeichnis

LeakTtest 199
Logs 163
Manuelle Filter 147
Message C Konsole 105
Portscan 188
Registrierung 101
Security-Menü 106
Sicherheitseinstellungen 106
Systemtest 115
Visualisierung 102
Sygate Pro 118
System.ini 51

T

TCP/IP 16, 18
Trojaner
Registry 50
System.ini 51
Win.ini 51

U

UDP 18
UltraNetSniffer 339

V

Verifizieren mit PGP 291
Verschlüsseln mit PGP 289
Verschlüsselung
Internet Explorer 41
Netscape 41

W

Win.ini 51
winipcfg 17

X

XP
abdichten 22
Autostart 50
Auto-User 28
Bandbreite 26
Messenger 29
msconfig 51
Registry 48
XP-Antispy 24

Y

Yaps 333

Z

ZoneAlarm
Adresse 56
Alarm 70
Anonymity 4 Proxy 215
Arbeitsweise 73
Control Center 65
E-mail-Protection 71
Filter 124
Installation 56
Konfiguration 58
LeaktTest 193
Logs 70, 154
Portscan 182
Programm-Kkontrolle 68
Tutorial 60
ZoneAlarm Pro 76
Zonen beim Internet Explorer 30